타임라인으로 보는
거의 모든 것의 역사

타임라인으로 보는
거의 모든 것의 역사

빅뱅에서 디지털 시대까지 DK 비주얼 백과

지은이 DK 『타임라인으로 보는 거의 모든 것의 역사』 편집위원회
시니어 아트 에디터 스밀캬 슐라
시니어 에디터 샘 앳킨스
프로젝트 에디터 스티븐 카트, 벤 프랜콘 데이비스, 사라 에드워즈, 사라 맥러드,
벤 모르간, 소피 파크스, 로라 샌포드, 폴린 새비지, 아만다 와이엇
프로젝트 디자이너 수니타 가히르, 알렉스 엘로이드, 그레고리 매카시,
스테판 포도로데키, 미셸 스테이플스, 재키 스완, 세이디 토머스
일러스트레이터 애큐트 그래픽스, 피터 불, 에드우드 번, 수니타 가히르, 클레어 조이스,
KJA 아티스트, 애런 루이스, 알렉스 엘로이드, 몰팅 파트너십, 거스 스콧
DK 미디어 아카이브 로메인 워블로우
도판 담당자 사라 호퍼, 조 월튼
매니징 에디터 리사 길레스피
매니징 아트 에디터 오웬 페이튼 존스
프로듀서, 프리프로덕션 데이비드 아몬드, 앤디 힐리어드
시니어 프로듀서 알렉스 벨, 메리 슬레이터
표지 디자이너 수라비 와드하-간디, 주히 셰스, 스밀캬 슐라
표지 디자인 개발 매니저 소피아 MTT
표지 에디터 아멜리아 콜린스
발행인 앤드루 매킨타이어
아트 디렉터 캐런 셀프
협력 출판 디렉터 리즈 휠러
디자인 디렉터 필 오메로드
출판 디렉터 조너선 멧카프
자문 위원 필립 파커
기고자 로라 불러, 피터 크리스프, 알렉산더 콕스,
수전 케네디, 안드레아 밀스, 샐리 레건

DK 델리
DTP 디자이너 자이팔 싱 차우한, 시예드 모하메드 파르한
시니어 DTP 디자이너 니라즈 바티아, 작타르 싱
표지 디자이너 주히 셰스
표지 시니어 DTP 디자이너 하리쉬 아가르왈
표지 DTP 디자이너 라케쉬 쿠마르
표지 편집 코디네이터 프리양카 샤르마
매니징 표지 에디터 살로니 싱

타임라인으로 보는 거의 모든 것의 역사
2020년 11월 10일 초판 1쇄 발행
지은이 DK 『타임라인으로 보는 거의 모든 것의 역사』 편집위원회 | 옮긴이 박일귀
책임편집 김양희 | 편집 안주영 | 디자인 디자인디 김태윤
펴낸이 이은엽 | 펴낸곳 크래들
주소 제주특별자치도 제주시 신대로 14길 24, 802호
출판등록 2015년 12월 24일 | 등록번호 제2015-000031호
전화 064-747-4988 | 팩스 064-747-4987 | 이메일 iobook@naver.com
값 40,000원 | ISBN 979-11-88413-11-9 73900

Timelines of Everything
Copyright©2018 Dorling Kindersley Limited.
A Penguin Random House Company
This Korean language editions is published by arrangement with Dorling Kindersley.

본 저작물의 한국어 판권은 Dorling Kindersley 와의 독점 계약으로
도서출판 크래들에 있습니다. 한국 내에서 저작권법에 따라 보호를 받는 책이므로
무단 전재 및 무단 복제를 금합니다.

이 도서의 국립중앙도서관 출판예정도서목록(CIP)은 서지정보유통지원시스템 홈페이지
(http://seoji.nl.go.kr)와 국가자료종합목록 구축시스템(http://kolis-net.nl.go.kr)에서
이용하실 수 있습니다. (CIP제어번호 : CIP2020030698)

Printed and bound in China
For the curious
www.dk.com

연도 표기
이 책은 오래 전부터 최근까지 일어난 수많은 역사적 사건을 담고 있다. 그 사건들이 일어난 특정 연도나 세기 앞에 '기원전'과 '기원후'를 붙인 경우가 있다. '기원전'은 예수 탄생 이전, '기원후'는 예수 탄생 이후를 가리킨다.
정확한 시기를 알 수 없을 때는 연도나 세기 뒤에 '~경'을 붙였다.

고대 세계

**기원전 3000
~기원후 500년**

- 36 메소포타미아
- 38 놀이의 역사
- 40 고대 이집트
- 42 고대 유적
- 44 대(大) 스핑크스
- 46 이야기의 역사
- 48 장신구의 역사
- 50 스포츠의 역사
- 52 고대 그리스
- 54 수학의 역사
- 56 민주주의의 역사
- 58 켈트족이 발흥하다
- 60 페르시아 제국
- 62 이소스 전투
- 64 철학의 역사
- 66 조각의 역사
- 68 고대 중국
- 70 시계의 역사
- 72 로마 제국
- 74 로마의 기술
- 76 종교의 역사
- 78 폼페이의 파괴
- 80 축제의 역사
- 82 고대 인도 제국
- 84 로마 제국의 변화

- 12 우주의 역사
- 14 지구의 생명체
- 16 공룡의 시대
- 18 공룡이 멸종하다
- 20 인류의 조상
- 22 농업의 역사
- 24 금속을 사용하다
- 26 마을과 도시
- 28 바퀴의 역사
- 30 문자의 역사

**기원전 3000년
이전**

선사 시대

CONTENTS

탐험의 시대

1450~1750년

- **132** 글쓰기 기술의 역사
- **134** 배의 역사
- **136** 르네상스
- **138** 탐험의 시대
- **140** 인도로 가는 항로
- **142** 회화의 역사
- **144** 종교 개혁
- **146** 스페인령 아메리카
- **148** 테노치티틀란이 몰락하다
- **150** 오스만 제국
- **152** 천문학의 역사
- **154** 역사적인 전투
- **156** 레판토 해전
- **158** 일본의 에도 시대
- **160** 식민지 아메리카
- **162** 과학 혁명
- **164** 미국의 노예 제도
- **166** 무굴 제국
- **168** 명·청 제국
- **170** 화학의 역사
- **172** 춤의 역사
- **174** 해적의 황금시대

- **90** 중국의 황금기
- **92** 초기 이슬람 제국
- **94** 아메리카의 제국들
- **96** 게르만족
- **98** 중세 유럽
- **100** 크레시 전투
- **102** 바이킹
- **104** 십자군 전쟁
- **106** 동남아시아의 왕조들
- **108** 앙코르 와트
- **110** 성채의 역사
- **112** 한양 도성
- **114** 초기 북아메리카
- **116** 태평양에 정착하다
- **117** 태평양의 식민지화
- **118** 아프리카의 왕국들
- **120** 몽골 제국
- **122** 지도의 역사
- **124** 전염병의 역사
- **126** 무기와 갑옷의 역사

500~1450년

중세 세계

현대 세계

1914년 이후

- 248 제1차 세계 대전
- 250 1920년대
- 251 1930년대
- 252 고고학의 역사
- 254 소비에트 연방
- 256 초고층 빌딩의 역사
- 258 유럽의 제2차 세계 대전
- 260 일상에 찾아온 전쟁
- 262 홀로코스트
- 264 노르망디 상륙 작전
- 266 태평양 전쟁
- 268 인도가 독립하다
- 269 아프리카가 독립하다
- 270 스파이의 역사
- 272 중동 분쟁
- 274 가전제품의 역사
- 276 6·25 전쟁
- 277 베트남 전쟁
- 278 1960년대
- 280 식민 지배 이후의 아프리카
- 282 냉전의 시대
- 284 우주 개발 경쟁
- 286 아폴로 11호 발사
- 288 쿠바 미사일 위기
- 290 미국의 흑인 민권 운동
- 292 패션의 역사
- 294 우주 탐험의 역사
- 296 아시아의 경제 성장
- 298 컴퓨터의 역사
- 300 페미니즘의 역사
- 302 인터넷의 역사
- 304 청년 문화의 역사
- 306 로봇 공학의 역사
- 308 세계의 역사
- 312 주요 용어 풀이
- 314 찾아보기

- 180 계몽주의
- 182 리스본 대지진
- 184 자연재해의 역사
- 186 음악의 역사
- 188 제정 러시아
- 190 미국의 탄생
- 192 델라웨어강 도하 작전
- 194 산업 혁명
- 196 오스트레일리아 원주민 시대
- 197 오스트레일리아를 식민지화하다
- 198 바스티유 감옥 습격 사건
- 200 프랑스 혁명
- 202 의학의 역사
- 204 나폴레옹 전쟁
- 206 중남미의 독립
- 208 기차의 역사
- 210 뉴스의 역사
- 212 공학 기술의 역사
- 214 미국의 서부 개척
- 215 개척지 전쟁
- 216 1848년 혁명
- 218 생물학의 역사
- 220 대영 제국
- 222 남북 전쟁
- 224 아프리카 식민지 건설
- 226 원격 통신의 역사
- 228 사진술의 역사
- 230 범죄 수사의 역사
- 232 비행기의 역사
- 234 참정권의 역사
- 236 물리학의 역사
- 238 자동차의 역사
- 240 모험의 역사
- 242 타이태닉호의 항해

1750~1914년

혁명의 시대

선사 시대

기원전 3000년 이전

선사 시대

지금으로부터 약 5,500년 전에 최초의 문자가 발명되었다. 그 이전의 시기를 '선사 시대'라고 부른다. 우리는 주로 도구나 뼈, 유적 등을 통해 이 시대에 관해 알 수 있다. 얼마 전까지만 해도 이러한 유물들이 얼마나 오래되었는지 알기 어려웠다. 하지만 우리는 과학이 발전하면서 인류의 역사뿐만 아니라 지구 생명체의 기원과 우주의 기원까지 훨씬 더 명확하게 알게 되었다.

135억 년 전
최초의 별이 태어나다.

43억 년 전
지구에 생명체가 나타나다.

2억 5,200만 년 전
공룡이 지구에서 제일 강한 생명체가 되다.

100만 년 전
인류의 조상이 불을 사용하기 시작하다.

138억 년 전
빅뱅과 함께 우주가 탄생하다.

46억 년 전
태양계를 이루는 태양, 행성 등이 형성되다.

6,600만 년 전
공룡이 멸종하다.

700만~600만 년 전
아프리카의 유인원이 진화해 직립 보행을 하다.

20만 년 전
현생 인류가 아프리카에 처음 출현하다.

빅뱅
우주는 빅뱅과 함께 시작된다 (12~13쪽 참고). 별, 은하, 그리고 태양계는 수십억 년에 걸쳐서 형성된다.

원시 생명체
지구상 최초의 생명체는 단순한 유기체였다. 하지만 시간이 흐르면서 오늘날 알려진 다양한 식물과 동물로 진화한다(14~15쪽 참고).

공룡
수백만 년 전, 공룡은 걷고 헤엄치고 날아다닌다(16~17쪽 참고). 공룡은 멸종 전까지 지구상에서 가장 강한 동물이었다.

원시 인류
나무에서 사는 유인원이 진화해 인류의 조상인 호미닌이 된다 (20~21쪽 참고). 이들은 시간이 지나면서 도구와 불을 이용하기 시작한다.

바퀴

바퀴는 선사 시대의 매우 중요한 기술적 발전 중 하나다(28~29쪽 참고). 세계 곳곳에서 제각각 발명된 바퀴는 운송 수단의 혁명을 일으킨다. 나중에는 농업, 건축, 산업, 공학 분야의 발전에도 매우 중요한 역할을 한다.

기원전 9000년경
메소포타미아 지역에서 금속을 사용하기 시작하다.

기원전 9000~4000년
초기 농경인들이 처음으로 마을을 이루다.

기원전 4000년경
거대한 도시들이 메소포타미아에 처음으로 등장하다.

기원전 3500년경
메소포타미아에서 최초로 운송 수단에 바퀴를 사용하다.

기원전 1만 1000~9000년경
사람들이 농업 발전으로 식량을 자급자족하다.

기원전 8000년경
부족들이 주거지 둘레에 장벽을 두르기 시작하다.

기원전 3300년경
이집트인들이 최초의 문자 체계인 상형 문자를 개발하다.

정착 생활
원시 인류는 식량을 찾아 이동 생활을 한다. 사람들은 농업이 발전함에 따라(22~23쪽 참고) 마을을 이루고 땅을 경작한다.

금속 이용
인류는 구리, 청동, 철 등으로 물건을 만드는 기술을 개발하면서 (24~25쪽 참고) 더욱 견고한 도구와 무기를 만든다.

최초의 도시들
일부 마을은 계속 성장해 소도시를 이루고 나중에는 대도시가 된다(26~27쪽 참고). 인구가 많은 곳은 상업 중심지가 된다.

문자 기록
사람들은 문자 발명으로 후손에게 기록을 남길 수 있게 된다 (30~31쪽 참고). 문자가 기록되면서 선사 시대도 막을 내린다.

빅뱅
우주는 무(無)에서 비롯된다. 우주는 원자 하나보다 작지만, 앞으로 가질 모든 에너지와 질량을 품고 있다. 우주는 1조 분의 1조 분의 1조 분의 1초 만에 축구공만 한 크기로 커진다.

물질의 형성
1초 안에, 팽창하는 우주는 엄청난 에너지로 미세한 물질 입자들을 만들어 낸다. 이 입자들은 서로 충돌하면서 부서지고 소멸되지만, 일부 작은 입자들은 남는다. 남은 입자들은 양자와 중성자라는 더 큰 입자가 되어 원자핵을 이룬다.

최초의 원자
양자와 중성자가 충분히 식어 최초의 원자가 만들어지기까지는 38만 년이 걸린다. 이 가스는 옅은 구름을 형성해 우주를 가득 채운다. 빛은 공간을 투명하게 만들면서 자유롭게 이동한다. 오늘날 천문학자들은 이 오래된 빛을 여전히 관측할 수 있다.

별과 은하
중력은 좀 더 짙은 가스 덩어리를 끌어당겨 농도를 더욱 높인다. 그 결과 중심부가 가열되면 핵반응이 일어나 별이 탄생한다. 새로 태어난 수많은 별은 모여서 '은하'라는 거대한 소용돌이를 이룬다.

| 138억 년 전 | 1초 후 | 137억 9,962만 년 전 | 135억 년 전 |

우주의 역사

우주는 138억 년 전에 빅뱅으로 시작되었다.
빅뱅은 어느 공간 안에서 물질이 폭발하는 것이 아니라
공간 자체가 확장되는 갑작스러운 사건이었다.
그 후로 공간은 계속 확장되어 상상할 수 없을 정도로
광대한 우주가 만들어졌다. 빛은 매우 빠르게 움직이지만,
빛의 속도로 우주를 건너려면 수십억 년이 걸린다.
따라서 우주를 제대로 이해하려면, 시간을 거슬러
우주의 초기 모습을 살펴봐야 한다.

태양계
태양계 가운데 태양은 죽어 가는 별들이 남긴 가스와 먼지 구름으로 형성된다. 하지만 모든 물질이 새로운 별에 흡수되는 것은 아니다. 흡수되지 않은 먼지와 가스는 별을 둘러싼 궤도에 거대한 원반을 형성한다. 시간이 지나면서 이 원반의 물질 입자들이 모여서 태양계의 행성과 달, 소행성, 혜성 등을 이룬다.

생명이 시작되다
지구는 태양으로부터 델 정도로 뜨거운 금성보다는 멀리 떨어져 있지만, 얼 정도로 차가운 화성만큼 멀리 떨어져 있지는 않다. 지구의 온도는 표면에 액체 상태의 물이 머물러 있을 정도로 적절하다. 물에서 탄소를 기반으로 한 화학 물질들 사이에 무작위로 화학적 반응이 일어나면, 오늘날 DNA로 할 수 있듯이 자신의 복제품을 만들 수 있는 분자를 생성한다. 이것이 생명의 첫 번째 형태다.

태양의 죽음
약 50억 년이 지나면, 태양은 연료의 공급이 줄어들면서 적색 거성으로 변할 것이다. 태양은 부풀어 올라 수성과 금성, 그리고 지구까지도 뒤덮을 것이다. 태양열은 지구에 남아 있는 모든 물을 증발시켜 어떤 생명체도 살아남지 못하게 할 것이다.

빅 프리즈
우주는 끝없이 팽창할 것이다. 물질과 에너지는 더 엷게 흩어져 새로운 별이 만들어지지 못할 것이다. 마지막 별이 타 버린 후, 우주는 영원히 어둡고 춥고 아무런 활동이 없는 공허한 공간으로 남을 것이다.

| 46억 년 전 | 43억 년 전 | 50억 년 후 | 100조 년 후 |

현재 우리의 위치

지구의 생명체

지구에 바다가 처음 생긴 후, 곧바로 지구상에 생명체가 나타났다. 생명의 기원은 과학에서 큰 미스터리지만, 대부분 과학자는 최초의 생명체가 물속에서 탄소를 기반으로 하는 화학 물질에서 비롯되었다고 믿는다. 이러한 흔적이 남아 있지는 않지만, 그로부터 진화한 동식물은 수많은 화석을 남겼다. 화석 기록은 지구상의 생명체가 여러 곡절을 겪었다는 사실을 보여 준다. 때로는 지배적인 종이 사라지고 새로운 형태의 생명체가 출현하는 대멸종이 일어나기도 했다.

생명의 기원

아마도 깊은 바다의 뜨거운 화산 근처일 것이다. 최초의 생명체는 소수를 복제할 수 있는, 탄소를 기반으로 한 분자다. 일단 증식하기 시작하면 진화의 과정이 시작되고, 스스로 복제하는 분자는 점점 더 복잡해진다.

43억 년 전

37억 년 전

최초의 세포

단세포 생물이 진화한다. 이들은 지구상에서 가장 오랜 기간 살아남은 유일한 생명체가 된다. 단세포 생물은 광합성을 위해 햇빛을 이용하면서 해저의 언덕에서 자란다. 이들은 산소를 내뿜으면서 지구의 대기를 변화시킨다.

눈덩이 지구

지구의 표면이 얼어서 생긴 두꺼운 얼음 층이 수백만 년 동안 지구 전체를 감싼다. 이 '눈덩이 지구' 기간 동안 지구의 표면에 살던 생명체는 전멸한다. 하지만 미생물은 바다의 얼음 밑에서 살아남는다.

7억 8,000~6억 3,000년 전

6억 년 전

최초의 동물

눈덩이 시대가 끝난 직후, 최초의 동물로 추정되는 복잡한 유기체가 출현한다. 이들은 장기, 다리, 입부이 없으며, 몸체가 부드러운 나뭇잎 모양이다.

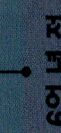

5억 4,100만 년 전

생명이 폭발하다

딱딱한 껍질과 관절로 된 다리, 움켜쥘 수 있는 발톱을 지닌 최초의 동물이 출현한다. '캄브리아기 대폭발'로 불리는 이 갑작스러운 진화로 오늘날 현존하는 대부분의 주요 무척추동물 유형이 나타난다.

5억 2,500만 년 전

최초의 척추동물

최초의 척추동물이 나타난다. 이들은 올챙이처럼 헤엄치고, 흡입을 위한 단순한 입이 달린 물고기 같은 동물이다. 이들의 후손은 진화해 먹이를 물고 씹을 줄 아는 이빨을 가지게 된다.

4억 4,400만 년 전

바닷속 멸종

해양 생물의 85퍼센트 정도가 대멸종기를 가치면서 사라진다. 원인은 알려지지 있지 않지만, 일부 과학자는 기후 변화 탓이라고 본다.

4억 1,900만 년~3억 5,900만 년 전

어류의 시대

이때를 이른바 '어류의 시대'라고도 불리는 대부분기에 바다를 지배한다. 지금도 살아가 무서운 포식자지만, 당시에는 길이 6미터에 거대한 턱을 지닌 둔클레오스테우스가 가장 무서운 포식자였다.

툰클레오스테우스

공룡의 시대

현생 인류는 약 20만 년 동안 존재했지만, 공룡은 약 2억 년 동안 지구를 지배했다. 공룡이 살았던 이 기나긴 기간을 '중생대'라고 한다. 중생대는 크게 세 시기로 나뉜다. 공룡과 다른 거대한 파충류의 지배는 6,600만 년 전 대멸종으로 갑작스럽게 끝났다. 하지만 모든 종류의 공룡이 멸종된 것은 아니었다.

람포링쿠스

에우디모르포돈
플라테오사우루스
크리올로포사우루스
스테고사우루스
이사노사우루스
에오랍토르
스켈리도사우루스
코엘로피시스
안키오르니스

2억 4,000만 년 전 | 2억 2,000만 | 2억 1,000만 | 2억 | 1억 9,000만 | 1억 8,000만 | 1억 7,000만 | 1억 6,000만
트라이아스기 | | | **쥐라기**

최초의 공룡은 트라이아스기 중반에 나타난다. 이 공룡은 작고 날쌔다. 강한 뒷다리로 빠르게 뛰어다니고, 뻣뻣한 꼬리로 몸의 균형을 잡으며, 작은 팔로 먹이를 다룬다. 이 성공적인 몸체에는 곧 변화가 일어난다. 어떤 공룡은 나뭇잎을 먹기 위해 목이 길어지거나 적을 방어하기 위해 피부가 갑옷처럼 두꺼워지면서 초식 동물로 진화한다. 또 어떤 공룡은 사냥에 특화된다. 공룡이 육지를 지배하는 동안, 다른 원시 파충류들은 바다와 하늘에서 사는 데 적응한다.

쥐라기에 초식 공룡은 크기가 거대해지면서 지구상에서 걸어 다니는 가장 큰 동물이 된다. 정확히 왜 이런 일이 일어났는지는 분명하게 밝혀지지 않는다. 하지만 한 가지 이론은 포식자가 더 작은 동물을 먹잇감으로 삼으면서 포식자와 피식자 둘 다 점점 더 커지는 방향으로 자연 선택 과정이 진행된다는 것이다. 한편 몸집이 작은 공룡들은 하늘을 날면서 포식자를 피한다. 이들이 최초의 조류로 진화한다.

노토사우루스
믹소사우루스

리오플레우로돈

백악기

백악기에 지구의 대륙들은 인간의 발톱이 자라는 속도만큼 천천히 움직이면서 현재의 모습으로 자리를 잡는다. 이 시기에는 깃털이 달렸지만 날지 못하는 공룡과 작지만 사납고 갈고리 모양의 발톱을 지닌 육식 공룡 등 그 어느 때보다 많은 종류의 공룡이 존재한다. 백악기 말기에는 모든 종류의 원시 파충류가 대멸종으로 사라진다. 소행성 충돌 때문인 것으로 보인다. 이러한 재앙 속에서도 조류는 살아남는다.

공룡이 멸종하다

약 6,600만 년 전, 공룡을 비롯한 지구상의 생명체 절반 이상을 멸종시킨 대재앙이 일어난다. 대부분 전문가는 지구에 거대한 운석이 떨어지면서 대멸종이 발생했다고 믿는다. 운석 충돌의 충격으로 지구 전체가 먼지와 연기로 뒤덮여 동물들을 질식시키고 태양 빛과 온기를 차단한다. 지구의 기후는 극적으로 변화해 많은 종의 동물이 더는 살 수 없게 된다.

인류의 조상

인류는 아프리카 유인원에서 기원했고, 침팬지와 고릴라와도 가까운 관계다. 약 600만 년 전, 우리와 가장 밀접한 유인원 조상인 호미닌이 두 발로 걷기 시작했다. 이들의 뇌는 시간이 지나면서 점점 커졌고, 이들은 도구를 만들고 불을 다루는 법을 익혔다. 진화한 호미닌은 아프리카를 떠나 전 세계 곳곳에 자리를 잡았다.

직립 보행
유인원은 아프리카 숲에서 똑바로 서서 걸을 수 있도록 진화한다. 직립 보행으로 두 손이 자유로워지자, 손으로 물건을 들거나 던질 수 있게 된다. 이렇게 두 발로 처음 걷게 된 유인원을 사헬란트로푸스 차덴시스라고 부른다.

700만~600만 년 전

오스트랄로피테시네
직립 보행 유인원인 오스트랄로피테시네는 아프리카 동부의 초원 곳곳에 퍼진다. 루시는 가장 유명한 오스트랄로피테쿠스다. 320만 년 전에 살았던 여자인 루시는 1974년 에티오피아에서 화석으로 발견된다.

400만 년 전

주먹 도끼
호모 에렉투스는 아프리카에서 벗어나 아시아로 이동한다. 이들은 날이 달린 나뭇잎 모양의 주먹 도끼를 만든다. 이것은 새로운 종류의 석기이자, 인간이 처음으로 고안한 도구다.

180만~175만 년 전

불을 사용하다
호모 에렉투스는 불을 사용한다. 불을 가지고 음식을 조리하고, 몸을 따뜻하게 하며, 야생 동물로부터 스스로를 지킨다. 이들이 불을 사용했다는 증거는 남아프리카의 어느 동굴에 남아 있다. 이 동굴에서는 까맣게 그을린 100만 년 전의 동물 뼈 무더기가 발견된다.

100만 년 전

호모 하이델베르겐시스
아프리카에서 출현한 호모 하이델베르겐시스는 나중에 서아시아와 유럽으로 이동한다. 이들은 호미닌 최초로 주거지를 만들고, 동물 사냥을 위해 창을 이용한다.

70만 년 전

온난한 기후
기후가 따뜻해지면서 해수면이 상승한다. 이에 따라 매머드와 같은 큰 사냥감이 사라진다. 인류는 새로운 식물을 채집하고 더 많은 물고기를 잡으면서 적응한다. 이들은 새로운 발명품인 활과 화살로 사슴과 같이 작은 동물들을 사냥한다.

1만 4,000~1만 2,000년 전

마지막 네안데르탈인
네안데르탈인은 갑작스러운 기후 변화에 적응하지 못해 사라진 것으로 추정된다. 우리 종족(호모 사피엔스 사피엔스)은 이제 지구상에 남은 마지막 인류다. 오늘날 우리 대부분은 네안데르탈인의 유전자를 지니고 있다.

3만 9,000년 전

최초의 예술
아시아와 유럽에 살던 인류는 동물과 사람을 그리고 조각해 최초의 예술 작품을 만들어 낸다. 동굴 벽화는 동물의 영혼에게 사냥의 성공을 비는 의식의 하나로 그려졌을 것이다.

4만 4,000~3만 5,000년 전

호모 하빌리스
330만 년 전, 오스트랄로피테시네가 처음 석기를 사용한다. 뒤이어 호모 하빌리스(손재주 있는 사람)가 아프리카 동부와 남부 전역에 퍼진다. 이들은 조약돌을 쪼개서 자르는 데 쓰는 단순한 도구를 만든다.

인류의 이동
12만 년 전, 현생 인류는 아프리카를 떠나 지구상에 거주할 수 있는 모든 곳으로 이동한다. 해수면은 지금보다 훨씬 낮다. 아시아와 아메리카는 땅으로 연결되어 있고, 오스트레일리아로 가는 바닷길도 지금보다 훨씬 짧다.

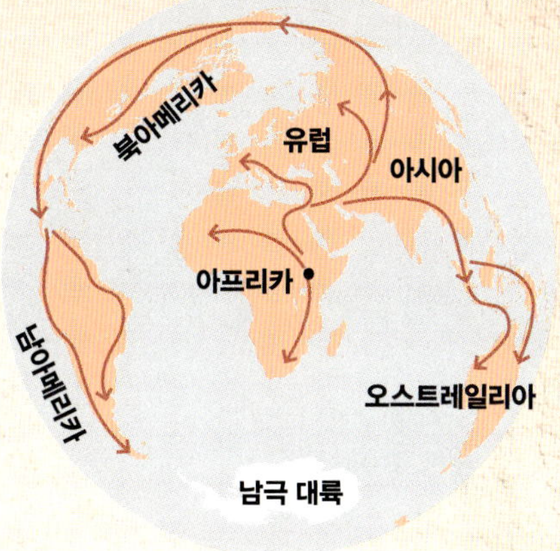

북아메리카 · 유럽 · 아시아 · 남아메리카 · 아프리카 · 오스트레일리아 · 남극 대륙

250만 년 전

호모 에렉투스
호모 에렉투스(곧선사람)는 현생 인류의 몸 크기를 가진 최초의 호미닌이며, 아프리카에서 진화한다. 유인원처럼 낮고 납작한 이마와 큰 치아, 돌출된 턱을 가지고 있다.

190만 년 전

네안데르탈인
아시아와 유럽에서 출현한 네안데르탈인은 우리와 가장 가까운 호미닌이다. 이들은 호미닌 최초로 시신을 매장한다. 동굴에서 죽은 사람을 매장할 때 제물을 바치기도 한다.

호모 사피엔스 사피엔스
현생 인류(호모 사피엔스 사피엔스)는 아프리카에서 출현한다. 이들의 뇌와 네안데르탈인의 뇌는 비슷하게 크다. 둘 다 동물 가죽으로 옷을 만들어 입으면서 좀 더 추운 지역으로 이동할 수 있게 된다.

40만 년 전 · **20만 년 전**

크로마뇽인
크로마뇽인이라고 불리는 현생 인류는 유럽으로 이동해 그곳에서 네안데르탈인과 공존한다. 이들은 인류 최초로 뼈바늘로 바느질하고, 조개껍데기와 뼈로 장식품을 만든다.

호모 플로레시엔시스
키가 1미터 정도로 작은 호모 플로레시엔시스는 인도네시아의 플로레스라는 섬에서 산다. 약 5만 년 전에 사라진 것으로 추정된다.

4만 5,000년 전 · **10만 년 전**

농업의 역사

최초의 농부
마지막 빙하기가 끝난 후 시리아와 이란 지역에서 농업이 발달한다. 농부들은 기원전 6000년경까지 비옥한 초승달 지대(서아시아, 나일강과 나일강 삼각주)에서 밀과 보리를 재배한다.

기원전 1만 1000~6000년경

소와 돼지
사람들이 소와 돼지를 길들인다. 소와 돼지는 고기와 우유 외에도 다양한 재료를 제공한다. 사람들은 소와 돼지의 배설물을 이용해 토양을 기름지게 하고, 도살된 소와 돼지의 피부로 가죽을 만든다. 돼지는 사람이 남긴 음식 찌꺼기를 먹는다.

기원전 8500년경

농부의 절친한 친구
개는 원래 사냥에 이용하려고 길들인 늑대였는데, 나중에는 농부의 유쾌한 동료이자 든든한 수호자가 된다.

기원전 1만 년경

양과 염소
사람들은 우유와 식량을 얻기 위해 양과 염소를 기른다. 이들은 양과 염소 무리를 이끌고 풀을 먹이기 위해 돌아다닌다. 기원전 4000년경, 사람들은 양털로 직물을 짜기 시작한다.

기원전 7000년경

관개
메소포타미아에서는 농부들이 제방을 쌓아 홍수를 막고, 재배하는 농작물에 물을 준다. 이렇게 물을 관리하는 방식을 '관개'라고 한다.

기원전 5500년경

쌀농사
인도에서 유래한 것으로 보이는 쌀은 아시아 전역에서 재배된다. 쌀은 물이 채워진 논에서 자란다. 나중에는 세계 인구의 절반이 쌀을 주된 음식으로 삼는다.

기원전 5000년경

철제 쟁기
씨를 뿌리기 위해서는 힘들게 흙을 파내야 한다. 이를 위해 고대인들은 막대기에 날카로운 물건을 달아서 사용한다. 이후 중국 한나라에서는 사용하기 편리하고 튼튼한 철제 쟁기를 발명한다.

기원전 200년경

밭 경작
서유럽에서는 밭에서 농작물을 재배한다. 농부들은 밭을 세 부분으로 나누어 돌려 가며 경작한다. 한 부분은 인간의 식량을 위해 경작하고, 또 한 부분은 가축의 먹이를 위해 경작한다. 나머지 한 부분은 땅의 힘을 회복시키기 위해 작물 재배를 쉰다.

기원후 1000년경

> "농업은 한 나라에 부를 가져다줄 뿐만 아니라 그 자신의 것이라 부를 수 있는 유일한 부를 안겨 준다."
>
> 새뮤얼 존슨(영국 작가)

농업의 역사는 본질적으로 식량 채집과는 다른 식량 생산의 역사다. 농업에는 경작, 식량을 얻기 위한 가축 사육, 농경 기술의 향상 등이 포함된다. 사람들은 농업이 시작되기 전에는 사냥과 채집에 의존했다. 사냥과 채집은 대부분 우연한 기회로 성공했다. 이와는 반대로 농부들은 씨앗을 뿌리고 가축을 기르면서 식량 생산에 직접적인 영향을 미쳤다.

낫
낫은 잡초를 베거나 곡식을 거둘 때 사용하는 농사 기구다. 낫은 땅과 수평이 되게 휘두르는데, 날카로운 날로 잡초나 곡식의 밑동을 벤다. 최초의 낫은 기원전 500년경에 발명된 것으로 보고 있다.

농작물 교환
유럽인들이 넓은 세계를 탐험하면서 전 세계 곳곳에서 농작물을 서로 주고받는다. 커피, 차, 설탕, 귤 등은 아시아에서 나오고, 밀, 보리, 호밀 등은 유럽에서 나온다. 토마토, 옥수수, 콩, 감자, 고추 등은 아메리카에서 건너온다.

1400년대~1500년대

조면기
미국의 발명가 엘리 휘트니는 목화에서 씨앗을 쉽고 빠르게 제거하는 기계의 특허를 낸다. 이 기계는 19세기 중반까지 미국의 최대 수출품이 된다.

1794년

곡물 수확
오랜 시간 손에 낫을 들고 해야 하는 추수는 매우 힘든 육체노동이다. 미국의 발명가 사이러스 맥코믹은 곡물을 거두는 기계인 리퍼 발명을 시작해 이후 특허를 낸다. 이 기계는 말이 끌고 가면 곡식을 베고 탈곡한 후 하나로 묶는다.

1831년

강철 쟁기
미국의 발명가 존 디어는 주철 쟁기가 미국 대초원의 점성 토양을 갈지 못하자, 강철 쟁기를 발명한다. 이 발명품은 큰 성공을 거둔다.

1837년

선택적인 재배
오스트리아의 수도사이자 과학자인 그레고어 멘델은 꽃과 완두콩으로 실험을 진행한다. 멘델은 어떻게 색깔이나 크기와 같은 특징들이 다음 세대로 유전되는지 설명한다. 이 지식은 농부들이 선택적으로 농작물을 재배하는 데 활용된다.

1866년

트랙터
증기로 움직이는 탈곡기(곡물에서 낟알을 분리하는 농기계)는 값이 비싸고 이동하기도 힘들다. 미국의 발명가 존 프뢸리히는 탈곡기를 쉽게 끌고 다닐 수 있는 초보적인 트랙터를 발명한다.

1885년

콤바인
오스트레일리아 사람인 휴 빅터 맥케이가 최초로 상업적으로 성공한 콤바인을 생산한다. 콤바인은 강력한 회전 날로 한 번에 곡식을 베고 탈곡하고 겨를 분리하는 기계다.

1890년대

녹색 혁명
멕시코의 농민들은 농사법을 개량하고 영양가 높은 식량을 생산하려는 운동을 일으킨다. 이 기술은 전 세계로 퍼져 나간다.

1940년대

유전자 조작 작물
유전자 조작(GM) 작물이 널리 퍼진다. 이 작물을 통해 수확량을 늘리고 영양을 높이며 해충을 막을 수 있다. 하지만 많은 사람이 자연 생태계를 '조작'하면서 발생하는 잠재적인 식품 안전 위험을 걱정한다.

1990년대

금속을 사용하다

금속을 사용한 것은 인류 역사상 위대한 기술 발전 중 하나였다. 금속은 석기와 달리 어떤 형태로든 두들겨서 만들 수 있고, 금을 넣은 다시 날카롭게 만들기가 쉬웠다. 최초의 금속 도구는 대부분 구리로 만들어졌다. 구리는 찾기 쉽고 연한 금속이었다. 나중에 사람들은 철을 이용하는 방법을 알아냈다. 철은 더 단단한 금속이었고, 용광로에서 철광석으로부터 뽑아내야 했다.

청동 물 붓기

청동은 녹여서 거푸집에 붓는 것이 쉬울 정도로 연한 금속이다. 금, 은, 구리, 주석, 납도 연한 금속에 속한다. 반면, 철은 강한 금속에 속하고, 훨씬 높은 온도에서 녹는다.

← 공작석은 광석에서 발견되는 구리가 풍부한 광물이다.

청동기 시대

서아시아와 유럽 중부에서 청동기 사용이 확산된다. 청동은 녹은 구리에 소량의 주석을 섞어 만든다. 이렇게 하면 더 강한 금속이 된다. 희귀한 금속인 주석의 무역도 발달한다.

구리-석기 시대

서아시아 사람들은 불 속에서 열을 가해 구리 광석으로부터 구리를 뽑아내는 방법을 알아낸다. 이것을 '제련'이라고 한다. 이들은 녹은 구리를 거푸집에 부어서 도구를 만든다. 대부분 사람들은 여전히 석기를 사용해서 이 시기를 '구리-석기 시대'라 부른다.

| 기원전 9000년경 | 기원전 4500년경 | 기원전 4500년경 | 기원전 3100년경 | 기원전 2200년경 |

금속 사용의 시작

금속 사용은 최초의 농부들이 살던 서아시아에서 시작된다. 초기 농부들은 자연적으로 생긴 구리 덩어리를 찾아서 구슬로 만든다. 곧이어 금, 은, 납으로도 물건을 만든다.

가장 오래된 황금 유물

불가리아의 바르나에서 사람들이 수천 점의 황금 장신구와 함께 매장된다. 세계에서 가장 오래된 황금 유물은 1972년 우연히 발견된 이 유물로부터 약 6,000년 전에 지하에 묻힌다.

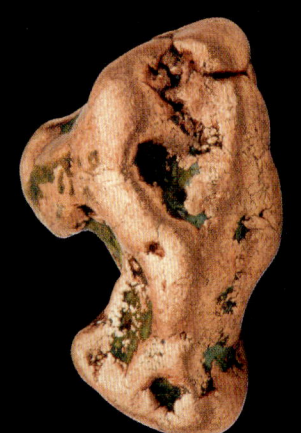

철

철은 서아시아의 하타이트인들이 처음 만든다. 이들은 무기를 만드는 데 철을 사용한다. 철은 가장 흔한 금속이지만, 암석으로부터 얻어 내려면 엄청난 열이 필요하다. 철은 거푸집에 붓지 않고, 열을 가해 부드러워지면 두들겨서 모양을 만든다.

중국의 청동상
중국의 성성퇴 사람들은 기반 같은 얼굴을 가진 커다란 청동상을 만든다. 이들이 만든 청동에는 주석과 구리뿐 아니라 납이 포함되어 더 강하고 무거운 금속이 된다. 가장 큰 청동상은 높이가 거의 4미터에 이른다.

유럽의 철기 시대
철기 제작 기술이 유럽 전역으로 퍼진다. 유럽에서는 철제 무기를 사용하면서 전쟁이 잦아진다. 기원전 6세기의 그리스 도기(원쪽)에는 망치로 형태를 만들기 전에 철을 달구기 위해 화로를 이용하는 대장장이가 그려져 있다.

아프리카의 철기
철기 시대는 사하라 사막 이남 아프리카 지역에까지 도달한다. 나이지리아의 노크족의 창과 칼, 팔찌를 만드는 데 철을 이용한다. 철기 사용이 아프리카 전역에 퍼진다.

주철
중국 사람들은 열풍을 이용하는 용광로에서 철을 만드는 법을 알아낸다. 이렇게 주조된 철은 다시 녹여서 거푸집에 부어 주철을 만들 수 있다. 이때부터 약 2,000년 동안 서양에서는 용광로가 발명되지 않는다.

기원전 1200년경 | 기원전 1200~1101년 | 기원전 800~300년 | 기원전 700년경 | 기원전 600년경 | 기원전 6세기 | 기원전 5세기 | 기원후 13세기

철기 시대
철기의 사용은 서아시아에서 유럽으로 퍼져 나간다. 인도의 철기 시대는 비슷한 시기에 시작된다. 단단한 철은 무기는 물론이고 도구, 냄비, 못이 재료로 안성맞춤이다.

페루와 볼리비아
페루와 볼리비아의 안데스 산맥에서 사람들은 대규모의 구리 제련을 시작한다. 이들은 다양한 색의 아름다운 예술 작품을 만드는 데 금, 은, 등박가(금에 구리나 은을 섞은 금속)를 이용한다.

인도의 강철
고대 인도의 금속 세공인들은 고품질의 강철을 만들어 낸다. '우츠(wootz)'라고 불리는 이 강철은 나중에 중국과 서양에 수출된다. 특별히 날카롭고 단단한 검을 만드는 데 쓰인다.

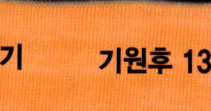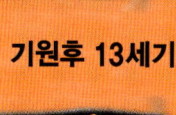

유럽의 용광로
유럽 최초의 용광로는 독일, 스위스, 스웨덴에서 사용된다. 강 옆에 설치된 수차(水車)를 이용해 큰 풀무를 움직여서 용광로에 바람을 불어넣는다.

기원전 9000~4000년

선사 시대 공동체

초기 농부들은 기초적인 건물을 지어 부락을 이루고 시설물을 함께 사용한다. 최초의 부락은 서아시아의 메소포타미아에서 발견된다. 이들은 점차 조직적인 공동체인 작은 마을로 확장된다.

기원전 8000년

성벽을 쌓은 정착지

사람들은 정착지에 성벽을 쌓기 시작한다. 팔레스타인의 예리코라는 도시에는 방어, 경계, 홍수 방지를 위해 거대한 돌벽을 쌓는다. 이 벽은 3,000여 명의 주민을 안전하게 지킨다.

마을과 도시

최초의 정착은 선사 시대에 이루어졌다. 기초적인 건물들은 안전한 주거 공간을 제공했다. 하나씩 생겨난 공동체는 점점 소도시와 마을로 커졌다. 교역과 노동의 기회가 많아지자, 인구가 증가하고 주요한 도시로 성장했다. 새로운 기술이 탄생하면서 이 가운데 많은 도시가 오늘날 우리가 알고 있는 대도시로 빠르게 발전했다.

비잔티움의 바자르

비잔티움 제국에서는 지중해 주변에 있는 도시의 공공장소와 주요 도로에 상점들이 들어서기 시작한다. 이곳은 '바자르'라는 지붕이 덮인 시장으로 발전한다. 지역 주민들은 바자르에서 물물 교환을 하면서 상품을 가장 좋은 가격에 얻는다.

기원후 500~700년

성벽 재건

프랑스의 왕 필리프 2세는 파리를 둘러싸는 새로운 성벽을 쌓으라고 명령한다. 성벽의 탑은 약 70개이고, 폭의 길이는 2미터다. 다른 중세 유럽 도시들도 중심부가 커지면서 기존의 성벽을 재건한다.

1190년

공업 도시

산업 혁명 기간에 사람들은 공장으로 몰려든다. 노동자들이 공장 주변에 살 곳을 마련하면서 새로운 도시가 급격히 성장한다.

1750~1800년

1807년

가로등

영국 런던에 최초로 가스를 이용한 공공 가로등이 설치된다. 마을과 도시에 가로등이 설치되면서 통행에 제한이 있었던 밤거리가 환해진다.

초기 도시
최초로 메소포타미아에 큰 도시들이 등장한다. 각각 한 명의 왕이 이 도시들을 통치한다. 이 시기에 '지구라트'라는 거대한 벽돌 건축물이 세워진다. 이것은 신전과 계단, 탑으로 이루어져 있다.

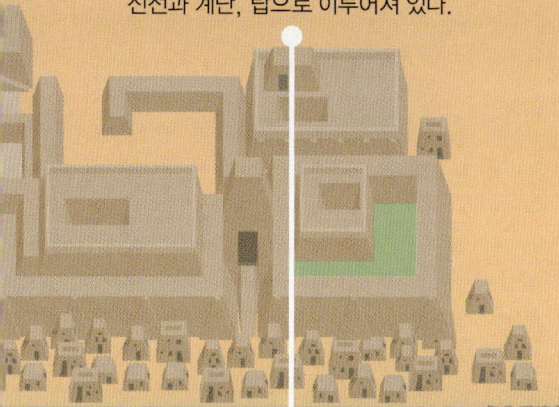

무역 중심지
메소포타미아의 도시들은 강을 이용해 물품을 운송하는 중요한 무역 중심지가 된다. 메소포타미아와 파키스탄의 인더스강 유역에서는 도시들 간의 장거리 무역이 일어난다. 이곳에서는 향신료, 옷감, 금속, 보석 등 사치품이 교환된다.

하수도 체계
인더스 문명 때 하수도 체계가 세워진다. 대부분 가정은 하수관을 통해 물이 옮겨지면서 목욕탕과 화장실, 급수 시설을 두게 된다.

기원전 4000~3000년 · **기원전 2900~2300년** · **기원전 2600년**

전대미문의 로마
로마는 최초로 인구 100만 명의 도시가 된다. 대부분 로마인은 '인술라이'라는 6~7층 높이의 공동 주택에 살면서 도시의 공간을 최대한 활용한다.

도시 국가
고대 그리스에서는 자신만의 정치 체제를 갖춘 도시가 세워진다. 주요 도시 국가로 아테네, 스파르타, 테베를 들 수 있다.

기원후 1년 · **기원전 800년경**

초고층 빌딩
'마천루'라는 별칭을 가진 최초의 초고층 빌딩은 미국 시카고에 세워진다. 건물을 위로 높게 지으면 빽빽한 도시에서 공간을 절약할 수 있다. 이것은 엘리베이터와 튼튼한 강철의 발명으로 가능해진다.

도시인
전 세계 인구의 절반 정도가 도시에 산다. 인구 1,000만 명이 넘는 메가 시티가 점점 많아지고 있다. 당시 일본 도쿄는 인구가 1,300만 명으로 세계에서 가장 큰 도시였다.

1863년 · **1885년** · **2008년**

지하철
지하철 체계는 최초로 영국 런던에서 시작된다. 지하철을 이용하면 공간을 절약하고, 북적거리는 도시에서 더 빠르게 이동할 수 있다.

> "사람이 없다면, 도시는 대체 무엇인가?"
> 윌리엄 셰익스피어, 「코리올라누스」, 1608년경

바퀴의 역사

원시 인류는 무거운 물체를 끄는 대신 굴리면 더 옮기기 쉽다는 사실을 깨달았다. 바퀴가 개발되기까지는 수천 년의 시간이 걸렸다. 지난 3,500년 동안 바퀴가 없었다면 많은 발명품이 탄생하지 못했을 것이다.

> "우리는 가장 위대한 발명가들에 관해 잘 모른다. 과연 누가 바퀴를 발명했을까?"
>
> 아이작 아시모프
> (미국 과학 소설가), 1988년

바퀴를 발명하다

우리는 주변에서 바퀴를 흔하게 볼 수 있다. 따라서 바퀴가 없었던 때를 상상하기가 어렵다. 오늘날 우리가 볼 수 있는 바퀴가 어떻게 발전해 왔는지 정확히 아는 사람은 없다. 하지만 고고학자들은 수천 년 전에 통나무와 썰매를 이용한 것에서 바퀴가 시작되었다고 추측한다.

통나무 굴리기
고대 수메르인들은 큰 물건을 둥근 통나무 위에 올려 굴리면 더 쉽게 옮길 수 있다는 사실을 깨닫는다.

간단한 썰매
수메르인들은 통나무 사용의 불편함을 없애고자 썰매를 개발한다. 썰매 날 앞부분을 곡선으로 처리해서 좀 더 쉽게 끌 수 있도록 만든다.

썰매와 통나무가 만나다
수메르인들은 썰매가 땅보다는 롤러 위에서 더 부드럽게 미끄러지는 것을 보고는 썰매와 통나무를 결합시킨다.

홈 만들기
시간이 지나자, 통나무와 결합한 썰매가 움직이면서 통나무에 홈이 생긴다. 이 홈은 썰매가 흔들리지 않고 제자리를 지키는 데 도움을 준다.

초기의 바퀴
수메르인들은 디자인을 개선하기 위해 통나무를 조금씩 깎아 두 개의 바퀴와 차축을 만든다. 그런 후 썰매에 달린 고리를 차축에 걸어서 고정시킨다.

최초의 수레
수메르인들은 차축에 각각의 바퀴를 고정시키고, 차축에 구멍을 뚫어서 썰매를 단단히 장착시킨다.

최초의 바퀴
최초의 바퀴는 도공들이 만든다. 도공들은 기원전 3500년경부터 전 세계 여러 문화권에서 등장한다. 사람들은 진흙을 굳혀서 만든 바퀴 덕분에 더 질 좋은 그릇과 항아리를 만들 수 있게 된다.

기원전 3500년경

수송용 바퀴
초기의 수송용 바퀴는 메소포타미아에서 발견할 수 있다. 수레에서 단단한 나무로 만들어진 바퀴 덕분에 사람들은 단단한 나무에 만들어진 바퀴 덕분에 전보다 더 쉽게 이동할 수 있게 된다.

기원전 3500년경

바큇살이 달린 바퀴
고대 이집트인들은 바큇살을 만들면 바퀴가 더 가벼워진다는 사실을 알아낸다. 이집트인들은 이 바큇살이 달린 바퀴를 이용해 전투에서 적군을 앞지르거나 좀 더 빨리 물건을 실어 나를 수 있게 된다.

기원전 2000년경

기어
기어는 기계의 속도와 힘을 증가시키기 위해 맞물려 돌아가는 톱니바퀴를 말한다. 기원전 4세기에 중국에서 최초로 등장한다. 이후에는 전차, 시계, 자동차, 자전거와 같은 기계에 쓰이게 된다.

기원전 4세기

아르키메데스의 나선식 펌프
고대 그리스의 발명가 아르키메데스는 낮은 곳에서 높은 곳으로 물을 끌어올려 관개하는 나선식 펌프를 개발한다.

기원전 3세기

수차
수차가 발명되면서 곡식을 가는 방식이 바뀐다. 이 기구는 사람의 힘이 아니라 빠르게 흐르는 시냇물을 이용한다. 풍차는 약 700년 뒤인 기원후 600년경에 발명된다.

기원전 100년경

페니 파딩
페니 파딩은 앞바퀴가 큰 자전거여서 빠른 속도를 낼 수 있었지만, 위험하다. 1880년에 '안전 자전거'가 도입되자, 페니 파딩은 인기를 잃는다.

아스트롤라베
아스트롤라베는 바퀴를 이용해 밤하늘에 나타나는 별의 위치를 찾는 천문 관측 기구다. 항해가들이 길을 찾거나 천문학자들이 별을 구별하는 데 도움을 준다.

기원후 500년경

관성 바퀴
관성 바퀴는 바퀴의 가장 중요한 기술적 발전을 잘 보여 준다. 이 바퀴는 자동차나 우주선에서 에너지를 축적하는 데 사용된다. 이 무거운 바퀴는 회전하기 때문에 기계의 운동량을 증가시키고, 회전 에너지를 저장할 수 있다.

1100년경

기계식 시계
기어의 회전을 조절할 수 있는 기계 장치가 발명되면서 기계식 시계가 발전한다. 기계식 시계의 시곗바늘은 일정한 간격으로 똑딱거린다.

1300년경

프로펠러
이탈리아의 예술가이자 발명가 레오나르도 다빈치는 아르키메데스 나선식 펌프의 원리를 적용해 상승력을 만들어 내는 헬리콥터를 고안한다. 다빈치의 아이디어는 배와 비행기를 앞으로 나아가게 하는 데 사용하는 날개짓이 필요 없는 프로펠러로 발전한다.

1493년

산업 혁명
산업 혁명 기간에 많은 신기술이 태어난다. 바퀴는 원자력, 방적기, 증기 기관과 같은 기계 장치나 발명품의 발전에 매우 중요한 역할을 한다.

1760년

전동기
사용 가능한 최초의 전동기는 독일의 아크바이 전동기는 독일의 아크바이 모리츠 야코비가 개발한다. 이것은 전기 에너지를 기계 에너지로 전환한다. 전동기는 오늘날 우리가 사용하는 수많은 기계의 모터로 발전한다.

1834년

공기 타이어
자전거들은 공기 타이어가 발명되기 전에는 나무 바퀴나 딱딱한 고무바퀴가 달린 자전거를 타고 울퉁불퉁한 길을 불편하게 가야만 했다. 공기 타이어는 공기도 가득 차 있어 훨씬 승차감이 좋다.

1888년

전차
초기의 전차는 제1차 세계 대전 때 영국군이 개발한다. 전차는 양쪽에 두 개의 기어로 제작되는데 이것은 연속적인 무한 트레드를 받지나 고르지 않은 지형을 극복하는 데 도움을 준다. 무장한 이동식 무기로 제작된 이러한 종류의 바퀴를 사용하는 차량은 수많은 군용 차량에 큰 영향을 미친다.

1915년

문자의 역사

음성 언어는 선사 시대부터 존재해 왔다. 전 세계의 문명들은 무역에 관한 기록을 위해 각자 문자 언어를 발명했다. 문자 언어를 통해 지식을 모으고, 먼 거리에 있는 사람들이 서로 지식을 전달할 수 있었다. 오늘날 우리가 수천 년 전에 살았던 사람들의 생각을 알 수 있는 것도 문자 언어 덕분이다. 특히, 한국의 문자인 한글은 과학적이고 독창적이어서 그 우수성을 국제적으로 인정받고 있다.

기원전 3300년경

세계 최초의 문자
이집트인들은 약 700~800개의 그림 부호 체계이며 단어, 소리, 생각을 나타내는 상형 문자를 발명한다.

기원전 650년경

로마자
이탈리아에서 로마인들은 자신의 언어인 라틴어에 그리스 문자를 적용시킨다. 로마자는 점점 세계에서 가장 널리 사용하는 문자가 된다.

기원전 800년경

그리스 문자
그리스인은 페니키아 문자를 받아들이고 모음자를 추가한다. 그리스 문자는 총 24자이고, 보통 왼쪽에서 오른쪽으로 쓴다.

기원전 800년경

브라흐미 문자
브라흐미 문자는 인도에서 만들어지고, 자음자에 모음자를 붙여서 사용한다. 이 문자는 이후에 등장하는 약 200개 아시아 문자의 조상이 된다.

기원전 300년경

마야 문자
중앙아메리카에서 마야족은 의미만이 아니라 음절을 나타내는 문자 체계를 개발한다. 이들은 기념적인 비문을 새기고, 화병에 글자를 남긴다. 또한 무화과나무 껍질에 글을 쓴다.

기원전 150년경

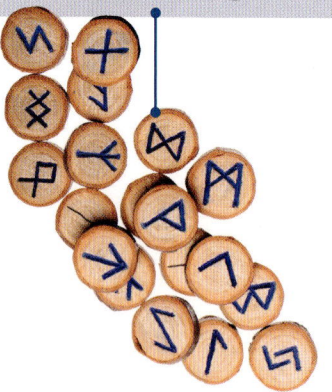

룬 문자
스칸디나비아반도와 오늘날 독일 지역에 살던 사람들은 24자인 룬 문자를 사용하기 시작한다. 이 문자 체계는 로마 알파벳의 영향을 받지만, 직선을 사용해서 나무나 돌 위에 쉽게 새길 수 있다.

기원후 3세기

아라비아 문자
아랍인은 28자로 된 알파벳을 만들고, 글자를 오른쪽에서 왼쪽으로 쓴다. 아라비아 문자는 이슬람교의 확산과 더불어 북아프리카와 아시아의 많은 지역에서 받아들여진다.

기원전 3200년경

설형 문자
메소포타미아(36~37쪽 참고)의 수메르인들은 점토에 갈대 가지로 모양을 새겨 넣는 문자 체계인 설형 문자를 발명한다.

기원전 2600년경

인더스 문자
인도의 인더스 사람들은 오늘날까지도 해독되지 않은 문자를 발명한다. 이 문자는 오른쪽에서 왼쪽으로 쓰인다는 증거가 남아 있다.

기원전 2500년경

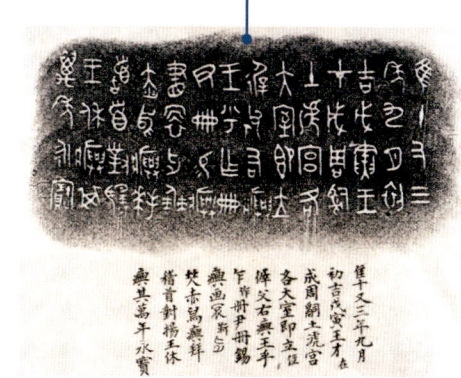

중국 문자
초기의 중국 문자는 뼈나 거북 껍질에 새겨진다. '표의 문자'라고 불리는 그림 기호를 사용하는데, 이는 각각 하나의 의미나 사물을 나타낸다. 이 문자에는 소리 기호가 없다.

기원전 1200년경

페니키아 문자
동부 지중해 연안 출신인 페니키아인은 원시 시나이 문자를 단순화시킨다. 이들은 자음을 나타내는 22자를 사용한다. 이 문자는 나중에 히브리 문자, 아라비아 문자, 그리스 문자 체계에 영향을 준다.

기원전 1850~1650년경

최초의 알파벳
이집트 동부에서 최초의 알파벳인 원시 시나이 문자(원시 가나안 문자)가 만들어진다. 이집트 상형 문자에 기초해 글을 쓰려면 30개 미만의 알파벳만 알면 된다.

로제타석
로제타석은 글자가 새겨진 현무암 비석이다. 1799년, 이집트에서 프랑스 군인들이 발견한다. 기원전 196년에 제작되는데, 동일한 글이 고대 그리스 문자, 상형 문자, 데모틱 문자(고대 이집트의 속용 문자)로 각각 새겨져 있다. 1822년, 프랑스의 언어학자 장 프랑수아 샹폴리옹은 로제타석에 새겨진 글자를 이용해 당시까지 해독하지 못하던 상형 문자를 읽어 낸다.

5세기

일본 문자
일본인들은 중국 문자를 수용해 간지라는 문자를 만들어 낸다. 이들은 음절을 표시하는 히라가나와 가타카나라는 문자도 개발한다. 결국 일본은 세 가지 문자 체계를 가지게 된다.

860~880년경

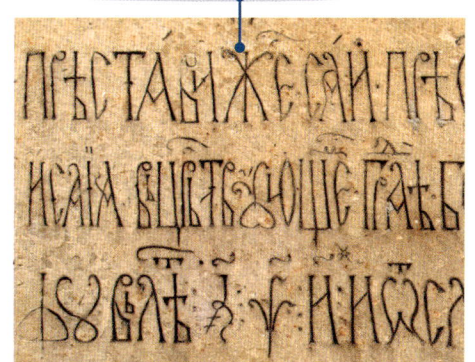

슬라브 문자
불가리아의 기독교인들은 그리스 문자를 받아들여 글라골 문자와 키릴 문자를 만든다. 이들은 중유럽과 동유럽에서 슬라브어로 『성경』을 번역한다. 키릴 문자는 나중에 현대 러시아 문자로 진화한다.

고대 세계

기원전 3000~기원후 500년

고대 세계

초기 문명들은 서아시아의 티그리스강과 유프라테스강, 이집트의 나일강처럼 농사를 지을 수 있는 큰 강 유역에서 문화를 발전시켰다. 기원전 3000년 이후 기술이 발전하고 교역이 확대되면서 유럽과 동아시아 전역에도 거대한 제국들이 생겨났다. 이처럼 새로운 사회가 형성되면서 많은 사람이 토지와 자원을 차지하기 위해 서로 갈등을 빚었다.

기원전 2500년경
메소포타미아에서 라가시와 움마 사이에 최초로 기록된 전쟁이 일어나다.

기원전 950~612년경
메소포타미아의 아시리아인들이 이집트 지역에서 서아시아 지역까지 제국을 건설하다.

기원전 550년
키루스 2세가 서아시아를 기반으로 페르시아 제국을 건설하다.

기원전 490~479년
페르시아인들이 그리스 정복을 위한 두 번의 시도를 성공시키지 못하다.

기원전 2589~2566년
이집트인들이 기자에 대(大) 피라미드를 세우다.

기원전 2333년
단군왕검이 고조선을 건국하다.

기원전 1900년경
아무르인이 바빌론이 통치하는 메소포타미아 지역 대부분을 정복하다.

기원전 509년경
이탈리아의 로마인들이 자신들의 왕을 타도하고, 도시의 영향력을 확대하기 시작하다.

기원전 508년
그리스의 아테네인들이 최초로 민주주의 체제를 수립하다.

기원전 450~50년경
오늘날 스위스 지역에서 켈트족의 라 텐 문명이 발전하다.

메소포타미아
초기 도시들은 서아시아의 메소포타미아로 알려진 역사적인 지역에 세워진다(36~37쪽 참고). 이 지역에서 농경과 바퀴가 발명된다.

파라오의 땅
파라오로 알려진 군주가 다스린 고대 이집트(40~41쪽 참고)는 왕실의 무덤인 거대한 피라미드를 세운다.

고대 그리스
위대한 사상가들은 고대 그리스(52~53쪽 참고)의 도시 국가 중 하나인 아테네에서 초기 철학과 민주주의를 발전시킨다.

켈트족
유럽 중부와 서부로 퍼져 나간 켈트족(58~59쪽 참고)은 독자적인 문화를 가진 전사들이다. 이들은 금속 공예의 장인들이기도 하다.

도자기
도자기를 만드는 공정은 선사 시대에 처음으로 등장한다. 하지만 완성된 형태의 도자기 디자인은 고대 세계, 특히 그리스에서 나온다. 그리스의 암포라(항아리) 같은 유물은 역사학자들에게 고대 세계의 의상, 전설, 사회 모습에 관한 여러 시각 자료를 제공한다.

기원전 321~185년
인도 남부의 찬드라굽타가 북부 지방을 침입해 마우리아 제국을 건설하다.

기원전 202~기원후 220년
한나라가 중국을 400년 이상 다스리다.

기원전 57~18년
신라, 고구려, 백제가 건국되다.

기원전 27년
내전 이후 옥타비아누스가 로마의 첫 번째 황제가 되고, 새로운 칭호인 아우구스투스를 얻는다.

기원후 320년경
찬드라굽타 1세가 인도 북부의 갠지스강을 정복해 굽타 왕조를 세우다.

기원전 336~323년
마케도니아의 알렉산드로스 대왕이 그리스를 통합하고 페르시아 제국을 정복하다. 동쪽으로 인도 옆까지 그리스 도시들이 세워지다.

기원전 221년
진나라 왕이 중국을 통일하고 시황(최초의 황제)이 되다.

기원전 30년
로마인들이 이집트를 정복하면서 파라오의 통치가 끝나다.

기원후 79년
이탈리아의 베수비오산이 폭발하면서 폼페이와 헤르쿨라네움이 파괴되다.

기원후 476년
로마가 게르만족의 침입으로 멸망하지만, 제국 동쪽은 비잔티움 제국으로 살아남다.

페르시아 제국
서아시아를 중심으로 발전한 페르시아 제국(60~61쪽 참고)은 여러 지방으로 나뉜다. 각 지방은 '사트라프'라는 태수가 다스린다.

중국 제국
진시황이 최초로 황제의 나라를 건설한다(68~69쪽 참고). 이후에 역대 황제 국가들이 2,000년 동안 중국을 지배한다.

로마
로마(72~73쪽 참고)는 이탈리아의 조그마한 언덕 도시에서 시작된다. 이후에는 유럽, 북아프리카, 서아시아의 대부분을 차지하는 제국의 수도가 된다.

고대 인도
힌두교와 불교의 영향을 크게 받은 일련의 제국들이 인도 아대륙(82~83쪽 참고)에서 등장한다.

메소포타미아

메소포타미아는 '두 강 사이의 땅'이라는 뜻이다. 여기에서 두 강은 티그리스강과 유프라테스강을 가리킨다. 5,000여 년 전, 이곳에 최초의 도시가 건설되었다. 메소포타미아인들은 조직화된 종교, 계급, 군대, 법률 등과 같은 여러 문명의 특징을 만들어 냈다.

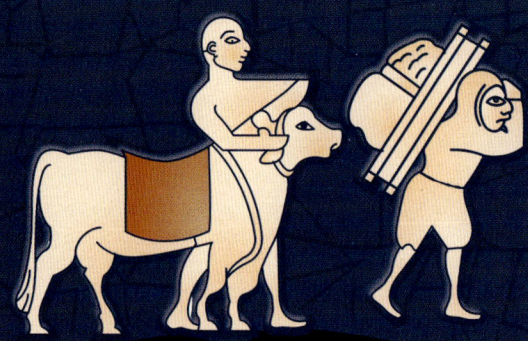

문명이 시작되다
북부 메소포타미아의 농경민들이 밭에 물을 공급하는 체계를 발전시킨다. 메소포타미아의 채색 도자기가 근동 지역에 수출된다.

기원전 6000 ~4000년경

바빌로니아인
서쪽 사막에서 온 아무르인이 바빌론의 통치하에 있던 메소포타미아 지역 대부분을 정복한다. 아무르인은 바빌로니아인으로 알려지고, 이들이 세운 새 제국은 바빌로니아라고 불린다.

지구라트
지구라트는 우르, 에리두, 니푸르, 우루크에 처음 세워진다. 이 거대한 석조 건축물은 종교적인 제사를 지내는 공간이다.

아카드인
아카드(북부 메소포타미아의 한 지역)의 왕 사르곤이 수메르 전체를 정복하고, 최초로 제국을 건설한다. 메소포타미아에서는 점차 수메르어 대신 아카드어를 사용하기 시작한다.

기원전 1900년경 **기원전 2100년경** **기원전 2350년경**

함무라비 법전
바빌로니아를 통치한 함무라비 왕은 함무라비 법전으로 유명하다. 이 법전은 초기 관례에 기초했지만, 그는 정의의 신 샤마슈로부터 개인적으로 계시받은 것이라고 주장한다.

히타이트인과 카시트인
히타이트인들과 카시트인들은 철제 무기와 말이 끄는 빠른 전차를 이용해 바빌로니아를 침공한다. 카시트인들은 바빌로니아를 정복한 후 500년 동안 다스린다.

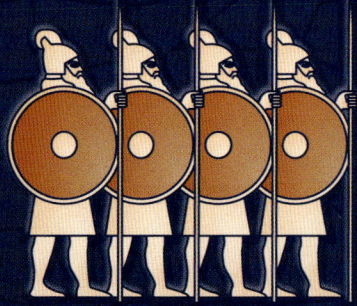

아시리아인
북부 메소포타미아의 아시리아인들은 이집트에서 페르시아(오늘날 이란) 서쪽에 걸친 제국을 세운다. 이들이 사용하는 아람어는 근동 지방에서 표준어가 된다.

기원전 1792~1750년 **기원전 1595 ~1530년경** **기원전 950 ~612년경**

수메르
북부 메소포타미아인들은 남쪽의 평원으로 이주한다. 나중에 이 지역은 수메르라 불린다. 이들은 큰 마을들을 세우고 최초의 신전을 짓고 도자기 돌림판을 발명한다.

최초의 도시
우루크에 있는 여러 마을이 하나로 합쳐져 최초의 도시가 형성된다. 사람들은 도시 주변에 성벽을 쌓고, 기념비적인 건축물을 세운다. 계층은 사제, 상인, 수공업자 등으로 분화된다.

왕과 문자
10여 개의 도시 국가가 등장한다. 각 국가는 엔시(왕)가 통치한다. 왕궁에 사는 엔시는 자신이 지역 신을 대신해 나라를 통치한다고 주장한다. 설형 문자(31쪽 참고)가 발명된다.

기원전 5000년경 | **기원전 4500년경** | **기원전 3300 ~3100년경**

전쟁
라가시와 움마 사이에 역사상 기록된 최초의 전쟁이 일어난다. 위는 전쟁에서 승리한 라가시의 왕 에안나툼이 군사를 이끌고 행진하는 모습이다.

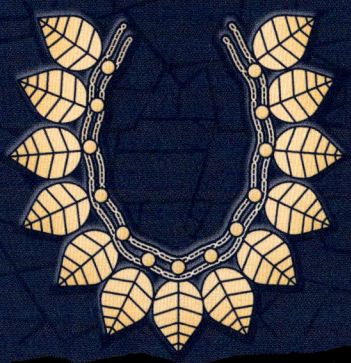

우르의 왕릉
우르(오늘날 이라크)의 왕과 왕비는 금, 은, 청금석, 홍옥수로 만든 보물과 함께 무덤에 안치된다. 무덤 안에는 순장된 하인들의 시신도 들어 있다.

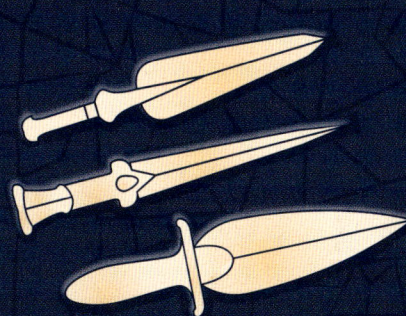

청동기
수메르인들은 구리와 주석을 섞어서 청동을 만드는 법을 알아낸다. 이들은 청동으로 도구와 무기를 만들고, 조각 작품을 창작하기도 한다.

기원전 2500년경 | **기원전 2750 ~2400년경** | **기원전 3000년경**

아시리아가 멸망하다
바빌로니아인들과 메디아인들은 아시리아의 통치에 저항해 광범위하게 반란을 일으킨다. 아시리아의 도시들은 불에 타고, 바빌로니아가 아시리아 제국을 장악한다.

키루스 2세
페르시아의 키루스 2세는 바빌로니아 제국을 정복한다. 그는 바빌로니아의 주신인 마르두크를 대신해 통치한다고 주장한다.

우르의 군기(軍旗)
기원전 2500년경에 만들어진 이 상자(아래)는 우르의 왕릉에서 발굴된다. 모자이크 장식은 초기 메소포타미아인들의 생활 모습을 보여 준다. 보이는 쪽 면은 전쟁을 묘사하고 있고, 반대쪽 면은 평상시의 모습을 나타낸다.

기원전 614 ~612년 | **기원전 539년**

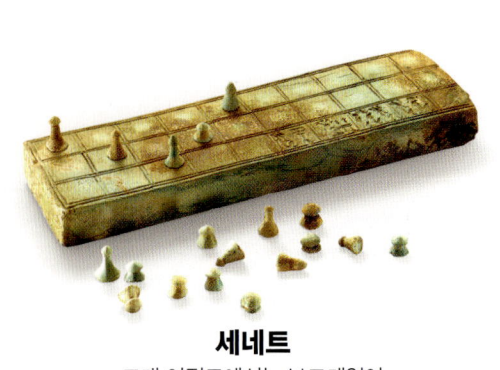
세네트
고대 이집트에서는 보드게임이 인기를 끈다. 어떤 왕족은 게임으로 무덤에 매장되는 것을 결정한다. 고대 이집트인들은 30개의 정사각형이 그려진 보드 위에서 펼쳐지는 세네트를 좋아한다.

우르의 왕족 놀이
사면체 주사위와 일곱 개의 말 두 세트를 가지고 20개의 정사각형이 그려진 보드 위에서 펼쳐지는 놀이다. 자기편 말이 보드의 이쪽 끝에서 저쪽 끝까지 이동하면 이기는 게임이다.

노트 앤 크로스
로마 제국에서는 일종의 노트 앤 크로스 게임이 널리 유행한다 (오늘날에는 틱택토 놀이로 알려져 있다). 로마 버전은 테르니 라필리 ('한 번에 세 개의 조약돌'을 뜻한다)라 불린다.

기원전 3500년경 → **기원전 2600년경** → **기원전 1세기**

체스
기술과 전략이 필요한 체스는 북부 인도 또는 중앙아시아 지역에서 처음 시작된다. 이 놀이는 인도와 서아시아의 페르시아 사이에 무역로가 확장되면서 1000년경에 유럽으로 전해진다.

기원전 2800년경

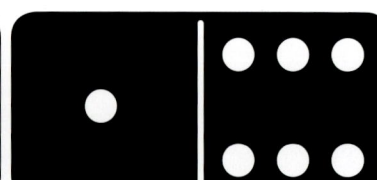
주사위
사람들은 수천 년 동안 주사위 같은 물건을 던지면서 논다. 가장 오래된 주사위는 청동기 시대의 도시인 샤흐르이 쇼흐타에서 유래되었다고 한다. 주사위는 곧 널리 퍼진다.

기원전 500년경

바둑
중국에서 발명된 바둑은 백돌과 흑돌을 격자판 위의 교차점 위에 번갈아 놓으면서 펼쳐지는 놀이다. 오래된 보드게임 중 하나이며, 오늘날에도 여전히 인기가 많다.

600년경

기원후 4세기

파치시
인도의 파치시라는 놀이는 열십자 모양의 보드 위에서 펼쳐진다. 예닐곱 개의 카우리 조개껍데기를 던져서 보드에서 말을 얼마나 이동할지 정한다. 아크바르 황제는 거대한 보드를 만들어 그 위에서 실제 사람을 게임의 말처럼 이동시킨다.

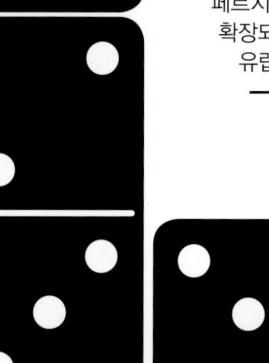

놀이의 역사

사람들은 수천 년 동안 둘러앉아서 함께 놀이를 즐겼다. 고대 이집트에서는 보드게임이 인기가 많았고, 고대 중국에서는 카드 게임이 만들어졌다. 오늘날 사람들은 새로운 환상의 모험 이야기와 함께 옛 놀이를 즐긴다. 주사위를 굴리고 카드를 선택하는 게임을 통해 오락과 경쟁을 동시에 즐길 수 있다.

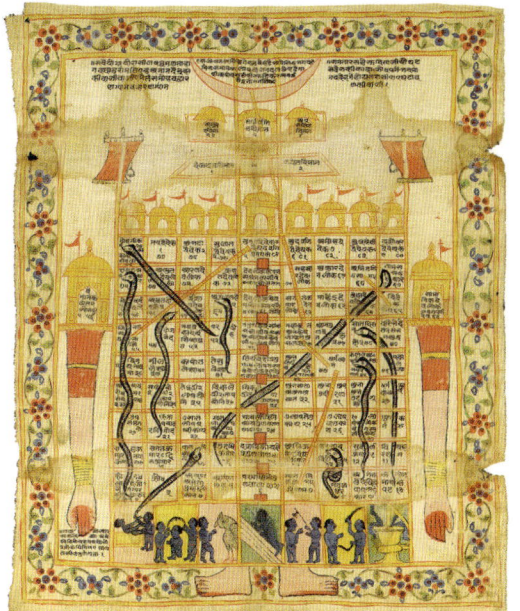

도미노
12세기에 중국인들은 각 면에 숫자를 나타내는 점들을 새긴 양면의 패를 만든다. 이것은 이탈리아에서 '도미노'라는 이름이 붙고, 다양한 게임에서 사용된다.

뱀과 사다리
원래 목샤팟이라 불리는 이 보드게임은 인도의 성인 갼데브가 발명한 놀이다. 아이들이 선과 악의 차이를 이해하는 데 도움을 준다. 사다리는 선을, 뱀은 악을 상징한다.

13세기경

현대 보드게임
보드게임은 가족이나 친구들과 함께 즐길 수 있는 단체 활동으로 재발견된다. 보드게임을 즐기는 사람들이 급증하면서 새로운 게임도 많이 만들어진다.

21세기

롤플레잉 게임
영화 〈던전 드래곤〉 개봉과 함께 판타지 롤플레잉 게임이 인기를 얻는다. 전 세계 팬들이 이 게임은 인간이 아닌 캐릭터와 마법 이야기를 기반으로 한다.

1974년

모노폴리
미국인 엘리자베스 메기는 아이들을 대상으로 자본주의의 함정을 경고하기 위해 '땅 주인의 게임'을 발명한다. 메기의 원래 보드에는 가상의 거리 이름이 사용되지만, 나중에는 전 세계 도시의 실제 이름을 따온다.

1904년

카드놀이
카드놀이는 중국에서 발명된다. 이 놀이가 유럽에 상륙할 당시 카드에 그려진 그림은 컵, 금화, 칼, 폴로 스틱이다. 오늘날 우리에게 익숙한 카드(하트, 다이아몬드, 스페이드, 클럽)는 1480년쯤 프랑스에서 표준화된다.

9세기

마작
마작은 중국에서 처음 개발된다. 패를 놓으며 즐기는 이 게임은 아시아 전역에서 인기를 얻는다. 보통 중국어 부호가 새겨진 144개의 패를 가지고, 기술과 전략을 펼치는 게임이다.

1870년

스크래블
미국의 건축가 앨프리드 버츠는 스크래블이라는 게임을 발명한다. 이것은 보드 위에 알파벳이 새겨진 타일로 단어를 만들면 점수를 얻는 게임이다. 이 게임은 1950년대에 큰 인기를 얻으며 불티나게 팔린다.

1933년

클루도
이 범죄 미스터리 보드게임은 영국의 음악가 앤서니 E. 프랫이 만들어 낸다. 게임 참가자들은 단서를 통해 그들 중 누가 살인을 저질렀고, 범죄는 어디에서 발생했으며, 어떤 무기가 사용되었는지 밝혀야 한다.

1944년

고대 이집트

이집트인들은 기원전 3000년경에 최초의 중앙 집권 국가를 세웠다. 이 나라는 '파라오'로 알려진 왕이 다스렸다. 그는 지상에서 신들의 대리인으로 여겨졌다. 이집트인들은 3,000년 동안 리넨으로 만든 흰색 의복을 입었고, 같은 언어를 사용했다. 또한 매년 나일강의 범람에 따라 일정한 주기로 노동했다.

> "오 나일강이여, 만세로다! ……
> 오라, 오 나일강이여, 오라
> 영원히 번성하라!"
> 〈나일강 찬가〉, 기원전 2100년경

기원전 2181~2040년

암흑기
전쟁과 가뭄으로 고왕국이 몰락한 이후 제1중간기 시대라 불리는 분열의 시기가 찾아온다. 이 시기에는 왕권이 기울면서 기념비적인 건축 프로젝트가 거의 진행되지 않는다.

기원전 2589~2566년

대 피라미드
파라오 쿠푸는 기자에 대 피라미드를 세운다. 이것은 오늘날까지 세계에서 가장 높은 피라미드로 남아 있다. 당시 백성들은 돌을 나르거나 식량을 제공하는 등 피라미드를 세우는 데 동원된다.

기원전 2040~1674년

중(中)왕국
멘투호테프 2세가 이집트를 재통일한다. 후대 역사가들은 당시 이집트를 중왕국이라고 부른다. 이 시기에는 미술과 문학 분야에서 뛰어난 작품이 많이 나온다. 이를 통해 고대 이집트인들의 일상을 엿볼 수 있다.

멘투호테프 2세

기원전 1674년

힉소스
서아시아에서 온 민족인 힉소스는 북부 이집트로 이동해 중왕국을 무너뜨린다. 이들은 말이 끄는 전차와 같은 새로운 전투 기술을 소개한다. 힉소스가 북부 지역을 지배하는 동안, 이집트의 파라오는 남부 지역을 계속 통치한다.

기원전 332~30년

프톨레마이오스 왕조
이집트는 마케도니아 출신인 15명의 파라오가 통치한다. 이들은 모두 프톨레마이오스라고 불린다. 이 시기 이집트의 수도는 알렉산드로스 대왕이 지중해 연안에 세운 알렉산드리아이다. 마지막 통치자는 클레오파트라 여왕이다. 이후 로마가 이 왕조를 정복하면서 고대 이집트의 통치는 끝난다.

클레오파트라가 새겨진 동전

기원전 664~332년

외부 세력의 통치
이집트는 왕조 말기에 외부 세력의 통치를 받는다. 첫 번째 침략자는 누비아인들이고, 아시리아인들과 페르시아인들이 뒤를 잇는다. 마지막으로 기원전 332년, 마케도니아의 알렉산드로스 대왕이 이집트를 통치한다.

기원전 1279~1213년

람세스 2세
람세스 2세는 놀랍게도 66년간 이집트를 통치하고, 약 100명의 자녀를 낳는다. 그는 자신의 모습을 새긴 거대한 조각상을 많이 만들고, 아부심벨에 신전을 세워 신으로 숭배받는다.

기원전 4500년경

최초의 정착

농사를 짓는 사람들이 나일강 주변 마을에 정착한다. 이들은 밀과 보리를 재배하고, 소와 양을 키우며, 몸통은 붉고 주둥이 부분이 검은 세련된 도기를 만든다. 이 초기 문화는 1923년에 발굴된 엘 바다리 유적의 이름을 따서 '바다리 문화'라고 불린다.

기원전 3300년경

초기 문자

이집트인들은 최초의 문자 체계인 상형 문자를 발명한다. 상형 문자는 뜻, 말, 음성을 나타내는 수백 개의 그림 부호를 사용한다. 이 문자는 돌에 새겨지거나 파피루스 위에 그려진다. 파피루스는 나일강 유역의 갈대로 만든 일종의 종이다.

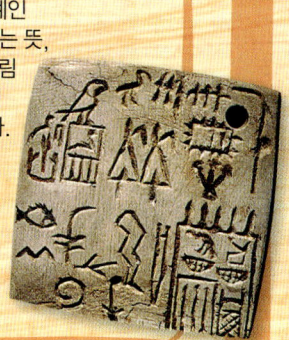

목판에 새겨진 초기 상형 문자

기원전 2667~2648년

계단식 피라미드

파라오 조세르는 역사가들이 고(古)왕국 시대라고 부르는 시기의 첫 통치자다. 그는 최초의 피라미드를 세운다. 이것은 죽은 뒤에도 영원히 살도록 왕의 시신을 미라로 보존하는 왕실 무덤이다. 조세르의 피라미드는 경사면이 계단식으로 되어 있고, 이집트 최초의 역사적인 석조물이다.

기원전 3100년경

통일 왕국

두 왕국의 이집트가 한 왕의 통치 아래 통일된다. 첫 번째 왕은 나르메르라고 불린다. 그는 예술 작품에서 상(남부) 이집트의 왕관과 하(북부) 이집트의 왕관을 쓰고 적을 무찌르는 용사로 묘사된다.

상 이집트의 흰색 왕관을 쓰고 있는 나르메르

하 이집트의 붉은색 왕관을 쓰고 있는 나르메르

기원전 1552~1069년

신(新)왕국

테베의 통치자 아흐모세는 힉소스를 몰아내고 이집트를 재통일하면서 신왕국을 세운다. 파라오는 이제 피라미드가 아니라 테베 서쪽 사막 지역에 있는 왕가의 계곡에 매장된다. 테베의 신인 아몬-레는 이집트의 주신이 된다.

아몬-레의 초상

기원전 1506~1425년

이집트 제국

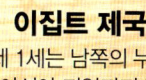

투트모세 1세는 남쪽의 누비아뿐만 아니라 서아시아 지역까지 적극적으로 통치력을 확장한다. 이집트 제국은 그의 후계자인 투트모세 2세와 투트모세 3세의 통치 아래에서 계속 성장한다.

투트모세 1세

기원전 1336~1327년

투탕카멘

파라오 투탕카멘의 통치 아래 옛 종교가 회복된다. 18세에 죽은 투탕카멘은 보물이 가득한 무덤에 매장된다. 1922년에 발견된 투탕카멘의 무덤은 지금까지 유일하게 도굴되지 않은 이집트 왕가의 무덤이다.

기원전 1348~1336년

태양 숭배

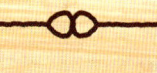

파라오 아크나톤은 기존의 신전을 폐쇄하고 태양신인 아톤 숭배 사상을 도입하면서 이집트의 종교를 전면적으로 바꾼다. 그는 아케타텐(오늘날 엘 아마르나)이라는 새 수도를 세우고, 태양 숭배를 위한 야외 신전을 둔다.

고대 유적

선사 시대에는 사람들이 대부분 사냥과 채집을 위해 이동하면서 생활의 흔적을 거의 남기지 않았다. 이들은 농사를 지은 뒤부터 비로소 무덤이나 신전 같은 건축물을 세우기 시작했다. 대부분은 단순한 구조물이었지만, 일부 건축물은 수백 명의 노동력이 필요할 정도로 거대한 규모로 지어졌다. 이를 통해 강력한 지도자의 존재를 확인할 수 있다.

고인돌
서유럽에서 사람들이 고인돌을 세우기 시작한다. 고인돌은 세 개 이상의 거대한 돌을 세우고, 그 위에 평평한 돌을 올려놓은 무덤을 말한다. 이것은 흙더미나 돌무더기로 뒤덮여 있다.

기원전 4000년경

기원전 1만~9000년

최초의 신전
터키의 괴베클리 테페 사람들은 세계에서 가장 오래된 종교 건축물을 세운다. 이들은 200개 이상의 기둥으로 20개의 원을 만든다. 사냥·채집 사회에서 농경 사회로 변화하는 과정 중에 세워진 것으로 보인다.

기원전 4500~2000년경

선돌
프랑스의 브르타뉴에서 농경민들이 3,000개 이상의 거석을 긴 줄로 세운다. 이 유적은 죽은 자를 기리기 위해 세워진 것으로 추측된다.

아부심벨
파라오 람세스 2세는 이집트 남부에 있는 아부심벨에 거대한 신전을 만든다. 단단한 암석을 조각해 만든 이 신전은 세 명의 신에게 바쳐진다. 신전 입구에는 파라오의 거대한 조각상들이 나란히 앉아 있다.

기원전 1264~1244년

한반도의 고인돌
한반도에 수많은 고인돌이 세워진다. 일부는 땅 위에 세우고, 일부는 지하에 묘실을 만든다. 한국은 약 4만 5,000기의 고인돌이 세워져 있어 세계에서 고인돌이 가장 많은 나라로 유명하다.

기원전 700년

기원전 250년경

산치 대탑
인도의 산치에서 아소카왕은 부처의 유물을 보관한 거대한 돔 구조의 탑을 세운다. 이곳은 돌아다니며 기도와 명상을 하는 불교도들을 위한 순례 장소다.

기원전 200년경

촐룰라의 대(大) 피라미드
멕시코의 촐룰라 사람들은 케찰코아틀 신을 숭배하기 위해 피라미드 신전을 짓는다. 이후 이 신전은 1,000년 동안 증축되어 세계에서 가장 큰 피라미드가 된다.

뉴그레인지
아일랜드에서 사람들은 20만 톤가량의 돌을 이용해 언덕 모양의 거대한 무덤을 만든다. 무덤에는 중앙 묘실로 연결되는 긴 복도가 설치되어 있다. 복도는 한겨울 해가 뜨는 방향에 맞춰져 있어 17분 동안 묘실에 햇빛이 비친다.

스톤헨지
잉글랜드의 윌트셔에서 사람들은 거석을 둥그렇게 세워 놓는다. 어떤 돌은 웨일스에서 수백 킬로미터나 되는 거리를 끌고 온 것도 있다. 일부 돌이 한겨울 태양에 방향이 맞춰져 있어 달력의 기능을 한 것으로 추정하기도 한다.

최초의 피라미드
이집트의 파라오 조세르는 최초의 피라미드를 만든다. 이 피라미드는 여섯 층의 돌계단으로 경사면을 쌓는다. 이것은 파라오를 위한 하늘로 향하는 계단으로 여겨진다.

페루의 피라미드군(群)
페루의 카랄에서 사람들은 아메리카 최초의 피라미드군을 세운다. 이것은 조세르의 피라미드처럼 계단식이지만, 무덤보다는 신전의 역할을 한다. 피라미드군은 도시의 중앙 광장에 있다.

기원전 3200년경
기원전 2950~2500년경
기원전 2630~2611년
기원전 2600년경

피라미드군과 스핑크스
파라오 쿠푸, 카프레, 멘카우레는 기자에 이집트에서 가장 큰 피라미드군을 세운다. 카프레의 피라미드는 파라오의 머리를 가진 거대한 사자 석상인 스핑크스가 지키고 있다.

지구라트
메소포타미아 통치자들은 지구라트라고 불리는 계단식 신전을 짓는다. 각 신전은 지역 신의 거처로 여겨진다. 신전 꼭대기에는 신상을 모셔 놓은 성소가 있다.

기원전 2589~2504년
기원전 2100년경

이스터섬
태평양의 이스터섬에 사는 사람들은 족장과 조상의 모습을 새긴 석상 887개를 세운다. 석상의 눈알은 흰 산호로, 눈동자는 흑요석으로 칠하고, 모자는 붉은 돌로 만든다.

몽크스 마운드
북아메리카 사람들은 미시시피강과 미주리강, 일리노이강이 만나는 지점에 몽크스 마운드를 만든다. 흙과 점토로 쌓은 몽크스 마운드는 거대한 피라미드 형태의 언덕이다. 이곳의 바닥면은 이집트의 대 피라미드만큼 크다.

기원후 900~1200년
기원후 1113~1150년
기원후 1300~1500년

앙코르 와트
캄보디아에서 수리야바르만 2세는 자신의 무덤이 포함된 힌두교 신전인 앙코르 와트를 짓는다. 짓는 데만 30년 정도가 걸린다. 이 신전은 오늘날 세계에서 가장 큰 종교 건축물이다.

43

대(大) 스핑크스

고대 이집트인들은 무덤이나 신전처럼 중요한 장소를 지키는 스핑크스 석상을 세운다. 가장 유명한 스핑크스는 나일강 서쪽 강변에 세워진 기자의 대 스핑크스다. 사막 바닥 위로 솟은 거대한 석회암을 조각한 이 석상은 기자의 카프레 피라미드를 지킨다. 4,500년 전에 지어졌고, 세계에서 가장 크고 가장 오래된 석상이다. 이 스핑크스는 카프레로 추정되는 인간의 머리와 사자의 몸을 가지고 있다.

이야기의 역사

초기의 이야기들은 시로 구성되었다. 시의 운율과 반복 덕분에 이야기를 기억하기 쉬웠기 때문이다. 약 5,500년 전에 문자가 발명되면서 사람들은 이야기를 기록하기 시작했다. 희곡과 훨씬 나중에 등장한 소설은 이야기의 새로운 형식으로 발전했다. 오늘날 책은 여전히 인기 있는 이야기 읽기의 구성 방식이지만, 전자책이나 온라인처럼 디지털 방식으로도 이용할 수 있다.

> "이야기를 만드는 자가 세상을 지배한다."
> 아메리카 인디언 호피족의 속담

소설 속에서 손오공은 크기를 줄이거나 늘릴 수 있는 여의봉을 가지고 있다.

13세기 ↑
스칸디나비아 사가
아이슬란드의 '사가(sagas)'는 대부분 역사적인 항해, 전투나 북유럽 왕들의 이야기이다. 사가에는 난쟁이와 거인의 전설도 있다. 아이슬란드인들은 사가뿐 아니라 북유럽 신화에 나오는 토르와 로키의 이야기도 기록한다.

13~15세기 ↑
중세 모험담
의협심 강한 기사들이 모험을 떠나는 이야기를 중세 유럽의 모험담이라고 한다. 『아서왕 전설』과 『원탁의 기사들』은 중세 후반에 쓰인 모험담이다.

16세기 ↑
『서유기』
『서유기』는 부처의 두루마리를 인도에서 중국으로 가져가는 승려의 유랑 이야기를 근거로 쓴 중국 소설이다. 이 작품에는 제천대성(손오공)처럼 중국 전설 속 인물도 등장한다.

1623년 ↑
『퍼스트 폴리오』
영국의 극작가 셰익스피어는 수많은 영어 어휘를 만들어 내고, 전 세계 문학 발전에 엄청난 영향력을 미친다. 셰익스피어가 세상을 떠난 후 처음으로 그의 희곡 36편이 『퍼스트 폴리오』라는 이름의 전집으로 발간된다.

1865년 ↑
이상한 나라
영국의 성직자이자 작가인 루이스 캐럴의 『이상한 나라의 앨리스』는 특이한 대사와 기상천외한 등장인물로 가득하다. 이 책은 교육보다는 오락에 초점을 맞춘 아동 도서의 '황금기'를 불러온다.

1884년 ↑
위대한 미국 소설
미국의 소설가 마크 트웨인이 쓴 『허클베리 핀의 모험』은 당시 미국 남부의 모습과 그곳 사람들의 언어를 생생하게 그려 낸 작품이다. 미국의 정신을 잘 포착한 '위대한 미국 소설'로 여겨진다.

1887년 ↑
간단해, 왓슨
스코틀랜드의 소설가 아서 코난 도일 경은 소설 『주홍색 연구』를 통해 세계에서 가장 유명한 탐정인 셜록 홈스와 그의 조수인 왓슨 박사를 창조한다.

1914~1918년 ↑
전쟁 시인
제1차 세계 대전 때 최전선에서 싸우던 영국과 프랑스의 수많은 병사는 끔찍한 경험을 잊지 못할 시로 남긴다. 불행하게도 이들 대부분이 전장에서 고향으로 돌아오지 못한다.

 메소포타미아의 『길가메시 서사시』는 가장 오래 전해져 온 서사시다.

 고대 그리스 배우들은 자신이 연기하는 인물을 나타내는 가면을 쓴다.

 『알라딘과 요술 램프』는 18세기에 프랑스의 작가 앙투안 갈랑이 추가한다.

기원전 2100년 이후

고대 서사시
고대 사회에서는 '서사시'라 불리는 장편의 시를 만든다. 기록보다는 이야기꾼의 낭독으로 전해진 이 시들은 위대한 영웅 이야기를 통해 자신들의 문명과 문화를 찬양한다.

기원전 5세기

그리스 연극
초기 그리스 연극에는 단 한 명의 배우와 코러스(배우의 연기를 해설하는 공연자 그룹)를 둔다. 이후 극작가들이 무대에 배우를 한 명씩 추가하면서 서양 연극의 토대를 갖춘다.

기원후 8~15세기

『천일야화』
『천일야화』는 민간에서 전해져 온 이야기를 모은 설화집이다. 신드바드, 알라딘, 알리바바 등 유명한 인물 대부분은 나중에 추가된다.

1000~1012년경

최초의 소설
일본의 시녀 무라사키 시키부가 쓴 『겐지 이야기』는 최초의 소설로 여겨진다. 풀로 붙이고 접을 수 있는 종이에 쓰인 이 소설은 고대 일본 천황의 아들인 '히카루 겐지' 이야기를 다루고 있다.

18~19세기

소설이 급부상하다
소설은 매우 인기 있는 문학 분야가 된다. 유럽과 미국 작가들은 연재 형식으로 소설을 쓴다. 이들은 대중에게 좀 더 알맞은 가격으로 작품을 제공하고자 한 달에 한 번씩 나눠서 출간한다.

1812~1822년

옛날 옛적에
독일의 작가 야코프 그림과 빌헬름 그림 형제는 『백설 공주』, 『헨젤과 그레텔』 같은 독일 전래 동화를 『어린이와 가정을 위한 이야기』라는 책에 모은다. 나중에 나오는 책에서는 원작의 잔혹함과 폭력성을 줄인다.

1818년

고딕 호러
영국의 소설가 메리 셸리는 위대한 고딕 호러 중 하나인 『프랑켄슈타인』을 집필한다. 고딕 호러는 초자연적인 현상, 유령, 흉가 등을 다루는 소설 양식이다. 아일랜드의 소설가 브램 스토커가 쓴 『드라큘라』(1897)는 대표적인 후기 고딕 호러다.

1864년

공상 과학 소설
프랑스의 소설가 쥘 베른은 최초의 공상 과학 소설인 『지구 속 여행』을 출간한다. 또한 그는 공상 과학 소설의 걸작으로 꼽히는 『해저 2만 리』(1869~1870)도 출간한다.

1920년대

의식의 흐름
'의식의 흐름'이라 불리는 새로운 글쓰기 기법은 등장인물의 마음속을 파고들어 생각과 감정의 파편들을 보여 주려고 시도한다.

1950년대

탈식민주의 문학
유럽 강대국들이 제국주의 지배에서 손을 뗀다. 그러자 아프리카, 남아메리카, 아시아(특히 인도) 등 과거 식민지의 작가들이 식민 지배를 당한 경험을 글로 쓰기 시작한다.

1960년대

흑인들의 목소리
흑인 민권 운동에 영향을 받은 아프리카계 미국인들은 자신들의 경험을 글로 남긴다. 이후 아프리카계 미국인 가운데 여성 시인도 등장한다.

1997~2007년

해리 포터
영국의 소설가 조앤 K. 롤링은 해리 포터와 호그와트 마법 학교 이야기를 다룬 일곱 권의 소설을 발표한다. 이 시리즈는 약 80개의 언어로 번역되고 450만 부 이상이 판매되는 등 전 세계적인 신드롬을 일으킨다.

장신구의 역사

"나는 보석으로 꾸미는 것을 좋아하지만, 보석이 내 것이기 때문이 아니다. 당신은 보석의 광채를 가질 수 없고, 오로지 감탄하는 것밖에 할 수 없다."
엘리자베스 테일러(영국 배우 겸 보석 수집가)

아즈텍 장신구
멕시코에서 아즈텍 귀족들은 매우 단단한 화산암인 흑요석으로 만든 귀걸이, 코걸이, 입술 펜던트를 착용한다. 이들은 옥, 터키석, 조개, 깃털로 꾸민 다른 종류의 장신구도 걸친다.
1325~1521년

로마의 호박
로마인들은 호박(琥珀)의 가치를 높게 생각한다. 이들의 호박은 유럽 북동부의 발트해 연안에서 많은 양을 수입한다. 호박으로는 목걸이, 반지, 애뮬릿(착용자를 보호하는 부적)을 만든다.
기원후 100년경

켈트족의 토크
토크는 보통 금이나 청동과 같은 금속을 꼬아서 만든 무거운 목걸이나 팔찌를 말한다. 켈트족 가운데 성인층이 착용한다. 켈트족은 독일부터 영국과 아일랜드에 걸친 서유럽 지역에서 산다.
기원전 500~100년경

스키타이의 황금
중앙아시아에 사는 스키타이는 자신의 재산을 가지고 떠돌아다니던 유목 민족이다. 이들은 보석을 착용한다. 금 장신구로 갑옷과 허리를 꾸민다. 이 빗 손잡이(위)에는 전투하는 용사들이 장식되어 있다.
기원전 700년경

중국의 옥
고대 중국에서는 단단하고 부드러운 옥이 여겨진다. 더 귀하게 이름다운 뽑만 아니라 빛깔이 아름다운 특별히 준다는 믿었기 때문이다.
기원전 1000년경

인더스의 장신구
기원전 3000~300년경

초기 장신구
기원전 10만 년경

인류는 조개나 깃털처럼 단순한 물건이든 금은처럼 값비싼 귀금속이든 늘 장신구를 착용했다. 플라스틱처럼 현대에 등장한 소재는 장신구의 영역을 확장시켰다. 역사를 통틀어 사람들이 장신구를 착용하는 이유는 다양하다. 어떤 사회에서는 악귀를 물리치거나 부와 지위를 과시하는 용도로 장신구를 사용했다. 단순히 장식품으로 사용하기도 했다.

스포츠의 역사

스포츠의 역사는 수천 년 전 고대인들이 구기 경기를 하면서 시작되었다. 시간이 지나면서 새로운 스포츠 종목이 생겨나고, 국제적인 경기 대회도 열리기 시작했다. 오늘날 스포츠는 몸과 마음을 단련하는 주된 원천이고, 관중을 위한 오락거리다. 또한 전 세계적으로 수많은 운동선수가 자신들의 기량을 시험하는 방식이기도 하다.

볼링의 시작
5,000년 전, 이집트 무덤에서 고대 공과 핀이 발견된다. 10개의 핀을 사용하는 볼링은 1841년 미국에서 처음 시작된다.

기원전 3200년

고대 구기 경기
마야인들은 빠른 구기 경기인 '피츠'를 즐긴다. 이 경기의 목표는 손이나 발을 사용하지 않고 고무공을 돌로 만든 고리에 통과시키는 것이다. 아즈텍족, 잉카족, 올메카족도 비슷한 경기를 즐긴다.

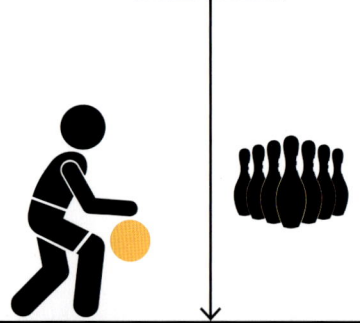

기원전 2000년경

월드 시리즈
미국의 야구 리그인 아메리칸 리그와 내셔널 리그가 연말에 처음으로 챔피언십을 두고 맞붙는다. 이것이 오늘날 알려진 월드 시리즈의 기원이다.

1903년

근대 올림픽 대회
프랑스의 귀족 피에르 드 쿠베르탱이 고대 올림픽 대회를 부활시킨다. 대회는 그리스 아테네에서 개최되고, 14개국 약 240명의 선수가 참가한다. 대회 종목으로는 수영, 사이클, 역도, 레슬링, 육상 경기 등이 있고, 마라톤 경기가 최초로 실시된다.

1896년

축구 리그
최초의 축구 리그 경기가 영국에서 개최된다. 이 경기에는 12개 팀이 참가한다. 시즌 마지막에는 프레스턴 노스 엔드 팀이 우승의 명예를 거머쥔다.

1888년

탁구
영국 빅토리아 시대 사람들은 겨울철에 집 안에서 식탁을 테니스 코트로 바꿔 처음으로 핑퐁(또는 탁구로 알려진) 게임을 즐긴다. 샴페인 코르크를 공으로 사용한다.

1880년대

투르 드 프랑스
투르 드 프랑스가 처음으로 개최된다. 사이클 신문인 〈로토(L'Auto)〉의 판매량을 늘리기 위해서다. 참가자들은 19일 동안 프랑스의 도로 2,428킬로미터를 달린다. 60명이 참가해 21명만이 경주를 끝낸다.

1903년

비치 발리볼
이 경기는 미국 캘리포니아주의 샌타모니카 해변에서 처음 개최된다. 오늘날에는 전 세계 해변과 인공 모래 코트에서 펼쳐진다.

1920년대

미식축구
내셔널 풋볼 리그는 미국 오하이오주 캔턴에서 경기를 시작한다. 두 번째 미식축구 리그인 아메리칸 풋볼 리그는 40년 뒤에 탄생한다. 1967년, 두 리그의 각 우승팀이 제1회 슈퍼볼 대회에서 맞붙는다.

1920년

고대 올림픽 대회
그리스 남서부 지방의 올림피아에서 기록상 최초의 올림픽 대회가 개최된다. 그리스인은 올림픽에서 수호신인 제우스를 위해 제사를 지낸다. 대회는 4년마다 개최되는데, 참가자들은 경기를 위해 장거리를 여행하기도 한다.

마라톤 승전보
페이디피데스라는 전령은 마라톤 전투에서 승리한 소식을 전달하기 위해 그리스 아테네까지 달려간다. 그가 달려간 40킬로미터는 마라톤 경주의 거리가 된다. 1921년, 마라톤 경주의 거리는 42.195킬로미터로 정해진다.

핸드 테니스
유럽의 수도승들은 손으로 공을 치는 테니스의 초기 버전을 즐긴다. 영국에서는 1870년대까지 나무 라켓으로 '스파이리스타이크'라는 비슷한 경기를 즐긴다. 1877년, 최초의 선수권 대회가 영국 윔블던에서 개최된다.

   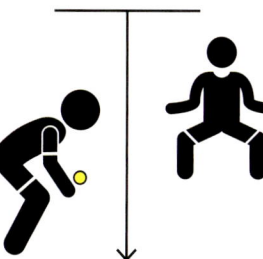

기원전 776년   **기원전 490년**   **기원후 1100년대**

권투 글러브
권투 선수들은 푹신한 권투 글러브를 반드시 착용한다. 이미 고대 그리스에서도 이와 비슷한 복장이 등장한다. 당시 선수들은 짐승의 가죽으로 손을 가린다. 고대 로마에서는 검투사들이 강력한 펀치를 날리기 위해 금속을 사용하기도 한다.

크리켓
영국 런던에 있는 매릴러번 크리켓 클럽은 경기 규칙을 소개하면서 16세기 게임을 오늘날 우리가 '크리켓'이라고 부르는 스포츠로 바꾼다.

자전거 디자인
레오나르도 다빈치는 페달과 체인을 갖춘 최초의 자전거 디자인을 스케치한다. 자전거와 사이클 경주는 수 세기가 지나서야 발전한다.

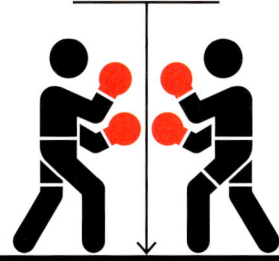   

1867년   **1788년**   **1490년**

월드컵
가장 큰 축구 대회가 우루과이에서 시작된다. 13개 팀이 참가하고, 개최국인 우루과이가 우승한다. 이때부터 4년마다 토너먼트 방식으로 경기가 개최된다. 제2차 세계 대전 때는 두 번 연기된다.

장애인 올림픽 대회
최초의 장애인 올림픽 대회가 이탈리아 로마에서 열린다. 400명 이상의 선수가 양궁, 수영, 탁구, 농구 등의 종목에 참가한다.

여자 월드컵 대회
피파 여자 월드컵 대회가 중국에서 처음 개최된다. 결승전에서 미국이 노르웨이를 2:1로 이긴다. 이때부터 4년마다 토너먼트 방식으로 대회가 개최된다.

1930년   **1960년**   **1991년**

고대 그리스

고대 그리스에서 유럽 최초로 위대한 문명이 탄생했다. 그리스인은 그리스 문화가 절정을 이룬 시기 (기원전 800~300년)에 과학, 철학, 연극, 민주주의 등을 만들어 냈다. 이들은 유럽에 알파벳을 소개했고, 예술과 과학, 무학을 영원한 유산으로 남겼다.

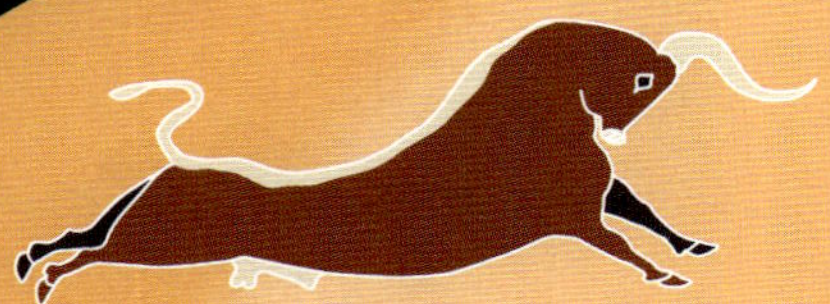

크레타섬의 미노스 문명

미노스 문명은 크레타섬에서 시작된다. 미노스인은 거대한 궁전을 세우고, 그리스 본토로 이주한다. 이들의 종교에서는 황소를 신성시한다.

기원전 2900년경부터

미케네 문명

그리스 본토에서 미케네인들은 미케네와 테베, 아테네에 요새화된 궁전을 세운다. 이들은 청동 갑옷과 멧돼지 가죽 투구를 착용하고 전차 위에서 싸우는 호전적인 민족이다.

기원전 1600년경부터

올림픽 대회

기록상 최초의 올림픽 대회는 그리스 신 제우스에게 바치기 위해 올림피아에서 개최된다. 4년마다 열린 이 대회는 그리스인에게 공통의 날짜 체계를 제공한다.

기원전 776년

그리스 식민지

그리스인은 지중해와 흑해 주변에 해외 정착지를 세운다. 스페인의 엠포리온(암푸리아스), 이탈리아의 네아폴리스(나폴리), 프랑스의 마살리아(마르세유), 시칠리아의 시라쿠사, 이집트의 나우크라티스, 리비아의 키레네, 우크라이나의 올비아 등이 있다.

기원전 750~500년

「일리아스」와 「오디세이아」

두 서사시는 호메로스가 전설을 새롭게 구성한 작품이다. 「일리아스」는 전설의 트로이 전쟁을, 「오디세이아」는 전쟁터에서 고향으로 돌아오는 한 영웅의 여정을 다룬다.

기원전 750년경

그리스 도자기

그리스 코린트의 예술가들은 꽃병의 바탕을 붉은색이나 흰색으로 칠하고 검은색으로 인물을 그린 '검은 인물' 꽃병을 만들기 시작한다. 기원전 525년경, 아테네인들은 이러한 유행에 그치지 않고 붉은색을 남기고 나머지 배경을 검은색으로 칠하는 '붉은 인물' 꽃병을 만든다.

기원전 700년경

그리스 건축

그리스인은 초기 도시 신전 안에서 석주 신전을 건축하기 시작한다. 이때 두 가지 주요 건축 양식이 나타난다. 하나는 그리스 본토에서 단순하고 튼튼한 도리아 양식이고, 다른 하나는 이오니아 지방 도리아 양식에 좀 정교한 이오니아 양식이다.

도리아 양식
이오니아 양식

기원전 600년경

아테네 민주주의

아테네인들은 독재자 히피아스를 몰아내고, 최초로 민주주의 정치 체제를 세운다. 모든 시민이 법에 따라 직접 투표할 수 있지만, 여성, 노예, 외국인은 시민으로 여겨지지 않는다.

기원전 508년

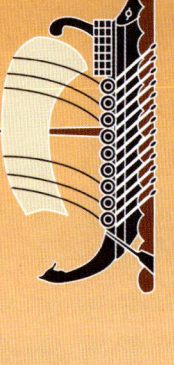

역사가 된 도자기

그리스의 꽃병에는 신화, 전쟁, 스포츠 경기, 일상생활 등이 그려져 있다. 채색된 꽃병에 누린 대부분 청동상과는 달리 아래 누임 무덤이나 다른 외국인들의 무덤으로 옮겨서 지금까지 보존된다.

최초의 역사책

그리스 역사가 헤로도토스는 그리스-페르시아 전쟁을 다룬 최초의 역사책을 집필한다. 그는 외국인들의 풍속도 함께 기록한다.

기원전 440년경

파르테논 신전

아테네인들은 아테네의 언덕 요새인 아크로폴리스에 신전을 다시 짓는다. 아테네의 새 신전이자 대리석으로 만들어진 파르테논 신전이 그 자리에 세워진다.

기원전 447년

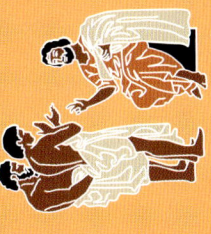

알렉산드로스 대왕

그리스를 통일한 마케도니아의 알렉산드로스 대왕은 페르시아 제국을 정복한다. 새로운 시대가 시작되면서 그리스 도시들이 동쪽으로 인도 근처에까지 세워진다.

기원전 336~323년

그리스-페르시아 전쟁

페르시아는 두 번에 걸쳐 그리스 정복에 실패한다. 그리스는 아테네와 스파르타 정부로 주로 페르시아에 저항한다. 페르시아는 아테네를 침략하지만, 바다에서 육지에서 모두 패한다.

기원전 490~479년

아가멤논이아

그리스의 3대 비극작가 중 한 명인 아이스킬로스가 아가멤논이아 3부작을 완성한다. 그는 이 작품에서 탄생한 영웅들에게 강요되는, 돌아야 할 운명의 문제를 제시한다.

기원전 387년

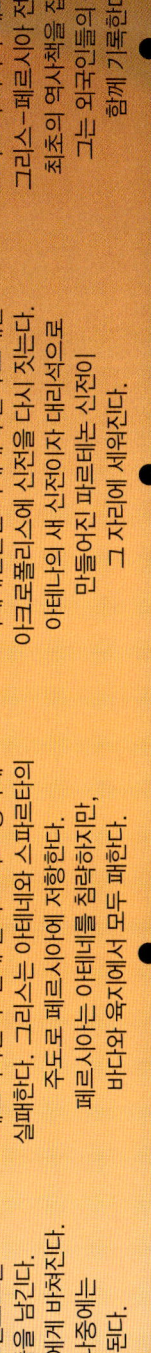

펠로폰네소스 전쟁

아테네와 스파르타가 치른 펠로폰네소스 전쟁은 스파르타의 승리로 끝난다. 그 결과 스파르타가 아테네 대신 그리스 패권을 장악한다.

기원전 431~404년

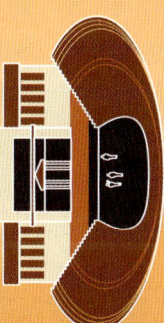

그리스 연극

아테네의 극작가 아이스킬로스는 기독상 최초의 작품을 남긴다. 연극은 술이 디오니소스에게 바쳐진다. 처음에는 시장에서, 나중에는 야외극장에서 상연된다.

기원전 499년

> "나는 지구가 매우 크다고 생각하고, 우리(그리스인)는 연못의 개미나 개구리처럼 지구의 작은 일부에 살고 있다고 믿는다."
>
> **플라톤**, 파이돈, 기원전 380년경

그리스의 도시 국가

그리스는 수많은 도시 국가로 나뉘어, 폴리스로 알려진 각 도시 국가는 중앙의 도시와 주변의 시골로 이루어진다. 나름대로 법률, 달력, 입법 기관, 화폐 제도를 갖춘 소규모의 국가로 운영된다.

기원전 735~715년
스파르타가 도시 국가인 메세니아를 정복하다.

기원전 550년
스파르타가 도시 국가 연합의 대표가 되다.

기원전 478~454년
페르시아에 맞서 아테네가 이끄는 동맹이 아테네 제국이 되다.

기원전 431년
스파르타가 아테네 제국에 맞서 펠로폰네소스 전쟁을 시작하다.

기원전 404년
스파르타가 아테네를 패배시키고 민주주의 체제를 전복하다.

영향력의 확대

도시 국가들은 기원전 500년까지 그리스 본토뿐 아니라 에게해에 연한 전역을 다스린다.

기원전 395~387년
스파르타가 코린트, 아르고스, 테베, 아테네와 맞서 싸운 전쟁에서 승리하다.

기원전 378~362년
스파르타가 그리스의 패권을 차지하기 위한 테베와의 전쟁에서 승리하다.

기원전 338년
마케도니아의 필리포스 2세가 그리스 도시국가 연합군을 격파하고 그리스를 지배한다.

53

수학의 역사

사람들은 선사 시대 이래로 사물의 수를 세고 크기를 측정하는 다양한 방법을 찾아 왔다. 대부분 문화권에서는 기초적인 셈을 넘어 수학이 머지않아 발전했다. 책, 그림, 도구 등 역사적인 유물들은 수학적 개념이 어떻게 발전했는지 이해할 수 있도록 돕는다. 오늘날 시간을 말하는 것부터 물건을 만드는 것까지 우리가 하는 거의 모든 일에서 수학을 활용한다.

기원전 2560년경
대 피라미드 건설
직각에 대한 지식은 고대 이집트인들이 대 피라미드를 건설하는 데 도움을 준다. 대 피라미드는 적어도 250만 개의 돌을 정확한 치수로 재고 완벽하게 배치한 불가사의한 건축물이다. 오늘날 수학자들은 이집트인들의 복잡한 계산에 감탄을 금치 못한다.

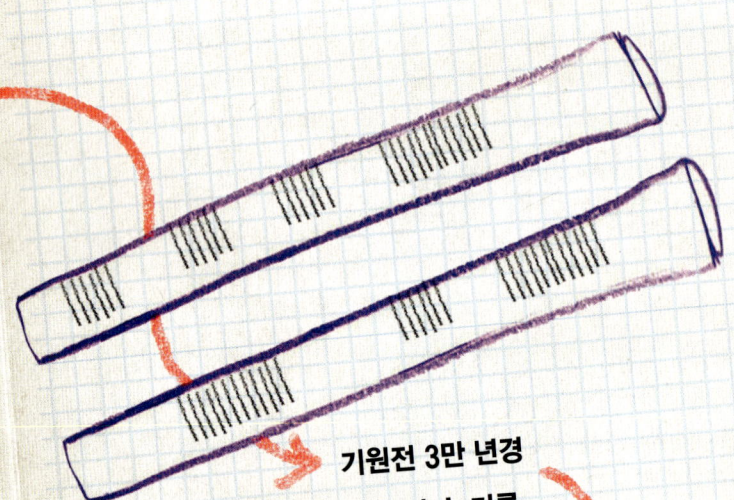

기원전 3000년경
고대의 분수
고대 이집트는 분수(分數)를 최초로 사용한 문명 중 하나다. 기원전 1550년경에 쓰인 고대의 수학책 『린드 파피루스』에 분수를 사용한 기록이 있다. 이 책은 수천 년간 이집트 테베의 무덤에서 발견되지 않는다.

기원전 3만 년경
고대의 수 기록
숫자를 발명하기 전, 선사 시대 사람들은 지나간 날수나 거느리고 있는 가축 수를 나무, 점토, 뼈, 돌 등에 표시한다.

기원전 3000년경
파이(π)
메소포타미아의 바빌로니아인들은 한 원의 둘레는 지름의 약 세 배라는 것을 계산해 낸다. 이 비율은 모든 크기의 원에 적용되므로 중요하다. 우리는 이 수가 3.141592……이고, 소수점 이하의 자릿수가 무한히 계속된다는 사실을 안다. 이 수는 그리스 문자인 파이(π)로 표현한다.

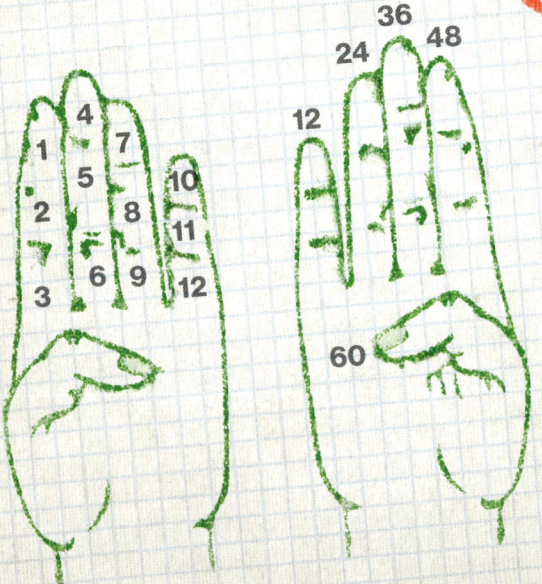

기원전 3500년경
최초의 숫자
메소포타미아의 수메르 문명에서는 사물의 숫자를 나타내기 위해 기호를 사용하는 최초 체계를 고안한다. 이 숫자 체계는 60을 기본 단위로 하는 60진법이다. 이것은 손을 이용해 숫자를 세는 수메르인들의 방식에 기반을 둔다. 한 손으로는 손가락 마디로 12까지 세고, 5(다른 손의 손가락 숫자)를 곱해서 60까지 센다.

기원전 500년경
황금비
고대 그리스인은 황금비에 매료된다. 이들은 매력적인 직사각형의 패턴을 그리는 데 이 비율을 사용할 수 있다는 사실을 발견한다. 고대 그리스인은 이 비율을 이용해 눈으로 보기에 안정된 형태의 신전을 짓는다.

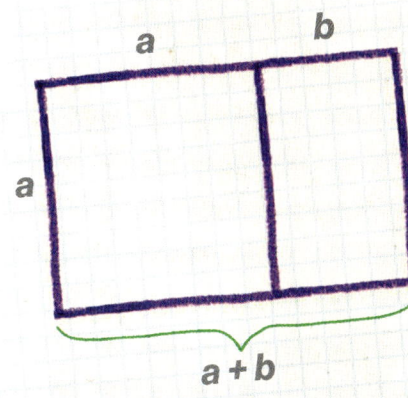

1655년
무한대
고대부터 논의되어 온 '무한대'는 영원히 계속되는 수의 개념이다. 영국의 수학자 존 월리스는 처음으로 무한대를 기호로 나타낸다. 오늘날에도 '∞'는 여전히 무한대를 나타낼 때 사용한다.

```
10, 000, 000, 000, 000, 000
000, 000, 000, 000, 000, 000
000, 000, 000, 000, 000, 000
000, 000, 000, 000, 000, 000
000, 000, 000, 000, 000, 000
000, 000, 000, 000, = 1 googol
```

1920년
구골
미국의 수학자 에드워드 카스너는 아홉 살인 조카에게 1 뒤에 0이 100개 달린 수를 뭐라고 불러야 하는지 묻자, 조카는 '구골'이라고 대답한다. 1 뒤에 0이 1구골 개 달린 수는 '구골플렉스'이고, 1 뒤에 0이 1구골플렉스 개 달린 수는 '구골플렉시안'이다. 이것은 현재까지 가장 큰 수의 이름이다.

1415년
예술 속 수학
르네상스 시대의 예술가들은 멀리 있는 물체를 더 작게 그려서 그림을 좀 더 삼차원적으로 보이게 하는 데 수학을 이용할 수 있다는 사실을 알아낸다. 이탈리아의 건축가이자 예술가인 필리포 브루넬레스키가 원근법으로 알려진 이 기하학적인 방법을 처음으로 채택한다.

1202년
피보나치수열
이탈리아의 수학자 피보나치는 특별한 수열을 고안한다. 이 수열에서는 다음과 같이 각각의 수가 앞의 두 수를 더한 값과 같다. 0, 1, 1, 2, 3, 5, 8, 13, 21…… 이 수열은 완벽한 나선형 패턴을 그리는 데 사용할 수 있고, 컴퓨터 프로그램을 작성하는 데도 활용된다.

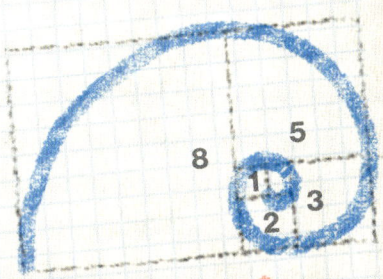

기원전 500년경
피타고라스의 정리
고대 그리스의 수학자 피타고라스는 직각 삼각형의 이론을 제시한다. 이 이론을 이용하면 미지의 변의 길이를 알아낼 수 있어 수학 문제에서 많이 활용된다. $a^2+b^2=c^2$이라는 공식으로 알려져 있다. 여기에서 a, b, c는 삼각형 각 변의 길이를 나타낸다.

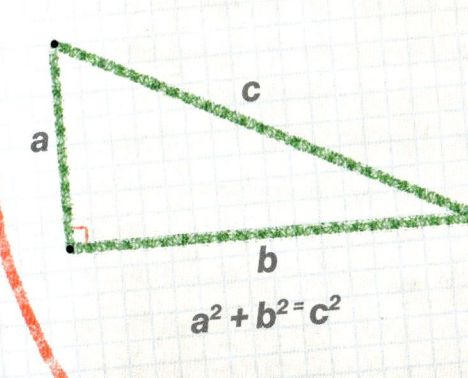

기원후 630년경
영(0)
무(無)를 나타내는 영(0)이라는 개념은 630년경에 쓰인 인도의 수학자 브라마굽타의 필사본에 소개된다. 영은 새로운 숫자를 만들 필요 없이 아주 큰 수를 쓸 수 있도록 해 준다. 따라서 영을 창조한 것은 수학에서 매우 위대한 사건 중 하나이다.

800년경
아라비아 숫자
페르시아의 수학자 알 콰리즈미는 힌두-아랍의 기호로 나타낸 숫자 체계를 받아들여, 오늘날 가장 많이 사용하는 기수법을 만들어 낸다. 기수법에서 0부터 9까지의 숫자는 모든 수를 나타내는 데 사용된다. 300년 내에 이 숫자들이 유럽에 소개된다.

서양의 고대 아테네에서 유래되었다. 투표로 결정하기 위해 집회를 열었다. 다시 등장했다. 근대부터 유권자들은 의회라고 불리는

민주주의의

그리스 민주주의
고대 사회에서는 부유한 사람들이 중요한 결정을 내린다. 그리스의 도시 국가 아테네에서 정치가 클레이스테네스가 일반 시민들에게도 참정권을 부여하면서 이 모든 것이 바뀐다. 따라서 역사가들은 그를 '아테네 민주주의의 아버지'라고 부른다. 하지만 2세기 동안 지속된 새로운 민주주의에서 여성, 노예, 외국인은 시민에 해당되지 않는다.

마그나 카르타
왕의 중과세 기간 이후 영국의 제후들이 마그나 카르타(대헌장)를 쓴다. 이 중요한 문서는 군주가 법 위에 있지 않다고 기술하고, 25명의 제후가 모인 평의회를 통해 제후의 일정한 권리를 보호한다고 약속한다. 이후 평의회는 점차 의회로 발전한다. 1265년부터 영국 의회에 귀족과 함께 평민도 참여한다.

미국 헌법
새롭게 세워진 미합중국을 구성하는 13곳의 전 영국 식민지 대표들이 새로운 국가를 운영할 민주적인 원칙을 세우기 위해 한자리에 모인다. 이 자리에서 미국의 최고 법인 헌법의 초안이 탄생한다. 이 중에는 국가 안에 선출된 대통령을 두어야 한다는 내용도 있다.

라이베리아가 독립하다
해방된 미국 노예들이 아프리카로 이주해 정착한 라이베리아가 식민지 독립을 선언한다. 상인이자 정치가인 조지프 젱킨스 로버츠는 아프리카 역사상 최초의 민주주의 국가인 라이베리아에서 초대 대통령이 된다.

클레이스테네스의 조각상

마그나 카르타에 서명하는 존 왕

미국 헌법의 첫 페이지

조지프 젱킨스 로버츠

기원전 507년 | **기원후 1215년** | **1787년** | **1847년**

민주주의는
아테네 시민들은 중요한 사안을
민주주의는 중세 시대 때 쇠퇴했지만, 다른 형태로
모임에서 자신들을 대신해 결정을 내려 줄 대표자를 선택했다.

역사

"나에게는 꿈이 있습니다."

미국의 시민 운동가 마틴 루서 킹은 미국 워싱턴 D.C.에서 "나에게는 꿈이 있습니다." 라는 유명한 연설을 한다. 미국 정부는 1964년 고용주가 인종, 종교, 국적을 이유로 사람들을 차별하는 것을 막기 위해 공민권법을 도입한다. 1965년, 투표권법이 채택되어 대부분 흑인들에게 투표권이 주어진다.

베를린 장벽이 붕괴되다

동독과 서독이 통일하면서 공산주의인 동베를린과 민주주의인 서베를린을 28년간 갈라놓았던 장벽이 마침내 무너진다. 이로 말미암아 독일 전체에 민주주의가 회복되기 시작한다.

아파르트헤이트가 종결되다

아파르트헤이트는 27년간 수감되었던 넬슨 만델라를 포함해 반(反) 아파르트헤이트 운동가들이 석방되면서 큰 타격을 입는다. 아프리칸스어로 '분리'를 뜻하는 아파르트헤이트는 40년 넘게 유지된 남아프리카 공화국의 극단적인 인종 차별 정책을 가리킨다. 1994년, 넬슨 만델라는 첫 흑인 대통령으로 선출된다.

전자 투표

에스토니아는 전자 투표 기계를 이용해 선거를 치른 최초의 국가다. 전자 투표 제도는 청년들이나 바쁜 사람들에게 투표를 장려해 좀 더 민주적인 사회를 만들 수 있는 방법 중 하나다.

워싱턴 D.C.에서 연설하는 마틴 루서 킹
1963년

무너지는 베를린 장벽
1989년

넬슨 만델라
1990년

전자 기계로 투표하는 모습
2005년

켈트족이 발흥하다

켈트족은 철기 시대 때 알프스산맥 북쪽 고향에서 유럽 대부분 지역으로 퍼져 나갔다. 이들은 공통 종교를 가지고 있었고, 동족 언어를 사용했다. 켈트어는 지금도 유럽 북서 지역에서 사용된다. 켈트족은 용맹한 전사이자 뛰어난 금속공이었다.

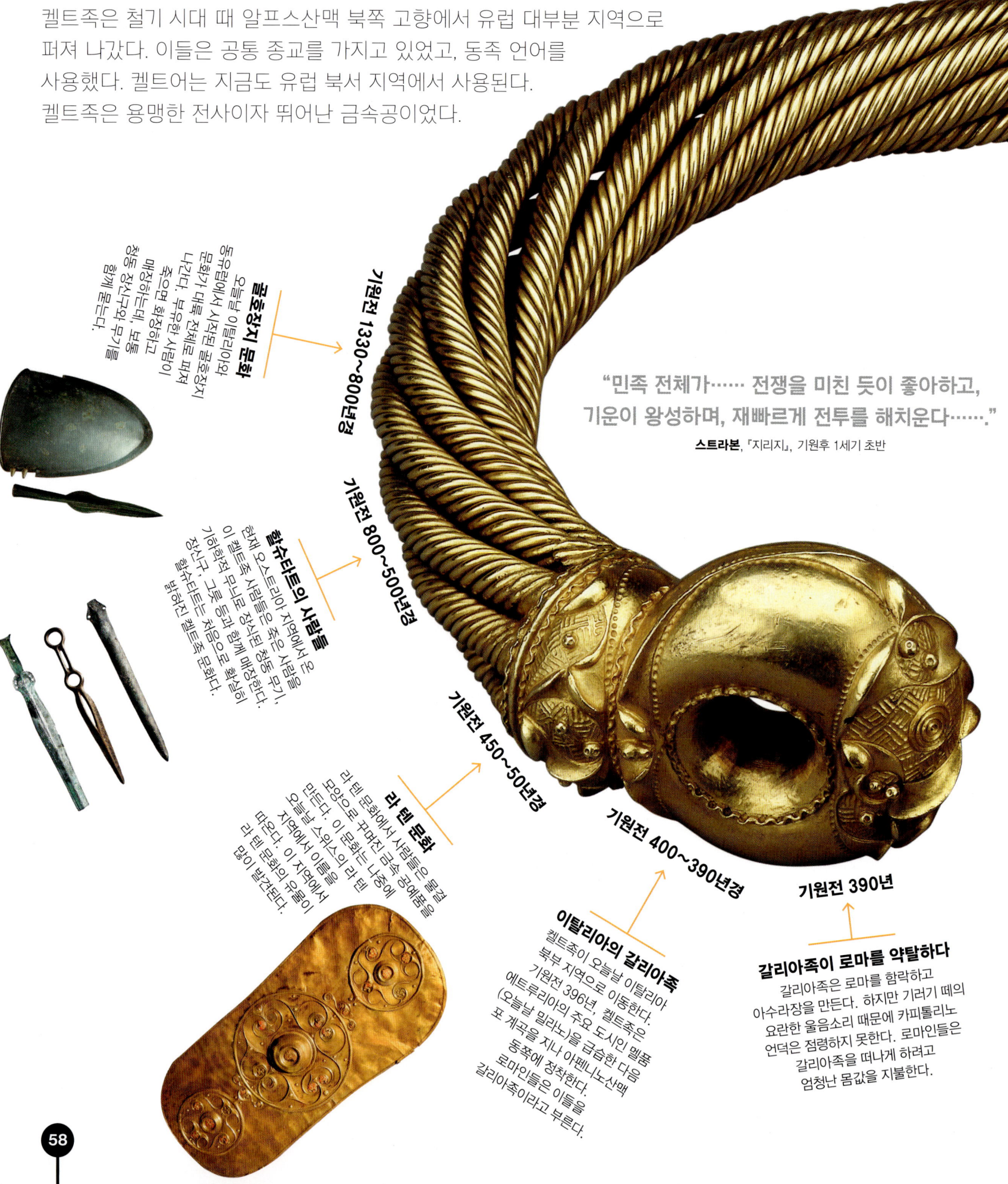

"민족 전체가…… 전쟁을 미친 듯이 좋아하고, 기운이 왕성하며, 재빠르게 전투를 해치운다……."

스트라본, 『지리지』, 기원후 1세기 초반

기원전 1330~800년경
골호장지 문화
오늘날 이탈리아와 유고슬라비아 지역에서 문화가 대륙 전체로 골호장지 나간다. 부유한 사람이 죽으면 화장하고 매장하는데, 부를 청동 장신구와 무기를 함께 묻는다.

기원전 800~500년경
할슈타트의 사람들
현재 오스트리아 지역에서 온 이 켈트족 사람들은 죽은 사람을 기마전투 무기나 장신구와 청동 무기를 정신구, 그릇 등과 함께 매장한다. 할슈타트는 처음으로 확실히 밝혀진 켈트족 문화다.

기원전 450~50년경
라 텐 문화
라 텐 문화에서 사람들은 물결 모양으로 꾸며진 미술 양식을 만든다. 이 문화가 나타난 곳을 스위스의 라 텐 지역에서 이름을 따왔다. 이 지역에서 라 텐 문화의 유물이 많이 발견된다.

기원전 400~390년경
이탈리아의 갈리아족
켈트족이 오늘날 이탈리아 북부 지역으로 이동한다. 기원전 396년, 켈트족은 에트루리아의 주요 도시인 멜품(오늘날 밀라노)을 급습한 다음 포 계곡을 지나 아펜니노산맥 동쪽에 정착한다. 로마인들은 이들을 갈리아족이라고 부른다.

기원전 390년
갈리아족이 로마를 약탈하다
갈리아족은 로마를 함락하고 아수라장을 만든다. 하지만 기러기 떼의 요란한 울음소리 때문에 카피톨리노 언덕은 점령하지 못한다. 로마인들은 갈리아족을 떠나게 하려고 엄청난 몸값을 지불한다.

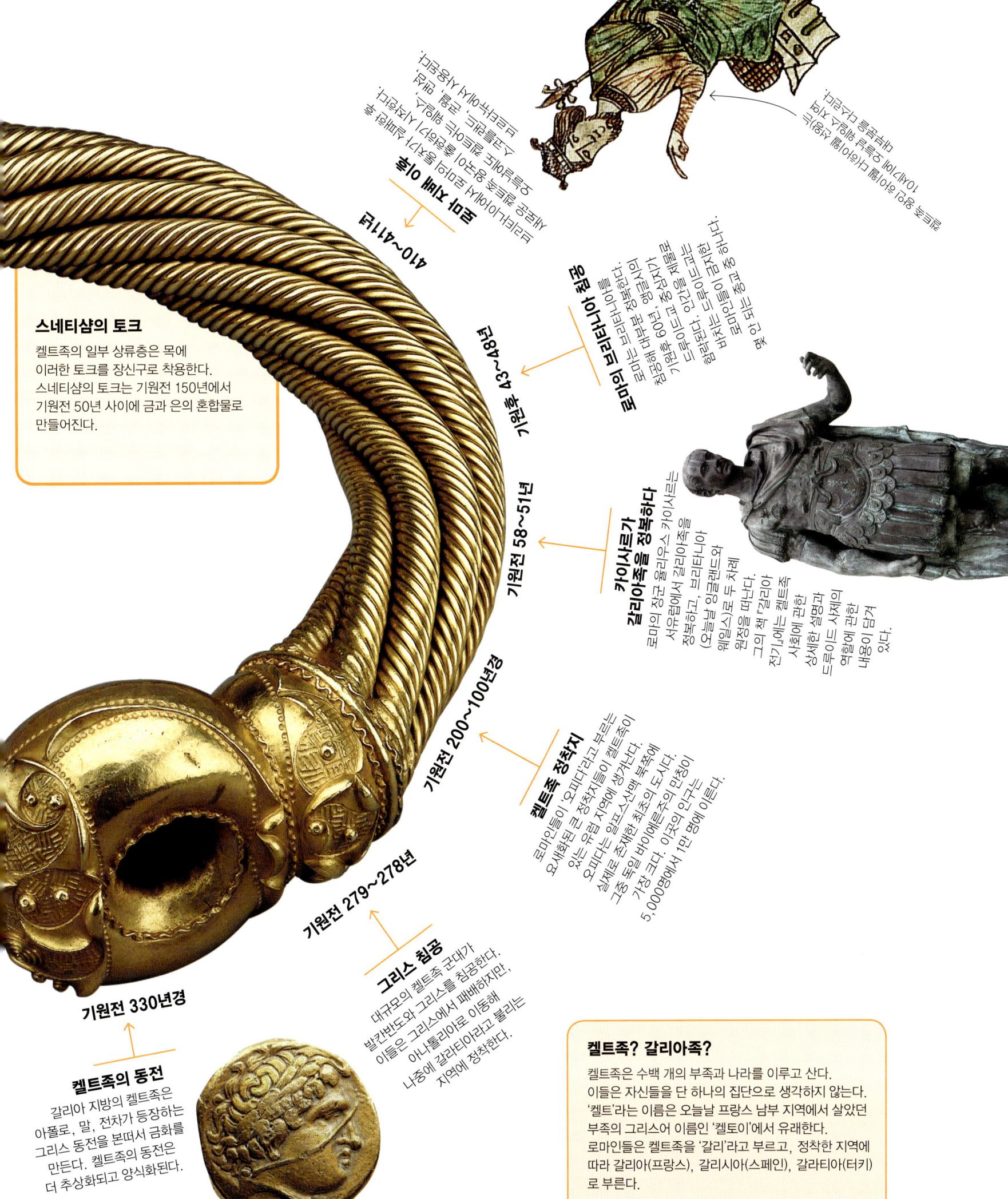

스네티샴의 토크
켈트족의 일부 상류층은 목에 이러한 토크를 장신구로 착용한다. 스네티샴의 토크는 기원전 150년에서 기원전 50년 사이에 금과 은의 혼합물로 만들어진다.

기원전 330년경

켈트족의 동전
갈리아 지방의 켈트족은 아폴로, 말, 전차가 등장하는 그리스 동전을 본떠서 금화를 만든다. 켈트족의 동전은 더 추상화되고 양식화된다.

기원전 279~278년

그리스 침공
대규모의 켈트족 군대가 발칸반도와 그리스를 침공한다. 이들은 그리스에서 패배하지만, 아나톨리아로 이동해 나중에 갈라티아라고 불리는 지역에 정착한다.

기원전 200~100년경

켈트족 정착지
로마인들이 '오피다'라고 부르는 요새화된 큰 정착지들이 켈트족이 있는 유럽 지역에 생겨난다. 오피다는 알프스산맥 북쪽에 실제로 존재한 최초의 도시다. 그중 독일 바이에른주의 만칭이 가장 크다. 이곳에 인구는 5,000명에서 1만 명에 이른다.

기원전 58~51년

카이사르가 갈리아족을 정복하다
로마의 장군 율리우스 카이사르는 사유럽에서 갈리아족을 정복하고, 브리타니아 (잉글랜드)로 잉글랜드와 웨일스로 두 차례 원정을 떠난다. 그의 책 '갈리아 전기'에는 켈트족 사회에 관한 상세한 설명과 드루이드 사제의 역할에 관한 내용이 담겨 있다.

기원후 43~48년

로마인이 브리타니아에 침입
로마 황제 클라우디우스는 브리타니아 정복을 시작한다. 침공군은 4개 군단과 보조군대 약 6만 명의 병사로 이루어진다. 이들은 잉글랜드와 웨일스를 정복한다. 켈트족은 몸에 파란색 염료를 바르는 것으로 유명하다.

410~411년

로마 지배의 종말
로마제국이 쇠락하기 시작하면서 군대는 브리타니아에서 철수한다. 색슨족, 앵글족, 주트족이 브리타니아를 침입한다.

켈트족? 갈리아족?
켈트족은 수백 개의 부족과 나라를 이루고 산다. 이들은 자신들을 단 하나의 집단으로 생각하지 않는다. '켈트'라는 이름은 오늘날 프랑스 남부 지역에서 살았던 부족의 그리스어 이름인 '켈토이'에서 유래한다. 로마인들은 켈트족을 '갈리'라고 부르고, 정착한 지역에 따라 갈리아(프랑스), 갈리시아(스페인), 갈라티아(터키) 로 부른다.

페르시아 제국

기원전 6세기부터 기원전 4세기까지 지속된 아케메네스 제국은 최초의 대제국이었다. 이 제국은 광대한 영토와 강한 국력을 자랑했다. 전성기 때는 영토가 이집트에서 인도 북서부 지역까지 펼쳐졌다. 다른 고대 제국들과는 달리, 페르시아인들은 자신들이 통치하는 민족의 관습을 존중해 주었다.

수사의 다리우스 궁전

다리우스 1세는 수사(오늘날 이란)에 있는 궁전을 포함해 여러 궁전을 소유한다. 궁전 벽은 밝은색의 유리로 된 벽돌로 장식한다. 이것은 신화적인 동물뿐만 아니라 황실의 궁수 경비대의 모습까지 보여 준다.

기원전 550년

키루스 2세
메디아(오늘날 이란의 북서부 지역)의 왕 아스티아게스는 신하인 키루스에 의해 쫓겨난다. 키루스 2세는 최초의 페르시아 제국으로 알려진 아케메네스 제국을 세운다.

기원전 547~546년

리디아와 리키아
리디아(오늘날 터키 서부)의 왕 크로이소스는 메디아가 몰락하자, 메디아를 침공할 기회가 왔다고 생각한다. 하지만 키루스 2세가 반격해 리디아와 리키아(오늘날 터키 남부)를 정복한다.

기원전 539년

바빌론
키루스 2세는 바빌로니아 제국(36쪽 참고)을 정복한다. 그는 제국의 수도인 바빌론을 세우고, 거대한 이슈타르 문을 만든다. 키루스 2세는 바빌론으로 유배된 유대인이 고향인 예루살렘으로 돌아가도록 허락한다.

기원전 525년

캄비세스 2세
키루스 2세의 아들 캄비세스 2세는 이집트를 정복한다. 그는 이집트의 파라오 프삼티크 3세를 포로로 잡는다. 처음에 프삼티크 3세는 대접을 잘 받지만, 나중에는 페르시아인들에게 은밀히 반감을 품는 바람에 결국 처형된다.

기원전 492년

다리우스 1세의 정복 활동
다리우스 1세는 마케도니아와 트라키아를 정복한다. 그는 자신을 왕으로 받아들일 것을 요구하고자, 그리스의 모든 도시에 사신들을 파견한다. 아테네와 스파르타에서는 사신들이 처형당한다.

기원전 490년

마라톤 전투에서 패배하다
다리우스 1세는 바다를 통해 군대를 보내 그리스를 침공한다. 페르시아는 그리스의 많은 섬을 점령하며, 에레트리아를 약탈하고 파괴한다. 이후 페르시아는 마라톤 전투에서 아테네 군대에게 패배한다.

기원전 480~479년

제2차 페르시아 침공
다리우스 1세의 아들 크세르크세스 1세는 두 번째로 그리스 정복을 시도한다. 페르시아는 아테네를 쑥대밭으로 만들지만, 살라미스에서는 패배한다. 1년 뒤에는 플라타이아이에서 패배한다(154쪽 참고).

기원전 457년경

아르타크세르크세스 1세
크세르크세스 1세의 아들 아르타크세르크세스 1세는 유대인이 바빌로니아인들에 의해 파괴된 예루살렘 성전을 재건하도록 허락한다. 이 사실은 『토라』와 『성경』에서 묘사된다.

페르시아인들의 통치 방법

페르시아 제국은 워낙 커서 단 한 명의 왕이 직접 통치할 수 없다. 그래서 나라를 사트라피라고 불리는 구역 20군데로 나눈다. 각 지방에는 사트라프(태수)를 둔다. 이들은 보통 왕이 임명한 페르시아 귀족이다. 지방에서는 왕에게 공물(세금)을 바치고, 왕의 군대를 위해 군사를 제공한다. 이들은 반란을 일으키면 벌을 받는다. 각 지방은 고유의 언어, 관습, 종교를 유지하면서 자치적으로 활동하기도 한다.

페르시아 제국(기원전 500년경)

기원전 522년 — 다리우스 1세
캄비세스 2세가 죽은 후 다리우스라는 페르시아 귀족이 권력을 장악한다. 처음에 그는 백성들의 지지를 받지 못한다. 하지만 재위 첫해에 자신의 충성스러운 군대를 데리고 모든 반란을 진압한다.

기원전 522~486년 — 제국이 조직화되다
다리우스 1세는 제국 정부를 재정비해 사트라피를 설치하고, 공무원 조직과 관용 도로망을 만든다. 제국 전체의 화폐로 사용할 '다릭'이라는 금화도 만든다.

기원전 518년 — 페르세폴리스
다리우스 1세는 페르세폴리스(페르시아에서는 '파르사'라고 부름)에 새 수도를 건설한다. 그의 거대한 궁전 석벽에는 조각이 새겨져 있다. 이것은 제국의 백성들이 황제에게 경의를 표하며 공물을 바치는 모습을 보여 준다.

기원전 499~493년 — 그리스의 반란
이오니아 지역의 동부 그리스 도시들은 페르시아의 통치에 반발한다. 이 도시들은 아테네와 에레트리아에서 온 서부 그리스 사람들의 도움을 받는다. 반란군이 패배한 뒤, 다리우스 1세는 아테네와 에레트리아를 처벌한다.

기원전 440년경 — 최초의 역사가
페르시아 제국에 살았던 그리스인 헤로도토스는 최초의 역사책인 『역사』를 집필한다. 그는 이 책에서 페르시아가 발흥하는 과정과 제국 내의 여러 풍습을 기술한다.

기원전 424~423년 — 세 명의 왕
아르타크세르크세스 1세가 죽은 뒤, 그의 세 아들이 각자 자신을 왕으로 선포한다. 크세르크세스 2세는 동생 소그디아누스에게 살해당하고, 소그디아누스는 오쿠스에 의해 죽게 된다. 오쿠스는 다리우스 2세가 되어 제국을 다스린다.

기원전 401년 — 아시아의 그리스 사람들
소(小)키루스는 약 1만 명의 그리스 병사를 이용해 동생 아르타크세르크세스 2세의 권력을 빼앗으려 하다가 실패한다. 키루스가 죽은 후, 그리스 사람들은 아시아에서 고향으로 돌아가는 길에 전투를 벌인다.

기원전 336~330년 — 제국이 멸망하다
마케도니아의 알렉산드로스 대왕이 페르시아 제국을 정복한다. 그는 이소스와 가우가멜라에서 벌어진 전투에서 다리우스 3세를 물리치고 페르세폴리스의 궁전을 불태운다.

이소스 전투

이 로마 모자이크는 기원전 100년경에 만들어지며, 남부 이탈리아의 도시 폼페이를 발굴할 때 발견된다. 약 100만 개의 작은 모자이크 타일로 만든 작품이다. 기원전 333년, 알렉산드로스 대왕과 페르시아의 다리우스 3세 사이에 벌어진 이소스 전투를 묘사한 것으로 보인다. 말에 탄 알렉산드로스 대왕이 군대를 이끌며 전투하고 있다. 다리우스 3세는 뒤에 있는 적을 힐끗 돌아보면서 말이 끄는 전차를 타고 도망갈 준비를 하고 있다.

철학의 역사

철학은 고대 그리스어로 '지혜에 대한 사랑'을 의미하며, 세계에 관해 사고하는 방식을 설명한다. 철학자들은 실재의 본질, 그리고 인생 의미에 대해 질문을 던진다. 고대 세계에서는 철학의 두 가지 전통이 등장했다. 유럽에서는 그리스인이 종교에 의존하지 않고 이러한 질문에 답하려고 시도했다. 아시아에서는 철학과 종교가 같은 뿌리에서 갈라져 나왔다.

1921년부터
언어 철학
분석 철학자들은 철학 자체가 어떻게 언어에 영향을 받는지 질문한다. 오스트리아 철학자 루트비히 비트겐슈타인은 우리는 경험할 수 있는 것에 관해서 말하거나 쓸 수 있다고 주장한다.

1960년부터
배경을 조사하라
후기 구조주의자들은 어떤 대상을 연구하려면 그 주변의 환경도 연구해야 한다고 생각한다. 예를 들어, 불가리아의 사상가 줄리아 크리스테바는 페미니스트 운동은 남성이 지배하는 사회에 저항하려는 정신으로부터 영향을 받는다고 주장한다.

1843년부터
개인의 의미
실존주의자들은 개별적 인간을 실존주의 철학의 중심에 둔다. 초기 실존주의자인 덴마크의 철학자 쇠렌 키르케고르는 각 개인이 진실하게 살아가면서 자신의 삶에 의미를 부여해야 한다고 말한다.

1781년부터
우리가 아는 만물의 세계
이상주의 철학은 인간이 참된 실재를 알 수 없다고 믿는다. 독일의 철학자 이마누엘 칸트는 우리의 지식은 감각으로부터 나온다고 말한다. 이것은 우리가 보고 느끼고 맛보고 냄새를 맡는 것이오로는 세계를 온전히 경험할 수 없다는 뜻이다.

1756년부터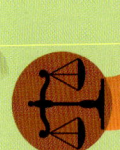
정치 철학
18~19세기에 정치 철학자들은 사람들이 함께 살고 함께 일해 쓸 수 있는 최선의 방법에 관해 글을 쓴다. 잉글랜드와 아일랜드의 정치가 에드먼드 버크는 사회란 서로의 요구를 충족시키기 위해 존재한다고 주장한다.

1689년부터
경험의 세계
경험론자들은 경험이 모든 지식의 기초라고 믿는다. 영국의 철학자 존 로크는 우리의 감각을 통해 발견할 수 있는 것 이상의 무언가를 아는 일은 불가능하다고 말한다.

1637년부터
정신 안에 모든 것이 존재한다
합리주의자들은 이성이 생각하고 판단하는 정신의 능력이 모든 지식의 토대라고 믿는다. 프랑스의 철학자 르네 데카르트는 '나는 생각한다. 그러므로 나는 존재한다.'라고 결론 내린다.

15~16세기
르네상스 철학
네덜란드의 데시데리우스 에라스뮈스와 르네상스의 인문주의자들(136~137쪽 참고)은 신과의 개인적인 관계를 추구하면서 조직된 종교를 거부한다. 이들은 추구하면서 조직된 종교를 거부한다. 이들은 인간 지성을 철학의 중심에 둔다.

1100년부터
동서 철학이 만나다
이슬람 철학자 아베로에스는 고대 그리스의 사상가 아리스토텔레스의 철학을 널리 전파한다. 이슬람 철학자들은 우주의 본질에 관한 수학, 과학, 논리학, 수학이 포함되기도 한다.

기원후 632년부터
이슬람 철학
이슬람교는 예언자 무함마드가 죽은 후 아시아와 북아프리카 지역에 널리 전파된다. 이슬람 철학은 우주의 본질에 관한 질문을 다루고, 과학, 논리학, 수학이 포함되기도 한다.

기원전 5세기부터
전통에 대한 존중
중국의 철학자 공자는 질서 있는 사회와 전통의 중요성을 강조한다. 그에 따르면, 사람들은 조상을 섬겨야 한다. 또한 타인을 다스리는 권력을 가진 사람은 다스림을 받는 사람들을 존중하는 마음을 가지고 그 권력을 사용해야 한다.

기원전 7~6세기부터
선과 악
사이시아의 페르시아인 예언자 조로아스터가 조로아스터교를 창시한다. 이 종교에서 강조하는 신의 본성과 악의 개념은 이후 많은 종교에 영향을 미친다.

1100년부터
중세 철학
철학과 종교는 스콜라 철학이라는 사상 체계 안에서 결합된다. 이탈리아의 사제 토마스 아퀴나스와 같은 중세 철학자들은 고대 철학과 기독교는 고대 그리스 선현을 하나로 함친고자 한다.

기원후 2세기
아무것도 확실하지 않다
로마 제국의 섹스투스 엠피리쿠스는 어떤 것도 확실히 알 수 없다고 믿었던 고대 그리스 회의론자들의 사상을 글로 남긴다.

기원전 4~3세기
현실을 받아들여라
키프로스 키티움 출신의 스토아 철학자 제논은 우주를 주관하는 자연법칙에 따르라고 주장한다. 재논은 우주에서는 '도'라고 하는 힘이 모든 생명체를 연결하고, 사람들은 이 힘과 조화를 이루며 살아야 한다고 가르친다.

기원전 4세기경부터
'도'를 따르는 것
도(道)로 잘 알려진 도가는 도덕경에 담긴 철학에 바탕을 둔다. 도가 사상에서는 '도'라고 하는 힘이 모든 생명체를 연결하고, 사람들은 이 힘과 조화를 이루며 살아야 한다고 가르친다.

기원전 5~4세기
모든 것을 의심하라
선과 정의와 같은 주상적인 개념을 최초로 연구한 사상가는 소크라테스다. 그는 이러한 주제들을 탐구하기 위해 지속적으로 질문을 던진다. 소크라테스는 "내가 아는 유일한 것은 내가 아무것도 모른다는 사실이다."라는 말로 유명하다.

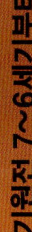

기원전 6~4세기부터
중도
나중에 붓다로 알려지는 싯다르타 고타마는 자발적으로 부유한 삶을 포기하고 가난을 선택한다. 인도의 왕자였다. 그가 설파하는 종교는 이러한 양극단 사이의 중도(中道)를 따라가면 깨달음(진정한 행복)을 얻는다고 가르친다.

기원전 6~5세기
이상 세계
소크라테스의 제자인 플라톤은 현실 세계에 실제는 그림자일 뿐이라고 생각한다. 그는 우리가 인식하는 세계 외부에 실제와 '이성적인' 형태가 존재한다고 상상한다.

현실 세계
플라톤의 제자인 아리스토텔레스는 스승과 의견이 다르다. 그는 지식은 현실 세계의 경험을 통해서만 얻는다고 생각한다. 예컨대, 우리는 전에 말(馬)을 본 적이 있기 때문에 말이 많이 이라는 것을 알 수 있다.

자연 철학
고대 그리스의 초기 철학자들은 주변 세계를 설명하려고 시도한다. 자연 철학자는 밀레투스 출신의 탈레스는 존재하는 모든 것이 물로 이루어져 있다고 이론화한다.

"철학은 경이로움을 느끼는 데서 시작한다."
소크라테스, 플라톤의 「테아이테토스」 인용, 기원전 369년경

조각의 역사

조각은 돌, 나무, 금속, 플라스틱과 같은 재료로 만드는 삼차원적인 예술 작품이다. 원시 시대부터 만들기 시작한 조각은 손에 쥘 수 있을 만큼 작기도 하고, 산비탈의 한 면을 차지할 만큼 거대하기도 하다. 또한 조각은 개인의 소장품이 될 수도 있고, 높은 지위나 업적을 기리기 위해 세운 공공 작품일 수도 있다.

비너스상
이 작은 조각상은 여성이 임신하도록 돕는다고 여겨지는 풍요의 여신으로 추정된다.

이집트의 거인상
고대 이집트인들은 사원과 무덤 외부에 거대한 파라오 석상을 둔다. 단단한 화강암으로 조각된 인물상은 뻣뻣한 자세를 취하고 있으며, 큰 권력을 과시한다.

중국 공예
중국 상나라의 예술가들은 청동으로 동물 형상을 만들어서 음식을 채운 후 죽은 사람과 함께 매장한다.

그리스 조각
그리스의 조각가들은 이전과는 다르게 인간의 신체를 생동감 있게 묘사한다. 청동상과 대리석상은 원래 밝은색으로 칠해지지만, 시간이 지나면서 점점 바래진다.

기원전 3만 5000년경

최초의 조각상
유럽 전역에서 인간(주로 여성)과 짐승을 표현한 소형 조각이 제작된다. 어떤 작품은 돌, 뼈, 상아 등으로 조각되고, 또 어떤 작품은 점토로 만들어 불에 굽는다.

기원전 1550~1070년경

기원전 1500년

기원전 450년

병마용
7,000점 이상의 병사 조각상들은 각각 모습이 다르다. 이 조각상들은 중국 최초의 황제인 진시황의 거대한 무덤을 보호하는 역할을 한다.

기원전 210년

리알토 다리
이탈리아 베네치아에 있는 르네상스 후기의 다리다. 주변에는 화려한 가게들이 늘어서 있다.

티투스 개선문
로마의 황제 티투스에게 바쳐진 개선문이다. 티투스 군대의 개선 행진 장면이 조각으로 장식되어 있다.

기원후 100년경

로마 조각
로마의 집, 정원, 공공장소는 조각 작품으로 가득 찬다. 조상이나 유명한 시민을 사실적으로 나타낸 흉상부터 신과 영웅의 이야기를 묘사한 대형 대리석 조각상까지 다양하다.

중세의 성상
유럽의 고딕 성당 벽면은 기독교 성인과 『성경』 속 인물의 조각상으로 장식되어 있다.

1200년경

불상
간다라(오늘날 파키스탄 북부와 아프가니스탄)의 불상은 그리스와 로마 예술을 반영하며, 자연주의적인 스타일을 취한다.

200~500년

1150~1400년

모아이인상
태평양의 폴리네시아에 있는 이스터섬의 라파누이족은 자신들의 조상을 묘사한 큰 석상을 세운다. 이 석상들은 바다를 바라보며 일렬로 서 있다.

모더니즘
루마니아의 조각가 콘스탄틴 브랑쿠시는 대리석과 목재로 조각하기 시작한다. 부드러운 윤곽과 단순한 기하학적 형태는 20세기 현대 조각에 영향을 미친다.

1907년

1927~1941년

러시모어산
미국의 조각가 거츤 보글럼은 미국 러시모어산에 미국 대통령 네 명(조지 워싱턴, 토머스 제퍼슨, 시어도어 루스벨트, 에이브러햄 링컨)의 얼굴을 크게 조각한다.

1902년

〈생각하는 사람〉
프랑스인 오귀스트 로댕은 이 시기 유럽에서 가장 중요한 조각가다. 그의 가장 유명한 작품은 생각에 깊이 잠긴 사람을 묘사한 동상이다.

〈삼미신〉
이탈리아의 조각가 안토니오 카노바의 〈삼미신〉과 같은 신고전주의 작품은 그리스·로마 조각이 추구한 질서와 조화를 보여 준다.

1814년

1930년대

추상적 형태
영국에서 조각가 바버라 헵워스와 헨리 무어는 조개껍데기와 조약돌 같은 자연적 형태나 자연 경관에서 영감을 받아 추상적인 조각과 반(反)추상적인 조각을 만들기 시작한다.

잔 로렌초 베르니니
이탈리아의 조각가 베르니니는 살아서 움직이는 듯한 조각상과 화려한 분수대를 만들어 로마의 풍경을 새롭게 바꾼다. 이처럼 매우 장식적인 양식이 바로크 시대의 예술풍이다.

네 강의 분수
이탈리아 나보나 광장에 있는 베르니니의 분수는 중앙에 고대 이집트의 오벨리스크가 세워져 있다.

1932년

움직이는 조각
미국의 조각가 알렉산더 콜더는 줄에 매달려 모터 동력이나 바람에 따라 움직이는 추상적인 스틸 조각(모빌)을 만든다.

1640~1660년경

1999년

거대한 거미
프랑스의 조각가 루이즈 부르주아가 만든 어미 거미 조각은 〈마망(Maman, 엄마)〉이라고 불린다. 이 작품은 높이가 약 9미터에 달하며, 가느다란 다리로 균형을 잡고 있다.

1300~1600년경

2006년

르네상스
조각 예술은 르네상스 시대에 새로운 전성기를 맞는다. 이탈리아 파도바에 있는 도나텔로의 〈가타멜라타 장군의 기마상〉(1453)은 로마 시대 이후에 만들어진 최초의 청동상이다.

공공 조각
미국 시카고에 있는 애니시 커푸어의 〈클라우드 게이트〉는 세계에서 손꼽히는 거대한 야외 조각상이다. 주변의 도시 모습을 비추고 왜곡시키는 이 작품은 고광택 스테인리스 철판 168개를 이어 붙여서 만들었다.

67

유가와 법가

초기 중국에서는 맞수인 두 개의 학파가 핵심적인 역할을 한다. 유가는 조화로운 사회를 만들기 위해서는 교육과 부모 공경이 중요하다고 강조한다. 법가는 엄격한 법과 가혹한 처벌만이 사람들을 올바르게 행동하게 할 것이라고 주장한다. 진시황은 법가적 통치를 시행하고, 한나라는 유교를 장려한다.

표준화
진시황은 표준적인 도량형, 화폐, 문자 체계를 도입한다. 화폐(동전)는 원형이고, 가운데에 네모난 구멍이 있다. 이것은 네모난 땅과 그 위를 둥글게 둘러싼 하늘을 나타낸다.

책을 태우다
진시황은 사상을 엄격히 통제하기 위해 자신이 정복한 나라의 역사책뿐만 아니라 유교와 시를 논하는 책을 대량으로 불태우도록 명령한다. 그는 오로지 법가 사상에 관한 책만 남긴다.

시황제
영정은 십 대의 나이에 서쪽 진나라의 왕위에 오른다. 기원전 230~221년에 그의 군대는 경쟁하던 여섯 왕국을 모두 정복한다. 그는 '최초의 황제' 즉 시황제라는 새로운 칭호를 얻는다.

만리장성
진시황은 북쪽의 침입자들로부터 중국을 보호하기 위해 30만 명의 병사를 보내 만리장성을 쌓게 한다. 그는 또 중국 내부에서 서로 싸우던 나라들 사이에 쌓은 성벽을 허물어 중국을 통일한다.

진이 멸망하다
진나라의 제2대 황제인 호해는 들불처럼 번지는 봉기를 막지 못한 무력한 통치자다. 기원전 207년, 그가 죽은 뒤에 반란이 일어나 진나라는 멸망한다. 반란 주도자인 항우와 유방은 누가 중국을 통치할 것인지 가리기 위해 전쟁을 벌인다.

한을 세우다
항우를 무찌른 유방은 한나라를 세우고 초대 황제(한고조)가 된다. 그는 장안을 도읍으로 삼고, 한나라를 위해 일할 유학자를 채용한다.

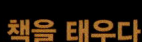

| 기원전 246~221년 | 기원전 221년 | 기원전 215년 | 기원전 213년 | 기원전 210~207년 | 기원전 202~195년 |

고대 중국

기원전 221년, 진시황은 여러 왕국으로 분열되어 있었던 중국을 통일했다. 그는 무력을 이용해 중국 전체에 화폐, 도량형, 문자 등의 통일을 강요했다. 진시황의 통치는 너무 가혹했다. 그래서 기원전 210년, 그가 세상을 떠난 뒤 진나라는 빠른 속도로 멸망했다. 이어서 등장한 한나라는 좀 더 관대한 통치 방법을 사용해 중국의 첫 번째 전성기를 이끌었다.

한무제
한무제는 중국의 통치 범위를 중앙아시아, 한반도(당시 고조선), 오늘날 베트남 지역까지 넓힌다. 그는 유교를 통치 이념으로 삼지만, 여전히 법가 사상에 따라 엄격한 형벌을 시행한다.

위대한 역사가
한나라 황실의 관리인 사마천은 중국의 역사를 기록한다. 후대에 그의 역사책은 『사기(史記)』라는 이름으로 알려진다.

한이 멸망하다
한나라는 중국이 위, 촉, 오 삼국으로 분열되면서 멸망한다. 삼국의 통치자는 서로가 한나라의 후손이라고 주장하면서 황제 칭호를 사용한다. 이로 말미암아 전쟁이 끊이지 않는 시대가 온다.

관리 임명 시험
한문제는 관리를 임명하기 위한 시험을 도입한다. 이전에는 주로 고위 관리의 추천으로 관리를 등용했다.

중앙아시아
한나라의 외교관인 장건은 중앙아시아를 여행하고 기원전 125년에 돌아온다. 한나라는 장건의 보고로 말미암아 중앙아시아까지 무역 범위를 확대한다. 비단길을 따라 중국과 서역의 장거리 교역이 시작된다.

인구 조사
한나라는 인구 조사 결과 중국의 인구가 5,800만 명이라고 기록한다.

종이
채륜이라는 관리가 나무껍질과 낡은 천으로 종이를 처음 발명한다. 이 종이는 대나무나 비단보다 저렴하다.

| 기원전 165년 | 기원전 141~87년 | 기원전 138~50년경 | 기원전 85년경 | 기원전 2년 | 기원후 105년경 | 기원후 220년 |

병마용
진시황은 죽은 후 거대한 무덤에 안치되고, 근처에 실물 크기의 병마용 7,000점을 함께 매장한다. 황제는 이 병사들이 사후에 자신을 지켜 줄 것이라고 믿는다.

시계의 역사

먼 옛날, 사람들은 하늘에 있는 태양의 높이를 계산하거나 촛불을 태우는 데 얼마나 오래 걸리는지 판단해 시간을 측정했다. 약 700년 전, 기계 시계가 발명되면서 시간을 더욱 정확하게 측정할 수 있게 되었다. 오늘날 우리는 시간을 100분의 1이나 1,000분의 1초 단위까지 측정한다. 또한 컴퓨터와 휴대폰에 있는 디지털시계를 손쉽게 이용할 수 있다.

"우리는 시계로 시간을 측정하지만, 시간 그 자체가 아니라 시계의 바늘만 보는 것이다."

카를로 로벨리(이탈리아 물리학자), 〈디스커버리 매거진〉 인용, 2007년

천문 시계 중국의 과학자 소송은 높이가 12미터인 수력식 시계탑을 설치한다. 이 시계는 시간과 날짜뿐만 아니라 태양, 달, 행성의 움직임을 추적하기 위해 중의적인 톱니바퀴를 이용한다.

기계 시계 기계 시계는 유럽에서 발명한다. 교회에서 이용하는 시계의 톱니바퀴는 천천히 떨어지는 체인의 무게로 돌아간다.

초불 시계 아시아와 유럽에서는 천천히 타는 밀초를 이용해 밤에도 시간을 측정한다. 초는 일정한 속도로 타들어 가고 균일한 간격의 선으로 표시되어 시간이 얼마나 흘렀는지 보여 준다.

물시계 이집트인들은 물시계를 사용한다. 원뿔 모양의 용기에 물이 담겨 있는데, 용기 바닥에 뚫린 작은 구멍으로 물이 뚝뚝 떨어지면 용기 안의 수위가 낮아진다. 용기 안에 그려진 표시는 시간이 얼마나 흘렀는지 보여 준다. 이 무렵, 이집트인들은 해시계를 사용하기 시작한다.

초기의 달력 바빌로니아인들은 최초의 달력을 사용한다. 초승달이 뜨고 다시 초승달이 뜰 때까지의 기간을 한 달로 정하고, 1년을 12달로 나눈다.

1300~1350년경

1094년

기원후 500~1000년

기원전 1500년경

기원전 2000년

회중시계
독일의 시계 제조업자 페터 헨라인은 주머니에 들어갈 만큼 작은 기계 시계를 만든다. 회중시계는 감긴 태엽이 풀리면서 시계의 톱니바퀴를 돌려 작동한다.

1524년

진자시계
네덜란드의 과학자 크리스티안 하위헌스는 진자의 등시성(1602년 이탈리아의 과학자 갈릴레이가 처음으로 발견함)을 이용한 최초의 시계를 고안한다. 이 시계는 하루에 오차가 단 몇 초밖에 되지 않을 만큼 정확하다.

1656년

해양 크로노미터
영국의 시계 제조업자 존 해리슨은 45년간의 작업 끝에 해양 크로노미터 H4를 만든다. 해양 크로노미터는 멀리 항해하는지, 이것을 선원들이 얼마나 멀리 항해했는지, 동쪽이나 서쪽으로 얼마나 떨어져 있는지 등 배의 경도를 측정하는 데 사용한다. 오차가 하루에 3초 이내일 만큼 정확하다.

1759년

철도 시간
영국의 철도역들은 런던의 일률 천문대가 정한 표준 시간인 그리니치 표준시간 기준으로 시간표를 하나로 일치시킨다. 이전에는 각 지역마다 태양을 기준으로 한 현지 시간을 측정했다.

1847년

손목시계
최초의 손목시계는 팔찌에 시계를 결합한 장식이다. 군사용 손목시계가 인기를 끌고 제1차 세계 대전이 발발하자 실용이 담긴 손목시계가 더 흔해진다.

1910년

전자시계
전자의 빠른 진동으로 작동하는 시계를 발명한다. 100년 넘게 사용할 수 있는 전자시계들은 1년에 1초 이내의 오차가 날 정도로 정확하다.

1950년대

아스테카 달력
중앙아메리카의 아즈텍족은 돌로 조각한 달력을 사용한다. 이 달력에서 한 달은 20일이고, 이것은 중앙의 얼굴 둘레에 20개의 기호로 표현된다. 1년은 18개월로 360일이었으므로 5일이 모자란다. 남은 5일은 불운한 날로 여겨진다.

71

로마 제국의 영토(기원후 117년)

클라우디우스 황제
클라우디우스는 아우구스투스가 세운 율리우스-클라우디우스 왕조의 네 번째 황제가 된다. 기원후 43년, 그는 제국을 연기 위해 귀중한 자원과 노예를 얻어 브리타니아 지방을 침공한다.

네로 황제
율리우스-클라우디우스 왕조의 다섯 번째이자 마지막 황제인 네로의 통치는 전국적인 반란으로 막을 내린다. 네로는 스스로 목숨을 끊고, 새로운 내전이 발생한다. 로마는 한 해에 네 명의 다른 황제가 통치하게 된다.

새로운 왕조
베스파시아누스는 내전에서 승리한 후 황제가 된다. 이로 말미암아 플라비우스 왕조가 시작된다. 베스파시아누스는 플라비우스 원형 경기장(나중에 콜로세움으로 알려짐)을 짓기 시작한다. 이것은 나중에 그의 아들들이 완성한다.

제국 최대의 영토
로마 제국은 트라야누스 황제 때 영토를 최대로 넓힌다. 그의 후계자인 하드리아누스의 통치 아래 로마인들은 곳곳에 요새를 세워 제국을 방어한다.

기원후 41~54년
기원후 54~68년
기원후 117년
기원후 69~79년

아우구스투스
내전 이후, 카이사르의 후계자(후에 입양한 자)이며 로마 최초의 황제 아우구스투스는 새 왕국의 율리우스-클라우디우스 왕조를 시작한다. 그는 초기 기원후 통치자들 중에서 자신이 공화정 체제를 회복시키려고 주장했지만, 실제로는 절대적인 권력을 행사한다.

기원전 27년

신 독재권
율리우스 카이사르는 지난 500년 동안 로마를 통치해온 공화정을 무너뜨린다. 기원전 44년, 카이사르는 스스로를 종신 독재관으로 임명한다. 그를 위협으로 본 사람들에 의해 카이사르는 살해되지만, 이미 공화정의 종말이 시작되었다.

기원전 46년

기원전 58~49년
기원전 73~71년
기원후 161년
기원후 197~166년

돈이 말한다
로마 군대를 유지하는 데 드는 막대한 비용을 대려고 카이사르는 자신이 55~54년에 얻은 전리품을 국가 재정에 쓴다. 거기에는 영국과 갈리아에서 구한 9,000kg의 금과 다른 귀중품들이 있었다.

검투사
노예와 범죄자, 정치범들은 로마 극장에서 싸우면서 죽음에 이르는 검투사가 된다. 기원전 73년에는 스파르타쿠스가 이끄는 검투사들이 반란을 일으킨다.

새로운 신
로마 황제가 아닌 마르쿠스 아우렐리우스는 스토아 철학을 지지한 황제로 유명하다.

이상한 소년들
마르쿠스 아우렐리우스의 아들 코모두스 황제는 미친 사람이라는 소문이 있다. 그는 검투사의 옷을 입고 싸우는 것을 좋아하고 자기 자신을 신으로 공표한다.

로마 제국

로마인들은 역사상 가장 거대하고 훌륭하게 조직된 제국을 세웠다. 전성기 때 제국의 영토는 동서로 4,500킬로미터, 남북으로 3,700킬로미터에 이르렀다. 지중해 연안의 모든 땅이 다 하나의 대국에 속해 통치되던 시기는 로마 제국 때가 유일하다. 기원후 1세기까지 로마에는 100만 명 이상의 주민이 거주했다.

로마 건국
기원전 753년
전설에 따르면, 로마는 기원전 8세기에 세워진 도시국가이다. 로물루스와 레무스 쌍둥이 형제가 로물루스를 초대 왕으로 하여 도시를 세웠다고 한다. 전쟁의 신 마르스의 아들인 이들은 갓난아기 때 버려져 어미 늑대의 젖을 먹고 자랐다. 로마는 기원전 10세기에 이미 실제로 로마인 언덕 중 하나에 새워진 도시의 정주한 것으로 시작된다.

공화정
기원전 510/509년~27년
왕정 이후 로마는 귀족들이 다스리는 공화정이 된다. 그리스처럼 로마도 민주주의를 추구하려 했지만 결국 서로 대립하는 계층 간의 갈등으로 수많은 내전이 일어난다. 로마의 장군 율리우스 카이사르(시저)는 기원전 1세기에 북아프리카 지역과 갈리아, 게르마니아 일부를 차지한다.

로마 제국
기원전 264~146년
로마는 극히 능숙한 전투술과 엄격한 법률 덕에 유럽과 서남 아시아, 북아프리카에 이르는 거대한 제국을 탄생시킨다.

원후 235~284년
위기를 맞다
제국은 동쪽의 페르시아인들과 북쪽의 게르만족의 공격을 받아 여러 지역이 정복당한다. 기원후 249년에는 전염병이 퍼진다. 많은 황제가 짧은 기간만 통치하고, 거의 대부분 잔인하게 암살당한다.

기원후 284~305년
제국의 안정화
디오클레티아누스 황제는 제국을 동부와 서부로 나누고, 각각 황제와 부황제 부제(카이사르)를 두어 네 명이 다스리게 한다. 그는 이러한 방법으로 더욱 강력한 정부를 다시 세우고자 한다.

기원후 312~330년
서로마 vs 동로마
콘스탄티누스 황제는 서로마에서 권력을 장악한다. 그는 동로마의 황제 리키니우스까지 물리친 뒤 제국을 다시 통일한다. 그는 수도를 나중에 콘스탄티노폴리스로 불리게 되는 비잔티움으로 옮긴다.

기원후 476년
로마가 몰락하다
서로마에서는 훈족의 공격으로 게르만족의 족장인 오도아케르에 의해 쫓겨난다. 동로마 제국은 스스로 이탈리아의 왕이 된다. 나중에는 비잔틴 제국이라고 불린다.

로마의 기술

로마가 통치하는 유럽과 지중해 세계는 엄청난 기술적 진보를 이루었다. 이전 시대의 사람들이 발명한 것을 자주 이용했는데, 규모와 범위는 훨씬 컸다. 예컨대, 로마인들은 아치를 발명하지는 않았지만 수많은 건축물에 이 기술을 적용했다. 이들은 아치, 대량 생산되는 벽돌, 콘크리트 덕분에 수백 채의 거대한 건축물을 세웠다. 이 가운데 오늘날까지 남아 있는 건축물도 많다.

유리 세공
로마 제국의 시리아 지방에서는 입으로 바람을 불어서 유리를 세공하는 기법이 새로 개발된다. 숙련된 장인은 이 기법을 사용해 단 몇 분 안에 유리 제품을 만들 수 있다. 이로 말미암아 유리 제품은 부자들을 위한 사치품에서 벗어난다.

기원전 1세기 후반

공중 화장실
로마인들은 제국 전역에 공중 화장실을 짓는다. 공중 화장실에는 물이 흐르는 수로 위에 돌로 만든 좌변기를 설치한다. 좌변기는 열쇠 구멍 모양으로 뚫려 있어서 사용자가 스펀지가 달린 막대기로 뒤처리를 할 수 있다.

기원전 2세기

콘크리트 건축물
로마인들은 콘크리트를 사용하기 시작한다. 콘크리트는 물과 섞어서 굳어지는 광물질과 자갈 등을 섞어 만든 건축 재료다. 이것은 거대한 규모의 건축물을 적은 비용으로 지을 수 있게 해 준다. 막센티우스 황제의 바실리카(기원후 310년경)는 제국의 대규모 콘크리트 건축물 중 하나다.

기원전 2세기

로마의 도로
로마군을 위한 최초의 도로인 아피아 가도가 건설된다. 이 도로는 로마에서 이탈리아 남부까지 연결된다. 나중에는 군단들이 장거리를 신속하게 행군할 수 있도록 로마 제국 전역이 길고 곧은 도로로 연결된다.

기원전 312년

수도교
로마인들은 16킬로미터 정도 떨어진 곳의 물을 끌어 옮기기 위해 최초의 수도교인 아쿠아 아피아를 만든다. 이것은 대부분 지하에 조성된다. 기원후 40~60년에는 프랑스에 퐁 뒤 가르와 같은 수도교가 세워진다. 아치를 활용한 이 수도교는 강과 계곡 위를 가로지른다.

기원전 312년

측정 기구

로마인들은 장거리의 일직선 도로 시설을 설계하고, 수 킬로미터 떨어진 곳의 물을 옮기는 수도교의 경사를 정밀하게 계산한다. 측량사는 이러한 구조물을 설치하기 전에 간단한 기구로 정밀한 측정을 진행한다.

도로 설계
로마의 측량사는 그로마라는 기구로 도로가 일직선인지 확인한다. 그로마에는 각각의 끝에 추가 매달린 십자형 부품이 있다. 이것이 기구를 수직으로 세워 주고, 먼 지점과 일직선을 이루도록 도와준다.

경사 측정
수준기는 위에 있는 홈 안에 물이 담긴 나무 탁자다. 측량사는 홈 안의 물을 보면서 구조물을 세울 때 알맞은 높이를 확인한다.

바닥 난방
로마의 기술자 세르기우스 오라타는 바닥 난방 장치를 설치한다. 용광로에서 나오는 뜨거운 공기가 바닥 아래 공간에 공급된다. 바닥은 타일로 만든 기둥들로 받친다.

기원전 90년경

증기 기관
로마 제국의 이집트 지방에서는 과학자 헤론이 증기 기관을 발명한다. 그는 단순한 호기심으로 증기가 두 개의 노즐에서 나오면 돌아가는 구형의 동력 장치를 개발한다.

기원후 80년경

스크루 프레스
로마인들은 큰 나사(스크류)가 돌아가면서 내용물을 부수는 단순한 기계를 발명한다. 이것은 올리브로 기름을 짜거나 포도로 와인을 만들 때 사용한다.

기원후 1세기

최초의 책
동물 가죽이나 파피루스로 책을 만든다. 이러한 책은 두루마리보다 훨씬 간편해서 더 널리 사용된다.

기원후 1세기 후반

판테온
로마의 올체 하드리아누스는 로마의 신전인 판테온을 재건한다. 오늘날까지 남아 있는 판테온의 돔은 세계에서 가장 크고 보강되지 않은 콘크리트 돔이다.

기원후 126년

콜로세움
로마인들은 검투사의 싸움 경기를 구경하기 위해 원형 경기장을 짓는다. 초기의 원형 극장은 언덕 비탈을 파내서 만든다. 하지만 로마의 콜로세움은 벽돌과 콘크리트로 만든 80개의 아치로 구성된 3층 구조의 건축물이다.

불교
인도 동부 지역에서 싯다르타 고타마라는 부유한 왕자가 사치스러운 삶을 포기하고 인간의 고통을 극복하기 위한 방법을 찾기 시작한다. 그는 결국 명상하면서 열반(해탈의 경지)에 이른다. 부처로 알려진 그는 불교를 창시하고, 타인을 인도하는 데 일생을 헌신한다.

기원전 6세기

자이나교
인도 북부 지역에서 마하비라라는 방랑 성인이 자이나교를 창시한다. 이 종교를 따르는 사람들은 믿는 신이 없고, 세속적인 쾌락을 거부하며, 비폭력적이고 채식주의적인 삶을 추구한다. 이들은 끝없는 윤회를 믿는다.

기원전 6세기

유교
중국의 사상가 공자의 가르침이 다섯 권의 책으로 정리된다. 유교는 가족 간의 사랑과 존중을 바탕에 두고 살아가는 삶의 방식이다. 유교는 대부분의 다른 종교와는 달리, 초자연적인 믿음에 근거하지 않는다.

기원전 6~5세기

조로아스터교
페르시아에서 자라투스트라 (조로아스터의 그리스어)라는 예언가가 새로운 종교인 조로아스터교를 창시한다. 그는 추종자들에게 유일신의 존재와 선과 악의 끝없는 전쟁에 관해 가르친다.

기원전 7~6세기

종교의 역사

인간의 종교적 관념은 선사 시대부터 존재했다. 사람들은 선사 시대부터 죽은 자를 부장품과 함께 매장하기 시작했다. 이는 사후 세계를 믿었다는 증거이기도 하다. 이때부터 수많은 종교가 발전했다. 대부분 종교는 죽음 이후의 삶을 가르치지만, 그렇다고 모든 종교가 신이나 여신과 같은 초자연적인 존재를 믿는 것은 아니다.

기원전 1500년경

힌두교
힌두교의 경전인 『베다』는 인도 북서부 지방에서 기록된다. 힌두교도들은 수많은 신과 여신을 따르고 사후 환생을 믿는다.

기원전 2000년경

유대교
유일신을 기반으로 하는 최초의 주요 종교가 반농반목을 하는 이스라엘의 히브리 민족을 통해 발전한다. 이들은 신이 내려 준 율법을 두루마리에 기록한다.

까오다이교
베트남의 정부 관리인 응오 반 찌에우는 교령회에서 접신한 뒤에 까오다이교를 창시한다. 까오다이교는 기독교와 불교 등의 요소를 결합하고 평화, 관용, 채식주의를 강조한다.

1926년

신도
신도는 일본의 국교가 된다. 이 오래된 종교의 추종자들은 신사에서 보이지 않는 영혼들을 기린다. 신도의 영혼은 어디에나 있고, 바위나 나무, 산과 같은 자연물도 신사가 될 수 있다.

1868년

도교
중국의 사상가 노자는 도교 신자들의 대표적인 경전인 『도덕경』을 남긴다. 도교 신자들은 온 우주를 다스리는 보이지 않는 힘, 즉 '도(道)'가 존재한다고 믿는다. 이들은 이 자연적인 힘과 조화를 이루며 평화롭고 욕심 없이 살고자 한다.

기원전 4세기경

"가장 큰 영광은 한 번도 넘어지지 않는 것이 아니라, 넘어질 때마다 다시 일어서는 것이다."
공자(중국 사상가)

1853년

바하이교
페르시아의 귀족 미르자 후사인 알리는 종교적 계시를 얻고 바하이교의 주요 경전을 쓴다. 바하이교는 국적이나 신앙과는 상관없이 모든 종교의 통합과 모든 민족의 평등을 추구한다.

기독교
고대 유대 지방(오늘날 이스라엘)에서 로마 정부는 유대인 설교가 나사렛 예수를 위험한 인물로 여겨 처형한다. 용서와 평화를 강조하는 예수의 가르침에 따라 기독교라는 종교가 생긴다. 기독교는 나중에 전 세계로 퍼진다.

기원후 1세기

이슬람교
아랍의 상인 무함마드는 천사를 만나 신의 계시를 들은 뒤에 이슬람교를 창시한다. 천사가 전한 신의 계시는 이슬람교의 경전인 『코란』에 기록된다.

7세기

시크교
시크교를 창시한 나나크는 인도 북서부 지방의 어느 강에서 목욕한 뒤 신비로운 체험을 한다. 그는 힌두교를 버리고 힌두교와 이슬람교를 결합한 새로운 신앙을 가르치기 시작한다. 시크교도들은 유일신과 사후 환생을 믿는다.

1499년

폼페이의 파괴

베수비오산이 폭발하다

로마 제국이 번영하면서 이탈리아 남부에 폼페이와 헤르쿨라네움을 포함한 여러 도시가 베수비오산 기슭을 중심으로 성장했다. 하지만 기원후 79년 8월 24일, 베수비오산이 갑자기 폭발하면서 약 1만 5,000명의 로마 시민이 어둠 속에 산 채로 묻혔다.

활화산

기원후 62년경, 베수비오산 내부에 가스가 쌓이면서 나폴리만에 심한 지진이 발생한다. 서쪽으로 7킬로미터 떨어진 헤르쿨라네움과 남동쪽으로 10킬로미터 떨어진 폼페이에서도 격렬한 진동이 느껴진다. 이로부터 17년 후인 **기원후 79년 8월**, 베수비오산의 분화구 안에서 용암이 굳고 더 많은 가스가 축적되면서 며칠 동안 격렬한 대지진이 일어난다.

하늘 위 구름

8월 24일, 베수비오산에서 서쪽으로 30킬로미터 떨어진 항구 도시 미세눔에서 18세 학자인 소(小)플리니우스는 조용한 산에서 솟아오르는 구름을 발견한다. **정오** 직후, 뜨거운 재와 돌가루, 가스로 이루어진 높은 기둥이 하늘 위로 20킬로미터 이상 치솟는다. 바람이 엄청나게 뜨거운 재와 돌가루를 폼페이 쪽으로 옮기기 시작한다. 나중에는 우르릉거리는 화산에서 유해 가스가 분출되고, 가벼운 화산암인 부석(浮石)이 놀란 폼페이 시민들 위로 비 오듯 쏟아져 내린다. 공황 상태에 빠진 시민들은 각자 소중한 물건을 챙겨서 해변으로 도망치기 시작한다.

어둠이 짙게 깔리다

오후가 되자, 폼페이에는 재와 부석이 두껍게 덮이면서 건물들이 붕괴된다. 화산재가 태양을 가리자, 나폴리만에는 때 이른 밤이 찾아온다. 해안가로 대피한 시민들은 어둠이 짙게 깔리고 건물이 무너져 더욱 큰 공포에 질린다. 바다에는 수많은 부석이 떠 있어서 초만원인 배들이 운항하기 어려워진다. **저녁**이 되자, 아주 뜨겁고 주먹만 한 돌덩이들이 무너진 건물들 사이에서 피난처를 찾아 헤매는 폼페이 시민들 위로 날아든다.

지옥 기둥

자정에는 폭발 구름이 30킬로미터 위까지 이른다. 재와 가스로 이루어진 기둥이 와해되고, 화산 쇄설물로 알려진 화산 가스와 잔해물 구름이 맹렬한 기세로 헤르쿨라네움으로 돌진한다. 이 뜨거운 구름은 시속 700킬로미터로 이동하고, 온도가 섭씨 400도에 이른다. 화산 구름이 도시의 거리를 덮치자, 시민들은 어느 곳으로도 피하지 못한 채 죽고 만다.

화산재가 덮이다

밤사이에 화산 구름이 여러 번 흩어지면서 더 끔찍한 화산 쇄설물이 산에서 쏟아져 나온다. 이것들은 이번에는 남동쪽으로 방향을 돌려 폼페이로 향해 수천 명의 시신 위를 덮친다. 소플리니우스를 비롯한 수천 명의 생존자는 재앙을 피해 내륙으로 향한다. 만 쪽을 돌아본 생존자들은 헤르쿨라네움이 20미터 두께의 화산재와 부석, 화산암에 묻혀 사라졌다는 것을 알아챈다. 나폴리만은 며칠 동안 어둠에 갇히고, 베수비오산은 다시 조용해진다.

> "화산재는 이미 떨어지고 있었고······ 이어서 더 뜨겁고 더 두꺼운 부석이 떨어졌다."
>
> **소플리니우스**, 『서한집 VI 16』

축제의 역사

최초의 박물관과 동물원, 그리고 축제는 고대에 이미 많은 군중을 끌어들였다. 지배 계급은 권력과 부를 과시하기 위해 화려한 쇼를 만들었다. 노래를 부르는 것과 이야기를 전하는 것은 많은 문화권에서 오랜 기간 동안 중요하게 여겨졌다. 공연자들은 극장이나 음악회장에서 입장료를 지불한 관객을 위해 무대에 올랐다. 수 세기에 걸쳐 수많은 사람이 지구상에서 가장 멋진 쇼를 즐기기 위해 모여들었다.

최초의 동물원
이집트 네켄에서 역사상 최초로 기록된 동물원이 만들어진다. 사람들은 개코원숭이, 표범, 하마, 가젤, 악어를 구경하러 온다. 이 동물들의 미라가 수천 년이 지난 뒤에 발견된다.

초기의 박물관
바빌로니아의 공주 에니갈디는 우르에 있는 자신의 궁전에 가장 오래된 것으로 알려진 박물관을 세운다. 이 박물관은 메소포타미아의 역사를 다룬다. 많은 박물관이 부유한 가정에서 개인적으로 미술품이나 유물을 수집한 데서 시작된다.

기원전 3500년경   **기원전 530년경**

불꽃놀이
이탈리아의 탐험가 마르코 폴로는 기원후 600년경 중국에서 발명된 폭죽을 1295년에 유럽으로 가져온다. 1830년대에 이탈리아에서 최초로 색깔이 들어간 폭죽이 만들어지면서 대중 공연은 좀 더 화려해진다.

서커스
영국의 곡예사 필립 애스틀리는 말을 타고 링 안에서 묘기를 선보인다. 그는 광대와 음악가, 여러 공연자를 데리고 서커스를 창시한다. 18세기가 되면 서커스의 인기는 유럽에서 미국으로 퍼진다.

오페라 하우스
세계에서 가장 오래된 오페라 하우스가 이탈리아 나폴리에서 문을 연다. 산 카를로 극장은 일류 작곡가, 오케스트라, 가수의 작품을 선보인다. 이 건물은 제2차 세계 대전 기간에 화염과 폭격 속에서도 살아남는다.

1830년대   **1768년**   **1737년**

세계 박람회
최초의 국제적인 세계 박람회가 영국 런던의 수정궁에서 개최된다. 산업, 과학, 문화 관련 전시회가 한 번에 몇 개월씩 열린다. 이후로 수많은 방문객이 20곳의 도시에서 100개 이상의 축제를 즐긴다.

공공 수족관
최초의 공공 수족관인 피시 하우스가 런던 동물원에서 문을 연다. 이곳에는 약 300종의 해양 생물이 전시된다. 처음으로 수중 생물들이 밀폐된 어항 속에 갇혀 전시된다.

대형 스크린
프랑스 파리에서 오귀스트 뤼미에르와 루이 뤼미에르 형제가 최초로 유료 관객을 위해 영화를 상영한다. 이들은 자신들이 촬영한 10개의 짧은 영상을 보여 준다.

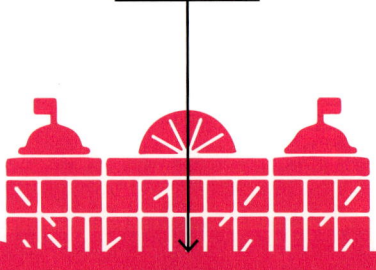 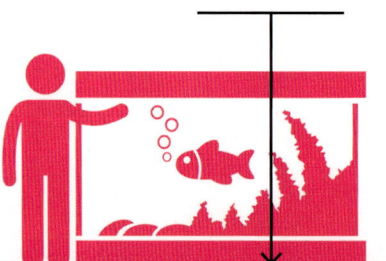 

1851년   **1853년**   **1895년**

80

마야의 축제
마야에서는 20일마다 한 번씩 축제를 개최한다. 수많은 군중이 종교 의식을 행하고, 음악과 춤 공연을 즐기기 위해 마을 중앙 광장에 모인다. 공연자들은 신화에 등장하는 신이나 동물로 분장해 관객들을 즐겁게 한다.

콜로세움
이 거대한 로마 원형 경기장에서는 처음에 100일 동안 검투사 시합이나 야수 간의 겨루기 등이 벌어진다. 이러한 경기들은 한 번에 최대 5만 명의 관중이 관람하고, 기원후 5세기까지 지속적으로 개최된다.

인도의 황금기
굽타 왕조는 인도 문화의 황금기를 누린다. 사람들은 다양한 춤과 연극, 음악 공연을 관람하기 위해 모여든다. 이 시대의 고전적인 음악과 춤은 오늘날에도 아시아에서 행해지고 있다.

기원전 250년경~기원후 900년 **기원전 80년경** **기원후 320~550년경**

카니발
고대 그리스의 봄 축제에 기반을 둔 세계 최대의 카니발이 브라질에서 열린다. 매년 리우데자네이루의 거리와 해변에서 50만 명 이상의 사람이 축제를 즐긴다.

왕실 축제
프랑스의 왕 루이 14세는 파리 근교의 베르사유 궁전에서 성대한 향연을 펼친다. 향연장에서는 오페라, 콘서트, 불꽃놀이, 전등 전시, 연극 등이 행해진다.

글로브 극장
셰익스피어의 연극이 영국 런던에서 처음으로 상연된다. 글로브 극장은 내부에 1,500명을 수용하는데, 외부에도 이 분위기를 즐기려는 사람들이 모여든다.

1723년 **1674년** **1599년**

라디오
캐나다계 미국인 엔지니어 레지널드 페센든은 음성 전파를 지속적으로 일으킬 수 있는 발전기를 발명한다. 그의 첫 라디오 방송은 크리스마스 전야에 미국 매사추세츠주의 브렌트 락 지역에서 내보낸다.

테마파크
최초의 테마파크는 미국 인디애나주에서 개장한다. 산타클로스 마을에는 크리스마스를 테마로 하는 놀이 기구와 명소가 있다. 테마파크는 곧 전국에서 인기를 얻는다. 1950년대 이후에는 디즈니랜드가 세계 최고의 테마파크가 된다.

프라이드 축제
미국 뉴욕에서 게이 프라이드 축제가 처음 개최된다. 이 축제는 동성애자들의 평등과 인권을 증진시키자는 중요한 의미를 담고 있다. 이후 매년 전 세계 주요 도시에서 퀴어 축제가 열린다.

록 콘서트
브라질 리우데자네이루의 코파카바나 해변에서 영국의 가수 로드 스튜어트의 록 콘서트가 열린다. 이 콘서트에 기록적인 관객이 참여한다. 새해 전야에 무려 420만 명 이상의 사람이 무료 콘서트에 몰려든다.

1906년 **1946년** **1970년** **1994년**

쿠샨 왕조
중앙아시아의 유목민인 쿠샨족이 인도 북서부와 오늘날 아프가니스탄을 정복한다. 이들은 대승 불교(마하야나)라는 새로운 종파를 만들어 중앙아시아와 동아시아에 전파한다.

기원후 30년경

법륜
부처의 첫 번째 설법인 『초전법륜경』에서는 진리의 수레바퀴인 법륜의 의미를 가르친다.

슝가 왕조
마우리아 왕조의 마지막 왕인 브리하드라타는 그의 경호대장인 푸샤미트라 슝가에게 암살당한다. 슝가는 마우리아 왕조의 영토에 자신의 이름을 딴 제국을 세운다.

기원전 185년

평화의 기둥
아소카왕은 인도 동부의 칼링가를 정복한 후, 전쟁을 중단하기로 결심한다. 그는 꼭대기에 사자, 코끼리, 황소 조각이 새겨진 기둥을 제국 곳곳에 세운다. 이 기둥에는 자신이 저지른 행동에 대한 사과문을 새긴다. 또 그는 후대 왕들에게 새로운 영토를 정복하지 말라고 경고한다.

기원전 260년경

아소카왕
빈두사라가 죽은 후 내전이 발생한다. 승자는 아소카왕이다. 그는 불교로 개종한 뒤 스리랑카와 중앙아시아에 포교를 목적으로 승려를 파견한다. 또한 많은 불탑을 세우면서 불교를 진흥시킨다.

기원전 268년

보리수나무
부처는 보리수나무 아래에 앉아 깨달음(진정한 지혜)을 얻었다고 한다.

마우리아 왕조 영토의 확장
마우리아 왕조의 제2대 왕인 빈두사라는 제국의 영토를 인도 남부까지 확장시킨다. 그는 '적군의 파괴자'를 뜻하는 아미트라가타로도 불린다. 빈두사라는 그리스인과 외교 관계를 잘 유지하고, 그들이 가져온 와인과 무화과를 즐긴다.

기원전 297~273년경

코끼리 교환
찬드라굽타는 셀레우코스 왕이 이끄는 마케도니아 군대를 패배시킨다. 셀레우코스는 평화 조약에 따라 찬드라굽타에게서 500마리의 전투 코끼리를 받고, 펀자브 지방(오늘날 인도 북부와 파키스탄)을 내놓는다.

기원전 305~303년

마우리아 왕조
찬드라굽타는 알렉산드로스 대왕의 인도 아대륙 침공에 영향을 받아 인도 북부의 난다 왕조를 정복한다. 그는 파탈리푸트라를 수도로 정하고, 마우리아 왕조를 세운다.

기원전 321년경

고대 인도 제국

기원전 321년경부터 인도 아대륙(오늘날 인도, 파키스탄, 방글라데시)에 계속해서 대제국이 들어섰다. 이 시기에는 마우리아 왕조의 지원으로 불교가 진흥했다. 불교는 힌두교를 믿는 굽타 왕조가 지배하던 시기에도 꾸준히 성장했다. 굽타 왕조 때는 예술과 과학이 융성한 인도의 고전 시대였다.

불상
75년경

쿠샨 왕조 때 문화의 전성기를 맞이한다. 그리스 예술의 영향을 받은 간다라의 조각가들은 불상을 만든다. 이전에는 부처를 법륜과 같은 상징물로만 표현했다.

남방 무역
103~130년경

사타바하나 왕조는 가우타미푸트라 샤타카르니의 통치하에 전성기를 누린다. 인도 남부의 데칸고원을 지배하고, 로마 제국과 해상 무역을 통해 향신료나 특이한 동물을 로마의 금과 교환한다.

굽타 왕조
320년경

찬드라굽타 1세는 인도 북부의 갠지스강 유역을 정복해 굽타 왕조를 세운다. 굽타 왕조는 힌두교를 믿는다. 그래서 비슈누, 시바, 코끼리 머리를 한 가네샤와 같은 힌두교 신을 모신 최초의 석조 사원을 건축한다.

굽타 왕조의 영토 확장
330~380년경

사무드라굽타는 20여 곳의 왕국을 정복하면서 제국의 영토를 확장한다. 패배한 왕들은 왕국을 계속 통치할 수 있지만, 사무드라굽타에게 조공을 보내야 한다. 사무드라굽타는 비문을 통해 스스로를 '천하무적'이라고 자랑한다.

고전기
380~415년경

찬드라굽타 2세는 예술, 문학, 과학을 후원한다. 그래서 이 시기에 굽타 왕조는 황금기를 맞는다. 위대한 산스크리트어 시인이자 극작가인 칼리다사는 당시 궁중 시인으로 추정된다.

수학과 천문학
499년경

인도의 수학자이자 천문학자인 아리아브하타는 인도에서 현존하는 가장 오래된 수학책인 『아리아브하티야』를 집필한다. 그는 지구가 회전하는 구형이고, 달과 태양계의 행성은 태양 빛을 반사해 빛이 난다고 주장한다.

와불
초기의 불상들은 부처가 임종 자리에 누워 있는 모습을 보인다. 이러한 양식은 나중에 동아시아 전역으로 퍼진다.

인도의 조각
인도 아대륙 전역에 있는 힌두교와 불교 사원에는 사람, 동물, 자연을 새긴 복잡한 조각 장식이 가득하다. 이 생동감 넘치는 조각 장식을 통해 고대 인도인들의 삶을 엿볼 수 있다.

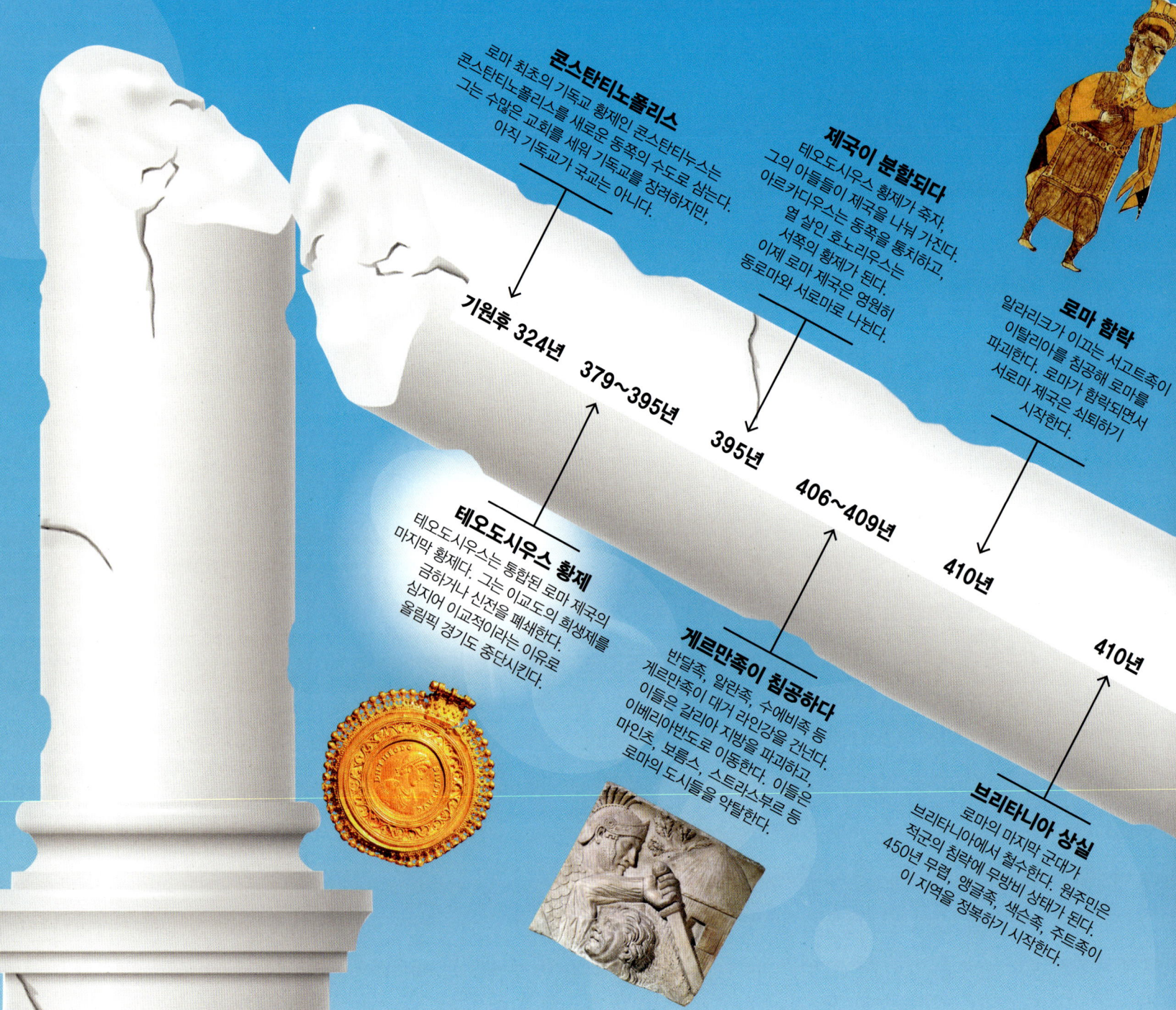

콘스탄티노폴리스
로마 최초의 기독교 황제인 콘스탄티누스는 콘스탄티노폴리스를 새로운 동쪽의 수도로 삼는다. 그는 수많은 교회를 세워 기독교를 장려하지만, 아직 기독교가 국교는 아니다.

기원후 324년

테오도시우스 황제
테오도시우스는 통합된 로마 제국의 마지막 황제다. 그는 이교도의 희생제를 금하거나 신전을 폐쇄한다. 심지어 이교적이라는 이유로 올림픽 경기도 중단시킨다.

379~395년

제국이 분할되다
테오도시우스 황제가 죽자, 그의 아들들이 제국을 나눠 가진다. 열 살인 호노리우스는 서쪽을 통치하고, 아르카디우스는 동쪽을 통치한다. 이제 로마 제국은 영원히 동로마와 서로마로 나뉜다.

395년

게르만족이 침공하다
반달족, 알란족, 수에비족 등 게르만족이 대거 라인강을 건넌다. 이들은 갈리아 지방을 파괴하고, 이베리아반도로 이동한다. 이들은 마인츠, 보름스, 스트라스부르 등 로마의 도시들을 약탈한다.

406~409년

로마 함락
알라리크가 이끄는 서고트족이 이탈리아를 침공해 로마를 파괴한다. 로마가 함락되면서 서로마 제국은 쇠퇴하기 시작한다.

410년

브리타니아 상실
로마의 마지막 군대가 브리타니아에서 철수한다. 원주민은 적군의 침략에 무방비 상태가 된다. 450년 무렵, 앵글족, 색슨족, 주트족이 이 지역을 정복하기 시작한다.

410년

> "목이 메어 말을 잇지 못하겠다. 전 세계를 점령하던 도시가 점령을 당했다."
>
> **성 제롬,** 로마의 함락 소식을 듣고 쓴 서신에서, 412년

로마 제국의 변화

4세기부터 로마 제국은 게르만족의 서유럽 침공으로 무너지기 시작했다. 게르만족은 새로운 왕국을 세웠지만, 로마 제도의 관습은 그대로 유지했다. 동쪽에서는 로마 제국이 비잔티움 제국으로 살아남았다.

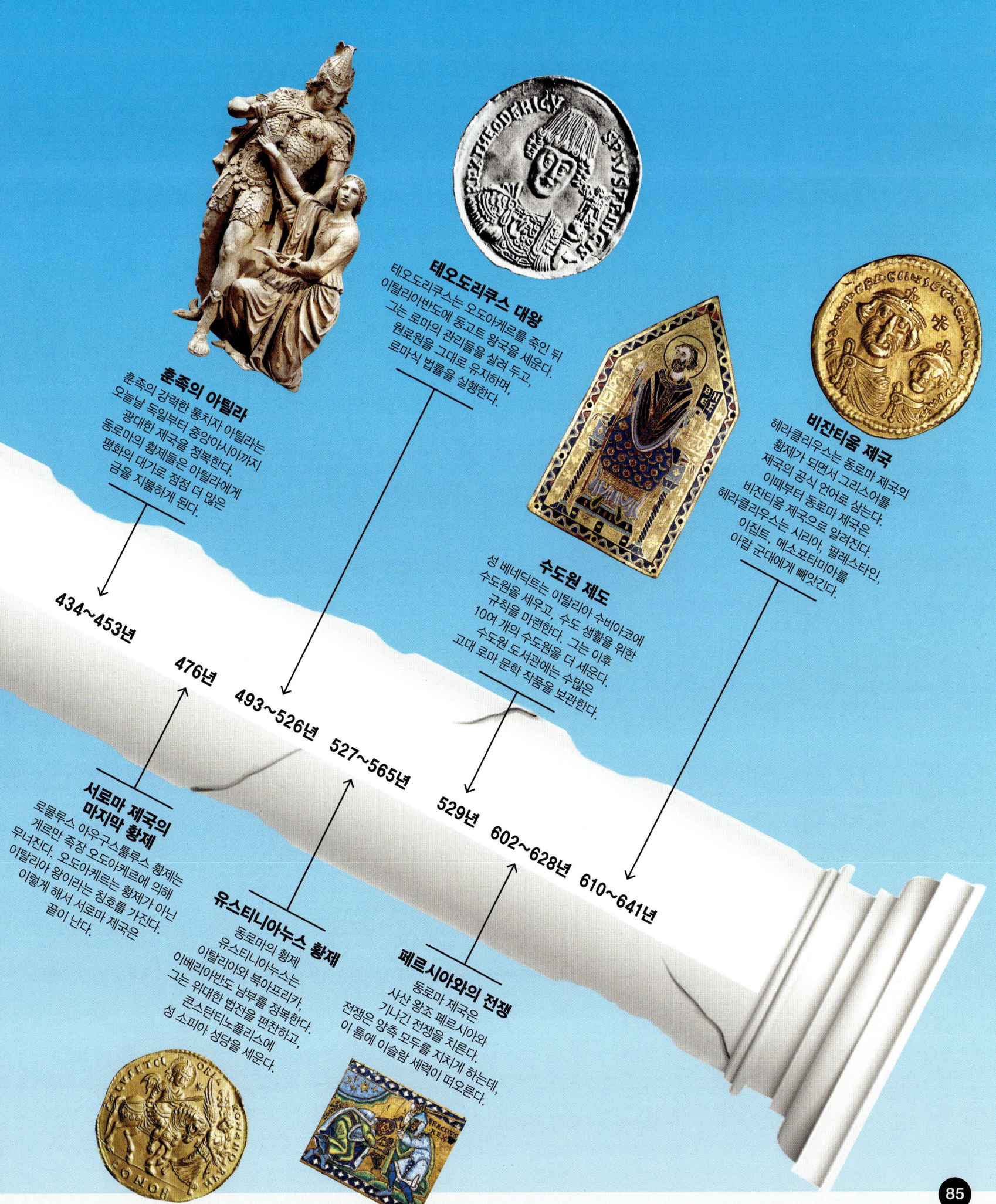

훈족의 아틸라
훈족의 강력한 통치자 아틸라는 오늘날 독일부터 중앙아시아까지 광대한 제국을 정복한다. 동로마의 황제들은 아틸라에게 평화의 대가로 점점 더 많은 금을 지불하게 된다.

테오도리쿠스 대왕
테오도리쿠스는 오도아케르를 죽인 뒤 이탈리아반도에 동고트 왕국을 세운다. 그는 로마의 관리들을 살려 두고, 원로원을 그대로 유지하며, 로마식 법률을 실행한다.

수도원 제도
성 베네딕트는 이탈리아 수비아코에 수도원을 세우고, 수도 생활을 위한 규칙을 마련한다. 그는 이후 10여 개의 수도원을 더 세운다. 수도원 도서관에는 수많은 고대 로마 문학 작품을 보관한다.

비잔티움 제국
헤라클리우스는 동로마 제국의 황제가 되면서 그리스어를 제국의 공식 언어로 삼는다. 이때부터 동로마 제국은 비잔티움 제국으로 알려진다. 헤라클리우스는 시리아, 팔레스타인, 이집트, 메소포타미아를 아랍 군대에게 빼앗긴다.

434~453년 476년 493~526년 527~565년 529년 602~628년 610~641년

서로마 제국의 마지막 황제
로물루스 아우구스툴루스 황제는 게르만 족장 오도아케르에 의해 무너진다. 오도아케르는 황제가 아닌 이탈리아 왕이라는 칭호를 가진다. 이렇게 해서 서로마 제국은 끝이 난다.

유스티니아누스 황제
유스티니아누스는 동로마의 황제 이탈리아와 북아프리카, 이베리아반도 남부를 정복한다. 그는 위대한 법전을 편찬하고, 콘스탄티노폴리스에 성 소피아 성당을 세운다.

페르시아와의 전쟁
동로마 제국은 사산 왕조 페르시아와 기나긴 전쟁을 치른다. 전쟁은 양측 모두를 지치게 하는데, 이 틈에 이슬람 세력이 떠오른다.

85

중세 세계

500~1450년

중세 세계

기원후 476년 로마 제국이 멸망한 후, 유럽은 여러 왕국으로 쪼개졌다. 하지만 아시아 지역의 문명들은 계속해서 번영하고 확장했다. 중국은 기술과 예술의 혁신을 일으켰다. 중동에서는 이슬람교라는 새로운 종교가 나타났고, 수학, 천문학, 의학 분야에서 놀라운 연구 성과를 이루었다. 이 시기에는 아메리카, 아프리카, 동남아시아에서도 발전된 문화가 등장했다.

618~907년 당나라가 중국을 통치하다.

750년 이슬람 아바스 왕조가 오늘날 이라크 바그다드에 새로운 수도를 세우다.

800년 프랑크 국왕 샤를마뉴가 신성 로마 제국의 왕위에 오르다.

936년 고려가 후삼국을 통일하다.

960년 송나라가 중국을 통치하다.

1066년 프랑스 노르망디의 윌리엄이 헤이스팅스 전투에서 승리한 뒤 영국의 왕이 되다.

610년경 이슬람 신앙에 따르면, 예언자 무함마드가 신의 계시를 받고 이슬람교를 창시하다.

711년 이슬람 군대가 스페인과 포르투갈의 대부분을 정복하기 시작하다.

802년 자야바르만 2세가 크메르 왕국(오늘날 캄보디아)의 최초의 통치자가 되다.

841년 바이킹이 아일랜드 해안에 정착해 더블린을 세우다.

1050년 이누이트가 북아메리카의 추운 북쪽 지역에 정착하기 시작하다.

이슬람교가 등장하다
이슬람 제국(92~93쪽 참고)은 중동, 북아프리카, 스페인으로 확대되면서 이슬람교의 가르침을 많은 문화권에 전파한다.

아메리카
중남미에서 여러 문명이 성장한다(94~95쪽 참고). 이러한 문명은 유럽인들이 침입하기 전까지 아메리카 대륙을 지배한다.

중세 유럽
로마가 멸망한 후, 유럽에 새로운 왕국들이 등장한다. 이 왕국들은 권력을 장악하기 위해 서로 다툰다(98~99쪽 참고). 기독교가 유럽 전역에 전파된다.

십자군 전쟁
기독교와 이슬람교는 세력을 키우면서 십자군 전쟁으로 알려진 피비린내 나는 전쟁을 벌인다 (104~105쪽 참고).

쇄자갑

쇄자갑은 작은 쇠사슬을 엮어서 만든 갑옷이다. 이 갑옷은 칼날로부터 몸을 보호할 수 있어서 중세 유럽과 다른 지역에서도 인기를 끈다. 기사 계급이 아닌 일반 병사들도 부담할 수 있을 만큼 값이 저렴하고, 망사 구조여서 신축성과 착용감도 뛰어나다.

1100~1400년경 아프리카 동남부 지역의 그레이트 짐바브웨가 무역 제국으로 부상하다.

1205~1206년 칭기즈 칸이 몽골 부족을 통일하다.

1280년 마오리족으로 알려진 폴리네시아인들이 뉴질랜드에 정착하다.

1346년 백 년 전쟁 기간에 벌어진 크레시 전투에서 영국이 프랑스에 맞서 승리를 거두다.

1392년 이성계가 조선을 건국하다.

1446년 세종대왕이 훈민정음을 반포하다.

1095년 교황 우르바누스 2세가 여덟 차례 중 첫 번째 십자군 전쟁에 나서다.

1192년 미나모토노 요리토모가 일본의 쇼군(장군)으로 불리면서 사무라이 계급이 지배하는 시대가 시작되다.

1271~1368년 몽골의 원나라가 중국을 정복해 다스리다.

1325~1521년 아즈텍족이 오늘날 멕시코에 제국을 세우다.

1347~1352년 흑사병이 유럽 전역에 확산되어 인구의 30~60퍼센트가 사망하다.

1450년경 오늘날 페루에 잉카의 도시 마추픽추가 세워지다.

사무라이가 등장하다
일본 전역에서 일어난 내전으로 사무라이가 권력을 잡는다. 사무라이는 명예를 위해 엄격한 규범에 따라 살아가는 정예 무사다.

태평양에 정착하다
폴리네시아인들은 이전에 사람이 살지 않았던 태평양 섬에 정착한다 (116~117쪽 참고). 이들은 하와이, 뉴질랜드, 이스터섬에서 문명을 일군다.

아프리카의 왕국들
아프리카의 사하라 사막 이남에는 부유하고 강력한 왕국들이 등장한다 (118~119쪽 참고). 이 왕국들은 아프리카 북부와 교역하면서 이슬람교도 받아들인다.

몽골족
아시아 북부에서 등장한 몽골족(120~121쪽 참고)은 칭기즈 칸의 지휘 아래 유럽과 중국을 침략한다.

중국의 황금기

중국은 당과 송 시대에 두 차례의 전성기를 맞이했다. 당(618~907년)은 외국 문물에 개방적이며 세련된 문화를 지닌 대제국이었다. 8세기에 당의 수도인 장안은 세계적인 도시가 되었다. 송(960~1279년)은 경제 발전에 따라 인구가 5,000만 명에서 1억 명으로 두 배나 증가했다.

중국의 황후

당 고종의 미망인이자 중국 후기 황실의 강력한 지도자였던 측천무후가 권력을 장악한다. 그녀는 수많은 정적을 제거하고, 궁녀와 사신들을 시켜 자신을 찬양하게 한다.

690~705년

당시의 황금기 시인

당나라 때는 중국 시의 가장 위대한 시인들이 활동한 시기로, 이백과 두보 등 1,000명이 넘는 시인의 작품이 남아 있다.

701~762년

불교의 장려

당나라 황제가 불교를 지원해 나라 곳곳에 승려들이 사는 사원이 세워진다. 이 중에는 승려 100명 이상이 거주하는 곳도 많았다.

713~756년

종교 박해

이 시기에 통치한 무종은 중국 내 외세의 영향력을 없애고자 한다. 독실한 도교 신자인 그는 불교와 기독교 등 여러 종교를 박해하고 4,600곳의 불교 사원을 파괴한다.

840~846년

'금강경'

중국은 목판을 이용해 '금강경'을 제작한다. 이것은 산스크리트어로 된 불교 경전을 중국어로 번역한 것이다.

868년

당 멸망

군인인 주전충은 소종을 암살하고 권력을 장악한다. 소종의 아들인 애제가 아버지의 뒤를 이어 황제의 자리에 오른다. 하지만 그가 907년에 강제 퇴위당하면서 당나라는 멸망한다. 중국은 여러 왕국이 권력을 다투며 분열된다.

904년

송 건국

태조 조광윤이 분열된 나라를 통일하면서 송나라를 건국한다.

960~976년

대안탑

이 탑은 당나라 때인 652년에 처음 지어진다. 승려이자 여행가인 현장이 인도에서 중국으로 가져온 불경과 불상을 보관해 놓는다.

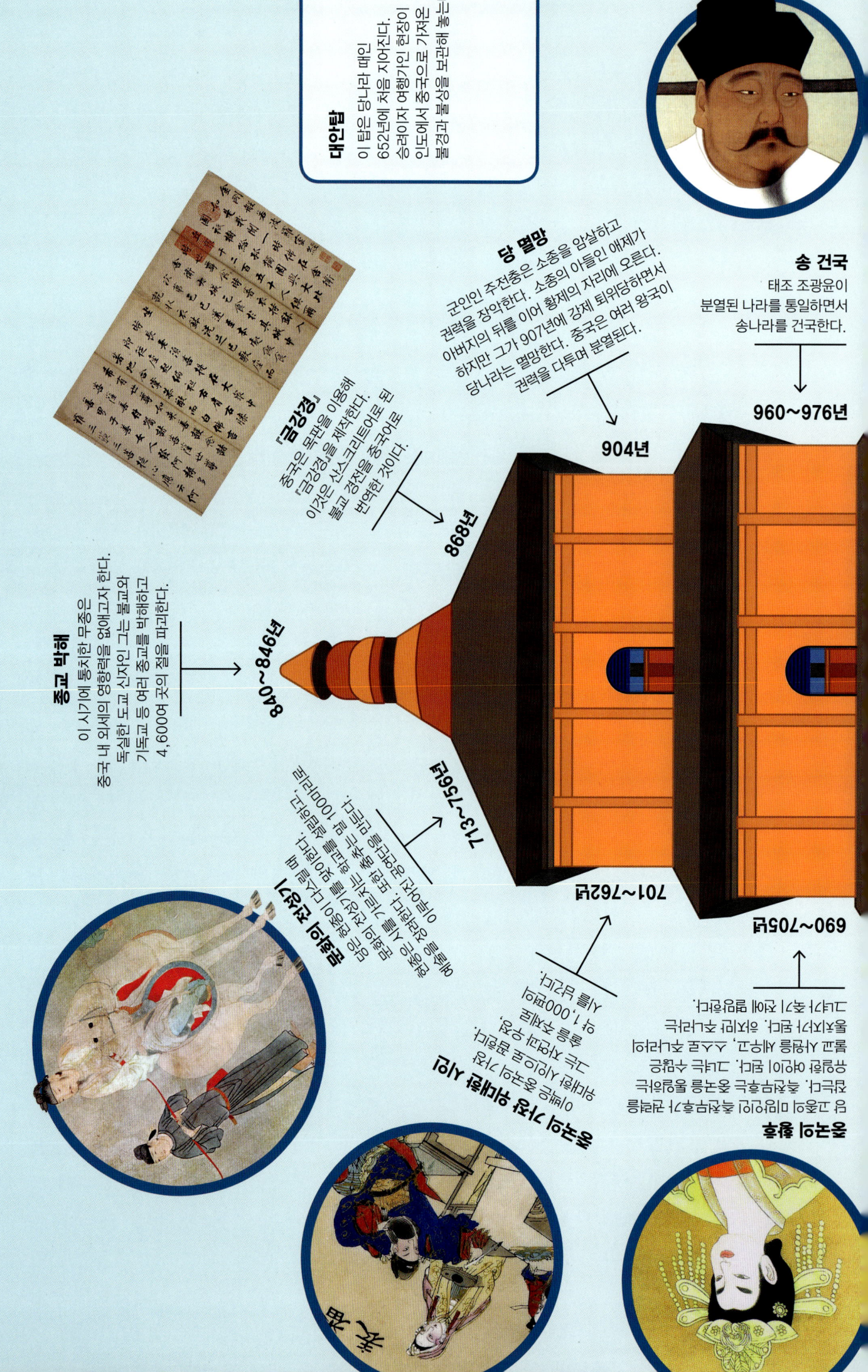

90

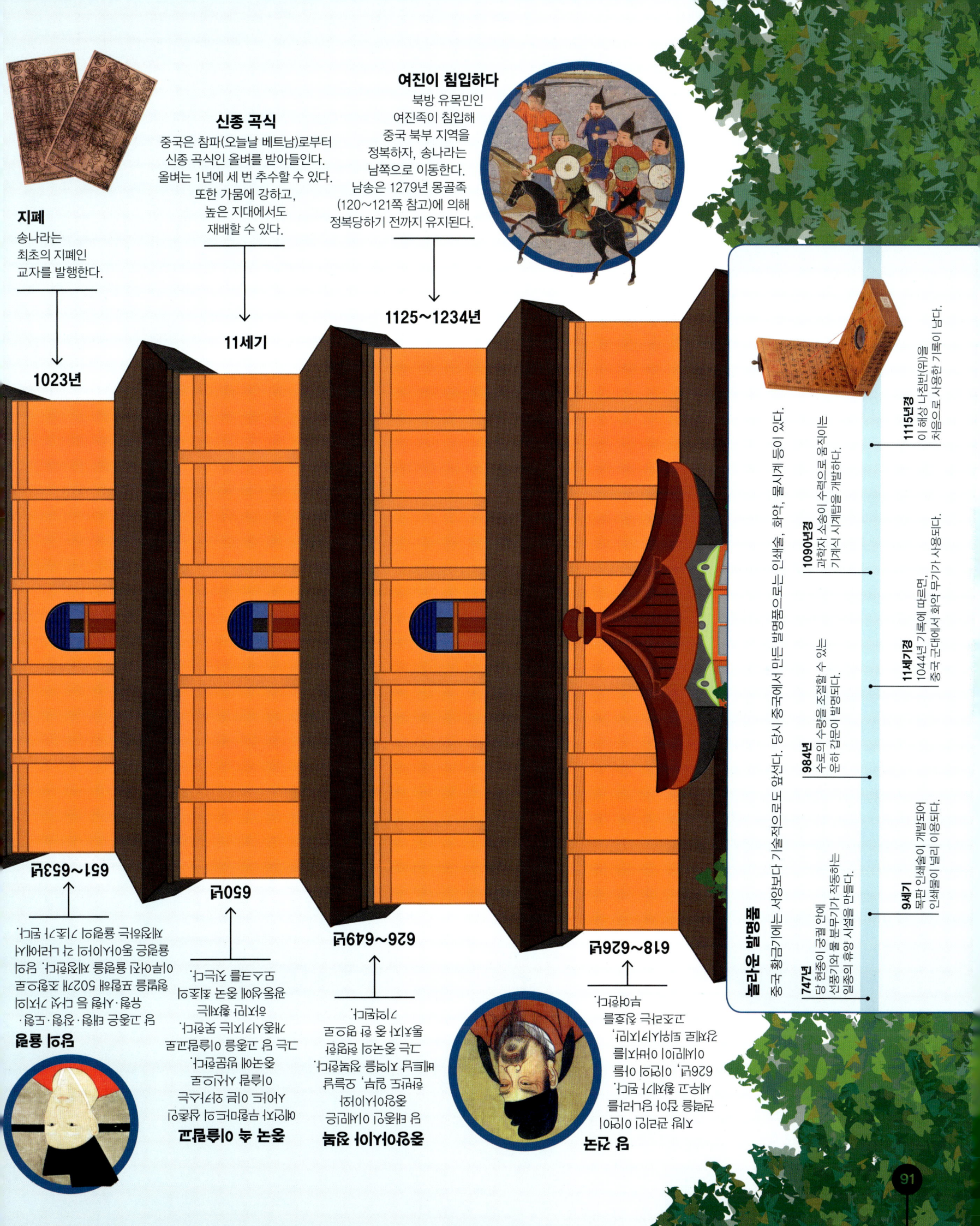

초기 이슬람 제국

7세기 초, 서남아시아의 아라비아에서 이슬람교가 시작되었다. 이슬람교의 가르침에 따르면, 대천사 가브리엘(지브릴)이 예언자 무함마드에게 신의 말씀을 처음으로 계시했다. 그로부터 100년 안에 아랍 군대는 아시아의 다른 지역과 북아프리카, 스페인에 이슬람교를 전파하면서 강력한 이슬람 제국을 세웠다. 한편, 아랍 학자들은 아랍이 정복한 문명의 영향을 받아 과학과 의학 연구에 힘쓰기 시작했다.

의학 연구
페르시아의 이슬람 학자 이븐시나(아비센나)는 『의학전범』을 출간한다. 이 책의 명성은 이슬람 세계 바깥까지 퍼져 나간다. 중세 유럽에서는 의사들을 위한 표준 의학 교과서가 된다.

최초의 대학
부유한 상인의 딸 파티마 알-피흐리는 모로코 페스에 모스크와 마드라사(대학)를 세운다. 알-카라위인이라는 이 대학은 오늘날까지 현존하는 세계 최초의 대학으로 여겨진다.

아바스 왕조
아바스 가문은 우마이야 왕조를 무너뜨리고 칼리프가 된다. 이들은 오늘날 이라크에 있는 바그다드에 새로운 수도를 세운다. 751년, 아바스 왕조는 중앙아시아의 탈라스 강 전투에서 중국 군대를 물리친다.

스페인 정복
이슬람인과 모로코에서 스페인 군대가 포르투갈 지역으로 건너가 대부분의 땅을 점령한다. 이들은 그 지역을 알-안달루스라고 부른다. 무슬림의 통치는 1492년 그라나다가 멸망할 때까지 지속된다.

우마이야 왕조
제4대 칼리프인 알리가 피살된 후 무아위야가 칼리프가 되어 우마이야 왕조를 창건한다. 그는 시리아의 다마스쿠스를 이슬람의 새 수도로 삼는다. 이슬람교의 대표적 유적인 다마스쿠스의 대모스크는 715년에 완성된다.

이슬람 공동체 건설
예언자 무함마드와 그를 따르는 무슬림 신자들은 이슬람교를 박해하는 메카 사람들을 피해 622년에 메디나로 이주한다. 이곳에서 무함마드는 아라비아 전역에 걸친 이슬람 공동체를 건설한다.

634년
661년
711년
750년
859년
1025년

이슬람 세계의 확대(750년)

92

셀주크 제국

원래 중앙아시아 출신인 셀주크 튀르크는 아프가니스탄부터 시리아와 아나톨리아(오늘날 터키)까지 거대한 제국을 세운다. 셀주크 왕조는 1055년에 바그다드를 점령한다. 말리크샤 1세는 셀주크 제국을 전성기로 이끈다.

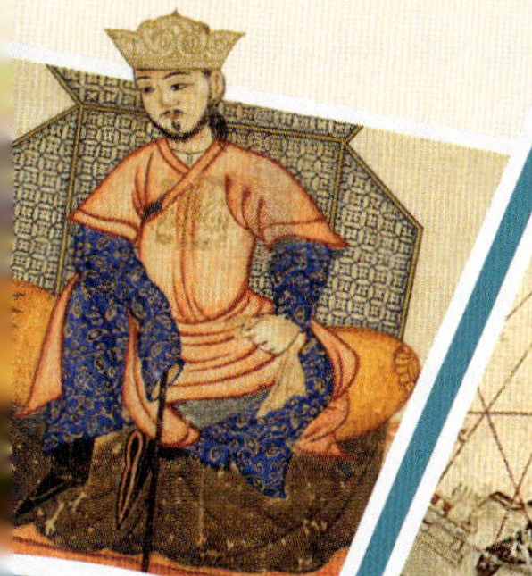

무라비트 왕조

모로코의 부족민인 무라비트는 사하라 사막 이남의 이슬람 세력을 아프리카 서부까지 확장시킨다. 모로코 마라케시는 1062년에 무라비트 왕조의 수도가 된다. 이들은 한동안 스페인 지역을 지배한다.

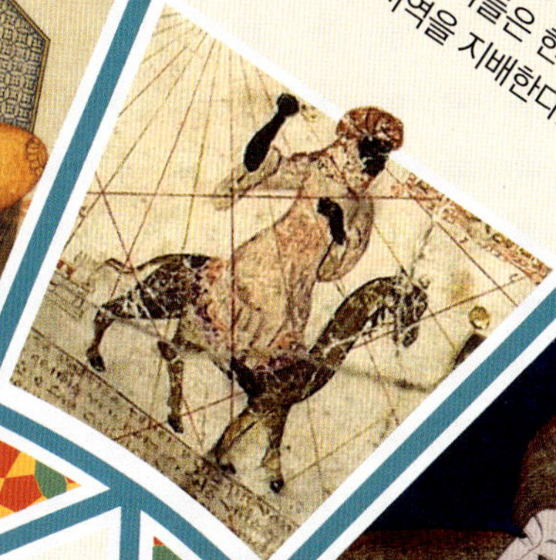

오마르 하이얌

페르시아의 수학자 오마르 하이얌은 정확한 달력을 고안하기 위해 1년의 길이를 계산한다. 그는 유명한 시집인 『루바이야트』의 저자로도 알려져 있다.

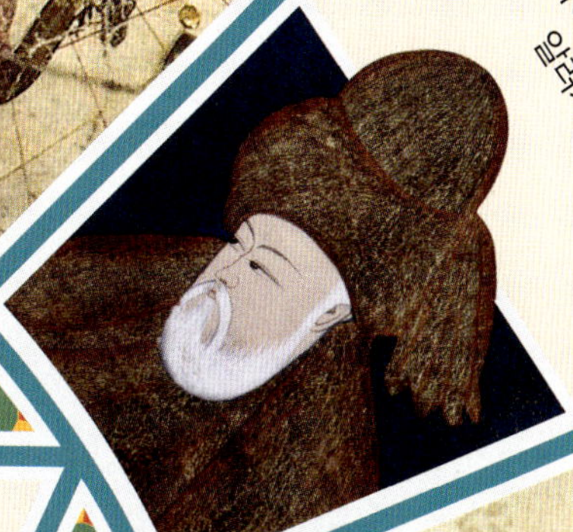

이스마일 알-자자리

이슬람의 기술자 이스마일 알-자자리는 기발한 코끼리 모양의 물시계를 고안한다.

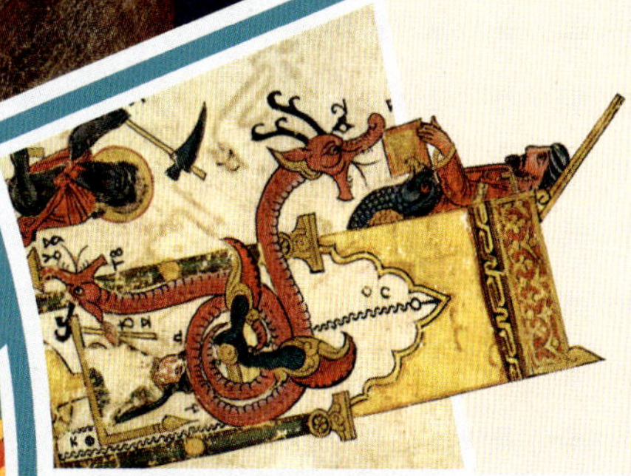

바그다드가 파괴되다

중앙아시아에서 일어난 몽골 군대는 바그다드를 점령한다. 이들은 수천 명의 사람을 죽이고, 유명한 도서관도 불태운다. 바그다드의 파괴는 아바스 왕조의 종식을 불러온다.

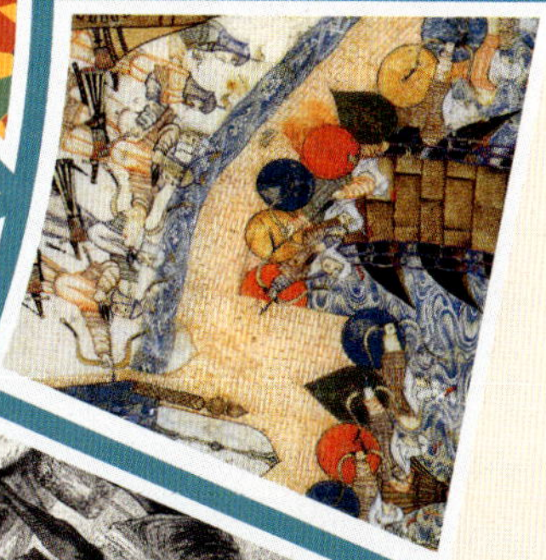

이슬람 여행자

모로코의 여행가 이븐바투타는 첫 번째 성지 순례길에 오른다. 그는 평생 12만 킬로미터에 달하는 거리를 여행하면서 이슬람 세계의 대부분 지역을 방문했다고 한다.

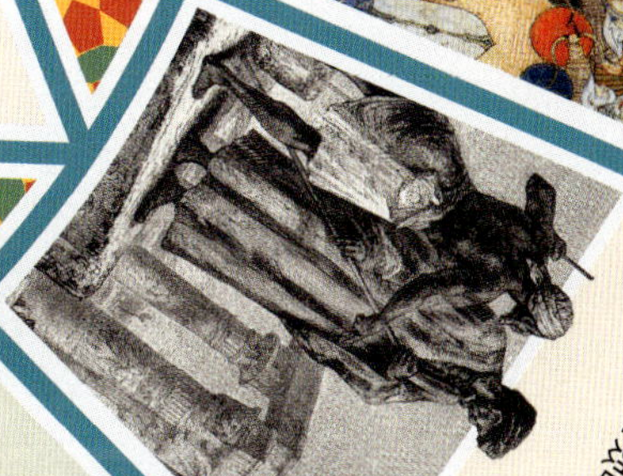

1037년

1054년

1073년경

1206년

1258년

1325년

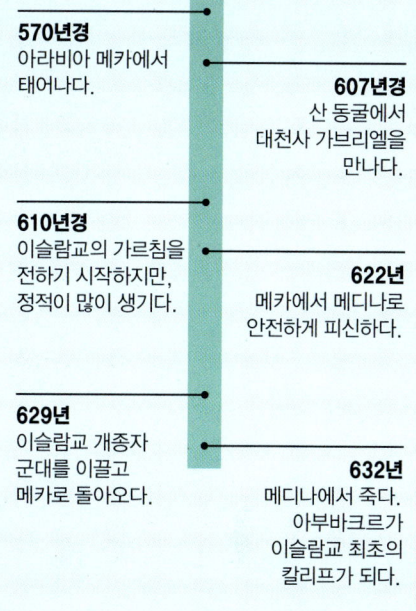

무함마드의 생애

이슬람의 예언자 무함마드는 대천사 가브리엘로부터 나중에 『코란』의 내용이 되는 계시를 받았다고 전해진다. 그는 세상을 떠나기 전까지 이슬람교를 바탕으로 아라비아 지역 전체를 통일한다.

570년경 아라비아 메카에서 태어나다.

607년경 산 동굴에서 대천사 가브리엘을 만나다.

610년경 이슬람교의 가르침을 전하기 시작하지만, 정적이 많이 생기다.

622년 메카에서 메디나로 안전하게 피신하다.

629년 이슬람교 개종자 군대를 이끌고 메카로 돌아오다.

632년 메디나에서 죽다. 아부바크르가 이슬람교 최초의 칼리프가 되다.

기하학적 무늬

이슬람교는 신성한 장소에서 사람이나 동물의 그림을 그리지 못하게 한다. 이슬람 세계 전역에서는 모스크나 기타 종교 건물을 기하학적 무늬로 화려하게 장식한다.

아메리카의 제국들

수천 년 전에 최초의 인류는 중남미에 이르렀다. 이들은 시베리아의 얼음 다리를 건너서 남쪽으로 이동했다. 그러고는 종교와 예술을 기반으로 한 화려한 문명을 건설했다. 하지만 이 위대한 제국들은 결국 유럽 정복자들의 손에 넘어갔다.

기원전 3700년경 노르테 치코
최초의 아메리카 문명인 노르테 치코는 오늘날 페루 지역에 처음으로 큰 도시를 세운다. 이곳에서는 일상적으로 도기 제작과 농업이 이루어진다. 이 고대 문명은 기원전 1800년까지 번성한다.

기원전 1200~400년경 올메카족
오늘날 멕시코 지역의 정글에서는 올메카족이 사원을 짓고 통치자들과 신들의 조각상을 만든다. 올메카 문명은 오늘날 잘 알려져 있지는 않지만, 나중에 마야, 아스테카, 잉카 제국들에 영향을 미친다.

기원전 900년경 최초의 피라미드
피라미드를 닮은 계단식 탑이 중남미 전역의 사원에 세워진다. 오늘날 멕시코 라벤타에 올메카족이 세운 탑이 유명하다.

기원전 900~200년경 차빈 데 우완타르
차빈 데 우완타르는 안데스산맥 지역에서 정치와 종교의 중심지가 된다. 지역민들은 재규어나 독수리 같은 동물 조각으로 도자기를 장식한다.

기원전 500년경 사포텍족
사포텍족은 의식을 위해 오늘날 멕시코 몬테 알반에 중심지를 만든다. '구름 민족'으로도 알려진 이들은 여러 신에게 기도를 올리고 제물을 바친다.

기원후 100~600년경 테오티우아칸
고대 아메리카에서 가장 큰 도시는 오늘날 멕시코 테오티우아칸이었다. 이곳에 있는 태양 신전은 높이가 63미터에 이르는 거대한 건축물이다. 이곳은 기원후 600년에 도시가 파괴되기 전까지 무역이 번창한다.

머리가 두 개 달린 터키석 뱀
머리가 두 개 달린 청록색 뱀은 아즈텍족의 종교 의식에서 특별하게 사용된다. 뱀은 뱀의 신 케찰코아틀을 상징한다. 터키석은 당시 매우 귀중한 광물이었다.

인간 희생제

고대 아메리카의 제국에서는 신이 인간 희생제를 바란다고 믿는다. 제사장들은 희생자의 심장을 꺼내 신에게 제물로 바친다. 이러한 희생제는 보통 신전 내부나 산꼭대기에서 이루어진다. 이 그림(오른쪽)은 한 아즈텍 제사장이 신에게 두 명의 희생자를 바치는 모습을 보여 준다.

987~1187년 톨텍족

멕시코 북부에서 온 톨텍족은 마야의 도시 치첸이트사를 정복한 후 두 세기 동안 통치한다.

기원후 400~650년 나스카 지상화

페루의 나스카 사막으로 알려진 곳에 사는 사람들은 커다란 새나 기하학적인 도형을 그린다. 이들은 땅의 가장 위에 있는 흙을 제거해 아래의 가벼운 흙을 드러내는 식으로 그림을 그린다.

1325~1521년 아스테카 왕국

아즈텍족은 오늘날 멕시코에 도착한다. 전설에 따르면, 아즈텍은 텍스코코호 가운데에 있는 섬, 즉 독수리가 호숫가의 선인장 위에 앉아 뱀을 물고 있는 곳에 수도인 테노치티틀란을 세웠다고 한다.

1438년 잉카 제국

잉카의 통치자 파차쿠텍은 잉카 제국을 오늘날 에콰도르에서 칠레까지 확장시킨다. 잉카 도시인 마추픽추는 안데스산맥의 고원 지대에 세워진다. 이 도시는 1911년까지 발견되지 않는다.

이후

16세기에 스페인 정복자들은 아스테카 왕국과 잉카 제국을 멸망시킨다. 탐욕스러운 스페인 사람들은 원주민에 대한 관심 없이 두 문명을 파괴한다. 에르난 코르테스는 아스테카 왕국을, 프란시스코 피사로는 잉카 제국을 전복시킨다.

기원후 250년 강력한 마야족

마야족은 사원을 짓고 도시를 확장하면서 전성기에 이른다. 오늘날 과테말라 티칼은 인구 10만 명이 살았던 마야의 큰 도시 중 하나다. 다른 큰 도시로는 치첸이트사와 욱스말이 있다. 기원후 800년경에 많은 마야 도시가 기근으로 파괴된다.

1325년경 고대 중남미의 오락

기원전 1400년경, 중남미 사람들은 구기 경기를 즐긴다. 아즈텍족은 울라마리츨리라는 구기 경기를 개발한다.

게르만족

게르만족은 라인강 동쪽과 도나우강 북쪽에서 여러 부족을 이루며 살았다. 이들은 4세기부터 정착할 땅을 찾고 풍부한 자원을 공유하기 위해 서로마 제국으로 대규모로 이주하기 시작했다. 마침내 이들은 서로마 제국을 무너뜨리고, 새로운 게르만 왕국을 건설했다.

반달족
반달족, 알란족, 수에비족은 라인강을 건너 갈리아 지방을 파괴한 후 스페인 지방으로 이동한다. 429년, 반달족은 아프리카로 건너간다. 이들은 시칠리아, 몰타, 사르디니아, 코르시카를 포함한 지역에 왕국을 세운다.
· 406년

게르만족이 대이동하다
훈족이 아시아 스텝 지역에서 서쪽으로 이동하자, 게르만족이 대규모 이동을 시작한다. 376년 훈족을 피해 서고트족은 게르만족이 하나인 서고트족은 도나우강을 건넌다.
· 350~376년

로마의 침공
로마인들은 라인강을 건너 엘베강까지 모든 게르마니아 지방을 정복한다. 이 침공은 기원후 9년에 토이토부르크 숲에서 아르미니우스가 이끄는 게르만족이 로마군을 소탕하면서 재앙으로 끝난다.
· 기원전 12년~기원후 9년

로마의 게르마니아 지방
로마인들은 라인강의 서안을 점령하고, 이곳에서 로마 제국에 충성하는 게르만족을 보호한다. 로마는 최초의 게르만 도시를 세운다. 나중에 이 지역은 로마에 의해 쾰른을 중심지로 하는 저지대 게르마니아와 마인츠를 중심지로 하는 고지대 게르마니아로 나뉜다.
· 기원전 50년경

제1차 게르만족의 침입
게르마니스족에 속하는 킴브리족, 튜턴족, 암브로네족이 대규모로 로마 제국 지역을 공격한다. 이들은 갈리아와 스페인 지역을 파괴하지만, 결국 로마 장군 가이우스 마리우스에게 패한다.
· 기원전 113~101년

> **서턴 후의 투구**
> 이것은 잉글랜드 서턴 후에서 7세기 앵글로·색슨의 왕과 함께 매장된 투구의 복제품이다. 후기 로마 기병의 투구를 바탕으로 제작된 이 투구는 게르만 양식으로 장식되어 있다.

로마 약탈
409~418년

410년, 알라리크 1세가 이끄는 서고트족은
이탈리아를 침공하고 로마를 약탈한다.
이들은 갈리아 남부와 스페인 지방으로 이동해
이탈리아을 못하는 단이인
오늘날 스페인 대부분 지역에 이슬람 왕국이
정복되기 711년 이슬람 세력에게

앵글로·색슨족
450년경

앵글족, 색슨족, 주트족은 브리타니아
지방을 정복하기 시작한다.
켈트족은 서쪽으로 쫓겨나고,
웨일스 나중에 웨일스로 이동하는 앵글·색슨족의
이들을 못하는 단이인
웨일스(Welsh)는 앵글·색슨족의
'wealh'에서 비롯된 명칭이다.

서로마 제국의 마지막 황제
476년

서로마 제국의 마지막 황제
로물루스 아우구스툴루스는
오도아케르에 의해 타도된다.
게르만족 추장인 오도아케르는
스스로 이탈리아의 왕이 된다.
493년, 동고트족의
테오도리쿠스 대왕이 그를 죽인다.

갈리아 지방이 프랑스가 된다
482년

클로비스 1세는
게르만족을 통해 남아 있는
프랑크족을 통합한다.
갈리아 지방에 남아 있는
로마군을 격파하고,
그는 메로빙거 왕조를 세우고,
496년에 기독교로 개종한다.
갈리아 지방은
프랑크족의 땅을 의미하는
프랑키아(프랑스)가 된다.

롬바르드 왕국
568년

다른 게르만족과 함께 롬바르드족도
이탈리아 대부분을 정복한다.
이로써 게르만족의 대이동은
롬바르디아라는 이름이
지금도 이탈리아 롬바르디아에
남아 있다.

이후
기원후 800년, 교황 레오 3세는 프랑크 왕
샤를마뉴를 신성 로마 제국의 황제로 추대한다.
샤를마뉴(카롤루스 대제)의 카롤링거 제국은
서유럽과 중유럽 대부분을 통합한다.

이전
서로마 제국이 분열하자, 게르만의 침략자들은 유럽 전역에 왕국을 세운다(84~85쪽 참고). 게르만의 통치자들은 곧 기독교도가 된다. 교회는 통치자가 신에 의해 선택된다고 가르치며 이들의 권위를 인정한다.

샤를마뉴 즉위
로마에서 교황 레오 3세는 프랑크 왕 샤를마뉴를 제1대 신성 로마 제국의 황제로 추대한다. 샤를마뉴는 카롤링거 제국 안에서 서유럽 대부분을 통합한다.

바이킹이 더블린을 세우다
바이킹은 아일랜드를 갑자기 공격한 뒤 리피강 주변에 요새화된 진을 구축한다. 이 영구적인 정착지가 나중에 도시 더블린이 된다. 바이킹은 리머릭, 웩스퍼드, 워터퍼드, 코크에 정착지를 세운다.

800년   **841년**

중세 유럽

유럽에서는 5세기부터 15세기까지 중세 시대가 지속되었다. 이 시대는 서로마 제국이 멸망한 뒤로 이어졌다(84~85쪽 참고). 중세 유럽 사회는 로마 교황이 수장인 가톨릭교회와 봉건 영주가 장악했다. 인구의 대다수는 농노로 이루어졌다.

제1차 십자군 전쟁
교황 우르바누스 2세는 중동을 지배한 무슬림들에게 십자군 전쟁을 선포한다. 1099년, 십자군은 예루살렘을 점령하고 중동에 네 개의 기독교 국가를 세운다. 이후 일곱 차례의 십자군 전쟁이 이어진다.

1095년

한자 동맹
소금 광산을 소유한 함부르크와 청어 어장을 소유한 뤼베크는 무역 동맹을 맺고 소금에 절인 청어를 생산한다. 이로써 독일 북부 마을들의 거대한 무역 동맹인 한자 동맹이 시작된다.

백 년 전쟁
영국의 왕 에드워드 3세는 자신이 프랑스 공주의 아들이므로 새로운 왕인 발루아의 필리프 6세보다 프랑스를 통치할 권리가 더 많다고 선언한다. 이 때문에 영국과 프랑스 사이에 100년 이상 전쟁이 이어진다.

프란체스코회
성 프란체스코는 설교로 기독교를 전파하는 수사들의 수도회를 설립한다. 세상과 떨어져 사는 수도승과는 달리, 수사들은 마을 안에서 일반 백성들과 함께 지낸다.

라스 나바스 데 톨로사 전투
스페인 남부 알모하드 왕조의 무슬림들은 기독교 군대와의 전투에서 참패를 당한다. 기독교 세력은 이슬람 세력으로부터 스페인을 다시 빼앗는다.

1209년   **1212년**   **1241년**   **1337~1453년**

블라디미르 1세
키예프 공국의 블라디미르 1세는 기독교의 한 분파인 동방 정교회를 받아들인다. 그는 백성들에게 집단으로 세례를 명한다.

동서 교회가 분리되다
로마 가톨릭교회와 동방 정교회는 신학(신앙)과 예배 방식에 관한 의견이 일치하지 않아 완전히 분리된다. 정교회 지도자들은 로마 교황의 최고 권위를 인정하지 않는다.

988년

1054년

카노사의 굴욕
다툼 끝에 교황 그레고리우스 7세는 신성 로마 제국 황제 하인리히 4세를 파문해 교회 구성원 자격을 박탈한다. 이탈리아 카노사에서 하인리히 4세는 사흘 동안 맨발로 눈 속에 서서 교황에게 용서를 구한다.

헤이스팅스 전투
노르망디의 윌리엄 공작(윌리엄 1세)이 영국을 침공한다. 그는 헤이스팅스에서 마지막 앵글로·색슨 왕인 해럴드 고드윈슨을 전사시킨다. 1085년, 윌리엄 1세는 자신의 왕국에서 엄청난 조사를 실시해 토지 대장을 작성한다. 이것이 둠즈데이 북이다.

1077년

1066년

잔 다르크
농부의 딸 잔 다르크는 머릿속에서 성인(聖人)들의 목소리가 들린다고 주장한다. 그녀는 영국과의 싸움에서 프랑스를 승리로 이끈다. 하지만 영국인들에게 붙잡힌 그녀는 이단으로 몰려 화형을 당한다.

흑사병
치명적인 전염병이 화물선을 통해 중앙아시아에서 유럽으로 옮겨진다. 이 전염병은 유럽 전역으로 퍼지면서 유럽 인구의 30~60퍼센트를 사망에 이르게 한다.

구텐베르크 성경
독일의 발명가 요하네스 구텐베르크는 1439년경에 발명한 인쇄기로 최초의 『성경』을 생산하기 시작한다. 『성경』을 읽을 수 있는 사람이 많아지자, 가톨릭교회의 가르침에 의문을 품는 사람도 많아진다.

이후
15세기 말, 중세 유럽은 여러 사건을 겪으면서 흔들리게 된다. 1492년, 크리스토퍼 콜럼버스는 아메리카 대륙을 발견해 세계 지도를 바꿔 놓는다. 인쇄를 통해 확산된 새로운 이론들은 오랫동안 유지되어 온 사상과 믿음을 거부하게 만든다.

1347~1352년 **1429~1431년** **1439년경**

크레시 전투

영국의 장궁(長弓)이 프랑스군을 제압하다

1346년 8월 26일, 프랑스 북부의 노르망디에서 영국군이 크레시라는 마을 근처 고지대에 집결해 두 배 이상 수가 많은 프랑스군과 대치했다. 전투에 목마른 프랑스군은 영국군을 향해 돌진할 준비를 했다. 그러자 영국의 왕 에드워드 3세는 우세한 적군을 제압할 놀라운 전략을 마련했다.

백 년 전쟁
1328년 2월, 프랑스의 왕 샤를 4세의 죽음으로 프랑스와 영국 사이에 왕위 계승 분쟁이 이어진다. 프랑스의 왕 필리프 6세는 왕위를 주장하고, 영국의 왕 에드워드 3세도 마찬가지다. 이 권력 투쟁은 **1337년 5월**에 벌어진 백 년 전쟁이라는 대서사시의 서막으로 이어진다. 프랑스와 영국 사이의 또 다른 분쟁들도 100년 이상 계속된다. 여기에는 비싼 양모의 무역 통제나 영토 싸움 등이 포함된다. **1340년 6월 24일**, 에드워드 3세가 이끄는 영국 해군이 슬로이스 전투에서 크고 느린 프랑스 함대에 맞서 승리를 거둔다.

영국군이 침공하다
1346년 7월, 영국군이 노르망디에 상륙해 캉이라는 마을을 점령한다. 필리프 6세는 군대를 소집하고, 맹인인 보헤미아의 왕 요한이 보낸 지원군과 제노바에서 온 6,000명의 용병 석궁 부대까지 동원한다. 이들 연합 부대는 영국군과 맞서기 위해 북쪽으로 이동한다. 같은 해 **8월**, 에드워드 3세가 이끄는 1만 4,000명의 부대가 크레시와 와디코트 사이의 언덕에서 전투를 치르기 위해 몰려온다. 프랑스군의 접근 소식을 들은 영국군은 적을 방어하기 위해 참호를 파고 말뚝을 박아 방벽을 설치한다. 에드워드 3세는 기병을 말에서 내리게 하고, 영국군을 창병(槍兵), 기병, 장궁병 세 부대로 나눈다. 세 부대는 각각 왕, 왕의 아들(흑태자로 알려짐), 노샘프턴 백작의 지휘를 받는다.

전투가 시작되다
8월 26일, 필리프 6세가 이끄는 3만 명의 대군이 크레시에 도착한다. 이 대군은 기병, 보병, 석궁병으로 구성된다. 그날 **정오**에 영국군의 위치를 보고한 척후병은 아군에게 휴식을 취하게 하고, 다음 날 적군을 공격하자고 조언한다. 하지만 프랑스 귀족들은 병사 수가 압도적으로 많고 자신들의 병력을 과시하고 싶어서 지금 즉시 공격하자고 필리프 6세를 설득한다. **오후 4시경**, 프랑스군이 영국군 진영을 향해 진군할 때 폭풍우가 몰아친다. 제노바 용병들의 석궁은 쏟아지는 비를 그대로 맞는다. 반면, 언덕 위에서 기다리던 영국군은 장궁의 활시위가 비에 안 젖도록 잘 보호한다. 석궁병이 공격을 개시한다. 하지만 석궁이 젖은 탓에 화살은 먼 거리를 날아가지 못한다.

프랑스군이 물러가다
영국 장궁병은 전진하면서 프랑스의 석궁병을 향해 화살을 퍼붓는다. 장궁병은 사정거리가 훨씬 길고 재장전 속도도 빠르다. 그래서 적진은 이들의 공격 때문에 혼란에 빠진다. 많은 석궁병이 쓰러지자, 공포에 질린 프랑스군은 물러나기 시작한다. 프랑스 기병들은 뒤돌아 도망쳐 오는 제노바 용병들을 죽임으로써 처벌한다. 프랑스 기병대는 혼돈의 진흙탕 속에서 언덕 위로 돌진한다. 영국 장궁병은 다시 화살을 퍼붓는다. 그러자 공격해 오던 수많은 프랑스 기병이 말에서 떨어진다.

장궁 부대가 승리하다
저녁 내내 에드워드 3세는 언덕 꼭대기에서 영국군을 뚫고 나아가지 못하는 프랑스군을 지켜본다. 영국의 장궁병은 필리프의 동생인 알랑송의 샤를 2세를 비롯한 프랑스군을 진흙투성이인 전장에 쓰러뜨리면서 승기를 잡는다. **자정** 직전에 부상당한 필리프 6세는 전장을 버리고 라브루아 성으로 피신한다. 프랑스군 2만 1,500명이 전장에서 죽는다. 간신히 살아남은 프랑스군은 왕의 뒤를 따라 도망친다. 100명도 채 전사하지 않은 영국군은 밤새 언덕 비탈에 진을 치고 노르망디 침공을 계속한다. **1347년**, 에드워드 3세는 1년 동안 포위 공격을 한 끝에 항구 도시 칼레를 점령한다. 그는 향후 200년간 프랑스와의 전쟁에서 영국군에게 유리한 전략적 거점을 확보한다.

바이킹 유물
바이킹의 두 머리 사자라고 알려진 이 은 유물은 영국 남 양쪽 끝이 1,000년 후인 2007년에 발견된다. 그 옆 실제기에서는 617개의 은화와 다양한 장식품과 팔지들이 함께 발견된다. 은화는 노르망디와 프랑스나 독일 지역에서 9세기에 만들어진 것 안에 있었다. 단단한 은으로 만들어진 은하는 알게 도금되어 있다.

덴마크의 지배
덴마크의 바이킹 왕 스베인 튜구스케그가 잉글랜드를 정복하자, 잉글랜드의 왕 에설레드 2세는 어쩔 수 없이 도망친다. 1016년부터 튜구스케그의 아들 크누트가 잉글랜드와 덴마크의 왕이 된다.

빈랜드
붉은 에이리크의 아들인 레이프 에릭손은 오늘날 캐나다 뉴펀들랜드에 빈랜드라는 정착지를 세운다. 레이프는 아메리카 대륙에 발을 들여놓은 최초의 유럽인으로 추정된다.

1002년

1013년

바이킹 시대가 끝납니다
바이킹의 습격이 줄어들면서 바이킹 시대도 끝이 납니다. 노르웨이의 왕 하랄 하르드라다는 잉글랜드 왕위를 주장하며 정복하려다 죽는다. 정복자 윌리엄스 전투에서 해럴드 왕에 이르러 잉글랜드의 왕위에 오른다.

1066년

데인겔드
잉글랜드의 왕 에설레드 2세는 덴마크의 바이킹들을 숨죽이는 매년 몸값없을 지불하기 시작한다. 이 몸값은 데인겔드로 알려진다.

991년

986년

저쪽 홀이 더 푸르다
바이킹 에이리크가 붉은 에이리크라 불리는 시람을 말한다. 그는 그린란드에 정착촌을 건설한다. 후에 그는 고향인 아이슬란드로 돌아가 그린란드에 사람들을 정착시키기 위해 새롭게 정착시기들을 모은다.

960년

870년경

기독교 개종
덴마크의 왕 하랄 블라타드는 기독교로 개종한 최초의 바이킹 왕이다. 그는 이 신을 기리기 위해 예수와 그 부모, 할머니의 이미지로 장식된 기념비를 세운다.

아이슬란드 이주
아이슬란드는 정착민들이 최초로 찾아들었다. 930년, 이들은 아이슬란드의 총회 알싱을 세운다. 이는 세계에서 가장 오래된 의회이다.

866~865년

바이킹 수도
덴마크 바이킹들이 요크와 동부 잉글랜드 지역의 대부분을 정복한다. 후에 그들은 요크를 자신들의 수도로 삼고 요르빅이라고 부른다.

862년

노르고로드
스웨덴에서 바이킹인 류리크는 오늘날 러시아 북서부에 놓인 도시 노브고로드를 정복하고 이곳을 자신의 수도로 이용한다.

바이킹

덴마크, 노르웨이, 스웨덴에서 시작해 온 바이킹은 원래 북유럽 역사에서의
바이킹은 8세기부터 고향을 따나 유럽 전역을 급습하고 약탈했다.
손기술이 좋았던 이들은 항해를 위해 개량한 목조 선을 만들고,
다른 나라 사람들에게 판매할 세련된 장신구를 만들었다.
11세기에는 유럽 대륙에 스스로 정착지를 만들었다.

바이킹 배

바이킹은 여행과 전투를 위해
길고 가벼운 배를 만든다.
이 배는 바이킹이 약탈자와
정복자로 성공하는 데
필수 요소가 된다.

860년

바이킹은 스칸디나비아통로까지
도달했다. 이들은 수도원을
가장먼저 약탈하기 위해
200척이 배를 타고 가서
이 도시를 장악한다.

콘스탄티노플

841년

바이킹은 더 멀리 나아간다.
이들은 센 강을 따라 이동하며
유럽 내륙까지 도달하고
가는 길에 루앙 지역을 약탈한다.
바이킹은 새로운 땅을 사용하는
큰 배들을 만들었다.

아미앙 루앙

793년

첫번째 침략
이 해, 바이킹은 영국
북동부 린디스판 섬의
수도원을 공격한다.
린디스판에서부터 머지않
아 이들은 아이슬란드와
그린란드까지도 여행할 것이다.

최초의 습격

십자군 전쟁

11세기에 기독교 군대가 이슬람 세력의 지배로부터 기독교와 이슬람교의 성지인 예루살렘을 되찾기 위해 군사 원정을 감행했다. 앞으로 200년 동안 벌어질 여덟 번의 십자군 전쟁 중 첫 번째 원정이었다. 기독교 군대는 결국 성공하지 못했다.

십자군 소집
교황 우르바누스 2세는 제1차 십자군 전쟁을 선포한다. 그는 유럽의 기독교 기사들에게 예루살렘이 이슬람 세력의 지배로부터 벗어나도록 도와줄 것을 요청한다. 수백 명의 기사는 십자군에 참여하겠다는 성스러운 맹세를 하고, 헌신의 의미로 옷에 십자가를 표시한다.

1095년

예루살렘 함락
제1차 십자군은 1096년에 출발해 3년 뒤에 예루살렘 성벽에 도착한다. 십자군은 끔찍한 학살을 저지르며 도시를 함락시킨다. 이들은 중동 지역에 네 곳의 기독교 왕국을 세운다.

1099년

제2차 십자군 전쟁
1144년, 이슬람 군대가 십자군의 도시인 에데사를 점령한다. 그러자 프랑스의 교회 지도자인 클레르보의 생 베르나르가 도시를 다시 빼앗기 위해 제2차 십자군 전쟁에 나선다. 이 전쟁은 기독교도의 실패로 끝난다.

1147~1149년

하틴 전투
이슬람의 전사 살라딘은 중동에 있는 이슬람 군대를 다시 일으킨다. 이슬람 군대는 하틴 전투에서 기독교 군대를 무찌르고, 예루살렘을 포함한 십자군 왕국 대부분을 장악한다.

1187년

제3차 십자군 전쟁
영국의 왕 리처드 1세와 프랑스의 왕 필리프 2세가 이끄는 제3차 십자군은 살라딘의 세력으로부터 무역항 아크레를 탈환하지만 예루살렘을 되찾지는 못한다.

1189~1192년

십자군 전쟁 당시 주요 도시

"기독교를 위해 싸우고자 하는 사람은
옷 위에 십자가 표시를 하십시오."

교황 우르바누스 2세,
클레르몽 공의회 설교에서, 1095년

제4차 십자군 전쟁

제4차 십자군은
예루살렘 탈환을 위해 원정에
나서지만 결국 재앙으로 끝난다.
기독교 군대는 비잔티움 제국의
수도이자 동방 정교회의 도시인
콘스탄티노폴리스에 도착한다.
이들은 예루살렘으로 가지 않고
콘스탄티노폴리스를
공격한 후 약탈한다.

1204년

제5차 십자군 전쟁

제5차 십자군 전쟁에서는
강력한 이슬람 국가인
이집트를 처음으로 정복한다.
그러면서 예루살렘을
되찾기 위해 새로운 시도를 한다.
하지만 십자군은
나일강의 홍수에 갇혀
어쩔 수 없이 후퇴한다.

1217~1221년

제6차 십자군 전쟁

신성 로마 제국의
황제 프리드리히 2세는
제6차 십자군을 원정 보낸다.
이번에는 거의 전투가
일어나지 않는다.
이집트의 술탄과 조약을 맺어
잠시 동안 기독교도가
예루살렘을 탈환한다.

1228~1229년

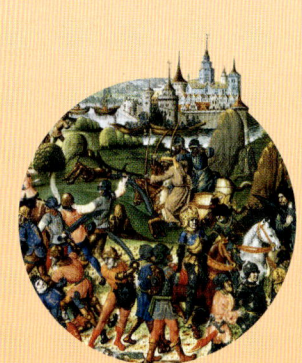

성스러운 십자군

프랑스의 왕 루이 9세는
두 차례의 십자군 전쟁에서 실패한다.
제7차 십자군 전쟁 때인
1254년에는 이집트에서 포로로 잡히고,
1270년 튀니지에서 제8차 십자군 전쟁
도중에 병사한다. 그는 나중에
성인으로 추대된다.

1248~1270년

십자군 전쟁이 끝나다

팔레스타인에서 십자군의
마지막 거점인 아크레가
이슬람 군대의 손에 들어간다.
이로써 중동 지역에서
십자군의 영향력이 사라진다.
이제 더 이상 예루살렘으로 가는
십자군이 조직되지 않는다.

1291년

동남아시아의 왕조들

동남아시아는 인도와 중국, 향료 제도(말루쿠 제도의 옛 이름) 사이의 무역로나 순례길의 중간 지점에 있다. 기원후 1세기부터 부유한 왕조들이 이곳에 등장했다. 통치자들은 인도식 이름을 채택했고, 힌두교와 불교를 받아들였다. 나중에는 이슬람 무역상들이 이 지역에 이슬람교를 전파했다.

이전
사람들은 기원전 600년부터 오늘날 베트남 북부의 홍강 유역에 살면서 동선 문화를 만든다. 이들은 어로와 농사로 살아가고, 숙련된 기술로 청동기와 철기를 만들어 사용한다.

기원전 207년 — 남비엣 최초의 황제
중국 진나라의 멸망하면서 장군 출신인 찌에우 다가 남비엣(남월, 오늘날 베트남 북부와 중국 남부)의 왕을 자처한다. 일부 베트남인은 그를 최초의 황제로 여긴다.

기원전 111년 — 중국이 남비엣을 정복하다
중국 한나라의 무제는 남비엣을 공격한 후 정복한다. 한나라는 이 지역에 미치는 영향력을 점점 확대한다. 그 결과, 중국의 통치가 1,000년 이상 지속된다.

기원후 50년경 — 푸난
오늘날 캄보디아 남부와 베트남의 메콩강 하류에 푸난(부남)이라는 나라가 세워진다. 푸난은 남비엣을 공격한 후 정복한다. 인도와의 무역에 영향을 받은 푸난 사람들은 힌두교도가 되고 산스크리트어를 사용한다.

350년경 — 참파
오늘날 베트남 지역에 있었던 참파 왕국은 푸난의 영향을 받아 힌두교를 받아들이고 산스크리트어를 사용한다. 참파는 남중국해의 향신료 교역을 통제하면서 강력한 해양 세력이 된다.

650~1300년경 — 스리위자야 제국
수마트라의 스리위자야 통치자들은 말레이반도, 자바, 서보르네오와 기타 많은 섬을 점령한다. 스리위자야 제국은 강력한 해양 세력이다. 스리위자야 왕은 대승 불교를 따르고, 인도에 사찰을 세운다.

802년 — 크메르 왕국
크메르 왕국의 창시자 자야바르만 2세가 오늘날 캄보디아 지역을 통합한다. 그는 비슈누와 시바를 모시는 힌두교를 국교로 삼는다.

앙코르 와트

세계에서 가장 큰 종교 유적인 앙코르 와트('사원 도시'를 의미함)는 12세기 초에 지어진다.
이 힌두교 사원은 크메르 왕국 (오늘날 캄보디아)의 수리야바르만 2세 통치 아래 건설된다.
수 세기 동안 정글 속에 가려져 있다가 1860년 프랑스 학자에 의해 발견된다.
사원 외벽은 세계의 가장자리를, 해자는 우주를 나타낸다.
탑에 새겨진 연꽃 봉오리는 힌두교의 중요한 상징이다.

성채의 역사

고대 사람들은 외적의 침입으로부터 자신들을 보호하기 위해 마을이나 정착지 주위에 벽을 쌓아 올렸다. 오늘날 우리가 생각하는 성(城)은 지금으로부터 약 1,000년 전에 등장했다. 높은 탑과 튼튼한 벽, 넓은 해자로 이루어진 성은 중세 유럽 풍경의 가장 두드러지는 특징이 되었다.

로마의 요새
로마군은 제국 전역에 돌로 된 요새나 진지를 구축한다. 이들은 요새의 막사, 작업장, 목욕탕, 상점 등을 모두 비슷하게 배치한다. 이런 요새를 카스트룸(castrum)이라고 하는데, 여기에서 '캐슬(castle, 성)'이라는 단어가 유래한다.

기원전 27~기원후 300년경

모트-베일리 성채
유럽에서 강력한 영주들은 외적의 침입을 막기 위해 흙과 나무로 성채를 쌓는다. 성채는 탑이 있는 언덕(모트)과 언덕 아래의 마당(베일리)으로 구성된다. 전체적으로는 나무 담장으로 둘러싸여 있다.

950~1070년경

석조 아성
유럽 전역의 성들은 이제 돌로 지어진다. 아성의 높이는 3층이나 4층이다. 처음에는 사각형 모양으로 지어지지만, 나중에는 적의 공격을 어렵게 하기 위해 원형으로 짓는다.

1070~1150년경

성의 내부
성은 영주와 그의 가족, 하인들이 생활하는 공간이다. 식당에는 커다란 벽난로가 설치되어 있다. 이외에도 침실, 예배당, 부엌, 화장실 등이 있다.

1100~1400년

방어 시설을 강화하다
십자군 전쟁에서 돌아온 기사들은 성을 건축할 때 새로운 아이디어를 도입한다. 성은 절벽 꼭대기에 세워지거나 해자로 둘러싸여 방어력이 더 강해진다. 또한 두꺼운 성벽, 높은 성탑, 강화된 성문을 갖추게 된다.

1200~1300년경

한양 도성

조선의 건국자인 태조는 자신의 권력을 견고하게 만들고자 한양(오늘날 서울 일부)을 둘러싸는 긴 성곽을 짓도록 명령한다. 고려 왕조를 무너뜨리고 새 왕조를 세운 태조는 한양 도성을 강력한 통치의 상징으로 삼는다. 한양 도성은 외세의 공격뿐만 아니라 백성의 반란으로부터 수도를 보호한다. 1396년에 지어진 이 성곽은 총 길이가 18킬로미터가 넘고, 산지와 평지에 모두 걸쳐 있다. 성곽 중 가장 높은 곳에 있는 봉수대에서는 위기 시 밤에는 횃불을, 낮에는 연기를 피워 다른 지역으로 위급 상황을 전한다.

초기 북아메리카

북아메리카에 처음으로 발을 내디딘 사람들은 자신들이 최초의 정착자라는 사실조차 몰랐다. 이들은 그저 조상 때부터 내려오던 대로 매머드와 같은 짐승을 사냥하면서 시베리아 해안을 따라 아시아와 북아메리카를 잇는 육교를 건넜다. 알래스카로 건너온 사람들은 수천 년에 걸쳐 북아메리카 땅으로 점차 퍼져 나갔다. 이들은 기원전 1만 년경부터는 정착 생활을 시작했다.

> "해가 빛나고 물이 흐르는 한, 이 땅은 사람과 동물에게 생명을 주기 위해 여기에 있을 것이다."
> **크로풋**(식시카 추장)

육교가 닫히다
해수면이 상승하기 시작하고, 베링 육교는 물에 잠긴다. 사냥·채집인들은 오늘날 캐나다와 미국 동부의 대초원에 이른다.

| 기원전 2만 5000년경 | 기원전 2만 2000년경 | 기원전 1만 년경 | 기원전 9500년 | 기원전 9000년 |

육교
아시아와 아메리카는 마지막 빙하기에 베링 육교로 연결된다. 베링 육교는 평평하고 풀이 자라며 나무가 없는 육지(툰드라)다. 굶주린 사람들은 동물을 사냥하면서 이 툰드라 지대를 건넌다. 일부 역사학자는 사람들이 배를 타고 도착했을 거라 추정한다.

베링 육교 정착지
사람들은 몇 세대가 지나는 동안 베링 육교 위에 집을 짓는다. 일부 과학자에 따르면, 이 사람들은 거대한 빙상 위에서 생활하다가 얼음이 녹아서 오늘날 캐나다와 미국 지역으로 내려왔다고 한다.

남쪽으로 이동하다
사냥꾼들은 북아메리카 초원을 거쳐 남서부 지방까지 이동한다. 이들은 마스토돈(선사 시대에 살던 오늘날 코끼리 친척)과 같은 큰 짐승을 사냥하기 위해 날카로운 돌 창촉(클로비스 포인트)을 만든다.

옥수수 재배
사람들은 이스턴 우드랜즈(오늘날 캐나다 동부 지역)에서 사냥과 채집을 한다. 반면, 남서부의 사막 지대에서는 옥수수와 기타 작물 재배 방법을 익힌다. 이들은 토기뿐 아니라 망치와 갈돌과 같은 도구도 만든다.

아데나 문화
아데나 사람들은 식물을 이용해 신발이나 옷, 가방을 만든다. 이들은 사람의 힘만으로 오하이오의 서펀트 마운드 같은 인공 언덕을 만든다. 이러한 무덤은 부족 가운데 중요한 사람을 매장하는 데 사용했을 것이다.

푸에블로 문화
푸에블로 사람들은 집을 지을 때 흙벽돌, 석판, 진흙, 막대기를 사용한다. 이들은 머지않아 아파트 같은 큰 건물을 짓는다. 또한 이들은 목화로 천을 짜고, 다양한 채소를 재배하며, 석탄을 사용한다.

커호키아
오늘날 미국 세인트루이스 교외에 있는 커호키아는 인상적인 도시다. 이 도시 사람들은 중앙에 마운드를 구축하고, 주변에 사원, 도로, 마을, 농지 등을 조성한다.

| 기원전 8500년 | 기원전 800년경 | 기원전 100년경 | 700년경 | 800년경 | 1050년 | 1050년 |

호프웰 문화
사냥·채집인들과 농부들은 초가지붕인 직사각형 집들이 있는 마을을 이루고 산다. 이들은 해바라기나 호박 등 씨앗이 있는 식물을 재배한다. 또한 그릇이나 항아리 같은 새로운 모양의 토기와 동물 형상으로 장식한 파이프도 만든다.

미시시피 문화
미시시피 문화권 사람들은 거대한 피라미드를 건설하고, 북아메리카 동부의 절반을 연결하는 거대한 무역망을 구축한다. 이들은 토기, 직조품, 구리, 수정, 조개 등을 물물 교환한다.

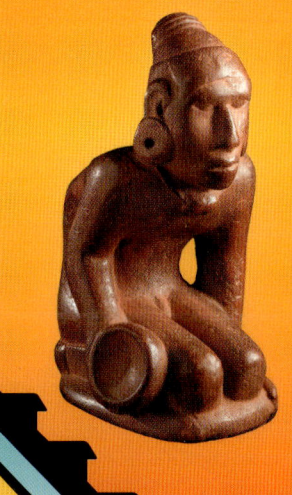

들소 사냥
아메리카의 대초원에 사는 사람들은 오랫동안 매머드를 사냥한다. 매머드가 멸종하면서 들소가 주요 사냥감이 된다. 사냥꾼들은 한 번에 많은 들소를 죽이기 위해 '버펄로 점프'라는 것을 한다. 이들은 나무나 돌, 장대를 이용하거나 사람이 직접 좁은 통로를 만든다. 그런 후 들소 떼를 좁은 통로로 우르르 몰아서 절벽 가장자리에 이르게 한다.

이누이트의 조상
이누이트의 조상들이 캐나다 북극 지방의 언 땅에 도착한다. 이 사냥·채집인들은 약 100명 정도 무리를 지어서 산다. 이들은 계절에 따라 고래, 순록, 물개 등의 사냥감을 쫓아 이동한다.

태평양에 정착하다

수천 년 전, 유럽의 배들은 육지에서 멀리 떨어진 곳까지 항해하지 않았다. 하지만 항해 기술이 발전하면서 숙련된 선원들이 4,800킬로미터 떨어진 태평양의 작은 섬들에 정착하기 시작했다.

기원전 1600~500년 라피타인
라피타인들은 미크로네시아와 폴리네시아 일부 지역으로 퍼져 나간다. 이들은 무역에 종사하고, 항해 기술이 뛰어나다. 이들의 후손인 폴리네시아인들은 태평양에서 더 먼 곳을 탐험한다.

1025~1121년 폴리네시아인의 항해 시작
폴리네시아인들이 동쪽으로 항해하기 시작한다. 이들은 소시에테 제도에서 갬비어 제도에 이르는 태평양 지역에 정착한다.

1280년 뉴질랜드
폴리네시아인들은 자신들이 아오테아로아(길고 하얀 구름의 나라)라고 부르는 뉴질랜드에 도착한다. 마오리족이라고 불리는 정착민들은 뉴질랜드의 더 시원한 기후에 적응한다. 이들은 위 사진에 있는 모아처럼 덩치가 크지만 날지 못하는 새를 사냥한다.

1330~1440년 멸종
마오리족의 사냥, 삼림 채벌, 새알을 먹는 쥐의 유입 등으로 10종의 모아가 뉴질랜드에서 멸종한다. 더불어 다른 작은 동물들도 멸종한다.

기원전 5만 년경 멜라네시아
멜라네시아는 동남아시아 사람들이 처음으로 정착한 곳이다. 이 시기에는 해수면이 비교적 낮아 육지가 지금보다 더 넓다. 사람들은 배를 타거나 직접 걸어서 이 새로운 지역을 돌아다닌다.

기원후 800년 쿡 제도
타히티, 통가, 사모아 사람들은 쿡 제도를 식민지로 삼는다. 이들은 나무와 돌을 재료 삼아 능숙하게 조각한다. 태평양을 항해하는 사람들은 현외 장치라는 지지대가 달린 카누를 이용한다. 이 배는 거친 바다에서 빠르게 항해할 수 있다.

1200~1290년 사회 체계
여러 섬에서 다양한 사회 체계가 발달한다. 타히티나 하와이처럼 인구 밀도가 높은 섬에서는 막강한 권력을 가진 추장이 사람들에게서 공물과 노동력을 제공받는다. 인구가 적은 섬일수록 더 평등한 사회가 이루어진다.

1300~1500년 이스터섬
이스터섬에 사는 사람들은 모아이라고 불리는 거대한 석상을 세운다. 위 사진은 이들의 조상이나 추장을 조각한 것이다. 오늘날 연구에 따르면, 이들은 밧줄과 통나무를 이용해 채석장에서 곧바로 운반했을 것으로 추정된다.

태평양 정착지
멜라네시아, 미크로네시아, 폴리네시아에 처음으로 아시아에서 온 사람들이 정착한다. 각 섬은 독자적인 문화를 발전시키지만, 모두 같은 신을 숭배한다.

116

용감한 탐험가

유럽인들은 제임스 쿡의 항해를 통해 태평양의 지리와 원주민을 좀 더 자세히 이해하게 된다. 제임스 쿡은 세 번에 걸친 항해를 통해 오스트레일리아의 동부 해안, 뉴질랜드, 하와이 제도의 지도를 작성한다. 또한 유럽인들에게 알려지지 않은 여러 장소에 관한 정보를 기록한다.

태평양의 식민지화

폴리네시아인들은 기원후 1300년까지 하와이 제도부터 뉴질랜드와 이스터섬에 이르는 태평양 지역에 정착했다. 나중에 도착한 유럽인들은 폴리네시아인들이 넓게 퍼져 거주하고 있는 섬들을 발견하고는 놀라워했다.

1722년 이스터섬 방문
네덜란드의 탐험가 야코프 로헤베인은 유럽인 최초로 이스터섬에 방문한다. 당시 이스터섬에서는 원주민이 모아이 석상을 세우고 카누를 이용하며 살고 있었다.

1642년 타스만
네덜란드의 탐험가 아벌 타스만은 뉴질랜드에 방문한다. 그의 배들은 마오리족 전투용 카누의 공격을 받는다. 선원 네 명이 죽자 타스만은 도망친다.

1767년 타히티
영국의 해군 장교 사무엘 월리스는 타히티에 도착한다. 그는 처음에는 전투용 카누의 공격을 받지만, 곧 타히티인들과 평화롭게 지낸다. 유럽 방문객들은 타히티를 낙원처럼 생각한다.

1769년 항해의 비밀
영국의 탐험가 제임스 쿡은 타히티인들에게 어떻게 작은 카누를 타고 광활한 바다를 항해할 수 있는지 묻는다. 그는 원주민이 해, 달, 별을 이용해 항해한다는 말을 듣고, 그들로부터 바다에 관한 귀중한 정보를 많이 얻는다.

1774년 이스터섬이 붕괴되다
제임스 쿡이 이스터섬에 도착했을 때 모아이 석상들은 방치되어 있다. 카누 세 척만 남아 있지만, 모두 사용할 수 없는 상태다. 이스터섬은 이미 붕괴되었다. 이스터섬 원주민의 생활 방식 자체가 섬의 환경을 파괴했다고 주장하는 학설도 있다.

1778~1779년 마지막 항해
제임스 쿡은 하와이에 두 번 방문한다. 그는 원주민이 노 젓는 배를 훔쳐 가자, 그들과 싸움을 벌이다가 사망한다.

1828~1900년 식민지화
유럽, 아시아, 아메리카의 강대국들이 태평양의 섬들을 장악하기 위해 경쟁한다. 이 시기에 프랑스는 타히티를 식민지화하고, 피지, 키리바시, 투발루는 영국의 지배하에 들어간다. 1900년 무렵, 미국은 하와이를 통치하고, 독일은 사모아에 대한 영유권을 주장한다.

1835년 대학살
한 바다표범 사냥선이 뉴질랜드에 도착해 채텀 제도 사람들은 싸우는 방법을 모를 정도로 평화롭다는 소식을 전한다. 그러자 900명의 마오리족 전사들이 채텀 제도로 건너가 원주민을 죽이거나 노예로 삼는다.

1840년 와이탕이 조약
대영 제국은 마오리족 추장과 함께 와이탕이 조약에 서명한다. 이 조약에 따라 마오리족에게 뉴질랜드의 소유권을 인정하는 대신, 뉴질랜드는 대영 제국의 식민지가 된다.

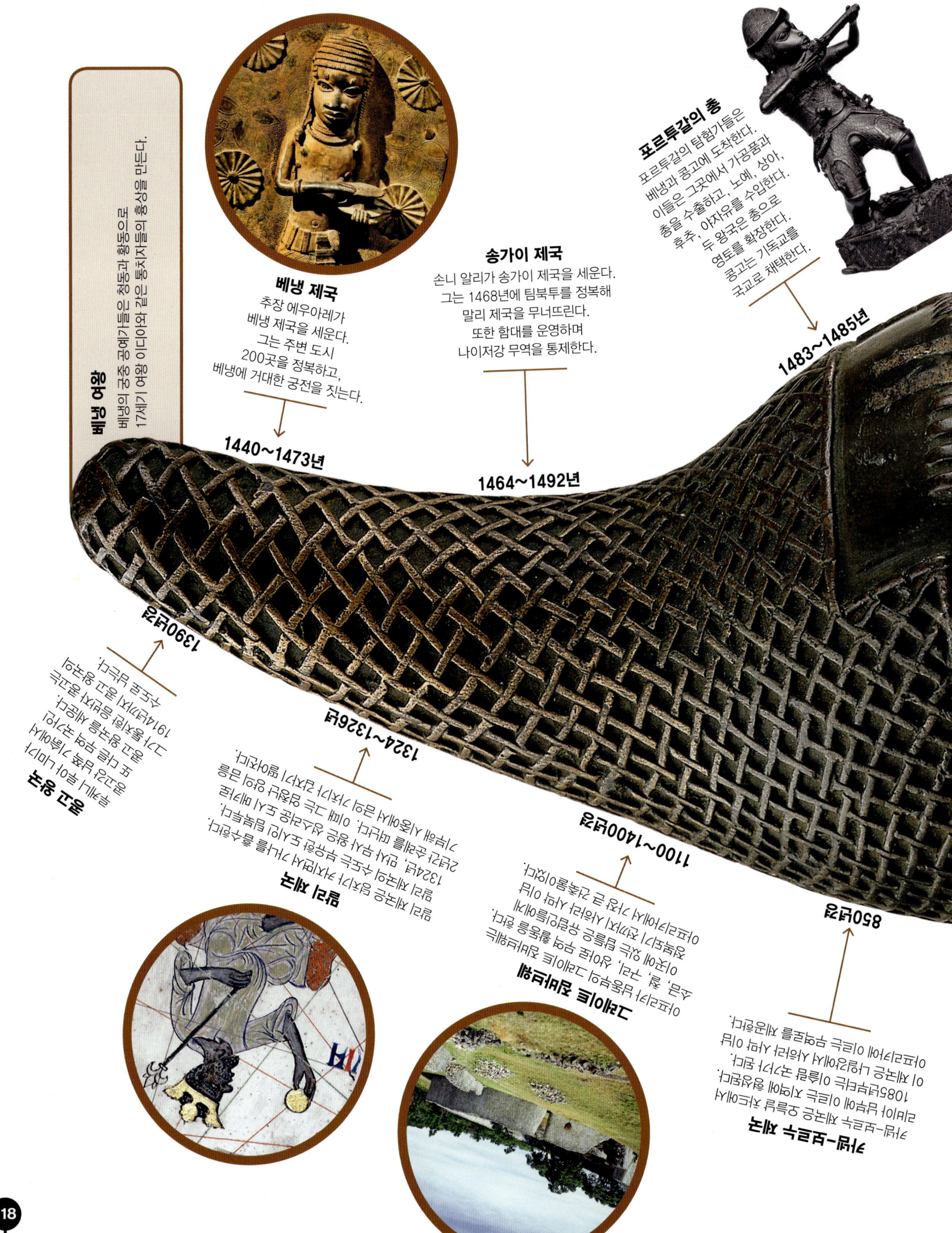

베냉 예술
베냉의 궁중 공예가들은 청동과 황동으로 17세기 여왕 이디아와 같은 통치자들의 흉상을 만든다.

베냉 제국
추장 에우아레가 베냉 제국을 세운다. 그는 주변 도시 200곳을 정복하고, 베냉에 거대한 궁전을 짓는다.

1440~1473년

송가이 제국
손니 알리가 송가이 제국을 세운다. 그는 1468년에 팀북투를 정복해 말리 제국을 무너뜨린다. 또한 함대를 운영하며 나이저강 무역을 통제한다.

1464~1492년

포르투갈의 총
포르투갈의 탐험가들은 베냉과 콩고에 도착한다. 이들은 그곳에서 가공품과 총을 수출하고, 노예, 상아, 후추, 야자유를 수입한다. 두 왕국은 총으로 영토를 확장한다. 콩고는 기독교를 국교로 채택한다.

1483~1485년

1390년

용광로
북아프리카의 대상들이 다른 용품 중에서도 구리를 가지고 사하라 사막을 건넌다. 구리는 19세기까지 짐바브웨의 용광로에서 사용된다.

1324~1326년

말리 제국
말리 제국의 지배자 만사 무사가 1324년 메카로 순례를 떠난다. 그는 화려한 행렬을 이끌며 엄청난 양의 금을 가지고 간다.

1100~1400년경

그레이트 짐바브웨
아프리카에서 가장 부유한 왕국 중 하나인 짐바브웨가 석조 요새를 짓는다. 왕국은 금, 상아, 도자기를 교역한다.

850년경

가나-토르드후 왕국
서부 아프리카의 금 부자인 가나 왕국이 번영한다. 이 왕국은 1085년 사하라 사막에서 온 이슬람 군대인 알모라비드 왕조에게 무너진다.

아프리카 왕국들

사하라 사막 이남 아프리카에서 강한 왕국들이 등장하였다. 아프리카인들은 대부분 북동부에서 남쪽으로 이주하였지만, 해안과 큰 호수, 강을 따라 마을에 모여 살았다. 그들은 농사를 짓거나 소, 양, 염소, 낙타 등 가축을 길렀다. 그러다 대상이 사하라 사막을 건너거나 배가 먼 바다를 건너 금, 상아, 소금, 노예 무역이 이루어지면서 큰 강을 이동하면서 이루어졌다.

아스키아 황제
아스키아 황제는 서아프리카 역사상 가장 큰 나라인 송가이 제국을 정복한다. 그는 학문을 장려하고, 이슬람교를 국교로 삼는다.

1493~1538년

줄루 왕국
샤카 줄루는 사하라 사막 이남 아프리카의 마지막 왕국인 줄루 왕국을 세운다. 그는 상비군을 갖춘 중앙 집권적인 국가를 만든다. 상비군은 나중에 유럽 세력을 막는 데 큰 역할을 한다.

1818~1828년

이후
벨기에의 왕 레오폴트 2세는 광물 자원을 손에 넣기 위해 콩고에 대한 개인 소유권을 주장한다. 이 때문에 유럽 강대국들 사이에서 '아프리카 분할'이 시작된다. 결국 라이베리아와 에티오피아를 제외한 아프리카의 모든 나라가 점령된다.

가나 제국
가나 제국은 사하라 사막을 건너 북아프리카와 교류한다. 그가 지역의 금과 소금 교역을 대부분 장악한 사하라 이남 지역에서 가장 부유한 나라였다.

400~1200년경

악숨
에티오피아의 악숨 왕국은 기원전 1000년부터 기원후 4세기까지 번성했다. 이 왕국은 기원후 324년에 세계 최초의 기독교 국가가 된다.

기원전 1000년경~기원후 500년경

동부 왕국
아프리카 동부와 남부의 사람들이 철을 사용하면서 모노모타파, 짐바브웨, 카탕가 같은 왕국들이 이룩된다. 이들은 기원후 600년부터 옥수수 등을 재배했다.

기원전 1000년경

119

몽골 제국

유목 민족인 몽골족은 통일을 이룬 뒤 유럽, 중동, 아시아를 아우르는 역사상 가장 큰 대륙 제국을 세웠다. 몽골 제국의 창시자는 칭기즈 칸이었다. 그는 군사 전략이 뛰어났고, 활과 화살로 무장한 기병대를 이끌며 수많은 승리를 거두었다.

칭기즈 칸이 죽다
칭기즈 칸은 기마 군대 덕분에 승승장구하지만, 1227년 초에 낙마 사고를 겪는다. 그는 회복하지 못하고, 결국 그해 8월에 죽는다. 이후 후계자인 바투, 오고타이, 쿠빌라이가 제국을 계속 건설해 간다.

부족을 모으다
테무친은 가족보다 전사들에게 더 의지해 하나의 충성스러운 전사 집단을 만든다. 1205년경, 테무친은 경쟁자들을 굴복시킨다. 그는 통일된 나라를 세우기 위해 모든 몽골 부족의 족장들을 모은다. 그는 스스로를 '우주의 지배자'를 뜻하는 칭기즈 칸이라고 부른다.

1237년

1227년

1207~1215년

1206년경

1205~1206년

1200년경

1162년경

칭기즈 칸의 젊은 시절
테무친(칭기즈 칸)은 오늘날 몽골과 시베리아 사이에 있는 어느 지역에서 태어난다. 유목민들은 늘 이곳에서 전투를 벌인다. 그의 가족이 씨족에서 떨어져 나온 뒤, 테무친은 자신을 추종하는 세력을 모으기 시작한다.

중국 공략
활과 화살로 무장한 몽골의 기마 군대는 중국을 공략한다. 몽골군은 서하를 무너뜨리고, 북쪽의 금나라를 공격한다. 몽골군은 1215년에 금나라의 수도인 중도(오늘날 베이징)를 함락시킨다.

첫 번째 러시아 공격
칭기즈 칸의 손자인 바투 칸은 몽골의 서쪽을 공격한다. 루스(오늘날 러시아)는 바투 칸의 제국에 편입된다. 몽골군은 몽골 통치자의 노란 천막 때문에 '황금 군단'으로 알려진다.

전장의 화살
몽골 전사들은 치명적인 화살로 하늘을 가득 메운다. 이들은 이 화살로 320미터나 떨어진 곳의 목표물을 명중할 수 있다. 따라서 희생자들은 다가오는 몽골 전사를 보지 못한다. 지휘관은 호루라기 소리가 나는 화살로 시끄러운 전쟁터에서 병사들에게 신호를 보낸다.

역참 제도
칭기즈 칸과 거대한 제국에 흩어져 있는 부하들은 서로 신속하게 소통하기 위해 역참 제도인 얌을 설치한다.

> "인간의 기쁨은
> 승리할 때 최고조에 달한다."
> **칭기즈 칸**
> (몽골 제국 창시자)

서쪽으로 이동하다
바투 칸은 서유럽으로 황금 군단을 확장하려고 한다. 그는 새로운 영토를 하나씩 차지하지만, 삼촌인 오고타이의 사망 소식을 듣고는 영토 확장을 포기한다.

동쪽에서 패배하다
이집트 맘루크 왕조의 바이바르스는 몽골군을 능가하는 기발한 전략을 세운다. 이집트는 아인 잘루트 전투에서 승리해 몽골 제국의 서쪽 확장을 끝낸다.

송나라 정복
쿠빌라이의 군대는 거대한 군사력을 과시하며 중국 남부를 공격한다. 이들은 대부분 영토를 점령하고, 중국을 하나로 모은다.

1241년 — **1257년** — **1260년** — **1271년** — **1274년** — **1279년** — **1368년**

베트남 침공
쿠빌라이 칸이 다스리는 몽골은 다이비엣을 차지하고자 한다. 세 차례에 걸친 몽골의 침공은 실패하지만, 쩐 왕조는 싸움을 끝내기 위해 항복하기로 결정한다.

쿠빌라이 칸
칭기즈 칸의 손자인 쿠빌라이 칸은 제국 통치를 두고 형제들과 논쟁한다. 그는 스스로를 새로운 위대한 칸이라고 부른다. 그는 원나라를 세우고, 중국 최초로 비중국인 통치자가 된다.

일본 침공
쿠빌라이는 함대를 거느리고 일본을 침공한다. 그의 군대는 화약을 가득 담은 금속 항아리, 즉 일종의 수류탄을 육지로 던진다. 두 번째 침공 때는 태풍이 쿠빌라이의 대부분 함대를 난파시킨다. 일본인들은 이 태풍을 신풍(神風)을 뜻하는 '가미카제'라고 부른다.

중국 통치가 끝나다
몽골은 중국을 혹독하게 통치한다. 이와 더불어 중국인들은 자연재해로 큰 고통을 받는다. 반란군 주원장은 몽골을 공격해 나라 밖으로 몰아내고 명나라를 세운다.

비단길과 팍스 몽골리카
비단길로 알려진 고대 무역로는 극동과 서양을 연결한다. 13세기 초반, 몽골이 이 무역로를 장악하고, 사람들이 안전하게 여행할 수 있도록 한다. 이 평화롭고 안정된 시기를 '팍스 몽골리카'라고 한다. 이때 반갑지 않은 손님들도 여행길에 오른다. 바로 벼룩이다. 이 해충이 동양에서 유럽으로 전염병을 옮겨서 인구의 25퍼센트가 사망한다.

"나는 지도를 좋아하지 않는
사람들이 있다는 말을 들었다.
참 믿기 힘들다."
로버트 루이스 스티븐슨,
『글쓰기 기술에 관한 에세이』, 1905년

항해 지도
유럽 남부에서는
해안선이 자세하게 그려진
'포르톨라노'라는 지도를 사용한다.
항해가들은 이 지도를 보고
항구와 항구 사이의 항로를 정한다.

마파 문디
영국 헤리퍼드 대성당에
있는 '마파 문디(라틴어로
'세계 지도'를 뜻함)'는
기독교 세계관을 보여 준다.
거룩한 도시인 예루살렘이
정확히 지도 중앙에 있다.

이슬람 지도
이슬람의 지리학자 이드리시가
제작한 원형의 세계 지도는
위쪽이 남쪽을 가리킨다.
초기에 이슬람교로 개종한 사람들은
메카를 향해 기도를 올리다.
남쪽을 향해 기도를 올린다.
그리므로 중요한 지역을
지도의 위쪽에 그린다.

그리스 지리학자
그리스의 지리학자
클라우디오스 프톨레마이오스는
『지리학』이라는 책
여덟 권을 집필한다.
그는 지구를 지도로 나타내기 위해
격자 형식을 사용하고,
북쪽을 위에 둔 최초의 인물이다.

메소포타미아 세계
고대 메소포타미아의 지도는
점토판에 새겨진다. 이 지도는
세계를 중앙에 바빌론이 있고
주변에 물이 고리를 두른
하나의 원반으로 나타낸다.

바빌론 지도
이 바빌로니아의 점토판 조각에는
집과 밭, 수로를 비롯하여 도시의
지도가 표현되어 있다.

1300년대~1500년대

1300년경

1154년

기원후 150년경

기원전 550년경

기원전 1500년경

지도의 역사

초기의 지도들은 세계를 있는 그대로 묘사한 것이 아니라, 지도를 만든 사람의 믿음을 반영한 것이었다. 사람들이 자신들의 주변 세계에 관해 하나씩 배워 갈수록 지도도 더 사실적으로 변했다. 유럽에서는 탐험의 시대에 선원들이 익숙하지 않은 해안을 파악하기 위해 지도를 제작했다. 오늘날에는 기술이 발전하면서 지구의 모든 지면을 지도로 표현할 수 있다.

1507년

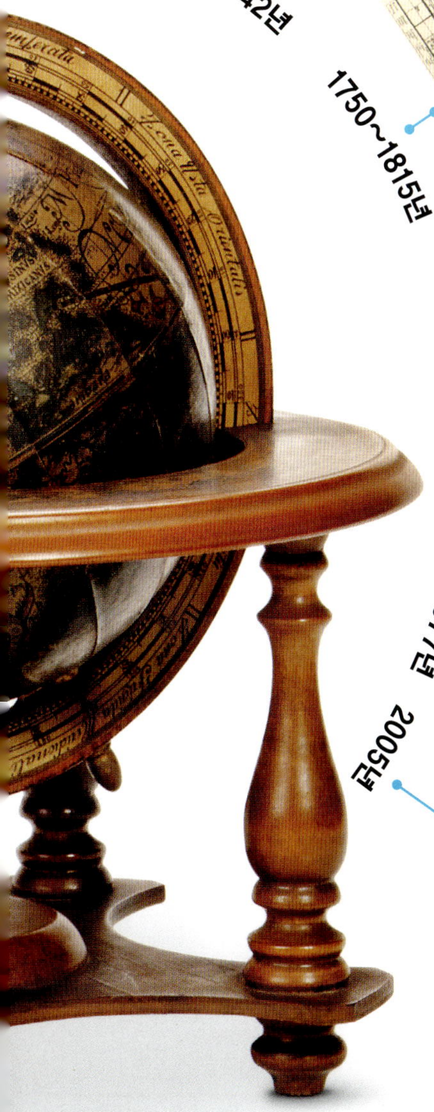

아메리카라는 이름을 얻다

독일의 지도 제작자 마르틴 발트제뮐러는 아메리카를 하나의 독립된 대륙으로 표시한 최초의 세계 지도를 제작한다. 그는 이탈리아의 탐험가 아메리고 베스푸치의 이름을 따서 대륙의 이름을 짓는다.

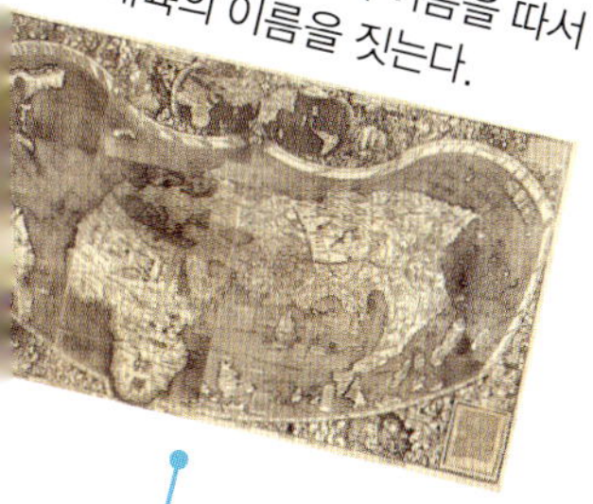

1542년

아스테카 지도

아스테카 지도에서는 1521년 스페인이 파괴한 수도 테노치티틀란이 선인장 위에 내려앉은 독수리로 나타나 있다. 이 상징은 오늘날 멕시코 국기에서도 볼 수 있다.

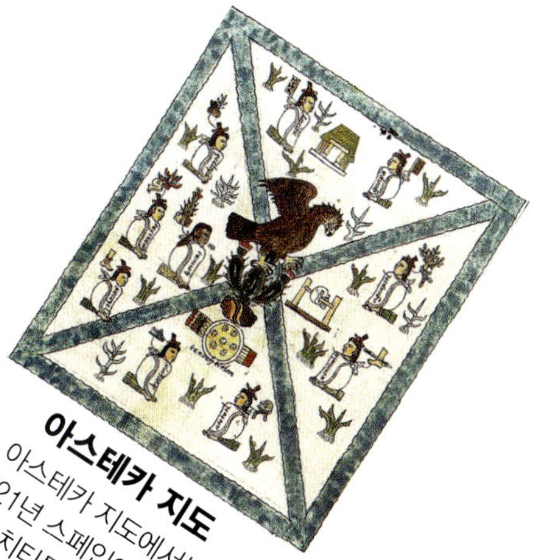

1750~1815년

과학적인 지도 제작

현대적인 측량 기법을 이용해 프랑스 지도가 제작된다. 여기에는 카시니 가문의 삼대가 고용된다.

1931년

교통 지도

해리 벡의 런던 지하철 지도는 철도망을 도표로 보여 준다. 실제 방향과 거리를 반영하지는 않지만, 매우 분명하게 나타나 있어 이용하기가 쉽다.

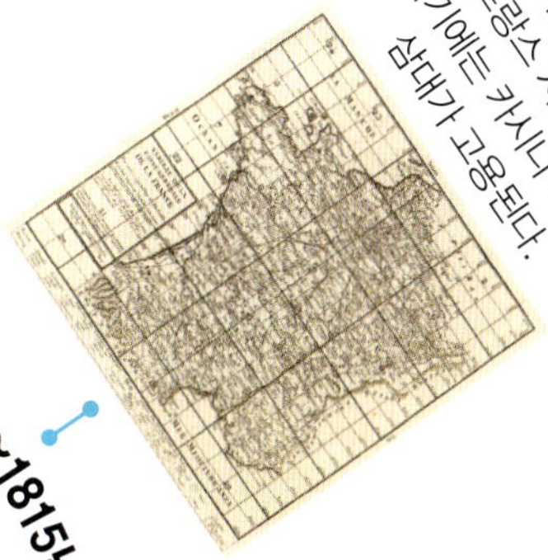

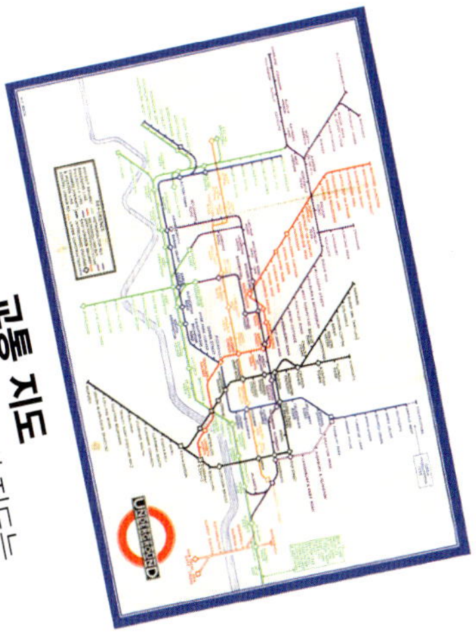

1950년대~1977년

해저 지도

미국의 지질학자인 마리 타프와 브루스 히젠은 지구의 해저를 나타낸 최초의 과학적인 지도를 만든다. 이 지도는 이전에는 알려지지 않은 해저의 능선과 해구를 보여 준다.

2005년

구글 어스

컴퓨터 프로그램인 구글 어스가 출시된다. 이것은 위성이나 항공기에서 얻은 이미지를 결합해서 지도를 만들고, 사용자들이 휴대폰이나 태블릿, 컴퓨터로 도시와 풍경을 확대해서 볼 수 있게 해 준다.

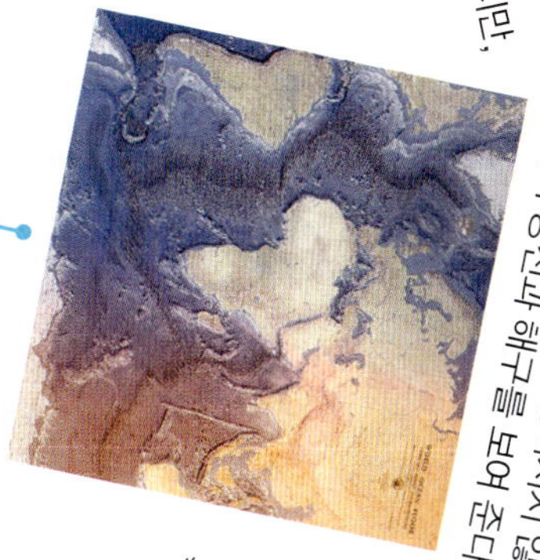

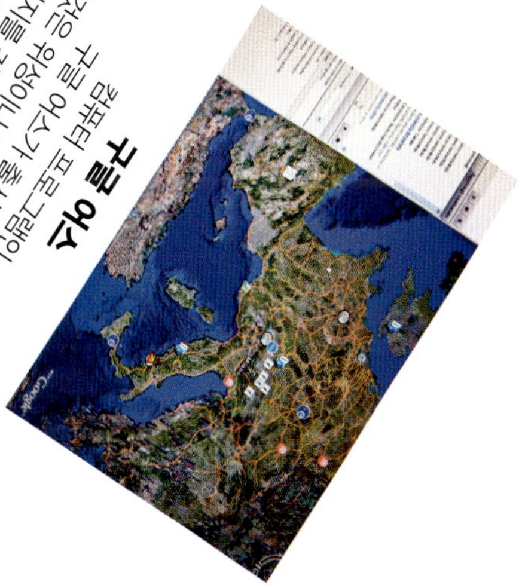

지구의를 평면으로 표현하기

지도 제작자는 지구의 구를 평평한 종이 위에 표현하기 위해 지도 투영법을 사용한다. 이는 마치 오렌지의 둥근 껍질을 납작하게 펴서 만드는 것과 같다. 하지만 조금도 왜곡하지 않고 이 작업을 수행할 수는 없다. 1569년, 네덜란드의 지리학자 헤라르뒤스 메르카토르는 오늘날까지 우리의 세계관을 지배하는 지도 투영법을 생각해 낸다. 이 투영법에서는 적도 근처의 지역에 비해 극지방의 크기가 실제보다 과장되어 있다.

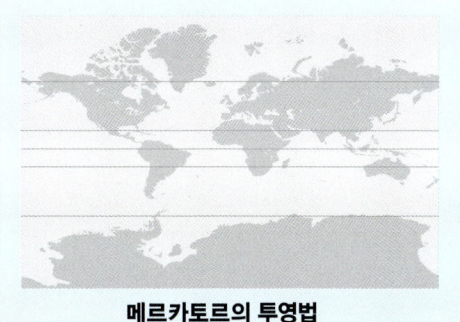

메르카토르의 투영법

전염병의 역사

사람들이 청결과 위생의 중요성을 이해하기 전까지 수많은 질병은 인구 전체를 몰살시킬 수 있을 정도로 통제가 불가능한 살인자였다. 몇몇 전염병은 여전히 문제가 되고 있다. 하지만 현대 의학 덕분에 인간의 건강을 위협하는 많은 요소가 없어졌다.

멕시코 유행병
스페인과 포르투갈의 탐험가들이 신대륙에 침입하면서 원주민이 새로운 질병에 노출된다. 이후 2년 동안 오늘날 멕시코와 안데스산맥에서 천연두로 수백만 명의 사람이 죽는다.

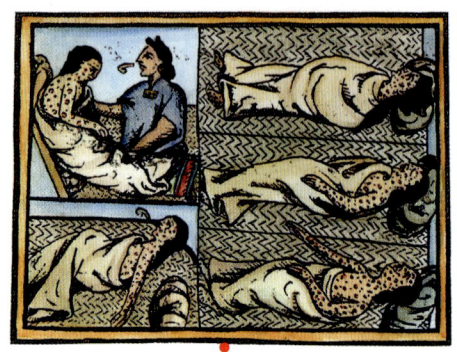

공동체 생활
사람들이 마을이나 도시를 이루고 살기 시작한다. 비좁은 환경과 열악한 위생 시설 때문에 질병이 더욱 잘 퍼진다. 의학적 지식이 부족한 사람들은 악령이나 신의 노여움 때문에 질병이 생긴다고 생각한다.

쥐벼룩은 역사적으로 유명한 전염병을 퍼뜨리는 주범이다.

가래톳 페스트의 최초 사례
중국에서 이상한 질병이 처음으로 보고된다. 이 질병에 걸리면 출혈과 고열, 구토 증세가 나타나며, 빠르고 고통스럽게 죽는다.

기원전 3000년경 · 기원전 430~427년 · 기원후 165~180년 · 541~542년 · 1334년 · 1347~1351년 · 1519년 · 1665년

안토니우스 역병
로마에서 생긴 이 역병은 당시 통치자인 마르쿠스 아우렐리우스 안토니우스의 이름을 딴 것이다. 15년 동안 약 500만 명의 사람이 이 병으로 죽는다. 전문가들은 이 병을 천연두라고 추정한다.

고대의 역병
고대 그리스 아테네에서는 역병이 돌아 3만 명 이상의 사람이 목숨을 잃는다. 고대 그리스의 역사가 투키디데스는 일주일 안에 죽는 이 병의 끔찍한 증상에 관해 기록한다.

유스티니아누스 역병
콘스탄티노폴리스에 질병이 확산되어 인구의 40퍼센트가 죽는다. 이집트에서 곡식을 실은 배를 함께 타고 온 쥐들이 이 역병을 옮긴다.

흑사병
흑사병은 단 4년 안에 유럽 인구의 절반인 약 4,000만 명을 죽음으로 몰아넣는다. 아프리카와 아시아에서도 수백만 명이 죽는다. 이후로도 흑사병은 몇십 년마다 다시 나타난다.

대역병
영국 런던의 대역병으로 10만 명의 사람이 죽는다. 1년 후, 런던 대화재에 이어 도시가 재건되면서 위생 시설이 개선된다.

의사들은 약초와 꽃이 들어 있는 새 부리 가면을 쓴다. 이 가면이 흑사병을 막아 준다고 믿었기 때문이다.

생명을 구한 발견
스코틀랜드의 과학자 알렉산더 플레밍은 우연히 페니실린을 발견한다. 이것이 최초의 항생제다. 페니실린은 한때 치명적이었던 박테리아 감염으로부터 수백만 명의 사람을 구한다.

에볼라 발생
에볼라는 발열과 출혈을 일으키며, 전염성이 강한 바이러스다. 기니에서 발생해 서아프리카 전역에서 3년 동안 유행한다.

마지막 흑사병 창궐
이번에는 프랑스의 항구 도시 마르세유에서 시작된 흑사병이 유럽을 강타한다. 유럽의 마지막 흑사병 창궐은 1722년에 끝난다.

위생 작업
상처에 있는 박테리아를 죽이기 위해 석탄산을 사용한다. 의사들은 감염을 막기 위해 손을 씻고 위생 기준을 개선하기 시작한다.

1720~1722년 · **1829년** · **1860년대** · **1918년** · **1928년** · **1980년** · **1981년~** · **2013~2016년** · **2015년**

천연두 퇴치
1977년, 소말리아에서 마지막으로 천연두가 발병한다. 이후 세계 보건 기구는 이 질병이 효과적인 면역 프로그램 덕분에 근절되었다고 공식적으로 선언한다.

콜레라 유행병
사람들은 오물과 콜레라균에 오염된 물을 마신 뒤 병에 걸린다. 이 유행병은 인도에서 시작되어 상선을 타고 유럽에 전해진다. 이후에는 아메리카 대륙에까지 이른다.

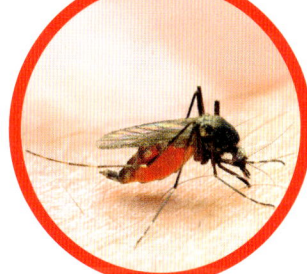

말라리아
말라리아는 모기가 퍼뜨리는 치명적인 질병이다. 1980년대에 선진국에서는 사라지지만, 아프리카와 아시아 일부에서는 매년 200만 명의 사망자가 발생할 정도로 엄청난 영향을 미친다.

스페인 독감
흑사병보다 더 치명적인 스페인 독감은 당시 전 세계 인구의 약 3퍼센트인 5,000만 명의 목숨을 앗아 간다.

에이즈
면역 체계를 파괴하는 질병이 퍼지기 시작한다. 에이즈(후천 면역 결핍증)로 알려진 이 병의 원인은 인간 면역 결핍 바이러스(HIV)로 밝혀진다. 2,000만 명 이상의 사람이 에이즈로 죽지만, 이후에 병을 억제하는 약이 개발된다.

흑사병이 퍼지다
흑사병은 유럽과 아프리카, 아시아 전역으로 빠르게 번진다. 벼룩에 물려 감염되는 박테리아 때문이다. 쥐가 길거리를 돌아다니거나 선박을 통해 옮긴 벼룩이 전 세계에 치명적인 질병을 퍼뜨린다. 최근 연구에서도 사람벼룩과 이가 전염병이 퍼지는 데 원인을 제공한다고 밝히고 있다.

유럽 · 아시아 · 아프리카

125

무기와 갑옷의 역사

초기의 무기는 인간이 짐승을 사냥하기 위해 만들어졌다.
하지만 이것은 다른 인간들을 공격하는 데도 사용했을 가능성이 높다.
무기가 발전하면 그에 따라 갑옷도 발전하고 또다시 무기가 개선되었다.
이처럼 무기의 역사와 갑옷의 역사는 서로 얽혀 있다.

중국 석궁
화살을 180미터까지 날려 보낼 수 있지만, 유효 사정거리는 70미터 정도다.

고대 그리스인
호플리테스(고대 그리스의 중장 보병)는 청동 투구를 쓰고 큰 방패를 든다. 무리를 지어 이동하는 병사들은 적군이 뚫고 들어오기 어렵도록 방패와 창으로 벽을 만든다.

포위 공격용 무기
아시리아 제국은 성벽을 무너뜨리는 무기를 이용해 고대 도시 라키시(오늘날 이스라엘)를 함락한다.

기원전 701년

기원전 750년경

석궁
중국에서 휴대용 석궁을 장착하고, 활은 몸체와 수평으로 장착되고, 방아쇠는 활시위를 느슨하게 하는 데 사용한다.

화약
유황, 목탄, 질산 칼륨을 혼합한 화약은 처음에 중국에서 의료용으로 사용한다. 이후 사람들은 화약의 폭발성이 알려진 이후 불화살과 대포를 발사하는 데 화약을 사용하기 시작한다.

850년경

최초의 군대
최초의 군대는 메소포타미아(36~37쪽 참고)의 수메르인들이다. 이들은 투창과 전투용 도끼로 무장한 경보병과, 투구를 쓰고 긴 창으로 무장한 중보병으로 이루어진다.

기원전 3000년경

기원전 600년

기원전 216년경

고대 로마인
고대 로마 병사들은 글라디우스라는 검과 두 개의 투창(필라), 단도(푸기오), 방패(스쿠툼)로 무장하고 전쟁터로 나간다. 이들이 입는 갑옷은 쇳조각을 갈고리나 끈으로 연결해 만든다.

기원전 1700년경

최초의 검
최초의 청동 검은 유럽 남동부 지역인 흑해와 에게해 연안에서 만들어진다. 청동 검은 기원전 1000년경 철검이 나오기 전까지 아시아와 유럽 전역에서 사용된다.

원자 폭탄
지금까지 가장 파괴적인 무기인 원자 폭탄이 미국에서 개발된다. 1945년, 일본에 이 무기가 투하되자 전쟁이 끝난다.

제2차 세계 대전
미군은 보병이 전차를 파괴할 수 있는 최초의 이동식 로켓을 생산한다. 이 무기는 어깨 위에서 발사된다. 독일에서는 최초의 장거리 미사일인 V-2 로켓이 만들어진다. 이 미사일은 320킬로미터 떨어진 목표물을 명중시킬 수 있다.

1939~1945년

총
화승총은 200년간 대규모 보병대 시대에 인기를 누린다. 1862년, 미국 남북 전쟁 때 개발된 개틀링 건은 크랭크로 작동되는 최초의 수동식 총이다.

1620년

일본의 갑옷
일본의 사무라이들은 가죽이나 금속 비늘로 만든 갑옷으로 무장한다. 이 갑옷은 색이 들어간 끈으로 장식되어 있다. 허벅지를 덮는 별도의 갑옷도 있다. 뿔이 달린 투구(가부토)는 적군에게 위협적인 느낌을 주도록 디자인한다. 사무라이 갑옷은 시간이 흘러도 거의 변하지 않는다.

1000년경

드론과 케블러
미국은 베트남 전쟁에서 '드론'이라고 불리는 무인 항공기를 처음 사용한다. 1978년, 고강도 합성 섬유인 케블러가 무장의 새로운 표준이 된다. 이것은 강철보다 10배나 강해 총을 쏘거나 찌르는 공격을 막을 수 있다.

1973년

체펠린 비행선
체펠린 비행선은 제1차 세계 대전 때 영국을 폭격하기 위해 사용된다. 이 거대한 비행선을 공중에 띄우려면 수소 가스를 가득 채워야 한다. 영국은 비행선을 쏴서 내부의 수소 가스에 불을 붙이는 방법을 알아낸다. 그러자 이 비행선은 더 이상 쓸모가 없어진다.

제1차 세계 대전
제1차 세계 대전 때 무기와 갑옷의 새로운 시대가 열린다. 이 시기에 독가스, 전차, 항공기, 체펠린 비행선을 처음 사용한다. 군인들은 철모와 새로운 형태의 갑옷을 지급받는다. 하지만 이것들은 별 효과가 없는 것으로 밝혀진다.

1914~1918년

판금 갑옷
유럽의 기사들은 몸을 더 제대로 보호하기 위해 쇠나 강철로 만든 흉갑을 쇠사슬 갑옷 위에 착용한다. 머리, 팔, 다리를 보호하기 위한 부분 갑옷이 추가되면서 더 완벽한 갑옷으로 발전한다.

1300년경

바이킹
바이킹에게는 창과 검이 있지만, 손잡이가 긴 도끼가 가장 효과적인 무기다. 이들은 몸을 보호하기 위해 나무 방패와 둥근 투구를 사용하고 쇠사슬 갑옷을 입는다.

900년경

바이킹 도끼
치명적인 무기인 바이킹 도끼는 한 손으로 휘두를 수 있다. 하지만 이처럼 큰 도끼는 두 손으로 휘둘러서 끔찍한 부상을 입힌다.

맘루크 중기병
중세 시대에는 아라비아의 맘루크처럼 중무장한 기사들이 무장한 말에 올라타 적진으로 달려간다.

군마
약 5,000년 전, 유럽과 아시아에서 처음으로 군마를 사용한다. 안장, 등자, 가슴걸이가 등장하면서 전투에서 말을 다루기가 더 쉬워진다. 몽골 제국의 군사력은 말 위에서 정확하게 화살을 쏠 수 있는 경기마병에 달려 있다. 장거리 무기가 계속 발전하자, 전투에서 말을 사용하는 횟수가 줄어든다.

탐험의 시대

1450~1750년

탐험의 시대

15세기 후반, 유럽에서 잃어버렸던 고대 문헌이 중동과의 접촉을 통해 재발견되었다.
다시 찾은 지식은 세계에 대한 호기심을 불러일으켰다. 새로운 발명과 발견은
근대 과학의 탄생을 이끌었고, 항해와 탐험을 통해 미지의 세계를 개척했다.
유럽의 나라들은 중동, 중국, 인도의 오랜 제국에 맞설 강력한 해외 제국을 건설했다.

1497~1499년
바스쿠 다가마가 유럽에서 인도로 첫 항해를 떠나다.

1517년
마르틴 루터가 「95개조 반박문」을 통해 가톨릭교회의 부패를 고발하다.

1522년
마젤란 일행이 최초의 세계 일주에 성공하다.

1529년
오스만 제국의 술레이만 1세가 오스트리아 빈 점령에 실패하다.

1492년
크리스토퍼 콜럼버스가 아메리카 대륙에 상륙해 유럽 탐험가들에게 신대륙을 열어 주다.

1504년
미켈란젤로가 르네상스의 걸작인 〈다비드상〉을 공개하다.

1521년
에르난 코르테스가 아스테카 왕국의 수도인 테노치티틀란을 파괴하다.

1526년
바부르가 인도 북부에 무굴 제국을 세우다.

르네상스
유럽에서 르네상스는 회화, 건축, 문학 분야에서 위대한 예술적 성취를 이룬 시대다(136~137쪽 참고).

유럽의 항해가들
항해가들은 새로운 해로를 찾아 항해를 떠난다. 이들은 유럽인들에게 미지의 땅이었던 아메리카, 아프리카, 아시아를 발견한다(138~139쪽 참고).

종교 개혁
마르틴 루터는 가톨릭교회의 부패에 대해 강하게 저항한다. 이를 통해 종교 개혁으로 알려진 종교의 격변 시대가 펼쳐진다 (144~145쪽 참고).

오스만 제국
이슬람의 오스만 제국(150~151쪽 참고)은 600년 이상 중동을 지배한다. 이 제국의 세력은 동유럽과 북아메리카까지 확장된다.

백스태프

이 시기에는 항해술이 발전하면서 지리상 발견도 가능해진다. 백스태프는 1594년경 영국의 항해가 존 데이비스가 발명한 기구다. 항해가는 이 기구로 수평선 위에 떠 있는 태양이나 달의 각도를 측정해 자기 배의 위치를 파악할 수 있다.

1592~1598년
도요토미 히데요시가 조선을 침공해 일본과 조선 간의 전쟁(임진왜란, 정유재란)이 벌어지다.

1618~1648년
삼십 년 전쟁으로 유럽의 종교 분쟁이 끝나다.

1619년
아프리카 노예선이 처음으로 제임스타운에 도착하다.

1644년
200년 이상 통치한 중국의 명나라가 무너지고, 청나라가 들어서다.

1543년
니콜라우스 코페르니쿠스가 지구는 태양 주위를 돈다고 주장하다.

1603년
일본이 통일된 후 평화의 시기로 접어들다.

1607년
미국 제임스타운이 최초로 북아메리카의 영구적인 영국 정착지가 되다.

1632년
무굴 제국의 샤자한이 아내를 위한 묘지로 타지마할을 건설하도록 명령하다.

1666년
아이작 뉴턴이 만유인력의 법칙을 발표하다.

식민지 아메리카
스페인, 프랑스, 영국 등 유럽 국가들은 신대륙인 아메리카를 재빠르게 차지한다 (160~161쪽 참고).

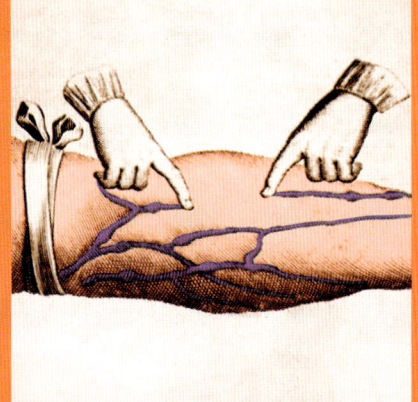

근대 과학의 발전
르네상스에 이어 과학 사상의 혁명 (162~163쪽 참고)이 일어난다. 이는 우주에 대한 기존의 관점을 뒤집는다.

무굴 제국
인도 아대륙 전역에 퍼진 이슬람 무굴 제국(166~167쪽 참고)은 남아시아에서 가장 뛰어난 건축물을 남긴다.

청나라
명나라가 멸망한 이후 청나라가 중국을 다스린다(168~169쪽 참고). 청나라는 중국을 통치한 마지막 제국이 된다.

131

글쓰기 기술의 역사

글쓰기 기술은 문자나 알파벳의 발명만큼 중요하다. 종이, 잉크, 인쇄술의 발명 등 기술적 진보 덕분에 점점 더 많은 사람이 글을 읽고 쓸 줄 알게 되었다. 오늘날에는 전 세계 성인의 86퍼센트 정도가 글을 읽고 쓸 수 있다.

잉크
기원전 3000년 전, 중국인들과 이집트인들은 그을음과 물, 고무진을 이용해 잉크를 만든다. 기원전 4세기부터는 황화 철과 타닌산(기생충이 우글거리는 나무에서 추출함)을 이용해 더 오래 가는 검은 잉크가 만들어진다. 하지만 어떤 잉크도 인쇄에는 적합하지 않다. 구텐베르크는 인쇄기를 만들 때 그을음과 테레빈유, 호두유로 만든 유성 잉크도 발명한다.

점토판
오늘날 이라크 남부에서 메소포타미아의 수메르인들은 부드러운 점토판에 갈대로 찍어서 글을 쓰기 시작한다. 나중에 점토판은 서아시아와 지중해 동부 지역에서도 사용한다.

종이
중국인들은 식물 섬유로 만드는 종이를 발명한다. 종이 생산은 750년경에 아랍인에게까지 퍼지고, 1276년에는 이탈리아에 이른다. 목재 펄프로 만드는 현대의 종이는 1840년대에 발명된다.

인쇄술
중국인들은 목판 인쇄술을 발명한다. 처음에는 비단 위에 그림을 인쇄하는 데 사용하다가 나중에는 종이 위에 글자를 인쇄한다. 중국의 『금강경』은 기원후 868년에 다시 인쇄된다.

기원전 3300년경

기원전 3200년경

기원전 6세기

기원전 2세기

기원후 1세기

200년경

최초의 글쓰기
고대 이집트에서 상아나 뼈에 새긴 상형 문자가 최초 글쓰기의 증거다. 이집트인들은 파피루스에 갈대 붓을 이용해 그을음, 물, 고무진을 섞은 잉크로 글을 쓴다.

양피지
지중해 동부 지역에서는 동물 가죽을 건조시키고 늘려서 만든 양피지에 흔히 글을 쓴다. 글을 쓸 때는 갈대 펜을 사용하고, 황화 철과 타닌산으로 만든 잉크를 이용한다.

제본 책
로마인들은 최초로 페이지가 나뉜 제본 책을 만든다. 각각의 책을 '코덱스'라고 부른다. 이것은 긴 두루마리보다 옮기거나 사용하기에 편하다.

배의 역사

고대인들은 나무로 만든 뗏목을 타고 처음으로 바다를 항해했다. 약 5만 년 전에는 아시아에서 여행자들이 뗏목을 타고 호주에 도착했다. 오랜 시간이 지나면서 배는 더욱 안전하고 견고하게 설계되고 발전했다. 오늘날 배는 여행과 무역에서 여전히 중요한 운송 수단이다.

돛단배
고대 이집트인들은 나일강을 따라 화물을 운반하기 위해 뗏목을 대체하는 최초의 배를 만든다. 돛은 바람의 힘을 이용하기 위해 발명된다.

기원전 3100년경

증기선
클러몬트호는 여객을 태워 나른 최초의 증기선이다. 이 배는 미국 뉴욕에서 올버니까지 운항한다. 증기가 엔진에 동력을 공급하고, 거대한 노 바퀴가 돌면서 배가 움직인다.

쾌속 범선
쾌속 범선은 매우 큰 돛을 여러 개 사용하고 선체가 좁아서 물 위를 빠르게 항해한다. 이 배는 아시아에서 유럽과 북아메리카로 화물을 운송한다.

크루즈선
최초의 크루즈선인 프린체신 빅토리아 루이제호가 등장한다. 세월이 지나면서 크루즈선은 값비싼 숙박 시설, 오락 시설, 수영장 등을 제공하면서 점점 호화로워진다.

1900년   **1807년**   **1800년대**

군함
20세기로 넘어가면서 군함이 발달하고 해상 전쟁도 격렬해진다. 군함은 장갑판으로 덧싸고, 장거리 폭격을 위해 포탑을 장착한다.

항공 모함
미국의 유진 엘리는 미국 순양함 버밍햄호 갑판에서 비행기를 이륙시킨 최초의 조종사다. 항공기가 중요한 군사 무기가 되면서 활주로를 갖춘 거대한 군함이 만들어진다.

1900년경   **1910년**

그리스 갤리선
고대 그리스인은 두 개 이상의 돛과 많은 노가 달린 큰 배를 만든다. 이 배는 '갤리선'이라고 불린다. 이 전함의 뱃머리에는 적의 배를 공격하기 위해 투박하고 무거운 쇠붙이로 만든 충각이 달려 있다.

기원전 750~700년경

바이킹 배
바이킹은 스칸디나비아에서 대형 배를 처음으로 물에 띄운다. 이 배는 내구성을 위해 판자를 겹치고, 용골이라는 단단한 재료를 설치한다. 또한 적군을 위협할 수 있도록 무서운 동물 조각으로 장식한다.

기원후 800년경

정크선
중국 선원들은 남중국해에서 폭풍우를 용감하게 마주한다. 말레이어로 '배'를 뜻하는 중국의 정크는 튼튼한 선체와 두 개 이상의 돛대, 접었다 폈다 하는 돛을 갖추고 있다.

1000년경

최초의 구명정
최초의 구명정은 영국에서 제작된다. 오리지널호는 구명 임무에 사용되기 전에 타인강에서 첫 항해에 나선다.

1790년

전투함
유럽 내에서 전투가 많아지면서 범선 설계도 발전한다. 이제 배는 중무장을 하고 적군을 무너뜨릴 준비를 한다. 어떤 배는 적함에 구멍을 낼 뾰족한 무기를 장착하고, 어떤 배는 대포를 설치한다.

1650년

갤리언선
영국의 항해사이자 노예 무역상인 존 호킨스가 기초적인 갤리언선을 개발한다. 이 범선은 물속에 깊이 잠겨 빠르게 움직인다. 처음에는 전투함으로, 나중에는 무역선으로 사용된다.

1600년

컨테이너선
미국 시랜드사는 최초로 미국과 유럽을 오가는 컨테이너선을 이용한다. 컨테이너선은 같은 크기의 컨테이너 박스를 쌓을 수 있어서 엄청난 양의 화물을 한꺼번에 운송할 수 있다.

1950년대

쌍동선
쌍동선이라고 불리는 장거리 고속정은 엔진의 힘이 강해서 거친 바다를 힘차게 뚫고 나간다. 이 배는 동일한 선체 두 개가 수평으로 결합되어 있어 안정적이다.

1970년대

호화 요트
호화 요트의 특징으로는 최신 기술, 탑재형 엔터테인먼트 시스템, 세련된 디자인, 호화로운 장식 등을 들 수 있다. 안락함을 위해 만들어진 이 요트는 물 위를 떠다니는 대저택이다.

21세기

1305년경
회화의 새로운 양식
이탈리아의 화가 조토 디본도네는 좀 더 현실적인 양식의 그림을 그리기 시작한다. 그의 최고 걸작은 이탈리아 파도바에 있는 스크로베니 예배당에 그린 프레스코 벽화다.

1308년
문학 작품
이탈리아의 작가 단테 알리기에리는 저승 여행을 묘사한 장편 서사시 『신곡』을 집필하기 시작한다. 이 시는 세계 문학에서 여전히 중요한 작품으로 꼽힌다.

1453년
고전이 부흥하다
오스만 제국이 비잔티움 제국의 수도인 콘스탄티노폴리스를 점령하자, 많은 학자가 이탈리아로 망명한다. 이들은 서양에서 오랫동안 잊고 있었던 고대 그리스·로마 문헌을 가지고 온다.

1455년
인쇄술의 힘
요하네스 구텐베르크는 금속 활자를 발명해 유럽에 인쇄술을 소개한다. 인쇄된 책은 유럽 전역에 새로운 지식을 전파하는 데 도움을 준다.

1485년경
비행 기계
레오나르도 다빈치는 날개가 기계적으로 작동되는 비행 기계를 설계한다. 하지만 이 기계는 실제로 작동되지는 않는다.

1504년
〈다비드상〉
미켈란젤로는 『성경』 속 인물인 다비드의 조각상을 만들어 피렌체의 중앙 광장에 전시한다. 한 덩어리의 대리석으로 조각한 이 석상의 높이는 5미터가 넘는다.

1511년
〈아테네 학당〉
이탈리아의 화가 라파엘로는 로마 바티칸에 있는 교황의 방을 꾸밀 프레스코 벽화를 그린다. 이 작품이 〈아테네 학당〉이다. 이 그림에는 그리스 철학자들이 모여 있는데, 이들은 다양한 지식 분야를 대표한다.

1513년
부정직한 정치
이탈리아의 외교관 니콜로 마키아벨리는 『군주론』을 집필한다. 이 책은 일종의 통치자를 위한 지침서다. 저자 이름에서 비롯된 '마키아벨리즘'은 영리하지만 부정직한 방법으로 정치권력을 얻는 것을 의미하는 정치사상이다.

1420~1436년
건축술의 업적
이탈리아의 건축가 필리포 브루넬레스키는 피렌체 성당의 돔을 만든다. 이 돔은 로마 시대 이후 처음으로 등장한 대규모의 건축물이다. 지금도 세계에서 가장 큰 벽돌 돔으로 꼽힌다.

1435년
원근법이 탄생하다
예술가들은 평평한 2차원적인 표면에 3차원적인 물체를 묘사하는 방법을 연구한다. 이탈리아의 건축가 레온 바티스타 알베르티는 『회화론』에서 원근법을 제안한다.

1469년
예술을 후원하다
'위대한 자'로 알려진 로렌초 데메디치는 피렌체에서 가장 영향력 있는 사람이 된다. 그는 보티첼리, 미켈란젤로와 같은 위대한 예술가들을 후원하는 데 막대한 돈을 쓴다.

르네상스

14세기에 북이탈리아에서는 수많은 예술가와 건축가, 학자가 고대 그리스·로마의 양식과 사상에 흥미를 느끼게 되었다. 이러한 고전 지식의 부흥을 '르네상스'라고 한다. 회화는 중세 기독교 예술의 경직된 분위기에서 좀 더 현실적인 스타일로 변했다. 르네상스는 사상의 혁명이 시작되면서 유럽 전역으로 퍼져 나갔다.

1509년
인문주의
네덜란드의 인문학자 데시데리위스 에라스뮈스가 『우신예찬』을 출간한다. 르네상스 인문주의자들은 종교보다는 고대 문헌을 연구하면서 개인을 옹호하는 철학을 창조한다.

1533년
북부 르네상스
르네상스는 이탈리아에서 퍼져 나가 유럽 전역의 예술과 문학에 영향을 미친다. 독일의 화가 한스 홀바인이 그린 〈대사들〉은 북부 르네상스를 대표하는 작품이다.

프레스코
프레스코는 축축한 석고로 만든 벽화다. 물감이 표면에 스며들어 그림이 수백 년 동안 선명하게 유지될 수 있다.

1543년
새로운 과학
폴란드의 천문학자 니콜라우스 코페르니쿠스는 지구가 태양 주위를 돈다고 주장한다. 그의 학설은 과학 분야에서 혁명을 일으키기 시작한다.

탐험의 시대

15~16세기에는 유럽의 많은 탐험가가 엄청난 부를 소유하고 외국의 물건을 구하기 위해 새로운 항로를 찾아 항해를 떠났다. 유럽인들이 새로운 항해 기술과 선박 제조에 힘입어 아메리카, 아시아, 아프리카에 도착하면서 처음으로 대륙 간 무역이 이루어졌다. 이 흥미진진한 시대를 '탐험의 황금기'라고 부른다.

항해왕 엔히크
항해왕으로 알려진 엔히크 왕자는 포르투갈 최남단의 족독이 되다. 이곳은 새로운 땅을 탐험하기 위한 이상적인 출발점이기도 하다.

1419년

검약운 항해가들
이 시기에 포그 엔히크 왕자의 선원들은 보자도르곶(오늘날 서사하라 서부)이 세상의 끝이라고 생각했기 때문에 그곳을 넘어 항해하지 않는다. 선장 질 에아네스는 선원들에게 두려움을 극복하라고 격려한다. 그 뒤로 진정한 아프리카 탐험이 시작된다.

1434년

희망봉
포르투갈의 귀족 바르톨로뮤 디아스와 그의 선원들은 아프리카 최남단을 지나간다. 포르투갈의 왕 주앙 2세는 이곳을 '희망봉'이라고 부른다. 유럽인들은 이제 인도와 직접 교역할 수 있는 항로를 개척한다.

1488년

아메리카에 도착하다
이탈리아의 항해가 크리스토퍼 콜럼버스는 인도를 향해 대서양을 건너 서쪽으로 항해한다. 하지만 그는 인도가 아닌 아메리카에 도착한다. '바다의 제독'이라는 별칭을 얻은 그는 중남미의 해안선을 따라 세 차례 더 항해한다.

1492~1504년

놀라운 아프리카
포르투갈의 항해가 디오고 캉은 유럽인 최초로 콩고강의 하구를 발견한다. 그는 오늘날 나미비아에 도착해 돌 십자가를 세워 항로를 표시한다. 그리고도 아프리카가 원래 생각한 것보다 훨씬 크다는 사실을 깨닫는다.

1480년대

뉴펀들랜드
이탈리아인 존 캐벗은 영국의 왕 헨리 7세의 지원을 받아 대서양을 건너는 여름날 항해를 떠난다. 그는 오늘날 캐나다 뉴펀들랜드에 도착하는데, 이곳을 아시아라고 착각한다.

브라질에 도착하다
포르투갈의 항해가 페드루 알바르스 카브랄은 인도로 항해할 계획을 세운다. 하지만 대서양의 바람에 이끌려 오늘날 브라질 지역에 엉뚱하게 도착한다. 그는 이곳을 포르투갈의 영토라고 주장한다. 그런 후 항신료와 보석을 가득 싣고 고향으로 돌아온다.

북아메리카와 남아메리카
이탈리아의 탐험가 아메리고 베스푸치는 아메리카가 아시아와는 다른 '신대륙'이라는 사실을 발견한다. 1507년, 독일의 지도 제작자 마르틴 발트제뮐러는 아메리고의 이름을 따서 이 대륙을 '아메리카'라고 부른다.

태평양 횡단
이탈리아 출신 선원 페르디난드 마젤란은 스페인에서 출발해 동쪽이 아닌 서쪽으로 향한다. 그래서 동남아시아의 향신료 제도에 도착하기로 한다. 그는 유럽인 최초로 남아메리카 남쪽 끝(혼곳)을 돌아서 태평양을 횡단한다.

최초의 세계 일주
마젤란은 필리핀에서 원주민과 싸우다 죽는다. 하지만 함대는 계속해서 세계를 일주한다. 카를 5세는 새로운 선장후안 세바스티안 엘카노에게 "그대는 최초로 세계를 일주하며 나에게 돌아왔노라"라는 문구와 지구본이 새겨진 문장(紋章)을 선물한다.

1497년   1497년   1500년   1501년   1519년   1521년

카라벨선
카라벨선이 없었다면 탐험도 불가능했을 것이다. 새로 등장한 이 배는 무게가 가볍고, 두세 개의 돛대와 바람을 받을 수 있는 수많은 돛이 달려 있다.

인도 탐험
포르투갈의 왕과 마주헬 1세는 귀족 바스쿠 다가마를 선장으로 하는 인도 탐험대를 준비한다. 다가마는 대서양의 바람 덕분에 인도양을 무사히 건넌다. 포르투갈 사람들은 옷, 모자, 구슬 등을 팔고 항신료를 구입해 배에 싣고 돌아온다.

탐험의 기술
탐험의 시대에 항해가들은 육지를 볼 수 없는 상태에서 항로를 설정할 수 있어야 한다는 사실을 깨닫는다. 탐험가들이 망망대해를 건널 수 있도록 항해술(항로 따라 배를 조종하는 기술)을 위한 새로운 도구가 발명된다.

1400년대 초반 카라벨선에 사각형 돛 대신 삼각형 돛을 달아 양쪽의 바람을 이용해 바다를 항해하다.

1418년경 포르투갈의 엔히크 왕자가 최초로 항해술 교육을 위한 학교를 설립하다.

1470년대 스페인의 천문학자 아브라함 자쿠토가 선원들이 지구의 위치와 측정할 수 있는 기구를 개발하다.

1570년 벨기에의 지도학자 아브라함 오르텔리우스가 70개의 지도가 수록된 최초의 지도책 '세계의 무대'를 출간한다.

1594년경 영국의 항해가 존 데이비스가 수평선 위의 태양이 높이를 측정하기 위해 백스태프를 발명하다.

인도로 가는 항로

다가마, 동쪽으로 항해하다

15세기에 포르투갈의 왕 마누엘 1세는 아시아의 값비싼 향신료와 직물을 무역하고자 인도로 가는 항로를 발견하고 싶어 했다. 바스쿠 다가마가 이 모험을 주도했다. 그는 험한 바다를 헤치며 아프리카와 그 너머의 세계를 항해하는 최초의 선장으로서 위험한 임무를 감당해야 했다.

배가 출항하다

1497년 7월 8일, 170여 명의 선원을 태운 네 척의 배가 포르투갈의 리스본 항구에서 출항한다. 바스쿠 다가마는 동생 파울로와 함께 원정대를 이끌고 아프리카 서해안을 따라 남쪽으로 향한다. 다가마는 포르투갈의 항해가 바르톨로뮤 디아스와 비슷한 항로를 따른다. 하지만 그는 서해안을 바짝 따라가는 대신 광활한 대서양 쪽으로 방향을 돌린다. 다가마는 바다에서 4개월을 보낸 뒤 대서양의 강한 바람과 파도를 이용해 아프리카의 최남단 희망봉을 지나서 미지의 바다 인도양으로 향한다.

아프리카의 적들

1497년 12월, 다가마의 배들은 아프리카 동해안을 따라 북쪽으로 올라가 모잠비크에 이른다. 그 지역의 이슬람 술탄은 다가마와 그의 부하들에게 적대감을 보인다. 결국 다가마는 자신의 배로 도망쳐 항구를 폭격한 후, 해안가를 따라 북쪽으로 향해 몸바사에 도착한다. 그가 비무장한 아랍의 무역선 몇 척을 약탈하자, 몸바사 사람들은 분노한다. 다가마는 이슬람 선원 여러 명을 고문한 후 모잠비크에서 자신에게 복수하려는 음모를 알게 된다. 결국 그는 인도를 찾아 북쪽으로 도망간다.

미지의 바다

1498년 4월, 다가마는 계속 북쪽으로 향한다. 그러다가 **4월 14일**, 말린디 항구에서 동맹을 맺는다. 몸바사와 전쟁을 벌이고 있었던 말린디의 지도자는 다가마의 탐험을 돕겠다고 제안한다. 그 결과 다가마와 말린디는 무역 조약을 체결한다. 말린디는 우정의 표시로 다가마에게 현지 항해사를 지원해 그들이 아직 알려지지 않은 인도양을 항해할 수 있도록 돕는다.

인도의 해안

1498년 5월 20일, 몇 주 동안 인도양을 건너고 10개월 이상 바다에서 지낸 다가마는 배를 이끌고 인도 남서해안의 캘리컷 항구로 향한다. 그는 캘리컷의 자모린(통치자)을 만나 옷선한 선물을 건넨다. 하지만 자모린은 그 선물에 별 감동을 받지 않는다. 오히려 현지 이슬람 무역상들과 기독교 탐험가들 사이에 긴장이 고조되면서 힌두교 통치자는 다가마의 무역 물품을 받아들이려고 하지 않는다. 3개월 후인 **1498년 8월**, 다가마와 그의 부하들은 무역 협정을 맺지 못하지만, 대신 탐험 비용의 거의 60배에 달하는 화물을 싣고 떠난다.

다가마가 귀항하다

고향으로 돌아가는 바스쿠 다가마와 선원들은 계절풍, 괴혈병, 탈진으로 고생한다. 170명의 선원 가운데 파울로 다가마를 비롯한 117명이 여정 중에 사망한다. 바스쿠 다가마는 고향을 떠난 지 2년 후인 **1499년 9월**, 3만 8,500킬로미터를 항해하고 리스본 항구로 돌아온다. 포르투갈 왕은 바스쿠 다가마의 역사적 업적을 기념하고자 '인도양의 제독'이라는 칭호를 부여한다.

다시 인도로

다가마의 첫 원정 후, 인도에 무역 기지를 세우기 위해 포르투갈의 항해가 페드루 알바르스 카브랄이 즉시 파견된다. 하지만 현지 이슬람 무역상들이 세차게 일어나는 바람에 카브랄 일행은 강제로 쫓겨난다. **1502년**, 다가마는 이 지역에 포르투갈의 무역 기지를 다시 세우기 위해 두 번째로 인도를 향해 출항한다. 이번에는 다가마가 무력을 사용해 캘리컷의 자모린이 무역 조약에 서명한다. 다가마는 인도양에서는 악당으로 여겨지지만, 다시 한번 귀중한 화물을 싣고 돌아온 덕분에 고향에서는 영웅으로 떠받들어진다. 22년 뒤인 **1524년**, 다가마는 인도로 마지막 여행을 떠난다. 이것이 그의 생애 최후의 항해가 된다. 다가마는 여행 중에 말라리아에 걸려 시름시름 앓는다. 그는 인도의 코친에 도착하지만, **결국 1524년 12월 24일**에 세상을 떠난다.

회화의 역사

사람들은 수만 년 동안 그림을 그려 왔다. 오랜 옛날에 사람들은 동굴이나 사원, 가정집 벽에 직접 그림을 그렸다. 예술가들은 다양한 방식으로 회화를 실험했다. 이들은 색상이 선명한 물감을 개발하고, 종이와 캔버스 위에 매력적인 그림을 창조해 냈다. 오늘날 화가들은 과거의 예술가들로부터 계속해서 영감을 얻고 영향을 받고 있다.

입구

1601년

바로크 회화
빛과 그림자를 이용하는 명암법(키아로스쿠로)과 심층 원근법은 전형적인 바로크 회화의 양식이다. 이탈리아의 화가 카라바조의 〈엠마오의 저녁 식사〉는 죽음에서 부활한 예수의 모습을 잘 보여 준다.

1503년경

르네상스의 걸작
레오나르도 다빈치는 어느 이탈리아 여인의 초상화인 〈모나리자〉를 그린다. 그는 역사상 가장 영향력 있는 예술가로 손꼽힌다.

1430년경

얀 반에이크, 〈아르놀피니 부부의 초상〉 1434년

유화
안료에 아마유나 호두유를 섞은 유화 물감이 유럽에 소개된다. 이것은 아시아에서 넘어온 것으로 추정된다. 프랑드르의 화가 얀 반에이크는 유럽인 최초로 유화 물감으로 그림을 그린다.

1610~1620년대경

아불 하산, 〈단풍나무 위 다람쥐들〉 1610년경

무굴 제국의 세밀화
무굴 제국의 전성기 때 화려한 색채와 세밀한 부분까지 섬세하게 그리는 세밀화가 큰 인기를 얻는다. 세밀화는 책의 삽화나 개인 초상화, 미술 선집용으로 활용된다.

1642년

네덜란드 황금시대
렘브란트 판 레인은 네덜란드 황금시대의 가장 유명한 화가다. 그의 작품인 〈야경〉은 당시 회화의 특징인 풍부한 색채와 사실적 묘사가 뛰어나다.

2002년

현대 미술
영국의 화가 루시안 프로이트는 20세기 후반의 대표적인 화가 중 한 사람이다. 그는 친구나 가족 등 주변 사람들을 즐겨 그린다. 또한 그는 〈눈을 감은 여인〉이라는 이 초상화처럼 피부 톤을 그리는 방법을 탐구한다.

1928년

미국의 모더니즘
조지아 오키프는 미국의 모더니스트 화가다. 그녀는 꽃을 그린 작품과 〈셸턴 호텔 30층에서 바라본 이스트강〉과 같이 도시 경관을 그린 작품으로 유명하다.

1910년경

피터르 몬드리안, 〈구성〉 1921년

추상 미술
예술가들은 현실을 묘사하는 것에서 벗어나 과학과 기술에서 일어나는 변화를 반영한 새로운 종류의 예술을 찾는다. 이들은 단순한 모양과 색상, 선을 이용해 효과를 만들어 낸다.

기원전 3만 년경

동굴 미술
석기 시대 사냥꾼들은 동굴 벽에 사자, 소, 코뿔소 같은 동물의 그림을 그린다. 이것은 사냥 의식의 일부로 추정된다. 이 사진은 프랑스 쇼베 동굴에 그려진 말 그림이다.

기원전 3000~300년경

센네페르의 묘실 귀족 센네페르와 그의 아내가 그려져 있다.

이집트 고분 벽화
고대 이집트에서 파라오나 귀족의 고분 벽면과 천장에는 그림이 가득하다. 고분의 주인공이 일상생활을 하거나 신에게 제물을 바치는 모습이 묘사되어 있다.

기원전 100년경~기원후 100년경

비너스의 초상화 이 벽화는 기원후 79년 베수비오산이 폭발한 이후 화산재 속에 묻힌다.

로마 벽화
로마인들은 뮤럴이라는 벽화로 방을 화사하게 만든다. 이 벽화는 창밖 너머의 풍경을 보는 듯한 착각을 일으키기도 한다.

1305년경

조토, 〈최후의 만찬〉 1305년경

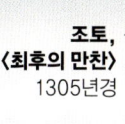

이탈리아 프레스코
조토는 일련의 종교 프레스코를 그린다. 초기 중세 미술에서 보이는 뻣뻣하고 평면적인 느낌보다는 더 부드럽고 현실적으로 묘사한다.

1100년경

작자 미상, 〈블라디미르의 성모〉 1100년경

중세 아이콘
아이콘은 예수와 같은 성스러운 기독교 인물을 그린 회화다. 이러한 그림은 동유럽과 아시아 지역의 기독교 교파인 동방 정교회에서 흔히 볼 수 있다.

기원후 960~1279년

범관, 〈설경한림도〉 960~1030년경

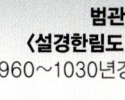

중국의 풍경화
중국 송나라 때 예술가들은 자연을 사랑하는 마음을 담아 산과 강의 아름다운 풍경을 그린다.

1700년대

벤저민 웨스트, 〈울프 장군의 죽음〉 1770년

역사화
신고전주의 양식으로 묘사한 역사적 장면이나 『그리스·로마 신화』 속 명장면은 18세기 유럽과 미국에서 인기가 있었던 주제다.

1780~1850년경

낭만주의
낭만주의 예술가들은 자연을 통해 영감을 받는다. 영국의 화가 터너는 〈전함 테메레르〉라는 작품에서 햇빛이 어른거리는 효과를 탁월하게 묘사한다.

1860~1890년대경

클로드 모네, 〈일본식 인도교〉 1899년

인상주의
파리의 예술가들은 스튜디오를 박차고 나와 야외에서 일어나는 자연스러운 일상생활을 그림으로 표현한다. 인상주의 화가로는 모네, 르누아르, 드가 등이 있다.

1907~1908년경

후안 그리스, 〈후안 레구아〉 1911년

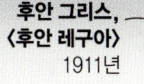

입체주의
스페인의 화가 파블로 피카소는 여러 각도에서 본 대상을 하나의 화면에 표현하는 화풍, 즉 입체주의를 창조한다. 입체주의는 추상 미술의 선구자 역할을 한다.

1886~1905년경

빈센트 반 고흐, 〈해바라기〉 1888년

후기 인상주의
반 고흐, 세잔, 고갱과 같은 화가들은 인상주의 화풍에 자신들만의 생각을 더한다. 이들은 실험적으로 물감을 매우 두껍게 칠하는 방식을 적용한다.

종교 개혁

수백 년 후, 가톨릭교회로 대표되는 종교계뿐만 아니라 정치계에서도 매우 강력한 권력을 지니게 되었다. 15세기 유럽에서는 권력을 가진 교회가 면죄부 판매라는 부패한 관행으로 재산을 모았다. 독일의 성직자이자 교수인 마르틴 루터는 이러한 탐욕에 분노해 교회를 변화시키는 운동을 시작했다. 종교 개혁은 유럽 전역으로 퍼졌지만, 종교 전쟁과 박해를 초래했다.

1517년
마르틴 루터
루터는 가톨릭교회에 맞서 「95개조 반박문」을 작성한다. 그는 모든 교회 사람이 볼 수 있도록 이 반박문을 교회 정문에 붙이며, 인쇄기가 발명되자, 루터의 메시지는 유럽 전역으로 빠르게 퍼져 나간다.

1519년
스위스의 종교 개혁가들
스위스 취리히에서 성직자인 울리히 츠빙글리는 「9년에 기초한 가톨릭교회의 개혁 운동을 주도한다. 츠빙글리와 그를 따르는 사람들은 최초로 「신구약 성경」을 독일어로 번역한다.

하나님의 말씀에 귀 받아라
츠빙글리는 "성경은 하나님의 뜻이며, 국가와 교회는 모두 하나님의 통치 아래에 있다."고 가르친다.

1524년
농민 전쟁
사람들은 교회를 의심하기 시작하면서 다른 기관들의 부정부패에 대해서도 생각하기 시작한다. 독일의 가난한 농민들은 높은 세금에 반대하며 반항하기 시작한다. 하지만 2년 후에 진압되고 만다.

사냥감을 찾아다니는 농민들
보수한 농민들이 집을 약탈하고 불태운다.

1527년
루터주의가 확산되다
루터의 운동이 스웨덴에도 전해진다. 스웨덴의 왕 구스타브 1세는 루터주의에 따라 교회를 개혁한다. 1536년, 이 운동이 덴마크-노르웨이 왕국에 전해져 루터교가 국교가 된다.

1536년
칼뱅주의
프랑스의 신학자 장 칼뱅은 종교 개혁을 이유로 파리에서 쫓겨난다. 그는 교회의 가르침을 더 엄격하게 만들기 위해 지지한다는 중 더 달성하게 만들기 위해 일상생활을 자신에 만든 프로테스탄트 공동체를 만든다.

> "당신이 매달려서 마음을 털어놓는다면, 그분이 정말 당신의 하나님이다."
> — 마르틴 루터(독일 성직자)

1545년
트리엔트 종교 회의
종교 개혁이 촉진되자, 놀란 가톨릭교회는 이탈리아 북부의 트렌토(트리엔트)에서 종교 회의를 개최한다. 이들은 부신자를 유지로 판결하기 위해 로마 종교 재판소를 만든다. 교황은 예수회에 반종교 개혁의 임무를 부여한다.

1555년
평화 조약
가톨릭교회와 종교 개혁가들 사이의 싸움은 아우크스부르크 화의로 끝난다. 독일 제후 내 각 제후들은 자신의 백성들을 위해 가톨릭교와 루터교 중 하나를 선택할 수 있다.

종교 화합
인정하는 조약에 서명한다.

1559년
영국 국교회
영국의 여왕 엘리자베스 1세는 해체시킨 국교회를 다시 세우자 1세기 프로테스탄트 국가로 바꾼다. 그녀는 가톨릭 국가들과의 전쟁을 따르기 위해 두 종교 사이의 관용을 장려한다.

1562~1598년
프랑스의 종교 전쟁
프랑스 가톨릭교와 프로테스탄트 사이에 벌어진 싸움은 약 400만 명의 사람이 목숨을 잃는다. 1572년, 성 바르톨로메오 축일에 명이 이성을 중교 갈등으로 3,000명 이상이 종교 갈등으로 벌어진다. 1598년 끝나진다. 하지만 프로테스탄트에게도 칙령에서 프로테스탄트에게 신앙의 자유를 허락한다.

1618년
프라하 사건
오늘날 체코에 있는 프라하에서 가톨릭교도 관리들이 프로테스탄트 교회를 업압한다. 이에 분노한 프로테스탄트들은 두 명의 가톨릭교도 관리들 창밖으로 내던진다.

무사한 두 관리
두 명의 관리는 운좋게도 쓰레기 더미 위에 떨어져 큰 부상을 입지는 않는다.

1618~1648년
삼십 년 전쟁
종교와 정치는 일촉즉발하게 연결된다. 보헤미아 황제가 가톨릭으로 종교적 자유를 제한하자 프랑스, 덴마크, 스웨덴, 네덜란드에서 전쟁이 일어난다. 이 전쟁이 30년 동안 지속되자 독일은 황폐해진다.

엄청난 피해
이 전쟁에서 독일 인구의 약 20퍼센트가 사망한다.

1648년
종교 전쟁이 끝나다
웨스트팔리아 조약으로 유럽 내 종교 분쟁이 끝난다. 하지만 그 전에 이미 800만 명이 사망을 죽는다.

스페인령 아메리카

15세기 아메리카의 탐험에 이어 스페인 정복자(콩키스타도르)들이 행운을 찾아 도착하기 시작했다. 이 새로운 정착민들과 아메리카 원주민 사이에 토지, 주도권, 자원 등을 놓고 갈등이 일어났다. 이후 약 300년 동안 200만 명의 스페인 사람들이 아메리카로 이주했다. 오늘날에도 여전히 북미와 중남미에 스페인의 영향력이 남아 있다.

이전
크리스토퍼 콜럼버스는 1492년 아메리카에 도착한다. 그는 스페인으로 돌아가 아메리카는 지상 낙원이라고 이야기한다. 그 이후로 수많은 스페인 탐험가가 신대륙의 금을 찾아 떠난다.

적수가 되지 못한 무기
아메리카 원주민의 무기는 스페인 정복자 칼의 적수가 되지 못한다.

은 자원
정복자들은 오늘날 볼리비아 포토시에서 세계에서 가장 큰 은 공급지를 발견한다. 이들은 유럽의 전쟁 비용으로 쓰기 위해 은을 스페인으로 보낸다.

아메리카 원주민의 권리
스페인의 성직자 바르톨로메 데 라스카사스는 카를 5세(카를로스 1세)에게 아메리카 원주민을 가혹하게 대우하는 내용에 관한 보고서를 보낸다. 왕은 정복자들에게 중지 명령을 내리고, 정부는 1550년 원주민을 보호하는 새로운 법안을 만든다. 하지만 정복자들은 이에 거의 따르지 않는다.

계속되는 정복 활동
스페인 사람들은 1546년 북쪽의 유카탄반도를 손에 넣고, 이후 오늘날 과테말라까지 정복한다. 이들은 오늘날 멕시코 전역에서도 수많은 전쟁을 벌여 승리한다.

부유한 산
사람들은 포토시에 있는 산이 전체적으로 은으로 이루어져 있다고 생각한다. 그래서 이 산을 '세로 리코(부유한 산)'라고 부른다.

세력 확장
수많은 스페인 정착민이 남아메리카로 온다. 17세기가 되면 스페인 제국은 카리브해, 중앙아메리카, 멕시코, 북아메리카로 퍼져 나간다.

화폐로 사용된 콩
중앙아메리카의 마야와 아스테카 사람들은 코코아 콩을 화폐처럼 사용한다.

코코아 콩
카카오나무에서 나오는 콩은 남아메리카의 숲에서 스페인으로 옮겨진다. 이 콩으로는 달콤한 초콜릿 음료를 만든다. 이 음료는 유럽 전역에서 큰 인기를 끈다.

삼각 무역
아메리카 사람들은 아프리카에서 온 노예들을 설탕과 담배 같은 물품과 교환한다. 설탕과 담배는 유럽으로 보내 총과 못으로 교환하고, 다시 아프리카에서 총과 못으로 노예를 사들인다. (164~165쪽 참고).

스페인 제국
- 포르투갈령
- 스페인령

북아메리카 · 멕시코 · 테노치티틀란 · 과테말라 · 카하마르카 · 페루 · 빌카밤바 · 포토시 · 브라질 · 남아메리카 · 대서양 · 유카탄반도 · 카리브해 · 태평양

"우리 스페인 사람들은
오로지 금으로만 치유할 수 있는
마음의 병을 알고 있다."
에르난 코르테스(스페인 정복자)

콜럼버스의 교환
신대륙과 구대륙 사이에 상품 교환이 이루어진다. 새로운 음식, 꽃, 동물이 아메리카에 도착한다. 유럽인들은 가축을 소개한다. 하지만 안타깝게도 이들은 홍역, 천연두, 독감과 같은 질병도 가져온다.

포르투갈이 진출하다
1500년, 포르투갈의 항해가 페드루 알바르스 카브랄은 인도로 출항한다. 하지만 그는 동쪽으로 가는 대신 서쪽으로 대서양을 건너 오늘날 브라질 해안에 다다른다. 그는 이 땅을 포르투갈의 영토라고 주장한다. 그 후 포르투갈 사람들이 이 지역을 광범위하게 식민지화하기 시작한다.

엥코미엔다
스페인 사람들은 '엥코미엔다'라는 제도를 도입한다. 이것은 정착민이 아메리카 원주민을 보호하고 기독교를 믿게 하면, 그 대가로 황금, 노동, 토지를 받는 제도다.

새로운 음식
파인애플, 칠리, 감자, 칠면조가 처음으로 유럽에 소개된다.

노예 무역이 시작되다
스페인의 왕 카를로스 1세는 광산과 사탕수수밭에서 노예로 일을 시키기 위해 아프리카인 4,000여 명을 신대륙에 강제로 데려올 수 있도록 허락한다. 이 동전은 아프리카 노예 무역이 대규모로 시작되었음을 상징한다.

질병과 역경
이즈음 스페인 사람들이 옮긴 새로운 질병을 이겨 내지 못하고, 아메리카 원주민 인구가 급격히 감소한다. 살아남은 사람들은 거의 보수를 받지 못한 채 장시간 동안 일하며 노예와 같은 대우를 받는다.

아스테카가 패배하다
스페인의 귀족 에르난 코르테스와 그의 군대가 멕시코에 도착한다. 이들은 아스테카의 지도자 몬테수마 2세의 환영을 받는다. 하지만 코르테스는 몬테수마 2세를 포로로 삼아 그를 통해 아스테카를 통치한다. 1521년, 코르테스는 아스테카의 수도 테노치티틀란을 파괴한다.

황금 유물
아스테카 문화의 많은 유물은 이 의식용 가면처럼 황금으로 만들어진다.

함정에 빠지다
오늘날 페루의 카하마르카 지역에서 프란시스코 피사로와 그의 군대는 잉카의 황제 아타우알파와 무장하지 않은 5,000명을 초대한 뒤 아타우알파를 제외한 모든 사람을 죽인다. 이듬해 피사로는 아타우알파도 죽이고, 잉카 제국의 지배권을 장악한다.

가톨릭 선교
에우세비오 프란시스코 키노 신부는 다른 많은 종교인처럼 식민지에 기독교를 소개한다. 그는 세상을 떠날 때까지 20곳 이상의 선교 시설(종교 및 인도적인 사업을 위한 센터)을 세운다.

이후
아메리카의 4대 영토인 뉴 스페인, 뉴 그라나다, 페루, 라플라타강은 계속해서 스페인의 통치를 받는다. 이들은 1800년대 초부터 독립을 선언하기 시작한다. 오늘날에도 이 지역에서는 여전히 스페인어가 널리 사용되고 있다.

테노치티틀란이 몰락하다

17세기에 그려진 이 그림은 아스테카 왕국의 수도인 테노치티틀란을 79일 간 포위 공격하는 장면을 보여 준다. 1521년 8월 13일, 에르난 코르테스가 이끄는 스페인군과 틀락스칼라 전사들이 아스테카의 지도자 쿠아우테모크를 사로잡자, 아스테카 사람들은 항복하고 만다. 스페인이 멕시코를 정복하는 과정에서 테노치티틀란의 몰락은 중요한 사건이고, 스페인이 아메리카를 식민지화하는 데 결정적인 계기가 된다.

투그라 읽는 법

투그라는 아랍어로 되어 있기 때문에 오른쪽에서 왼쪽으로 읽는다. 여러 색으로 표현한 술탄을 가리키는 말들은 투그라를 만드는 형태와 결합되어 있다. 각각은 오스만 제국의 특징을 반영한다.

의미
- 마흐무드
- 칸
- ~의 아들
- 압둘하미드
- 영원히 승리하리라
- 장식적 특징

베이즈(달걀) 오스만 제국이 통치하는 두 바다, 즉 흑해와 지중해를 상징한다고 보는 시각도 있다.

투(깃대) 각각의 수직선은 독립을 의미한다.

퀼페(술 장식) 세 개의 S자 모양은 동쪽에서 서쪽으로 부는 오스만 제국의 바람을 가리킨다.

세레(받침대) 오스만 제국의 옥좌를 표현하는 기반이다.

한채르(무기) 이 선들은 권력과 군사력을 상징한다.

투그라

이 장식적인 디자인을 투그라라고 한다. 중요한 문서에 직인이나 서명으로 사용한다. 이 투그라는 술탄 마흐무드 2세의 것이다.

오스만 제국

오스만 제국은 13세기 후반 이슬람 전사인 오스만이 아나톨리아에 작은 나라를 세우면서 시작되었다. 나중에 등장한 강력한 제국은 600년 동안 지속되었다. 전성기 때는 제국의 영토가 동유럽과 흑해에서 아라비아와 북아프리카까지 펼쳐졌다. 오스만 제국의 통치자는 '술탄'이라는 칭호를 사용했다.

툽카프 궁전
메흐메트 2세는 오늘날 이스탄불에 툽카프 궁전을 건설하라고 명령한다. 이 궁전은 몇백 년이 지나면서 제국을 운영하기 위한 거대한 복합 건축물이 된다.

1459년

콘스탄티노폴리스가 몰락하다
술탄 메흐메트 2세는 콘스탄티노폴리스를 정복하고, 1,000년이 된 비잔티움 제국을 멸망시킨다. 그는 아야 소피아 성당을 모스크로 바꾼다.

1453년

1402년

1400년경

강제 복무
오스만 제국은 정복한 영토에서 온 기독교도 소년들을 이슬람교로 개종시킨다. 그러고는 술탄을 위해 이들을 서기, 군인, 경호원으로 복무시키는 제도를 도입한다.

1389년

1299~1326년

제국의 기원
오스만 1세는 아나톨리아 북서부에 세운 작은 이슬람 국가의 통치자다. 그는 이웃인 비잔티움 제국을 자주 공격한다.

앙카라 전투
중앙아시아의 통치자 티무르는 앙카라 전투에서 술탄 바예지드 1세를 포로로 잡는다. 이때 오스만 제국은 거의 붕괴된다. 전설에 따르면, 티무르는 술탄을 황금 우리 안에 가두었다고 한다.

코소보 전투
오스만의 손자인 술탄 무라드 1세는 군대를 이끌고 '검은 새들의 들판(오늘날 코소보)'에서 세르비아의 라자르 왕자와 맞선다. 두 지도자는 모두 죽는다. 하지만 오스만 제국이 전투에서 승리해 유럽 남동부의 지배권을 획득한다.

천문학의 역사

사람들은 늘 밤하늘을 올려다보며 우주의 본질에 관해 궁금증을 가졌다. 초기의 천문학자들은 별에서 어떤 패턴을 발견한 후 그 움직임을 추적하고 예측하려고 했다. 오늘날 천문학자들은 성능이 뛰어난 망원경으로 태양, 달, 행성, 은하계를 연구한다. 이를 통해 우리가 살고 있는 지구를 좀 더 제대로 이해하고, 우주의 기원에 관한 이론들을 제시할 수 있게 해 준다.

별자리
별자리는 인식할 수 있는 형태의 패턴이나 윤곽선을 이루는 별들의 모임이다. 이 별자리는 에리다누스강자리다. 88개의 별자리 중에 여섯 번째로 크다.

1420년경 이슬람 천문학
중앙아시아의 통치자이자 천문학자인 울루그베그는 사마르칸트에 천문대를 세운다. 이곳은 이슬람 세계에서 가장 크고 훌륭한 천문대로 꼽힌다. 여러 유명한 천문학자가 이곳을 방문한다.

1543년 태양 중심설
니콜라우스 코페르니쿠스는 지구가 아닌 태양이 우주의 중심이라고 주장하면서 기존의 이론을 반박한다. 코페르니쿠스의 학설이 전적으로 옳은 것은 아니다. 하지만 그의 연구는 미래의 과학자들에게 유용한 아이디어를 제공한다.

기원후 150년경 우주의 중심
클라우디오스 프톨레마이오스는 『알마게스트』에서 지구는 우주의 중심에 있다고 기록한다. 그로부터 약 1,400년 동안 사람들은 지구 중심설을 믿는다.

기원전 240년 빗자루 별
중국의 천문학자들은 자신들이 관찰한 혜성을 기록한다. 이들은 혜성의 생김새 때문에 '빗자루 별' 또는 '꽁지가 긴 꿩 별'이라고 표현한다.

기원전 330년경 구로 이루어진 지구
고대 그리스 철학자들은 지구가 평면이 아니라 구로 이루어졌다고 생각하기 시작한다. 남쪽 땅에서 본 별들이 북쪽에서 본 것과 다르기 때문이다.

기원전 400년경 마야의 달력
마야인들은 방대한 시간을 측정할 수 있을 정도로 숙련된 천문학자들이다. 이들은 기원전 3114년을 시간의 시작으로 계산한 달력을 만든다.

기원전 700년 바빌로니아의 천문 관측
바빌로니아인들은 일식과 월식의 시기와 패턴, 행성의 위치 등을 예측하고 기록하기 위해 수학을 이용한다.

기원전 1600년 하늘 원반
청동기 시대의 네브라 하늘 원반이 독일에서 발견된다. 이것은 태양, 달, 별을 묘사한 가장 오래된 유물이다.

기원전 2950~2500년경 스톤헨지
잉글랜드의 윌트셔에서 사람들은 거석을 큰 원으로 배열해 세운다. 거석 중 일부는 웨일스에서 수백 킬로미터 떨어진 곳에서 끌고 온 것도 있다. 스톤헨지의 목적은 분명하지 않다. 하지만 어떤 돌은 한겨울 태양의 방향과 일치하므로 달력의 날짜를 정하는 데 사용되었을지도 모른다.

하와이 천문대
하와이 마우나케아산 정상에 있는 천문대로 세계에서 가장 크다.

"천문학은 영혼이 하늘을 올려다보게 하고, 우리를 이 세계에서 다른 세계로 인도한다."
플라톤, 『국가』, 기원전 380년경

1608년
멀리 있는 별
네덜란드의 제조업자 한스 리퍼세이는 최초로 망원경을 발명한다. 그의 발명품은 별들이 태양계의 행성들보다 훨씬 멀리 떨어져 있다는 사실을 알려 준다.

1610년
목성의 위성
갈릴레오 갈릴레이는 목성의 궤도를 도는 위성들을 발견한다. 이것이 하늘의 모든 물체가 지구의 궤도를 도는 것이 아니라는 코페르니쿠스의 이론을 일부 증명한다. 하지만 가톨릭교회는 갈릴레이의 발견이 『성경』의 진술에 위배되어서 이를 불쾌하게 여긴다.

1687년
중력
영국의 과학자 아이작 뉴턴은 달이 중력에 의해 지구의 궤도에 머무르고 있다는 주장을 펼치기 위해 운동의 법칙과 중력의 법칙을 제시한다.

1774년
메시에 목록
프랑스의 천문학자 샤를 메시에는 혜성, 성운, 성단 등 태양계 밖의 천체들을 분류한다. 이들은 '메시에 천체'로 알려져 있다. 오늘날 이 목록에는 110가지의 천체가 들어 있다.

1912년
변광성
미국의 천문학자 헨리에타 리비트는 '세페이드 변광성'이라고 알려진 어느 별이 예측 가능한 방식으로 밝기가 변한다는 사실을 알아낸다. 이 발견 덕분에 현재 천문학자들은 지구와 은하 사이의 거리를 계산할 수 있다.

1929년
팽창하는 우주
미국의 천문학자 에드윈 허블은 후커 망원경을 이용해 우리 은하가 우주에서 유일한 은하가 아니라는 사실을 밝혀낸다. 그는 모든 은하가 서로 멀어지고 있다는 사실을 보여 준다. 이는 우주가 팽창하고 있다는 것을 의미한다.

1990년
허블 망원경
허블 망원경이 역사상 최초로 우주로 보내진다. 이 망원경은 우리 은하나 먼 우주에 있는 물체의 사진을 찍기 위해 우주를 자세히 들여다본다.

1992년
외계 행성
최초의 외계 행성(태양계 바깥의 행성)이 발견된다. 지금까지 3,700건 이상이 기록된다. 그중 여섯 개의 행성은 물이 존재하기에 온도가 적절하다. 이는 생명을 유지할 수 있는 조건을 의미한다.

2006년
행성의 속성
국제 천문 연맹은 행성의 정의를 새롭게 내린다. 이에 따라 명왕성은 행성에서 왜성으로 지위가 낮아진다.

별의 일생

별은 수백만 년을 살 수 있고, 작은 별일수록 더 오래 살 수 있다. 큰 별은 연료를 더 빨리 소비해서 폭발에 의해 더 일찍 죽는다. 이 별을 초신성이라고 한다. 이 폭발로 말미암아 새로운 별을 형성할 수 있는 물질이 우주로 퍼진다.

원시성
거대한 먼지와 가스가 결합해 새로운 별이 만들어진다.

주계열성
밀도가 높은 핵이 형성된다. 온도는 섭씨 1억 도(화씨 1억 8,000만 도)까지 올라간다.

적색 거성
고온 때문에 별이 팽창한다.

초신성
매우 큰 적색 거성이 폭발한다. 초신성의 철 핵은 블랙홀이나 중성자별이 된다.

백색 왜성
밀도가 높은 핵만 남기고, 외부의 기체층은 사라진다.

행성상 성운
작은 별에서 비롯된 적색 거성은 빛을 내는 기체의 껍질을 형성한다.

흑색 왜성
백색 왜성은 에너지의 원천이 없어서 차갑고 희미해진다.

역사적인 전투

씨족이나 부족은 초기 문명이 나타나기도 전에 이미 서로 전쟁을 벌였다. 수천 년에 걸쳐 도시와 국가가 등장하고 흥하거나 망할 때, 육지와 바다와 하늘에서 벌어진 결정적인 전투가 역사의 흐름을 바꾸어 놓았다.

살라미스 해전
그리스를 침공한 페르시아 해군은 살라미스 앞바다에서 벌어진 해전에서 테미스토클레스가 이끄는 아테네 군대에 패배한다. 이듬해 그리스 도시 연합은 플라타이아이에서 페르시아 군대를 무찌른다.

기원전 1274년

기원전 480년 9월

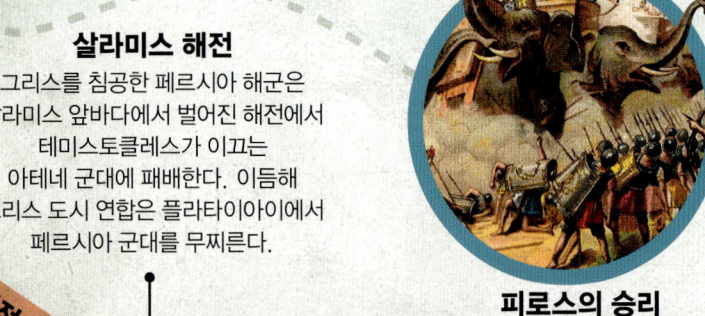

피로스의 승리
에피루스의 왕 피로스는 이탈리아를 침공해 헤라클레이아와 아스쿨룸에서 로마군을 상대로 두 차례 승리를 거둔다. 하지만 너무 많은 사람이 희생되어서 피로스의 승리는 패배나 다름없다. 그래서 공허한 승리를 가리킬 때 '피로스의 승리'라는 표현을 사용한다.

악티움 해전
로마의 정치가 옥타비아누스는 그리스 앞바다에서 벌어진 전투에서 적군인 이집트의 클레오파트라와 마르쿠스 안토니우스를 물리친다. 그는 이 전투의 승리로 아우구스투스라는 칭호를 쓰면서 로마 제국을 장악한다.

카데시 전투
이 전차 전투는 람세스 2세가 이끄는 이집트 군대와 무와탈리 2세가 이끄는 히타이트 군대 사이에서 벌어진다. 람세스 2세는 이집트 사원에 새긴 글을 통해 전투의 승리를 주장한다. 이것은 역사상 전투에 관한 가장 오래된 기록이다. 전투의 실제 결과는 알려져 있지 않다.

기원전 331년 10월

기원전 280~279년

기원전 260년

장평 전투
중국 진나라는 장평에서 조나라를 격파한다. 조나라 병사 45만 명이 항복한 후 진나라의 장군 백기는 240명을 제외한 모든 병사를 학살한다. 그는 살아남은 이들에게 진나라의 승리 소식을 알리게 한다. 이후 진나라는 중국을 통일한다.

기원전 216년 8월

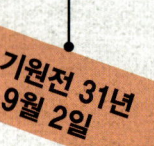

기원전 31년 9월 2일

1066년 10월 14일

가우가멜라 전투
페르시아 제국을 침공한 마케도니아의 알렉산드로스 대왕은 페르시아의 다리우스 3세를 상대로 결정적인 승리를 거둔다. 페르시아 군대는 마케도니아 군대보다 훨씬 규모가 크지만, 알렉산드로스 병사들의 훈련 상태가 더 뛰어나다. 알렉산드로스 대왕은 페르시아 제국 전체를 정복해 간다.

칸나에 전투
카르타고의 장군 한니발은 전투 코끼리를 포함한 군대를 이끌고 알프스산맥을 건너 이탈리아를 침공한다. 그는 칸나에에서 8만 명의 로마군을 섬멸하기 위해 포위 작전을 활용한다.

헤이스팅스 전투
노르망디의 윌리엄 공작은 헤이스팅스에서 앵글로·색슨 왕을 패배시키고 죽인다. 이 전투에서 노르만족의 기마병과 방패 벽을 쌓은 앵글로·색슨족의 보병이 맞붙는다. 전투 결과, 프랑스어를 사용하는 노르만족이 영국을 지배한다.

"그동안 나는 바닥에 누워 죽은 얼굴로 하늘을 올려다보는 수천 명의 사람을 보았다. 정말이지, 전쟁은 지옥이다!"

윌리엄 테쿰세 셔먼(미국 장군),
미시간 사관 학교 연설에서, 1879년 7월 19일

전투 도표
전투 도표는 전투에서 전략을 구상하는 데 사용된다. 이 도표는 포위 전술을 보여 준다. 포위 전술이란 적군의 배후나 측면, 또는 둘 다를 공격하는 전술이다.

워털루 전투
영국의 웰링턴 공작과 프로이센의 블뤼허 군대는 나폴레옹 보나파르트를 격파해 나폴레옹 전쟁을 끝낸다. 웰링턴은 블뤼허가 지원군을 이끌고 도착할 때까지 반복되는 프랑스의 공격을 막으며 방어전을 펼친다.

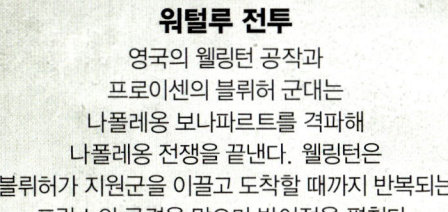

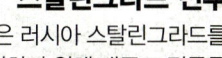

게티즈버그 전투
이 최대 전투는 미국에서 사흘 간 벌어진다. 9만 4,000명의 정예군인 조지 미드 연합군이 로버트 E. 리가 이끄는 7만 4,000명의 남부 연합군을 패배시킨다.

솜 전투
영국과 프랑스는 제1차 세계 대전 기간에 대규모 공격을 감행한다. 하지만 프랑스 솜에서 독일 전선을 돌파하는 데 실패한다. 300만 명 이상이 전투에 참가해 약 100만 명이 전사한다.

스탈린그라드 전투
독일군은 러시아 스탈린그라드를 점령하기 위해 대규모 전투를 벌인다. 독일군이 이 도시를 거의 점령했을 때 러시아군이 반격에 나선다. 결국 포위된 독일군은 항복한다.

1571년 10월 7일 — **1815년 6월 18일** — **1863년 7월 1~3일** — **1916년 7월 1일 ~ 11월 18일** — **1942년 6월 4~7일** — **1942년 7월 17일 ~ 1943년 2월 2일** — **1968년 1월**

대규모 공세
베트콩과 북베트남 군대는 남베트남 도시들에 대규모 공세를 시작한다. 미군과 남베트남 군대가 결정적인 승리를 거두지만, 미국 내에서는 반전 운동이 일어난다.

레판토 해전
가톨릭 지중해 국가들의 연합인 신성 동맹은 그리스 근해에서 오스만 해군(150~151쪽 참고)을 상대로 대승을 거둔다. 이 전투는 노를 젓는 배(갤리선)로만 싸운 역사상 마지막 해전이다.

미드웨이 해전
제2차 세계 대전 때 미국은 주로 항공 모함의 전투기로 싸운 해전에서 일본을 패배시킨다. 일본은 항공 모함을 네 척이나 잃지만, 미국은 단 한 척만 잃는다. 일본 해군은 회복 불가능한 상태가 된다.

레판토 해전

이 그림은 오스만 제국과 스페인·베네치아·제노바의 신성 동맹 사이에서 벌어진 레판토 해전을 묘사한 것이다. 이 전투는 1571년 10월 7일에 일어났고, 역사상 갤리선으로 싸운 마지막 해전이다. 신성 동맹은 12~17척의 배만 잃고, 오스만의 배 200여 척을 침몰시키거나 나포한다.

일본의 에도 시대

1603년, 일본은 오랜 내전을 겪은 후
마침내 도쿠가와 이에야스에 의해 통일되었다.
이후 평화와 번영, 창조의 황금기인 에도 시대가
이어지면서 새로운 형태의 일본 예술이 발전했다.
이 시기에 일본은 다른 나라와 교류를 끊었고,
300년 가까이 서양으로부터 고립된 채 지냈다.

1603년 에도 막부
쇼군(장군) 도쿠가와 이에야스는 교토에 있는 천황의 영향력에서 벗어난다. 그는 에도(오늘날 도쿄)에 막부를 세우고 권력의 거점으로 삼는다.

1603년경 가부키
일본의 무용수 오쿠니는 가부키라는 극을 창작한다. 가부키는 연극과 무용, 기예가 어우러져 관객을 즐겁게 한다. 초기의 가부키는 여성이 모든 역을 연기한다.

1614년 종교 금지 정책
쇼군은 일본 전역에서 기독교를 금지한다. 해외로 도피하지 못한 기독교도들은 모두 공개 처형을 당한다. 종교 금지 정책은 1873년까지 이어진다.

1620년대 우키요에
일본 서민의 일상생활을 목판화로 제작하는 것이 인기를 끈다. 이처럼 자연 풍경이나 도시 풍속을 묘사하는 회화를 '우키요에'라고 한다.

1635년 폐쇄 정책
일본은 네덜란드를 제외한 모든 서양 국가와의 교역을 폐쇄한다. 일본 국민은 출국도 허용되지 않는다. 이러한 폐쇄 정책은 1853년까지 이어진다.

평화로운 시대

에도 시대에는 전쟁 없이 평화로운 기간이 길게 이어진다. 에도, 교토, 오사카 등 주요 도시에서는 새로운 오락과 사치품을 즐길 만큼 재력이 있는 신흥 부자들이 등장한다.

에도 시대 때 도시의 거리에는 상점들이 빽빽하게 늘어선다.

1684년
스모

스모 경기는 도미오카 하치만 신사에서 시작된다. 최초의 스모 선수는 평화로운 에도 시대에 새로운 수입원이 필요했던 사무라이들이다.

1833~1834년
도카이도

〈도카이도 53경〉은 일본의 화가 우타가와 히로시게가 도카이도를 따라 여행하면서 53개의 역참 풍경을 그린 판화다. 일본은 해외여행이 금지되면서 국내 여행이 인기를 얻는다.

1850년경
게이샤

게이샤라는 기녀는 화려한 옷을 입고 독특하게 화장한다. 이들은 무용과 음악, 대화 기술로 인해 에도 시대 후기에 최고의 인기를 끈다.

1854년
무역 조약

쇄국 정책이 해제된다. 에도 막부는 쳤었던 미국과 무역 조약을 체결한다. 이를 발판삼아 일본은 미국에 항구를 개방한다.

1868년
메이지 유신

마지막 도쿠가와 쇼군은 메이지 천황에게 권력을 물려준다. 일본은 메이지 유신으로 국정을 완전히 개혁하고, 에도 시대의 막을 내린다.

식민지 아메리카

이전
1492년, 크리스토퍼 콜럼버스는 당시 유럽인들에게 알려지지 않은 아메리카 대륙에 도착한다. 그가 돌아온 뒤, 많은 사람이 이 신대륙으로 건너가 영구적인 정착지를 세운다.

유럽인들이 아메리카 대륙의 존재를 알게 되자, 많은 사람이 이른바 '신세계'라고 부르는 이곳을 찾아가고자 했다. 대부분 사람이 이곳을 부유한 땅으로 상상했다. 어떤 사람은 종교적 박해를 피해 새로운 삶을 시작할 수 있는 기회로 보기도 했다. 하지만 아메리카는 이미 원주민이 유럽 식민지 개척자들에 의해 쫓겨나거나 파괴된 땅이었다.

1497년
영국이 신대륙에서 영토권을 주장하다

영국의 왕 헨리 7세는 이탈리아의 탐험가 존 캐벗이 아시아로 가는 새로운 해로를 찾도록 후원한다. 캐벗은 아시아가 아닌 오늘날 캐나다 뉴펀들랜드에 도착한다. 그는 이곳에서 헨리 7세를 위해 영토권을 주장한다. 이는 영국이 신대륙에서 주장한 최초의 영토권이다.

1513년
스페인이 대서양을 건너 영토권을 주장하다

스페인의 탐험가 후안 폰세 데 레온은 육지에 도착해 스페인의 영토권을 주장한다. 그는 그 땅의 이름을 꽃이 만발하다는 뜻의 스페인어인 '라 플로리다'로 짓는다. 나중에 플로리다는 스페인의 식민지가 된다.

1534년
프랑스도 식민지 건설에 동참하다

프랑스의 탐험가 자크 카르티에는 처음으로 캐나다의 동해안을 탐험하고, 프랑스의 영토권을 주장한다. 1604년, 프랑스의 두 탐험가 사뮈엘 드 샹플랭과 피에르 드 몽은 오늘날 퀘벡시에 해당하는 세인트로렌스강 근처에 정착한다.

1587년
실종된 로어노크 사람들, 풀리지 않은 미스터리

영국에서 건너온 100명의 사람이 노스캐롤라이나주 로어노크에 정착한다. 버지니아 데어는 아메리카에서 태어난 최초의 아기이다. 1590년, 정착촌의 지도자 존 화이트가 3년 동안 영국을 다녀온 사이 마을 사람들이 모두 사라진다. 이 실종 사건은 지금도 미스터리로 남아 있다.

1607년
고난과 역경에 맞서 싸우는 제임스타운

버지니아주 제임스타운은 북아메리카 최초의 영구적인 영국 식민지다. 이 식민지는 1609~1610년 겨울 식량이 부족한 문제에 부닥친다. '굶주림의 시기'라고 불리는 이 기근이 식민지를 거의 전멸시킨다.

버지니아에서 농사를 시작하다

버지니아 식민지 개척자들은 처음으로 목화 씨앗을 심는다. 면, 담배, 쌀, 인디고(푸른 염료를 만드는 데 사용하는 식물)는 남부 영국 식민지에서 주요 작물이 된다.

1619년
아프리카 노예가 영국 식민지에 팔리다

약 20명의 아프리카 노예가 영국 식민지인 제임스타운으로 팔려 간다. 노예들은 담배 농사와 벼농사를 짓기 시작한다. 영국 식민지 경제는 노예 노동에 의존하면서 노예 무역이 활성화된다 (164~165쪽 참고).

1626년
네덜란드가 뉴암스테르담을 사들이다

네덜란드의 식민지 개척자 페터 미누이트는 아메리카 원주민으로부터 맨해튼을 사들이고, 그 섬의 남쪽 끝에 뉴암스테르담을 세운다. 1664년, 영국인들이 그 지역을 점령하고 이름을 뉴욕으로 바꾼다.

1675년
필립 왕의 전쟁이 일어나다

아메리카 원주민은 오늘날 매사추세츠주, 로드아일랜드주, 코네티컷주에서 14개월 동안 식민지 개척자들과 전투를 벌인다. 부족장 메타콤(필립 왕으로도 불림)을 중심으로 여러 부족이 연합한다. 이들은 결국 패배한다. 이 사건은 뉴잉글랜드에서 아메리카 원주민이 식민지 개척자들에게 저항한 마지막 반란이다.

1732년
신대륙에 식민지를 계속 세우다

영국은 북아메리카에 새로운 식민지를 세우고, 조지 왕의 이름을 따서 조지아라고 부른다. 이렇게 해서 버지니아, 조지아, 매사추세츠, 뉴욕, 메릴랜드, 로드아일랜드, 코네티컷, 델라웨어, 뉴햄프셔, 노스캐롤라이나, 사우스캐롤라이나, 뉴저지, 펜실베이니아 등 13개의 식민지가 건설된다.

1754년
프랑스와 스페인이 땅을 잃다

프랑스와 영국은 아메리카 식민지에서 영토권을 두고 전투를 벌인다. 그 결과 영국은 프랑스로부터 캐나다의 지배권을, 스페인으로부터 플로리다의 지배권을 얻는다.

1620년
메이플라워호가 뉴잉글랜드로 출항하다

약 100명의 사람이 메이플라워호를 타고 영국에서 출항한다. 이들은 지금의 매사추세츠주에 도착해 플리머스 식민지를 건설한다.

1773년
대표가 없다면 세금도 없다!

영국은 세금이 어떻게 쓰이는지 알려 주지도 않고 세금을 거둔다. 이에 식민지 개척자들은 참고 있다가 보스턴 항구에서 영국 배에 올라타 세금이 지나치게 부과된 342개의 차 상자를 바다에 던져 버린다. 이 사건은 미국 독립 혁명의 시발점이 된다.

메이플라워호

1620년, 영국 플리머스에서 출발한 메이플라워호는 사람들을 태우고 신대륙으로 건너간다. 사람들은 도착하자마자 정착지를 세운다. 이들은 자신들이 떠나온 영국의 도시 이름을 따서 그곳을 플리머스라고 부른다.

과학 혁명

16~17세기에 유럽은 급격하고 혁명적인 과학의 진보를 이루었다. 기존의 사상은 받아들여지지 않고, 종교적인 사고방식도 도전을 받았다. 선구적인 사상가들은 실험과 관찰이라는 새로운 방법을 도입해 중요한 과학적인 돌파구를 마련했다. 하지만 대부분은 그 시대의 심판대 위에 서야 했다.

해부학의 선구자
플랑드르의 과학자 안드레아스 베살리우스는 사람의 시신을 연구 목적으로 해부한 뒤에 『인체 해부에 대하여』라는 책을 쓴다. 이 책은 생물학 연구에 혁명을 일으킨다.
1543년

지동설
니콜라우스 코페르니쿠스는 수학적인 사고를 활용해 지구가 태양 주위를 돈다고 주장한다. 그의 주장은 지구가 우주의 중심이라고 믿는 교회를 분노하게 한다.
1543년

최초의 온도계
갈릴레이는 그리스어로 '더움을 측정하는 장치'를 뜻하는 초기 형태의 온도계를 발명한다. 이 장치는 온도의 변화를 감지해 표시한다.
1551~1558년

박물학
스위스의 박물학자 콘라트 게스너는 『동물지』라는 책을 쓴다. 약 4,500쪽에 달하는 이 백과사전에는 동물과 화석의 세밀한 삽화가 수록되어 있다.
1593년

새로운 방법
영국의 철학자이자 과학자인 프랜시스 베이컨은 『신기관』이라는 책을 쓴다. 그는 이 책에서 과학자는 실험과 관찰을 통해 자료를 수집해야 한다고 주장한다.
1610년

갈릴레이의 망원경
갈릴레이는 직접 고안한 망원경으로 태양과 행성을 연구한다. 그는 목성의 위성, 태양의 흑점, 달의 산맥 등을 관찰한다.
1620년

심장 박동
영국의 해부학자 윌리엄 하비는 심장의 판막과 심실을 연구한다. 그는 어떻게 심장 박동으로 혈액이 인체를 순환하는지 밝힌다.
1628년

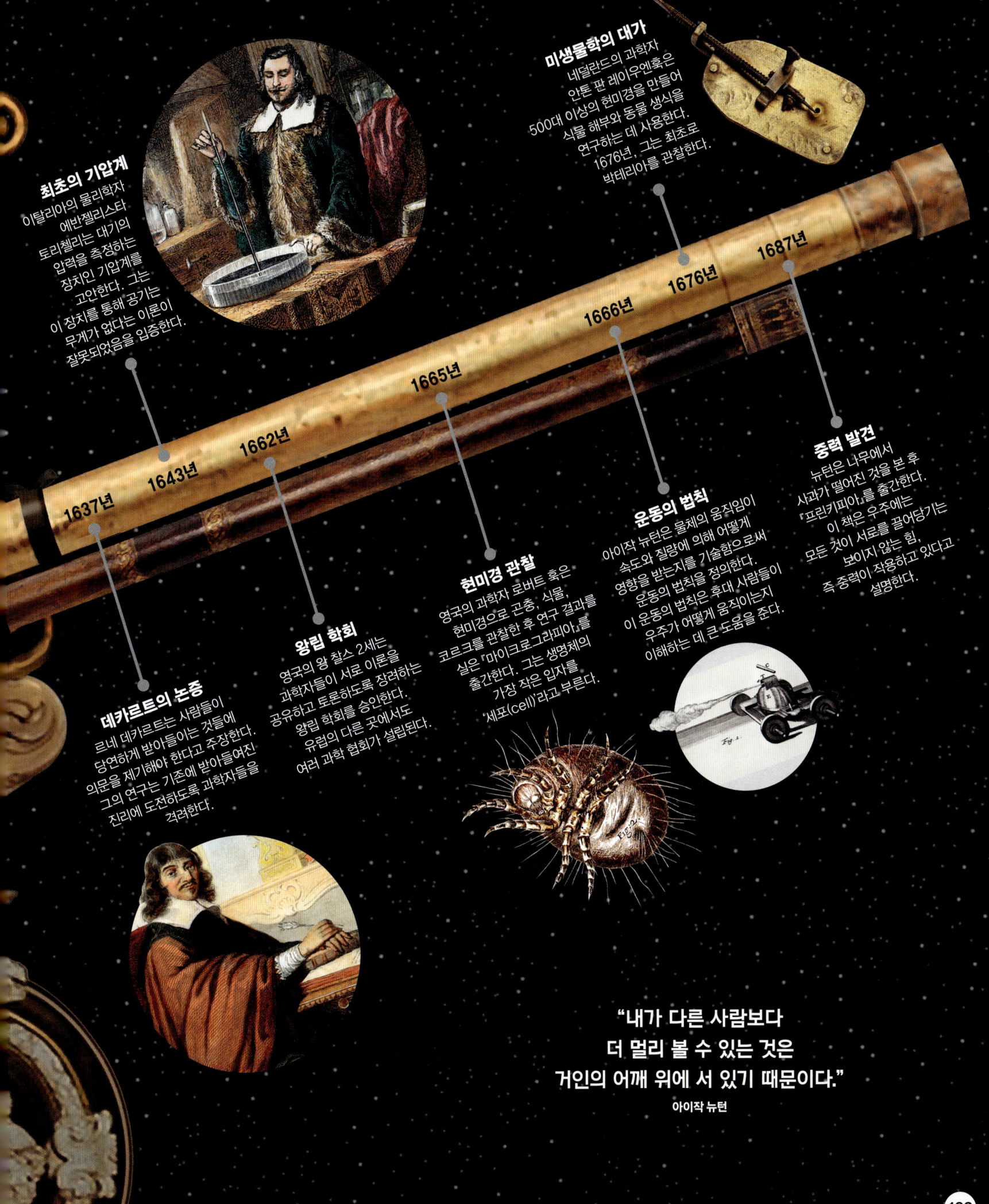

최초의 기압계
이탈리아의 물리학자 에반젤리스타 토리첼리는 대기의 압력을 측정하는 장치인 기압계를 고안한다. 그는 이 장치를 통해 공기는 무게가 없다는 이론이 잘못되었음을 입증한다.

미생물학의 대가
네덜란드의 과학자 안톤 판 레이우엔훅은 500대 이상의 현미경을 만들어 식물 해부와 동물 생식을 연구하는 데 사용한다. 1676년, 그는 최초로 박테리아를 관찰한다.

1637년 1643년 1662년 1665년 1666년 1676년 1687년

데카르트의 논증
르네 데카르트는 사람들이 당연하게 받아들이는 것들에 의문을 제기해야 한다고 주장한다. 그의 연구는 기존에 받아들여진 진리에 도전하도록 과학자들을 격려한다.

왕립 학회
영국의 왕 찰스 2세는 과학자들이 서로 이론을 공유하고 토론하도록 장려하는 왕립 학회를 승인한다. 유럽의 다른 곳에서도 여러 과학 협회가 설립된다.

현미경 관찰
영국의 과학자 로버트 훅은 현미경으로 곤충, 식물, 코르크를 관찰한 후 연구 결과를 실은 『마이크로그라피아』를 출간한다. 그는 생명체의 가장 작은 입자를 '세포(cell)'라고 부른다.

운동의 법칙
아이작 뉴턴은 물체의 움직임이 속도와 질량에 의해 어떻게 영향을 받는지를 기술함으로써 운동의 법칙을 정의한다. 이 운동의 법칙은 후대 사람들이 우주가 어떻게 움직이는지 이해하는 데 큰 도움을 준다.

중력 발견
뉴턴은 나무에서 사과가 떨어진 것을 본 후 『프린키피아』를 출간한다. 이 책은 우주에는 모든 것이 서로를 끌어당기는 보이지 않는 힘, 즉 중력이 작용하고 있다고 설명한다.

"내가 다른 사람보다 더 멀리 볼 수 있는 것은 거인의 어깨 위에 서 있기 때문이다."
아이작 뉴턴

163

이전
스페인과 포르투갈은 1510년경부터 아프리카 노예들을 아메리카로 데려가기 시작한다. 산토도밍고(오늘날 도미니카 공화국)는 신대륙 최초의 노예 항구가 된다. 1560년대에는 영국과 네덜란드도 노예 무역에 동참한다.

값싼 노동력
아프리카인 죄수 20명이 버지니아주 제임스타운에 도착한다. 노예는 계약제 하인보다 값싼 노동력의 원천이 된다.

1619년

노예선
보스턴은 노예 무역에서 중요한 역할을 한다. 이 도시에서 최초의 미국 노예선인 욕망호가 만들어진다. 1638년, 최초의 노예들이 서인도 제도에서 목화, 담배와 함께 보스턴으로 건너온다.

1636년

자유를 보장한 캐나다
캐나다 법무 장관은 예전에 노예였더라도 캐나다에서는 신분이 자유롭고 법의 보호를 받게 될 것이라고 말한다. 그는 정착민들이 노예를 들여오는 것을 허용하지 않는다.

지하 철도 조직
한 퀘이커 가문이 도주한 노예들을 돕는 사람들의 연결망인 '지하 철도 조직'을 만든다. 지하 철도의 '중앙역'은 인디애나주에 세워진다. 무려 2,000명의 노예가 자유를 찾아 탈출한다.

1804년

1819년

노예 무역 폐지
미국은 노예 무역을 폐지하는 법안을 통과시킨다. 그러고는 무역상으로부터 노예를 구출해 고향으로 돌려보내기 위해 아프리카로 배를 보낸다. 하지만 미국 남부 대부분 지역에서는 여전히 노예 소유가 합법이다.

1819년

소저너 트루스
노예 신분으로 태어난 소저너 트루스는 노예 제도 폐지 운동과 여성 인권 운동에 앞장선다. 그녀는 오하이오주에서 흑인 남성뿐만 아니라 흑인 여성의 인권을 강조하는 유명한 연설을 한다.

1850년

『톰 아저씨의 오두막』
미국의 소설가 해리엇 비처 스토의 소설 『톰 아저씨의 오두막』은 수많은 부수가 팔리면서 노예 제도에 대한 사람들의 생각을 바꿔 놓는다. 이 책은 노예 제도 폐지론자들에게 명분을 제공해 주지만, 북부와 남부의 긴장 관계를 고조시키기도 한다.

1852년

미국의 노예 제도

미국의 노예 제도는 식민지 시기부터 존재했다. 노예를 소유한 사람들은 신생 국가 건설과 경제 발전을 위해 노예의 강제 노동을 이용했다. 19세기에는 노예 제도 폐지론자들이 노예를 모두 해방시키자는 운동을 벌였다. 하지만 미국의 많은 주에서 이를 반대했다. 결국 노예 제도를 폐지하려는 북부와 노예 제도를 유지하려는 남부 사이에 남북 전쟁이 일어났다.

> "나는 노예 제도를 주장하는 사람의 말을 들을 때마다 바로 그를 노예로 만들고 싶은 강한 충동이 든다."
> **에이브러햄 링컨**(미국 제16대 대통령)

노예 관련 법 제정

버지니아주 의회는 노예 어머니에게서 태어난 아이는 평생 노예가 되어야 한다는 법안을 통과시킨다. 노예 제도를 운영하는 대부분의 식민지나 주(州)에서도 이처럼 인종을 차별하는 유사한 법을 제정한다.

1662년

퀘이커교도의 반대

펜실베이니아주에서는 퀘이커교도가 노예 제도에 반대한다. 퀘이커교도는 모든 사람이 평등하다고 믿는 기독교도다. 나중에 퀘이커 교회는 신도들이 노예 무역이나 노예 소유로 이익을 얻는 것을 금지시킨다.

1688년

쌀 대농장

사우스캐롤라이나주에 쌀이 도입된다. 쌀을 재배하는 데는 많은 일손이 필요하다. 그래서 유럽 정착민들은 농작물을 돌보고 이윤을 낼 수 있도록 돕는 노예 노동력을 원하게 된다. 1710년경에는 사우스캐롤라이나주에 유럽인보다 아프리카인 노예가 더 많아진다.

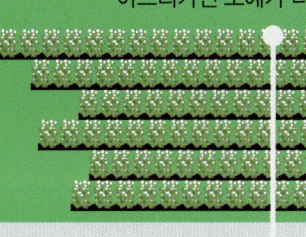

1694년

노예의 삶

뉴욕에서 노예 출신의 흑인이 최초로 노예의 삶에 관한 이야기를 쓴다. 이후 많은 노예 이야기가 나온다. 그중 가장 유명한 작품은 1845년 프레더릭 더글러스가 쓴 글이다.

자유의 플로리다

도망간 노예들은 스페인이 지배하는 플로리다에서 자유를 얻는다. 이들은 스페인에 충성을 다하고 가톨릭교회에 들어가야 했다. 많은 노예가 미국에서 가장 오래된 유럽인 도시인 세인트오거스틴에 정착한다.

1772년

1731년

남북 전쟁

미국은 새로 태어난 주(州)들의 노예 제도 허용 여부를 두고 남과 북으로 분열된다. 4년간의 전쟁으로 노예 제도는 없어지지만, 60만 명 이상이 목숨을 잃는다 (222~223쪽 참고).

노예 해방 선언

1월 1일, 에이브러햄 링컨의 노예 해방 선언으로 남부의 모든 노예는 자유의 몸이 된다. 링컨은 노예 제도를 없애는 것이 미국을 연합하는 유일한 방법이라고 생각한다. 실제로 노예 해방 선언은 전쟁의 전환점이 된다.

노예 제도 폐지

노예 해방 선언은 노예를 자유의 몸이 되게 하지만, 노예 제도 자체를 없앤 것은 아니다. 미국 수정 헌법 제13조는 새로운 영토를 포함한 미국 전역에서 노예 제도의 영구 폐지를 규정한다.

1861년

1863년

1865년

노예 삼각 무역

약 600만 명의 아프리카인이 삼각 무역으로 아메리카로 끌려간다. 영국 배는 직물, 철제품, 총과 같은 공산품을 아프리카 서부로 운송한다. 이 공산품을 아프리카인들과 교환한다. 서인도 제도로 건너가는 동안 수많은 노예가 죽는다. 살아남은 노예는 경매로 팔리고, 그 돈은 설탕, 목화, 럼주, 담배를 사서 영국으로 가져가는 데 사용된다.

이후

약 400만 명의 노예가 해방되지만, 아프리카계 미국인들의 수난은 끝나지 않는다. 링컨은 남부 재건을 지원할 계획을 발표한다. 하지만 그가 암살당하면서 모든 계획이 수포로 돌아간다. 남부의 주들은 계속해서 아프리카계 미국인들의 시민권을 제한하는 법을 도입한다.

무굴 제국

무굴 사람들은 오늘날 인도, 파키스탄, 방글라데시의 이슬람 제국을 통치했다. 이 제국은 300년 이상 지속되었고, 남아시아의 훌륭한 건축물을 남겼다. 무굴 사람들은 원래 중앙아시아 출신이었다. 이들은 자신들이 몽골의 지도자 칭기즈 칸과 티무르 대제의 후손이라고 주장했다.

1590년
회고록
악바르는 할아버지인 바부르의 회고록을 무굴 궁정의 언어인 페르시아어로 번역한다. 이 회고록은 바부르가 시, 문화, 자연사, 정원을 대단히 좋아했다는 사실을 보여 준다.

1560년대~1590년대
악바르 대제
악바르는 인도 북부와 중부로 영토를 확장하면서 무굴 제국의 힘을 키운다. 그는 독실한 이슬람교도지만, 백성들에게 종교적 관용을 장려한다. 라지푸트족 출신의 힌두교도 왕자들은 궁정에 자리를 잡는다.

1530~1556년
후마윤
바부르의 아들 후마윤은 1540년 제국을 잃고 페르시아(오늘날 이란)로 망명해 통치 기간의 대부분을 보낸다. 그는 1555년 델리의 통치권을 되찾은 뒤 곧바로 죽는다. 13세인 아들 악바르가 제위를 잇는다.

1526년
바부르
카불(오늘날 아프가니스탄)의 지도자 바부르는 인도 북부를 침공한다. '사자'를 의미하는 바부르는 델리의 술탄을 물리치고 무굴 제국을 세운다.

1674년
힌두가 부활하다
인도 서부의 마하라슈트라 출신의 마라타 전사 시바지는 힌두의 왕으로 즉위한다. 이때부터 힌두는 세력을 키우기 시작한다. 마라타족은 점차 북쪽으로 무굴 제국의 영토를 침범한다.

1660년대~1670년대
엄격한 통치자
아우랑제브는 음악, 노래, 춤을 금지하는 법을 도입한다. 그는 끝없이 이어지는 전쟁의 비용을 대기 위해 수백 채의 힌두교 사원을 파괴하고, 백성들에게 많은 세금을 강요한다.

1658년
권력 투쟁
사자한이 병에 걸리자, 그의 아들들이 권력을 두고 서로 싸운다. 셋째 아들인 아우랑제브가 싸움에서 이긴다. 그는 아버지를 옥에 가두고 스스로 황제가 된다. 사자한은 1666년 감옥에서 죽는다.

무굴 제국의 건축

무굴 사람들은 아름다운 궁전과 모스크, 무덤, 요새를 많이 짓는다. 아치는 붉은 사암으로 정교하게 만들어지고, 꼭대기는 뾰족하다. 아치 아래에는 시원한 그늘이 생기고, 개방형 입구는 좌우 대칭이어서 안정감을 준다.

1605~1627년

자한기르

악바르의 장남인 살림은 황제가 되어 자한기르(세계를 장악하는 자)라는 이름을 얻는다. 무굴 제국은 자한기르가 통치하는 기간에 더욱 성장한다. 하지만 실제로는 그의 아내인 누르 자한이 왕좌 뒤에서 실권을 휘두른다.

1620년대

무굴 예술가

미술, 특히 회화를 사랑한 자한기르는 궁정에 뛰어난 예술가들을 불러모은다. 무굴 예술가들은 동물, 새, 꽃을 추의 깊게 연구하고 생생하게 그린 것으로 유명하다.

1632년

타지마할

무굴 제국의 제5대 황제인 샤자한은 아내인 뭄타즈 마할을 추모하기 위해 타지마할을 짓기 시작한다. 타지마할은 완성하기까지 20년이 걸리고, 무굴 건축의 절정으로 꼽힌다.

1635년

공작 왕좌

샤자한은 델리에 있는 요새에 공작 왕좌를 설치한다. 이 왕좌는 밝은 금으로 만들어지고, 공작새를 다이아몬드 등 보석으로 장식된다.

1707년

한 시대가 끝나다

아우랑제브가 88세의 나이로 죽을 때, 무굴 제국의 영토는 인도 남부까지 최대로 확장된다. 하지만 반란과 전쟁으로 힘이 약해진 제국은 급격히 쇠퇴한다.

1739년

델리가 함락되다

페르시아의 통치자 나디르 샤는 인도를 침공해 델리를 점령한다. 그는 공작 왕좌를 빼앗아서 페르시아로 가져간다. 이는 무굴 제국의 종말을 상징하는 굴욕적인 사건이다.

1858년

무굴 제국의 최후

영국이 인도의 절반을 직접 통치한다. 인도는 동인도 회사에 맞서 영국의 탄압을 지켜한 전쟁에서 패배하고, 마지막 황제인 바하두르 샤 2세를 퇴위시키고 우편 보낸다. 무굴 제국의 종말이다.

명·청 제국

1360년대 중국에서 원나라가 멸망한 이후,
새로운 제국인 명나라가 권력을 잡았다.
중국은 명나라(1368~1644년)의 통치하에 초강대국이 되었다.
전 세계적으로 중국의 도자기와 차에 대한 수요가 늘어났다.
뒤이어 들어선 청나라(1644~1912년) 때는 인구가
약 1억 6,000만 명에서 약 4억 5,000만 명으로 늘어났다.
하지만 중국은 여전히 과학 기술 발전이 더뎌서
서양 열강들과 제대로 경쟁하지 못했다.

명 제국의 건국자
원나라가 멸망한 후 농민 출신의 군벌인 주원장이 권력을 장악한다. 그는 스스로를 명 제국의 홍무제라고 선포한다. 그는 자신에 대해 음모를 꾸민 수많은 관리를 처형한다.

1368년

영락제
명 제국은 영락제가 통치할 때 권력의 절정기에 이른다. 그는 대운하를 재정비하고, 원나라 때 중단된 과거 제도를 부활시킨다.

1402~1424년

"왜 서양 국가들은 작지만 강한가?
왜 우리는 크지만 약한가? ……
우리는 그들과 대등해지기 위한
방안을 찾아야 한다."

풍계분(중국 개혁가), 1861년

자금성
영락제는 수도를 난징에서 북쪽의 베이징으로 옮기고, 자금성 건설을 감독한다. 베이징 방언인 만다린어는 이 시기에 공식적인 국가 언어로 채택된다.

1406~1420년

『영락대전』
황제는 『영락대전』 집필을 명한다. 2,169명의 학자들이 이 책에 농업, 예술, 천문학, 지질학, 역사, 문학, 의학, 종교, 과학 등 수많은 주제에 관한 2만 2,937편의 원고를 수록한다.

1403~1408년

정화의 원정
명나라의 정화는 인도양, 아프리카 동부, 홍해로 일곱 차례 원정을 떠난다. 이 원정의 목표는 명나라의 힘을 과시하는 것이다. 정화는 아프리카의 기린을 포함해 다양한 이국적인 선물을 가지고 돌아온다.

1405~1433년

포르투갈의 탐험가
포르투갈의 탐험가 조르즈 알바르스는 유럽인 최초로 광저우에 도착해 중국으로 항해한다. 서양과 무역하는 새로운 시대가 시작된 것이다. 기독교 선교사들은 1550년대에 들어오기 시작한다.

1513년

명십삼릉
만력제는 베이징 외곽에 있는 거대한 황릉에 안치된다. 이 황릉에는 수천 점의 비단, 도자기, 보석이 매장된다. 1956년, 명십삼릉 가운데 만력제의 황릉이 최초로 발굴된다.

마지막 황제
군사 혁명으로 쑨원을 대총통으로 하는 중화민국이 탄생한다. 1912년 2월 12일, 청나라 마지막 황제 푸이가 퇴위하면서 2,000여 년 동안 지속된 중국 제국의 역사가 막을 내린다.

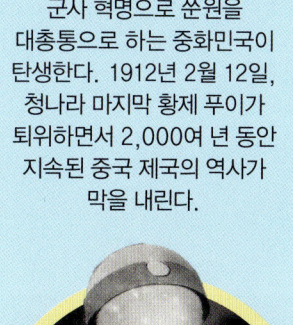

서태후
서태후가 중국 정부를 장악한다. 보수적인 그녀는 공장에서 서양식으로 선박, 철도, 화기를 생산하려는 근대화 정책에 반대한다.

제1차 아편 전쟁
도광제의 영국 아편 무역 금지 정책은 영국과의 전쟁으로 이어진다. 중국은 전쟁에서 패배한 후 영국에 홍콩을 내주는 조약에 강제로 서명한다. 중국은 1856~1860년에 벌어진 제2차 아편 전쟁에서 패한 후 아편을 합법화한다.

정복 활동
중국은 옛 몽골 제국 시절부터 지금까지 남아 있는 중가르 칸국을 정복한다. 티베트, 몽골, 그리고 오늘날 신장(투르키스탄)까지 점령한 청 제국은 절정기에 이른다.

1861~1908년경　**1899~1901년**　**1911~1912년**

1850~1864년

1839~1842년

의화단 운동
중국 북부에서 의화단이라고 불리는 농민 반란 세력이 외세와 기독교에 맞서 봉기한다. 황후가 반란 세력의 편을 들자, 여덟 개의 국가가 개입한다. 또다시 패배한 중국은 외세에 더 많은 것을 양보하게 된다.

1620년　**1645년**　**1755~1757년**
　　　1644년

태평천국 운동
중국 남부에서 기독교 개종자 홍수전이 청나라 정부에 맞서 반란을 일으킨다. 그는 스스로를 태평천국의 왕이라고 선포한다. 반란을 진압하는 데 14년이 걸리고, 그 와중에 2,000만~3,000만 명이 목숨을 잃는다.

만리장성
오늘날 남아 있는 만리장성은 1570~1583년에 지어진 것이다. 몽골을 막고자 했던 명나라 장군 척계광이 만리장성을 다시 짓는 작업을 감독한다.

명 제국이 멸망하다
명의 관리 출신인 이자성은 농민 반란군을 이끈다. 이들은 베이징을 점령하고, 명의 마지막 황제를 끌어내린다. 이자성은 스스로를 대순의 황제라고 선포한다.

청 제국
북방의 만주족은 죽은 황제의 원수를 갚는다는 명분 아래 이자성을 타도하고 새로운 제국인 청나라를 세운다. 새로 즉위한 순치제는 중국 남성들에게 앞머리와 옆머리를 깎고 남은 머리를 뒤로 땋아 늘이는 변발을 강요한다. 중국의 한족은 만주족을 오랑캐로 낮잡아 본다.

명나라 도자기
명나라는 대량 생산한 청화 백자로 유명하다. 징더전의 황실 가마에서는 중국 전역뿐 아니라 외국에도 공급할 수 있을 정도로 많은 도자기를 만든다. 서양에서는 도자기를 나라와 동일시해서 여전히 '차이나'라고 부른다.

화학의 역사

화학은 세계를 구성하는 물질을 연구하는 학문이다.
철학자들은 여러 물질의 성질과 반응을 탐구하기 시작했다.
그러면서 고대 그리스에서 이 과학 분과의 토대가 마련되었다.
원자가 발견된 이후 화학자들은 믿을 수 없을 정도로
정교하게 물질을 연구하게 되었다.

기원전 450년 · 4원소
그리스의 철학자 엠페도클레스는 만물이 4원소, 즉 흙, 물, 공기, 불로 이루어져 있다고 주장한다. 사람들은 17세기까지 이 이론이 옳다고 믿는다.

기원전 400년 · 놀라운 원자
그리스의 철학자 데모크리토스는 만물은 아주 작은 움직이는 입자, 즉 그리스어로 '더 이상 쪼갤 수 없다'는 뜻인 원자로 이루어져 있다고 말한다.

점토 조각
데모크리토스는 점토 조각을 계속 작게 나누면, 결국 더 이상 나눌 수 없을 정도로 작아진다고 생각한다.

원자

1777년 · 기체와 탄산
영국의 화학자 조지프 프리스틀리는 산소, 일산화 탄소, 아산화 질소를 발견했다고 발표한다. 그는 지역 양조장에서 기체들 간의 반응을 관찰한 후 최초로 탄산수를 만들어 낸다.

1772년 · 고정 공기
스코틀랜드의 화학자 조지프 블랙은 '고정 공기'라고 불리는 가스가 사람들에게서 뿜어져 나온다는 사실을 보여 준다. 이것은 탄소 원자 한 개와 산소 원자 두 개가 결합되어 있어 이산화 탄소로 알려진다.

900년 · 초기의 연금술
아랍의 과학자 알-라지는 금속을 실험하고 관찰해 몇 가지 종류로 나눈다. 그는 물질이 무엇으로 이루어져 있고 어떻게 변화할 수 있는지 탐구하는 화학의 초기 형태인 연금술을 연구한다.

"화학은 별에서 시작한다.
별은 물질의 구성 요소이자
핵심인 화학 원소의 근원이다."
피터 앳킨스 (영국 화학자)

1754년 · 보일의 법칙
아일랜드의 화학자 로버트 보일은 압력을 받는 공기의 움직임에 관해 연구한다. 그는 일정한 온도에서 공기에 압력을 가하면 공기의 부피가 줄어든다는 사실을 발견한다.

낮은 압력   높은 압력

1662년

170

원소 목록
근대 화학의 아버지로 알려진 프랑스의 화학자 앙투안 라부아지에는 산소를 연구하고 이 기체의 이름도 짓는다. 1789년, 그는 최초의 화학 교과서라고 할 수 있는 책에 처음으로 화학 원소 목록을 수록한다.

새로운 원소
새로운 원소 네 개가 추가되면서 공식적으로 주기율표의 일곱 번째 행이 완성된다. 니호늄, 모스코븀, 테네신, 오가네손은 지금까지 발견된 원소 중 가장 무거운 축에 속한다.

2016년

팀워크
마리안 라부아지에도 화학자다. 그녀는 남편의 훌륭한 조력자다.

새로운 실험 장비
라부아지에는 폐쇄된 환경에서 화학을 연구하기 위해 자신만의 실험 장비를 만든다.

1803년

원자 결합
미국의 과학자 라이너스 폴링은 원자가 가진 전자의 개수가 다른 원자와 결합할 때 어떤 영향을 미치는지 밝혀낸다.

1954년

원자론
과학자들은 기체로 실험을 계속 진행한다. 영국의 화학자 존 돌턴은 각 원자, 즉 물질을 구성하는 가장 작은 입자는 그 물질을 구성하는 기본 요소인 원소로 이루어져 있다고 제안하면서 원자론을 발전시킨다.

탄소 원자

결정 구조
영국의 화학자 도러시 크로풋 호지킨은 엑스레이를 이용해 여러 고체 내부의 원자 구조를 연구한다. 그녀는 건강 관리에 도움이 되는 약과 단백질을 만든다.

1869년

이산화 탄소
화합물은 적어도 두 가지 이상의 다른 원소가 결합된 물질이다. 이산화 탄소는 탄소와 산소가 결합된 화합물이다.

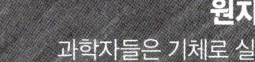

1945년

원자 모형
원자의 중심에는 양성자로 가득한 핵이 있다. 핵 주변에는 전자들이 돌고 있다.

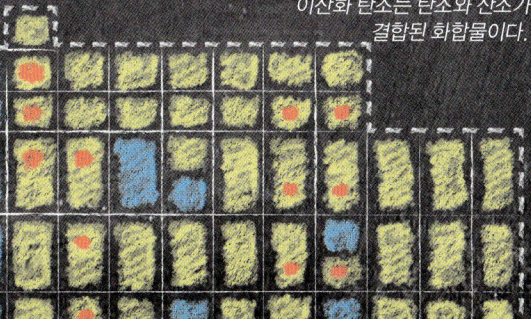

최초의 원소 주기율표
러시아의 화학자 드미트리 멘델레예프는 최초로 원소 주기율표를 만든다. 그는 당시에는 발견되지 않은 원소들을 위해 빈칸을 만들어 놓는다.

멘델레예프의 주기율표
각 원소는 원자의 크기에 따라 배치된다.

pH 지수
pH 지수는 매우 산성(붉은색)인 0부터 매우 알칼리성인 14(보라색)까지 다양하다.

원자 분열
뉴질랜드 출신인 영국의 물리학자 어니스트 러더퍼드는 원자의 구조를 연구한다. 그는 핵반응을 만들어 내는 실험에서 양전하를 띠는 입자인 양성자의 존재를 밝혀낸다.

1909년

산성도 검사
덴마크의 화학자 쇠렌 페테르 라우리츠 쇠렌센은 산성도를 측정하는 pH 지수를 발명한다. pH는 산도나 염도의 수준이 수소 이온에 달려 있기 때문에 '수소의 세기'를 나타낸다.

1919년

춤의 역사

춤에 대한 욕구는 인간의 역사만큼 오래되었다. 사람들은 신을 숭배하고, 중요한 순간을 기념하고, 순수하게 즐거움을 표현하기 위해 춤을 추었다. 오랜 세월에 걸쳐 전통 무용으로부터 발전하거나 그것과 결합하면서 다양한 춤이 등장했다. 발레와 같은 특정 무용은 수년간의 훈련이 필요하다.

인도 무용
힌두 신화에 따르면, 춤은 창조신 브라흐마가 베푼 선물이다. 브라흐마는 학자인 바라타 무니에게 영감을 주어 『나티아샤스트라』를 쓰게 한다. 이 책에는 인도 고전 무용의 기본 요소가 담겨 있다.

기원전 200년경

비밀의 춤
브라질에 사는 아프리카 노예들은 자신들의 문화와 전통을 따르지 못하게 되자 '카포에이라'라는 춤을 개발한다. 무술에 음악과 춤을 결합해 비밀리에 전투 동작을 연습할 수 있다.

1600년경

갤리어드
발차기, 뛰어오르기, 깡충 뛰기를 하면서 추는 활기찬 춤이다. 이 춤은 유럽 전역의 궁정에서 인기를 끈다. 영국의 여왕 엘리자베스 1세는 건강을 유지하기 위해 매일 아침 갤리어드를 추었다고 한다.

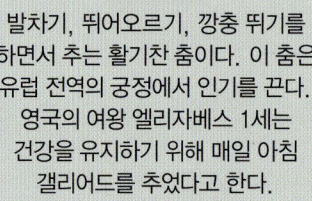

기원후 1500년대

고전주의 발레
〈백조의 호수〉는 러시아 모스크바 볼쇼이 극장에서 마리우스 페티파 안무 버전으로 처음 공연된다. 이 공연에서는 발과 다리를 고관절에서부터 바깥으로 향하는 턴 아웃, 다리 높이 올리기, 발끝으로 서기 등 고전주의 발레의 전형적인 요소를 선보인다.

1895년

탱고
사교춤을 추는 사람들은 탱고에 푹 빠진다. 아르헨티나와 우루과이에서 시작된 이 춤은 남녀가 밀접하게 접촉해서 춘다. 탱고 역시 다른 춤과 마찬가지로 아프리카와 유럽의 영향을 받는다.

현대 무용
현대 무용의 선구자인 미국의 이사도라 덩컨은 단순한 튜닉을 입고 맨발로 공연해 세상을 놀라게 한다. 그녀의 자유롭고 유연한 춤 동작은 고전적인 그리스 춤에 바탕을 둔 것으로 보인다.

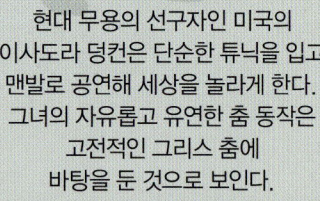

1913년   **1900년**

파격적인 발레 무대
새로운 발레 작품인 〈봄의 제전〉이 파리에서 처음 공연되자, 거의 폭동에 가까운 소란이 일어난다. 이 작품에는 러시아의 무용가 바츨라프 니진스키가 출연하고, 이고리 스트라빈스키가 음악을 담당한다. 파격적인 안무와 요란한 음악에 충격을 받은 관객들이 분노를 터뜨린다.

1913년

아프리카 하이라이프
서아프리카 지역에서 '하이라이프'라는 새로운 스타일의 춤과 노래가 등장한다. 하이라이프는 미국 재즈 음악의 영향을 받았으며, 서양의 춤과 현지의 리듬을 결합시킨 것이다.

1920년경

찰스턴
팔과 다리를 경쾌하고 격렬하게 흔들면서 추는 춤이다. 〈러닝 와일드〉라는 뮤지컬이 상연된 후 1920년대에 관객들에게 큰 인기를 얻는다.

1923년

궁정 발레
프랑스의 왕 루이 14세는 스스로를 발레 무용수로 여기며 처신한다. 그는 무용수를 양성하기 위해 파리에 왕립 무용 학교를 설립한다. 당시에는 남성 무용수들이 발레 공연을 주도한다.

1661년

사교춤
유럽 상류 사회에서는 남녀가 무도회에서 거의 신체 접촉 없이 함께 춤을 춘다. 이들은 발놀림이 복잡한 미뉴에트와 같은 춤을 춘다. 이러한 춤은 전통적인 컨트리댄스에서 비롯된다.

1700년대

플라멩코
스페인 남부 안달루시아의 전통 무용인 플라멩코를 이 시기부터 추기 시작했다는 최초의 기록이 남아 있다. 이 전통 무용에는 손뼉 치기, 노래하기, 기타 연주도 포함된다. 플라멩코의 기원은 이보다 훨씬 더 앞설지도 모른다.

1775년경

1840년경

발레리나
이탈리아의 발레리나 마리 탈리오니는 발레 공연 〈라 실피드〉에서 발끝으로 서서 춤추고, 치마 길이를 줄여 발놀림을 뽐낸다. 시간이 지나면서 치마의 길이는 더 짧아진다. 이 치마를 투투라고 부른다.

1832년

왈츠
왈츠 열풍은 오스트리아 빈에서 비롯되어 유럽 전역의 무도회장으로 퍼져 나간다. 이 춤은 남자가 팔로 여자의 허리를 두른 채 남녀가 얼굴을 마주 보며 추기 때문에 스캔들의 원인이 되기도 한다.

1800년경

살사
카리브해에서 시작되어 푸에르토리코와 쿠바 이민자들과 함께 미국 뉴욕으로 건너온 춤이다. 살사는 아프리카, 프랑스, 스페인의 춤과 노래가 혼합되면서 현대적이고 자유분방한 춤으로 진화한다.

탭 댄스
미국에서는 신발의 발가락과 발뒤꿈치 부위에 쇠붙이를 붙이고 바닥을 쳐 소리를 내며 춤춘다. 탭 댄스는 아프리카계 미국인의 춤인 주바와 아일랜드의 지그를 혼합한 춤이다.

트위스트
미국의 가수 처비 체커의 〈더 트위스트〉가 차트 1위에 오른 후 전 세계 청소년들 사이에서 트위스트 열풍이 일어난다. 트위스트는 마치 수건으로 등을 닦듯이 골반을 좌우로 비틀면서 추는 춤이다.

1970년대

1933년

영화 속 춤
미국의 무용가 프레드 아스테어는 영화 〈플라잉 다운 투 리오〉에서 진저 로저스의 파트너로 출연한다. 이 영화는 두 사람이 함께 만든 뮤지컬 영화 10편 중 첫 번째 작품이다. 이들 때문에 할리우드는 음악의 세계에 매료된다.

1960년

발리우드
인도 뭄바이에서 발리우드 영화가 만들어진다. 이 영화의 특징 중 하나는 대규모로 추는 활기찬 춤이다. 이 춤은 인도의 고전 무용에 서양의 디스코 댄스가 결합되어 있다.

2000년경

1972년경

브레이크 댄스
미국 뉴욕의 길거리에서 젊은 아프리카계 미국인들과 라틴계 미국인들이 브레이크 댄스라는 새로운 춤을 만들어 낸다. 이들은 힙합 음악에 맞춰 즉흥적으로 복잡한 춤을 춘다. 화려한 풋워크와 함께 윈드밀, 헤드스핀 등 다양한 동작을 선보인다.

해적의 황금시대

16세기에 유럽, 아프리카, 아메리카의 항구와 바다는 수많은 배로 바글거렸다. 그중 대다수는 귀중한 보물을 가득 싣고 있었다. 해상 무역이 증가하면서 해적도 많아졌다. 해적의 황금시대에 바다로 진출한 해적들은 배와 항구를 습격해 상당히 많은 물품을 빼앗았다.

"사람답게 싸웠다면, 개처럼 죽을 필요는 없었겠지."
앤 보니, 캘리코 잭에게 마지막으로 남긴 말, 『해적의 세계사』, 1724년

해적 라운드
토마스 튜가 '해적 라운드'로 알려진 항로에서 약탈하기 위해 아프리카의 희망봉을 지나 항해하기 전까지, 인도양은 비교적 해적이 별로 없는 바다였다. 그가 항해에 성공하자 많은 해적이 그 뒤를 따른다.

사나포선 행위 금지
일부 탐욕스러운 사나포선이 정부가 정한 규칙을 어기면서 통제에서 벗어난다. 1673년, 네덜란드는 공식적으로 사나포선 행위를 금지시킨다. 영국은 1680년, 프랑스는 1697년에 금지시킨다.

안전한 피난처
해적들은 자메이카의 포트 로열을 근거지로 삼고, 그 도시를 보호해 달라는 요청을 받는다. 그곳은 곧 해적들로 가득 차면서 세상에서 가장 부유하고도 가장 위험한 도시로 알려진다.

이전
해적이 늘 범죄자는 아니었다. 1557년, 영국의 여왕 메리 1세는 사나포선의 선원들에게는 적선을 공격하고 나포할 수 있도록 허락한다. 사나포선은 수익금을 왕실과 나눈다. 탐험가들도 가끔씩 보물을 훔쳐서 고향으로 가져온다. 15세기 초 무렵, 바다로 운반되는 어마어마한 양의 귀중품은 해적들의 구미를 당기기 시작한다.

1620년경 1657년 1670년 1673년 1690년 1693년경

버커니어
프랑스인들은 아이티섬 근처의 토르투가에 정착하는 버커니어를 환영한다. '버커니어'라는 말은 해적들이 나무 널빤지 위에 생선을 구워 먹는 바비큐를 가리키는 프랑스어에서 유래된다.

헨리 모건 경
모건은 뛰어난 전술과 엄청난 함대를 가지고 수많은 해적 활동을 이끈다. 1671년, 그는 파나마를 점령하고 약탈해 서반구에서 두 번째로 큰 도시를 굴복시킨다.

해적 깃발
영국의 해군 함대에 쫓기는 동안, 프랑스 해적선은 웃고 있는 해골을 그린 검은 깃발을 매단다. 해적 깃발을 매다는 것은 해적이 싸우고 있는 중이라는 신호다.

혁명의 시대

1750~1914년

혁명의 시대

미국의 독립 전쟁은 옛 정부가 무너지고 새로운 국가가 세워지는 일련의 정치 혁명 중 첫 번째 사건이었다. 산업 혁명 기간에 사람들은 공장에서 일하기 위해 농촌을 떠나 도시로 밀려들어 왔다. 증기 기관과 전기는 사람들의 일상생활을 변화시켰고, 기차나 자동차 같은 새로운 교통수단을 제공했다.

1756~1763년
영국과 프랑스 사이에 벌어진 칠 년 전쟁이 북아메리카 식민지로 확대되다.

1775~1783년
북아메리카의 13개 식민지가 미국 독립 전쟁으로 영국의 통치에서 벗어나다.

1788년
죄수와 교도관을 태운 배들이 오스트레일리아에 상륙해 영국의 식민지를 건설하다.

1804년
나폴레옹 전쟁을 일으킨 나폴레옹 보나파르트가 스스로 프랑스 황제임을 선포하다.

1755년
포르투갈의 수도 리스본에서 엄청난 지진이 발생해 도시의 3분의 2가 파괴되다.

1769년
제임스 와트가 좀 더 효율적인 증기 기관을 발명해 산업 혁명의 길을 열다.

1789년
농민들이 파리의 바스티유 감옥으로 행진하면서 프랑스 혁명이 일어나다.

1803년
미국이 프랑스로부터 루이지애나를 구입해 영토를 두 배로 늘리다.

미국
북아메리카의 13개 식민지가 영국의 통치에 반기를 들며 독립 전쟁을 일으키고 미국을 건국한다(190~191쪽 참고).

공장 노동
산업 혁명(194~195쪽 참고)을 이끈 공장의 발전과 새로운 기술 발달로 노동 환경이 변화한다.

오스트레일리아
영국은 유죄 판결을 받은 범죄자들을 오스트레일리아로 보내 그곳에 식민지를 건설한다(196~197쪽 참고). 최초의 식민지 개척자들은 오늘날 시드니 근처에 상륙한다.

프랑스 혁명
프랑스인들은 군주제에 맞서 혁명을 일으킨다. 프랑스 혁명(200~201쪽 참고) 이후 공포 정치 시대가 이어진다.

스티븐슨의 로켓호
영국의 리버풀과 맨체스터 철도 회사가 최고의 기관차를 찾기 위해 레인힐 경주 대회를 개최한다. 이 대회에서 영국의 기술자 조지 스티븐슨의 증기 기관차인 로켓호가 우승한다.

1815년
나폴레옹이 워털루 전투에서 패배하다.

1831년
수많은 아메리카 원주민이 '눈물의 길'이라고 불리는 새로운 정착지로 강제 이주하다가 죽다.

1861~1865년
미국에서 노예 제도 문제로 남부와 북부 사이에 남북 전쟁이 일어나다.

1884~1885년
유럽 강대국들이 만나 아프리카 식민화가 시작되다.

1903년
라이트 형제의 역사적인 비행으로 항공의 역사가 시작되다.

1811년
베네수엘라에서 혁명가들이 스페인의 통치에서 벗어나고자 처음으로 독립을 주장하다.

1858년
영국이 인도의 영토를 직접 통치하다.

1867년
북아메리카의 세 주(州)가 연합해 대영 제국에 속한 캐나다 자치령을 형성하다.

1893년
뉴질랜드가 식민지 최초로 여성에게 투표권을 주다.

1910년
한일 병합 조약으로 조선의 국권이 박탈당하다.

1912년
타이태닉호가 항해 도중 침몰해 큰 인명 피해를 내다.

라틴 아메리카
중남미 사람들은 스페인의 식민 지배를 끝낸 일련의 전쟁에서 스페인으로부터 독립하기 위해 힘껏 싸운다(206~207쪽 참고).

미국의 영토 확장
미국이 영토를 넓히자, 개척자들은 새로운 땅으로 이주한다. 하지만 개척자들은 아메리카 원주민과 마찰을 일으킨다(214~215쪽 참고).

미국 남북 전쟁
미국 남부 주들은 노예 제도 문제 때문에 아메리카 합중국에서 탈퇴하고자 한다. 그 뒤로 엄청난 내전이 벌어지는데(222~223쪽 참고), 결국 북부가 승리하면서 전쟁이 끝난다.

아프리카 식민지
유럽의 많은 국가가 대륙의 자원에 접근하기 위해 경쟁하면서 아프리카의 대부분을 점령한다(224~225쪽 참고).

계몽주의

17~18세기에 유럽의 사상가들은 개인이 사회와 자연에 대해 자신만의 결론을 내려야 한다고 생각했다. 그래서 이들은 전통적인 종교나 정치사상에 의문을 제기하기 시작했다. 이들은 과학 실험을 진행하고, 수많은 책과 논문을 썼다. 이러한 이들의 사상은 미국 독립 혁명과 프랑스 혁명에 직접적인 영향을 미쳤다.

이성의 시대
르네 데카르트는 『방법서설』이라는 책을 출간한다. 그는 이 책에서 이성이 모든 지식의 원이라고 주장한다. 그는 모든 지식, 심지어 자신의 존재까지도 의심하는 것을 진리의 출발점으로 삼는다.

1637년

물리학의 법칙
아이작 뉴턴은 『프린키피아』에서 운동과 중력의 법칙에 관해 설명한다. 그의 작품은 물리적 우주에 대한 사람들의 생각을 변화시킨다.

1687년

기본권
존 로크는 『통치론』에서 인간은 생존할 권리, 재산을 소유할 권리, 부당한 정부에 반대할 권리와 같은 기본권을 가지고 있다고 주장한다.

1690년

식물의 과학
스웨덴의 과학자 칼 폰 린네는 식물 분류 체계를 고안한다. 이러한 체계가 등장한 것은 다른 나라의 과학자들이 동일한 종류의 식물을 연구하고 있다는 확신에서 비롯된다. 이 체계는 지금도 여전히 생물 분류 체계로 사용되고 있다.

1735년

문필가
프랑스의 작가이자 철학자인 볼테르는 그의 가장 유명한 작품인 『캉디드』를 완성한다. 이 소설은 당대의 철학과 정치사상을 비판하는 이야기를 담고 있다.

1759년

국민의 의지
프랑스의 철학자 장 자크 루소는 『사회 계약론』에서 법은 그 아래에서 살아야 하는 국민의 의지가 뒷받침될 때만 강해진다는 주장을 펼치면서 전통적인 사회관에 도전한다.

1762년

미국 건국의 아버지
미국의 정치가 토머스 제퍼슨은 『미국 독립 선언문』의 초안을 작성한다. 자유, 정부, 개인의 권리에 관한 그의 사상은 로크, 몽테스키외, 그리고 다른 계몽주의 사상가들의 영향을 많이 받는다.

1776년

『국부론』
영국의 경제학자 애덤 스미스는 근대 사회의 경제 문제를 다룬 최초의 책인 『국부론』을 출간한다. 그는 당시 과학과 철학 논쟁의 중심지인 에든버러 출신으로, 스코틀랜드 계몽주의를 대표하는 인물이다.

1776년

> "너 자신의 지성을 사용하라!
> 이것이 계몽주의의
> 슬로건이다."
>
> **이마누엘 칸트**,
> "계몽이란 무엇인가?"라는
> 질문에 대한 답변에서, 1784년

인간의 본성
스코틀랜드의 철학자 데이비드 흄의 저서인 『인성론』에 따르면, 모든 지식은 이성이 아니라 우리의 감각, 본능, 감정에서 나온다.

1739년

유용한 지식
미국의 사상가 벤저민 프랭클린은 '유용한 지식의 증진'과 계몽주의 사상의 전파를 목적으로 필라델피아에 미국철학회를 설립한다.

1743년

권력 분립
프랑스의 철학자 샤를 드 몽테스키외는 『법의 정신』에서 소수 집단에게 너무 많은 정치권력이 몰리지 않도록 권력을 분립해야 한다고 주장한다.

1748년

『백과전서』
프랑스의 철학자 드니 디드로는 모든 지식을 분류한 방대한 양의 『백과전서』를 편찬한다. 총 17권으로 이루어진 이 책에는 당대 유력한 프랑스 사상가들의 글 수천 편이 실려 있다.

1751~1765년

관념론
이마누엘 칸트는 『순수 이성 비판』에서 우리가 어떻게 생각하고 어떻게 사물을 인식하는지에 관한 문제에 도전적인 질문을 던진다. 그는 실재가 무엇인지 아무도 확실하게 말할 수 없다고 믿는다.

1781년

화학
프랑스의 귀족이자 과학자인 앙투안 라부아지에는 『화학 원론』으로 근대 화학의 기틀을 마련한다. 하지만 그는 프랑스 혁명 기간인 1794년에 단두대에서 처형당한다.

1789년

여성 시민
프랑스의 극작가이자 페미니스트 운동가인 올랭프 드 구즈는 프랑스 혁명 기간에 여성은 남성과 동등하며 동일한 시민권을 가진다고 선언하는 팸플릿을 발행한다. 그녀는 2년 뒤에 처형당한다.

1791년

여성의 권리
영국의 페미니스트 작가 메리 울스턴크래프트는 『여성의 권리 옹호』에서 소녀들이 소년들과 동등한 교육을 받는다면 사회 전체에 이로울 것이라고 주장하며 교육 개혁을 요구한다.

1792년

리스본 대지진

유럽 대륙을 뒤흔든 재앙

1755년 11월 1일 아침, 리스본 시민들은 만성절(萬聖節)을 기념하기 위해 교회나 성당에 모여들었다. 한편, 대서양 깊은 곳에서 지축을 뒤흔들 만한 지진이 발생했다. 이로 말미암아 도시는 파괴되기 일보 직전이 되었다.

> "먼저 우리는 마차의 소음과 같은 '우르릉' 소리를 들었고, 그 소리는 점점 커져서 …… 총소리만큼 시끄러워졌다. 그 후 곧 첫 번째 진동이 느껴졌다."
>
> **크리스티안 스타퀼러**,
> 리스본 대지진에 관한 설명에서, 1755년

한 치의 의심도 없는 시민들

1755년 11월 1일, 로마 가톨릭교도들은 리스본의 교회와 성당으로 몰려든다. 이들은 포르투갈 왕국의 수도에서 만성절을 기념하며 들뜬 분위기에 젖는다. 자정 미사가 끝난 뒤, 포르투갈의 왕 조제프 1세는 도시 밖에서 기념하기 위해 여기저기 가족들과 리스본을 떠난다. 오전 9시 30분, 아침 미사가 진행되면서 수많은 사람이 리스본의 신성한 장소로 모인다. 도시 전역에서 엄숙한 제물이 바쳐지고, 로마 가톨릭교회의 성인들을 기리기 위해 여기저기 의식용 촛불이 켜진다.

세상이 흔들리다

오전 9시 40분, 세 차례의 지진 중 첫 번째 지진이 도시를 뒤흔든다. 건물들이 무너지고, 수많은 교회 신도가 아수라장 속에서 공황 상태가 된다. 그날 아침, 지진이 두 차례 더 도시를 강타한다. 두 번째 지진은 3분 30초가량 지속되고, 세 번째 지진은 무려 10분 가까이 이어진다. 진동은 리스본에서 600킬로미터 이상 떨어진 북아프리카에서도 감지된다. 도시 중심부는 연약한 지반 위에 지어져 건물들이 순식간에 파괴된다. 거리를 가로질러 4미터 폭의 큰 균열이 생기고, 종교의 중심지가

무너지면서 수많은 사람이 목숨을 잃는다. 사람들은 미친 듯이 흔들리는 거리로 뛰쳐나와 배를 타고 피신하기 위해 안전해 보이는 항구로 몰려간다.

해일이 휩쓸다

항구에 모인 리스본 시민들은 바다에서 펼쳐지는 신기한 광경을 목격한다. 해안가에서 바닷물이 빠져나가면서 노출된 해저에 흩어져 있는 난파선들이 모습을 드러낸다. 이 기이한 현상을 구경하기 위해 더 많은 사람이 모여든다.

오전 10시 30분경, 해일이라 불리는 5~10미터 높이의 거대한 파도가 갑자기 폐허가 된 도시로 밀려온다. 엄청난 파괴력을 지닌 파도가 항구와 도시 거리를 휩쓸어 군중이 익사한다. 바닷물이 강으로 밀려들면서 사람들로 꽉 찬 배들이 바다에서 타구스강을 거슬러 올라가는 바람에 더 많은 인명 피해가 난다.

불길이 치솟다

리스본에서 땅이 무너지고 홍수가 나면서 교회와 가정집에 놓아 둔 종교 의식용 촛대가 여러 잔해와 함께 바닥에 굴러 떨어진다. 도시 전역에서는 화재가 발생한다. 건물이 붕괴되면서 좁은 도로가 막히고 불길이 커지면서 건물 속 생존자를 구출하기 어려워진다. 머지않아 불길이 사방으로 번져 도시는 잔혹한 지옥으로 변한다.

11월 2일부터 6일까지 닷새 동안 이 지옥은 걷잡을 수 없이 활활 타오른다. 리스본은 3분의 2 이상이 파괴된다.

다시 고요해지다

11월 6일, 도시에는 정적이 흐르고, 불길은 꺼져 가고, 생존자들은 시신을 확인하기 위해 다시 돌아온다. 약 6만 명의 리스본 시민이 희생된 것으로 추정된다. 이 지진은 너무나 강력해서 유럽 전역과 북아프리카에서도 감지된다. 모로코에서도 약 1만 명이 목숨을 잃을 정도로 파괴적이다. 교회는 이번 재앙이 죄인을 심판하기 위한 '신의 섭리'라고 선포한다. 리스본 재건이 시작된다. 사람들은 왜 그렇게 많은 신도가 고통을 당했는지 이해해 보려고 한다. 하지만 이처럼 극적인 심판을 받을 정도로 큰 잘못을 저질렀는지 설명하지 못한다. 유럽의 일부 학자는 재앙의 원인을 탐색하면서 지진을 '자연재해'로 보기 시작한다. 이러한 논의는 지진학, 즉 지진의 과학적 연구로 이어진다.

대멸종
공룡 시대 바로 직전에 대멸종이 발생한다. 약 8만 년 동안 지구상의 생물종 95퍼센트 정도가 사라진다. 원인은 아직 알 수 없다.

토바 초화산
인도네시아 수마트라섬에서 토바 초(超)화산이 폭발해 2,800세제곱킬로미터의 화산재가 하늘로 올라간다. 이것은 최대 10년 동안 지구의 기온을 떨어뜨린다. 지난 2,500만 년 동안 가장 폭발적인 화산으로 꼽는다.

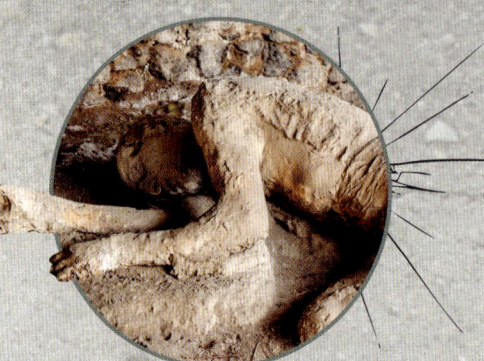

화산재에 파묻힌 도시
이탈리아에서 베수비오산이 폭발하면서 폼페이가 화산재에 묻히고, 수많은 사람이 목숨을 잃는다. 폼페이는 수 세기가 지난 뒤에야 발견된다. 화산재 아래 시신이 차지하던 공간에 석고를 부어 석고상을 만들면 당시 희생자의 모습이 그대로 드러난다.

리스본 대지진
포르투갈 리스본을 강타한 대지진으로 해일과 화재까지 발생해 더 큰 피해가 일어난다. 이 도시는 거의 다 파괴되고, 약 6만 명의 시민이 목숨을 잃는다.

2억 5,200만 년 전 · 6,600만년 전 · 기원전 7만 4000년 · 기원전 1640년경 · 기원후 79년 · 1556년 · 1755년 · 1815년

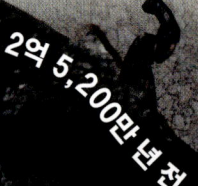

공룡이 멸종하다
최소 지름이 10킬로미터나 되는 소행성이 중앙아시아의 유카탄반도와 충돌한다. 그 여파로 수년 동안 엄청난 먼지와 연기가 하늘로 날아가 햇빛을 가린다. 새를 제외하고 모든 종류의 공룡을 비롯한 거의 모든 동물이 멸종된다.

그리스의 비극
그리스의 티라섬(오늘날 산토리니섬)은 거대한 화산 폭발로 대부분 파괴된다. 아크로티리는 화산재에 묻힌다. 화산 폭발은 해일과 지진을 일으켜 주변 섬들을 황폐하게 만든다.

기록적인 지진
기록상 가장 치명적인 지진이 중국 북부를 강타해 약 83만 명의 목숨을 앗아 간다. 이 지역은 단단하지 않은 땅을 파서 만든 인공 동굴에 주거지가 있어서 사망자 수가 매우 많다.

여름이 없는 해
인도네시아의 탐보라산이 폭발한다. 이 때문에 엄청난 먼지 구름이 일어나 지구의 온도가 섭씨 1도 정도 낮아진다. 농작물이 자라지 못해 수많은 사람이 굶어 죽는다. 그다음 해, 유럽과 북아메리카에서는 6월부터 8월까지 폭설이 내리면서 '여름이 없는 해'를 경험한다.

> "지진은 우리가 아직 완성되지 않은 행성의 지층 위를 걷고 있다는 사실을 상기시킨다."
>
> **찰스 쿠럴트** (미국 저널리스트)

자연재해의 역사

자연의 힘은 지구의 형태를 변화시킬 정도로 엄청난 파괴력을 지녔다.
역사를 통틀어 보면 지진, 화산 폭발, 해일, 허리케인은 계속 발생했다.
또한 예측할 수 없는 자연재해는 인간이 작고 연약한 존재라는 사실을 상기시켰다.
하지만 역사는 이러한 자연 현상이 인류가 멸망할 정도로 파괴적인 경우는
거의 없었다는 사실도 보여 준다.

폭풍 해일
거대한 사이클론이 인도 연안의 코링가라는 도시를 강타한다. 그 결과 폭풍 해일이 일어나 해수면이 12미터나 높아져 육지가 바닷물에 잠긴다. 이때 약 30만 명이 목숨을 잃는다.

가장 시끄러운 화산 폭발
화산 폭발로 크라카타우섬의 3분의 2가 사라진다. 4,800킬로미터 이상 떨어진 곳에서도 폭발음이 들렸을 정도로 역사상 가장 시끄러운 화산 폭발이다.

1839년
1883년
1906년
1876년

중국 대홍수
폭우로 중국의 3대 강이 흘러넘쳐서 18만 2,000제곱미터(미국 플로리다주의 넓이와 비슷함)의 중국 땅이 침수된다. 이 때문에 100만 명에서 400만 명 사이의 사망자가 발생한다.

중국의 기근
중국 북부의 기나긴 가뭄은 3년간의 흉작과 광범위한 기근으로 이어진다. 이 지역 인구의 10퍼센트에 해당하는 1,000만 명 이상이 기근으로 굶어 죽는다.

샌프란시스코 지진
지진이 발생해 미국 샌프란시스코의 80퍼센트 이상이 파괴된다. 이 지진으로 약 3,000명이 목숨을 잃고, 대부분 시민이 노숙자가 된다.

1931년
1925년
1960년
2004년

칠레 지진
역사상 가장 강력한 지진이 칠레를 강타한다. 10분 동안 지속된 이 지진으로 수천 명이 죽고, 약 200만 명이 집을 잃는다. 지진 때문에 발생한 해일이 하와이, 일본, 필리핀까지 덮친다.

동남아시아 해일
수마트라섬 인근에서 발생한 해저 지진이 인도양 쪽으로 해일을 일으켜 인도네시아, 말레이시아, 태국, 스리랑카, 인도에 피해를 입힌다. 이 해일로 약 23만 명이 목숨을 잃는다.

트리스테이트 토네이도
미국 역사상 가장 치명적인 토네이도가 미주리주, 일리노이주, 인디애나주를 걸쳐 적어도 243킬로미터를 이동하며 주변 지역을 파괴한다. 이 토네이도로 695명이 죽고, 가옥 1만 5,000여 채가 붕괴된다.

음악의 역사

전 세계의 음악은 지구상에 살고 있는 사람들만큼이나 다양하다. 유럽의 음악은 중세 시대에 발전했지만, 다른 전통 음악의 기원은 훨씬 더 이른 시기까지 거슬러 올라간다. 모든 형태의 음악은 사람의 감정을 표현하고, 종교 의식이나 중요한 사건을 기념하며, 무엇보다도 즐거움의 원천이 된다.

일본 궁중 음악
일본의 관리들은 중국 문화를 배우기 위해 중국으로 파견된다. 일본인들은 중국의 궁중 음악에 한국 등 다른 아시아 국가의 음악을 혼합해 자기들만의 전통 아악인 가가쿠를 만들어 낸다.

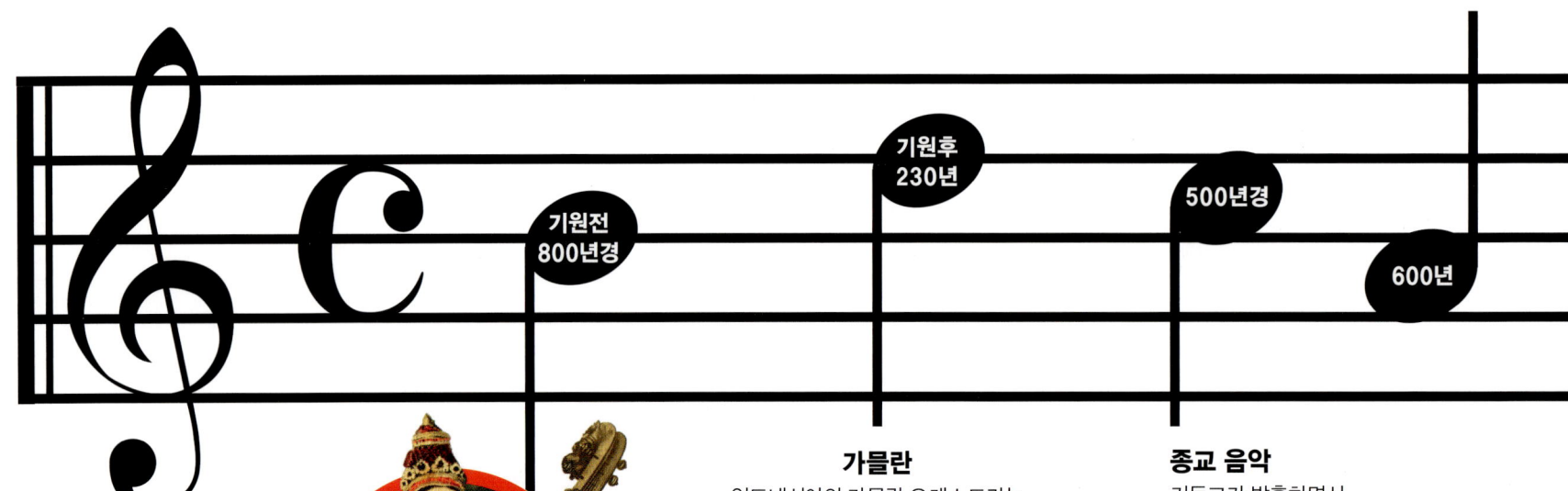

인도의 라가 (기원전 800년경)
인도의 고전 음악 형태인 라가는 『우파니샤드(힌두교의 고대 경전)』에서 처음 언급된다. 라가는 어떤 분위기나 하루의 시간과 관련한 특정한 선율을 말한다.

가믈란 (기원후 230년)
인도네시아의 가믈란 오케스트라는 말렛으로 치는 철금, 손으로 연주하는 북, 징, 목금으로 구성된다. 가믈란은 전통적인 의식이나 공식적인 행사에서 연주된다.

종교 음악 (500년경)
기독교가 발흥하면서 유럽 전역으로 음악이 전파된다. 교회 예배 때는 평성가(자유로운 리듬으로 반주 없이 부르는 단음 성가)를 부른다. 음악은 귀로 들으며 배우고 외워서 연주한다.

(600년)

현대 음악 (1894년)
프랑스의 작곡가 클로드 드뷔시는 현대 서양 음악의 시작으로 꼽히는 〈목신의 오후 전주곡〉을 작곡한다. 그의 작품은 새로운 종류의 화성법을 사용하고, '인상주의(143쪽 참고)'로 알려진 예술 운동과 같은 분위기를 자아낸다.

재즈 시대 (1920년~1930년대)
미국의 새로운 음악인 재즈가 인기를 얻는다. 아프리카와 유럽의 스타일을 혼합한 재즈의 특징은 즉흥 연주다. 연주자들은 각자 나름의 방식으로 음악을 연주한다.

움 쿨숨 (1934년)
이집트의 가수 움 쿨숨은 '라디오 카이로'의 첫 방송에서 노래를 부른다. 그녀는 풍부한 보컬 스타일로 아랍 세계에서 가장 인기 있는 예술가가 된다.

로큰롤 (1950년대)
기타를 기반으로 하는 대중음악인 '로큰롤'이 미국에서 등장한다. 빌 헤일리, 엘비스 프레슬리, 척 베리와 같은 로큰롤 가수들은 대스타가 된다.

중국의 궁중 가무
당나라 황제 현종은 '이원(梨園)'이라 불리는 최초의 음악 교육 기관을 설립한다. 오늘날 공연하는 사람들(가수, 음악가, 무용수, 곡예사 등)은 여전히 '이원제자(梨園弟子)'라고 불린다.

요한 제바스티안 바흐
독일의 작곡가 바흐는 바로크 시대의 가장 위대한 작곡가 중 한 명이다. 이 시기의 음악은 극적이고 강력하다. 바흐는 서로 다른 선율을 하나로 결합시키는 '대위법'의 대가다.

루트비히 판 베토벤
독일의 작곡가 베토벤은 〈교향곡 제9번〉을 작곡한다. 그는 이 작품에 사람의 목소리를 포함시켜서 관현악계에 혁명을 일으킨다. 베토벤은 청력을 완전히 잃지만, 첫 공연을 진행한다. 그는 관중의 열렬한 박수갈채를 보기 위해 몸을 돌려야만 했다.

클라라 슈만
독일인 클라라 슈만은 낭만주의 시대의 존경받는 피아니스트 중 한 명이다. 그녀는 여성이 대중 앞에서 공연하는 일이 거의 없었던 시절임에도 60년 이상의 경력을 쌓는다. 이 시기의 작품은 길이가 길고 소리가 풍부하며 감정이 충만하다.

730년 · **1400~1600년경** · **1685~1750년** · **1762년** · **1824년** · **1819~1896년**

르네상스 음악
서양 음악은 동시에 두 개 이상의 멜로디로 노래를 부르거나 연주하면서 복잡해진다(폴리포니). 악기 제작이 발달하고 악보가 인쇄되면서 더 많은 사람이 음악을 연주할 수 있게 된다.

볼프강 아마데우스 모차르트
오스트리아의 피아니스트 모차르트는 여섯 살 때 유럽 순회공연을 시작한다. 그는 음악이 새로운 단순함을 지니는 고전 시대의 대표적인 작곡가 중 한 사람이 된다. 모차르트는 오페라 〈돈 조반니〉, 〈피가로의 결혼〉 등 수많은 작품을 남긴다.

오선
오선은 서양의 작곡가들이 작곡할 때 사용하는 다섯 개의 선이다. 음표는 선 위나 선과 선 사이에 그려 넣는다. 음표의 위치는 해당 음의 높낮이를 나타낸다.

1963년 · **2016년** · **2018년**

비틀마니아
영국의 팝 그룹 비틀스는 가는 곳마다 수많은 군중을 끌어들인다. 이들이 〈에드 설리번 쇼〉에 출연했을 때는 약 7,300만 명이 시청한다. 비틀스 콘서트에서 팬들은 가끔 비명을 지르다가 실신하기도 한다.

비욘세
미국의 팝 가수 비욘세는 높은 인기 덕분에 역사상 몸값이 가장 높은 흑인 뮤지션이 된다. 그녀의 앨범 〈레모네이드〉는 레게, 힙합, 펑크 등 다양한 장르를 아우른다. 그녀는 이 앨범으로 수많은 상을 수상한다.

다재다능한 뮤지션
영국의 작곡가 케리 앤드류는 사람의 음성으로 낼 수 있는 다양한 소리를 실험하며 작곡 활동을 한다. 그녀는 포크 그룹에서 노래를 부르거나, 재즈의 영향을 받은 밴드에서 연주하기도 한다.

제정 러시아

러시아는 로마노프 왕조의 통치 아래 서쪽의 알래스카에서 동쪽의 폴란드까지 펼쳐진 광대한 제국을 차지했다. 하지만 러시아는 서유럽 국가들에 비해 과거에 머물러 있었다. 특히 경제는 농업에 기반하고, 산업은 거의 발달하지 않았다. 몇몇 차르가 러시아를 근대화하려고 노력했지만 개혁은 실패했다. 결국 혁명 운동이 일어나 왕조가 무너졌다.

크림 전쟁
오스만의 세력이 약해지기 시작한다. 그러자 영국과 프랑스는 러시아가 오스만 영토로 확장하지 못하도록 오스만 제국 편에서 싸운다.

1853~1856년

장교의 반란
알렉산드르 1세의 갑작스러운 죽음 이후, 나폴레옹 전쟁을 지니고 돌아온 서양식 사고방식을 일으킨다. 육군 장교들이 반란을 입헌 군주제로 이들은 정치, 지주 아래에 있는 바꾸고, 농노를 해방시킬 것을 요구한다. 니콜라이 1세가 이 반란을 진압한다.

1825년 12월

나폴레옹과 싸우다
러시아는 알렉산드르 1세 때 나폴레옹 전쟁에 끌려 들어가 두 번이나 낭패를 본다. 1812년, 나폴레옹이 러시아를 침공하지만 실패한다. 나폴레옹이 이후 러시아는 나폴레옹에 마지막으로 패배하는 데 주도적인 역할을 한다.

1805~1815년

예카테리나 2세
표트르 3세가 죽고 뒤를 이어 그의 독일인 아내인 예카테리나 2세가 통치한다. 그녀는 새법 제도를 개혁하면서 러시아를 지속적으로 서양화한다.

1762~1796년

상트페테르부르크
표트르 대제가 1703년에 세운 상트페테르부르크는 러시아의 수도가 된다. 표트르 대제가 세상을 떠난 1725년 당시 도시 거주민은 약 4만 명 정도다.

1712년

표트르 대제
표트르 대제는 차르(황제)가 된다. 그는 서양식 교육과 통치 방식을 도입한다. 또한 군대를 늘려 러시아가 발트해 연안(서)에서 가장 강력한 나라가 되도록 만든다.

1682~1725년

러시아 제국의 왕관
예카테리나 2세부터 니콜라이 2세까지 모든 차르는 대관식에서 4,936개의 다이아몬드로 장식된 왕관을 착용한다.

188

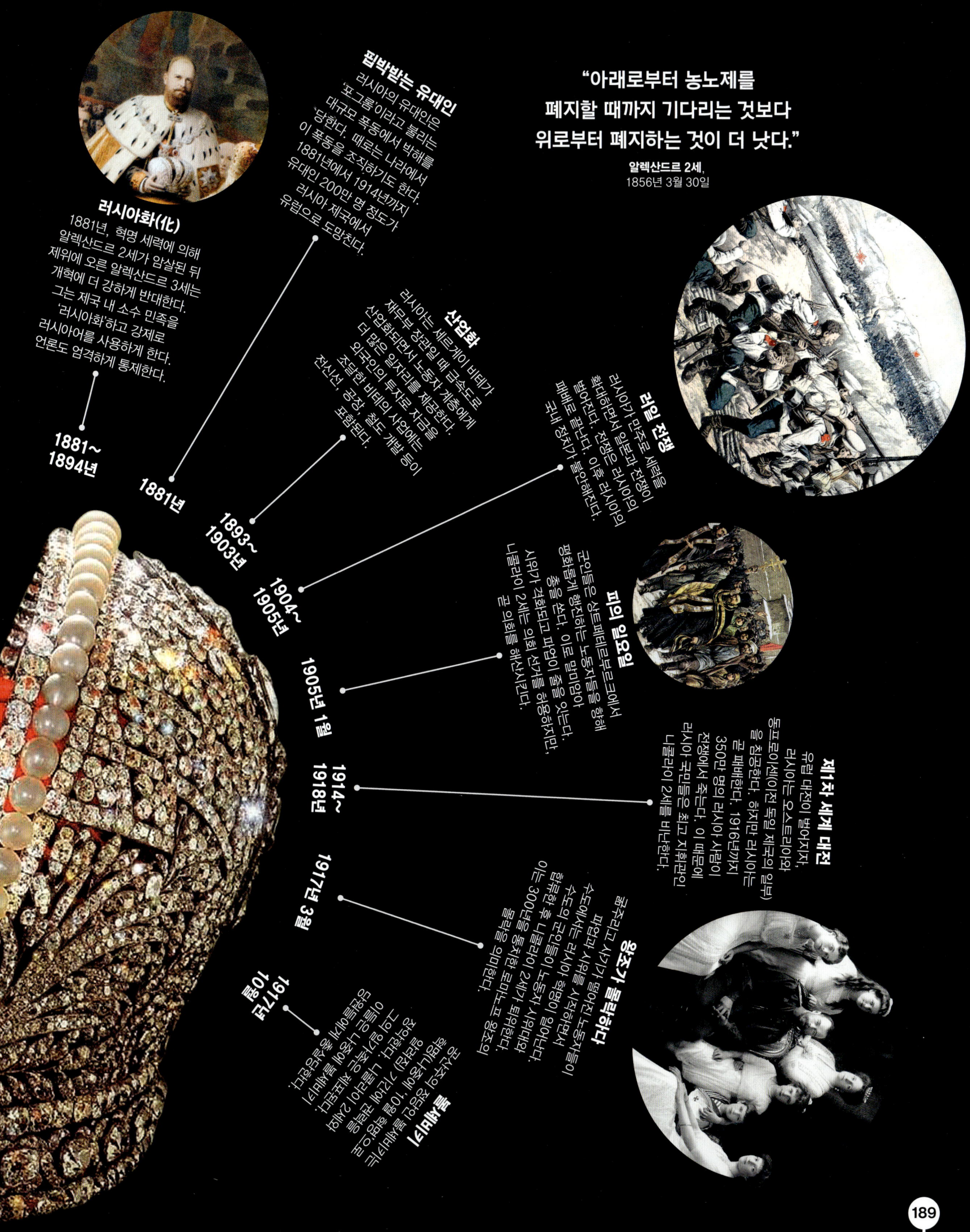

"아래로부터 농노제를
폐지할 때까지 기다리는 것보다
위로부터 폐지하는 것이 더 낫다."

알렉산드르 2세,
1856년 3월 30일

러시아화(化)
1881년, 혁명 세력에 의해 알렉산드르 2세가 암살된 뒤 제위에 오른 알렉산드르 3세는 개혁에 더 강하게 반대한다. 그는 제국 내 소수 민족을 '러시아화'하고 강제로 러시아어를 사용하게 한다. 언론도 엄격하게 통제한다.

1881~1894년

핍박받는 유대인
러시아의 유대인은 '포그롬'이라고 불리는 대규모 폭동에서 박해를 당한다. 때로는 나라에서 이 폭동을 조직하기도 한다. 1881년에서 1914년까지 유대인 200만 명 정도가 러시아 제국에서 유럽으로 도망친다.

1881년

산업화
러시아는 세르게이 비테가 재무부 장관일 때 급속도로 확대하면서 계층에게 산업화되면서 노동자 계층에게 더 많은 임자리를 제공한다. 외국인의 투자로 지금을 조달한 비테의 사업에는 전신선, 광산, 철도 개발 등이 포함된다.

1893~1903년

러일 전쟁
러시아가 만주로 세력을 확대하면서 일본과 전쟁이 벌어진다. 전쟁은 이후 러시아의 패배로 끝난다. 이후 러시아의 국내 정치가 불안해진다.

1904~1905년

피의 일요일
군인들은 상트페테르부르크의 크린에서 평화롭게 행진하는 노동자들을 향해 총을 쏜다. 시위가 격화되고 의회 파업이 줄을 잇자, 니콜라이 2세는 의회 선거를 허용하지만, 곧 의회를 해산시킨다.

1905년 1월

제1차 세계 대전
유럽 대전쟁이 벌어지자, 러시아는 오스트리아와 동프로이센(1차 독일 제국의 일부)을 침공한다. 하지만 러시아는 큰 패배한다. 1916년까지 350만 명의 러시아 사람이 전쟁에서 죽는다. 이 때문에 러시아 국민들은 최고 지휘관인 니콜라이 2세를 비난한다.

1914~1918년

왕조가 몰락하다
굶주리고 사기가 떨어져 노동자들이 수도에서 파업과 러시아 혁명을 시작하면서 수도의 군인들이 합류한다. 1주일 후 니콜라이 2세가 노동자들에 의해 300년을 통치한 로마노프 왕조가 퇴위하면서 몰락을 의미한다.

1917년 3월

볼셰비키
알렉산드르 케렌스키가 이끈 10월의 임시정부는 나라를 혼란에 빠뜨리고 전쟁에서 패배한다. 그러나 10월, 공산주의 볼셰비키 당이 블라디미르 레닌 이끄는 권력을 장악한다.

1917년 10월

미국의 탄생

미국 독립 혁명은 13개의 식민지 주민들과
영국 통치자들 사이의 갈등이 고조되면서 발생했다.
식민지 주민들은 영국이 거두는
세금에 대해 불만이 많았다.
이들은 영국 정부가 자신들의 권리를
존중하지 않는다고 느꼈다.

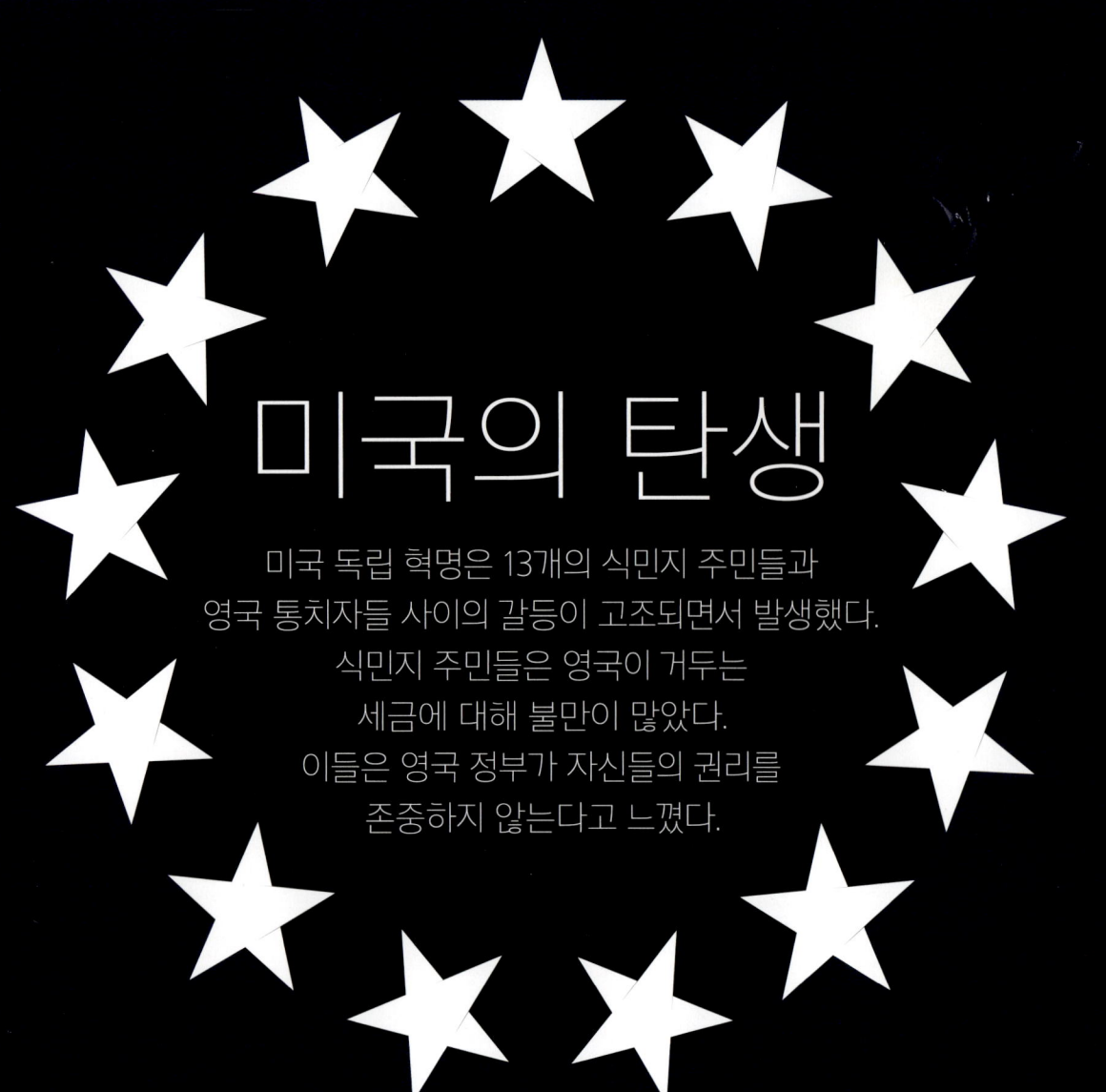

델라웨어강을 건너다
크리스마스 날 밤, 조지 워싱턴은 영국 편에서 싸우는 독일군을 기습 공격하기 위해 군대를 이끌고 얼음으로 뒤덮인 델라웨어강을 건넌다. 이들의 승리는 대륙군에게 새로운 희망을 안겨 준다.

새러토가 전투
독립 전쟁의 전환점인 새러토가 전투 중 두 번째 전투에서 영국군이 항복한다. 프랑스도 참전해 1778년 미국과 동맹을 맺고, 미국의 독립을 인정한다.

몰리 피처
몰리 피처라는 여성이 뉴저지주 몬머스의 전장에서 부상당한 미국인들에게 물을 가져다주었다는 전설이 있다. 메리 루드비히 헤이스는 이 전설의 배후에 있는 진짜 여성일지도 모른다.

1776년 9월 — 1776년 12월 — 1777년 6월 — 1777년 10월 — 1778년 4월 — 1778년 6월

잠수함 공격
군인인 에즈라 리는 1인용 잠수함 터틀호를 타고 뉴욕 항구에 있는 영국 제독 리처드 하우의 배에 폭탄을 부착하려고 한다. 리가 두꺼운 선체에 구멍을 뚫지 못해 폭탄은 아무런 피해도 입히지 못한다.

성조기
제2차 대륙 회의에서 성조기를 채택한다. 13개의 줄과 13개의 별은 13개의 식민지를 상징한다.

달러 기호
달러 기호인 '$'가 등장한다. 이것은 스페인과의 무역에서 사용한 페소의 약자로 추정된다.

건국의 아버지들
조지 워싱턴, 존 애덤스, 새뮤얼 애덤스, 패트릭 헨리 등 식민지 대표들은 영국 통치에 대한 불만을 토로하기 위해 제1차 대륙 회의를 개최한다.

워싱턴 장군
조지 워싱턴은 제2차 대륙 회의에서 오늘날 미군의 전신인 대륙군의 최고 사령관으로 임명된다. 최초의 주요 전투는 벙커 힐에서 발생한다.

「독립 선언문」
1776년 7월 4일, 제2차 대륙 회의에서 「독립 선언문」을 채택하기 위한 투표를 진행한다. 「독립 선언문」은 13개의 아메리카 식민지가 영국으로부터 독립한다는 내용을 담고 있다.

1770년 3월 1774년 9월 1775년 4월 1775년 6월 1776년 1월 1776년 7월

보스턴 대학살
보스턴에서 미국 식민지 사람들이 영국 군인들을 공격하자, 영국 군인들도 총을 쏘아 여러 사람을 죽인다. 이 사건은 영국 통치에 반대하는 사람들의 반영(反英) 감정에 불을 붙인다.

렉싱턴·콩코드 전투
독립 전쟁의 포문을 연 첫 번째 전투가 렉싱턴과 콩코드라는 마을에서 일어난다. 영국군은 식민지 주민들의 무기고를 파괴하려고 한다. 하지만 식민지 주민들은 영국군의 공격 작전을 미리 알고 있었다.

『상식』
미국의 작가 토머스 페인은 익명으로 출간된 『상식』을 쓰면서 미국의 독립을 지지한다. 영국 통치에 저항하는 반군은 모두 이 책의 인쇄본을 지닌다.

요크타운
전선은 북쪽에서 교착 상태에 빠진 이후 남쪽으로 이동한다. 영국군은 해안에 있는 프랑스 군함에 포위되고 대륙군에 제압된다. 결국 영국군은 버지니아주 요크타운에서 항복한다.

미국 헌법
미국의 13개 주 대표들이 모여 공식 헌법을 승인한다. '일국의 최고 법률'이라고 불리는 헌법으로 미국 정부를 수립한다.

새로운 수도
워싱턴은 프랑스의 건축가 랑팡에게 새로운 나라의 수도가 될 거대한 도시를 설계해 달라고 의뢰한다. 이 도시는 대통령의 이름을 따서 워싱턴이라고 불린다.

1781년 7월 1781년 10월 1783년 9월 1787년 5월 1789년 1월 1790년 7월

제임스 아르미스테드 라파예트
노예로 태어난 아프리카계 미국인 아르미스테드는 대륙군의 첩자로 활동한다. 그는 요크타운에서 대륙군이 승리하도록 돕는다.

파리 조약
파리 조약을 통해 공식적으로 독립 전쟁이 끝나고, 미국의 국경이 정해진다. 영국 정부는 미국의 독립을 인정하고, 영국군은 본국으로 철수한다.

미국 초대 대통령
미국 대표들은 만장일치로 조지 워싱턴을 초대 대통령으로 선출한다. 1789년 4월, 그는 당시 수도인 뉴욕에서 선서한다.

델라웨어강 도하 작전
이 상징적인 그림에서 알 수 있듯이, 1776년 12월 25일 조지 워싱턴은 뉴저지주의 트렌턴을 기습 공격하기 위해 군대를 이끌고 얼음으로 뒤덮인 델라웨어강을 건넌다. 워싱턴은 미국의 독립 전쟁 기간에 연이은 패배의 아픔을 딛고 빨리 승리해야 군대의 사기를 북돋아 줄 수 있을 것이라고 생각한다. 워싱턴 군대는 위험한 상황임에도 성공적으로 강을 건넌다. 이들은 이튿날 아침 트렌턴으로 진군해 영국군과 싸워 중요한 승리를 거둔다.

파종 기계
사람들은 제스로 툴의 파종 기계로 깔끔하게 줄을 맞춰 씨를 심는다. 이러한 혁신은 더 광범위한 농업 혁명의 일부다. 농업 혁명 당시 유럽 전역에서 농작물의 생산성을 높이기 위해 새로운 농업 기술과 경영 방법을 이용한다.

1701년

제니 방적기
영국의 목수이자 방직공인 제임스 하그리브스는 제니 방적기를 발명한다. 이 기계는 한 번에 한 개 이상의 실을 만들어 낸다. 따라서 직물을 더 쉽고 빠르게 만들 수 있다.

1764년

증기 기관
스코틀랜드의 기술자 제임스 와트는 기존의 기계보다 더 효율적인 증기 기관으로 특허를 얻는다. 와트의 증기 기관은 광산에서 물을 빼내는 것뿐만 아니라 철, 면, 제지 공장에서도 사용된다.

1769년

철도
조지 스티븐슨의 로켓호가 리버풀에서 맨체스터로 가는 새로운 철도에서 펼쳐진 증기 기관차 경주 대회에서 우승한다. 이 해에 세계 최초로 영국에 82킬로미터에 이르는 철도 선로가 설치된다.

1829년

광업
일련의 혁신으로 이전보다 더 큰 규모로 석탄을 채굴해 산업용 기계와 운송에 더 많은 연료를 제공한다.

1815년

아동 노동
영국은 최초의 공장법으로 공장 내 아동의 노동 환경을 개선한다. 이제 아동은 9세가 되어야 일할 수 있고, 아동이 일하는 시간도 제한된다. 9~13세 아동은 매일 두 시간씩 학교 교육을 받아야 한다.

1833년

산업 혁명

산업 혁명은 인류의 역사에서 매우 중요한 변화가 일어난 시기였다.
이 시기는 사람들이 살아가고 일하는 방식을 바꾼 기계와 제조업의 시대였다.
산업 혁명으로 말미암아 농업, 공업, 교통 분야에 대변혁을 일으킨 기술이 발전했다.
이러한 변화는 1760년대 영국에서 시작되어 빠르게 전 세계를 휩쓸었다.

1846년

재봉틀
미국의 발명가 일라이어스 하우는 재봉틀로 특허를 얻는다. 이제 옷은 큰 공장에서 만들어진다. 따라서 더 이상 손으로 옷을 만들 필요가 없어진다.

도시 생활
영국의 인구 조사에 따르면, 최초로 시골보다 도시에서 거주하며 일하는 인구가 더 많아진다.

1851년

공장 마을
영국의 기업가 리처드 아크라이트는 크롬포드에 목화 방적 공장의 노동자들을 수용할 마을을 건설한다. 나중에는 이 마을에 학교, 시장, 교회도 생긴다.

운하 열풍
본래 광산에서 영국 맨체스터로 석탄을 수송하기 위해 건설된 브리지워터 운하는 리버풀과 이어지도록 연장된다. 이 운하의 건설이 성공하자 '운하 열풍'으로 알려진 운하 건설의 시기가 시작된다.

1771년

1776년

역직기
영국의 발명가 에드먼드 카트라이트는 최초로 인력 대신 수력으로 움직이는 베틀인 역직기를 만든다. 나중에 새로운 증기 기관이 이 기계에 동력을 준다.

노동자 폭동
섬유 노동자들이 공장으로 쳐들어간다. 일자리를 잃을까 봐 우려한 이들은 기계를 파괴한다.

1811~1816년

1785년

안전등
1815년: 조르디 램프와 데이비 램프가 발명된다. 폭발 사고를 막기 위해 램프의 불꽃 위에 철망을 씌운다.

광업법
1842년: 영국은 광업법으로 여성과 아동이 지하에서 일하는 것을 금지시킨다.

다이너마이트
1867년: 스웨덴의 화학자 알프레드 노벨은 다이너마이트를 발명한다. 이 발명품은 산이나 땅에 구멍을 뚫을 때 단순히 흑색 화약에 불을 붙이는 것보다 더 안전하다. 다이너마이트는 도로나 철도 선로를 건설하기 위해 통로를 만들 때 중요한 역할을 한다.

1875년

노동자의 건강
영국의 공중 보건법은 정부가 주택과 하수도가 깨끗하고 안전한지 확인하기 위해 제정한 법률이다.

야간 근무
미국의 발명가 토머스 에디슨은 어떤 램프보다도 오래가는 백열전구를 발명한다. 이 백열전구로 공장에서 야간 근무를 할 수 있게 된다.

발전소
뎃퍼드에 영국 최초로 중앙 발전소가 세워진다. 산업화된 런던에 전력을 공급하기 위해서다.

1879년

1889년

오스트레일리아 원주민 시대

오스트레일리아의 원주민은 지구상에서 가장 오래 지속된 문화를 소유하고 있다. 이들은 17세기에 유럽인들이 오스트레일리아 땅을 밟기 전까지 비교적 외부인들의 간섭을 받지 않았다.

기원전 6만 3000년경 최초의 거주민
오스트레일리아의 첫 거주민은 동남아시아에서 배를 타고 바다를 건너 도착한 사람들이다. 이때는 지금보다 해수면이 훨씬 낮아서 이들은 수월하게 바다를 건너온다.

기원전 5만 년 꿈의 시대
새로운 정착민들은 문화, 신앙, 예술을 공유하며 집단생활을 하는 사냥·채집인들이다. 이들은 이 땅이 '꿈의 시대'라고 불리는 옛 창조의 시기로 거슬러 올라갈 것이라고 믿는다.

기원전 4만 5000년 메가파우나
오스트레일리아에서 메가파우나(거대 동물)의 85퍼센트 이상이 멸종된다. 인간이 이 동물들을 잡아먹었을 가능성이 높지만, 약 7만 년 전의 기후 변화도 영향을 끼쳤을 것이다. 멸종된 동물에는 육식성 캥거루와 작은 자동차만 한 거북이도 포함된다.

기원전 4만 5000년 암각화
무루주가의 바위에서 원주민이 남긴 암각화가 발견된다. 이것은 동물, 인물, 종교 의식 등을 상징적으로 표현한 그림이다.

기원전 4만 3000년 멍고인
오스트레일리아에서 가장 오래된 인류의 흔적은 남동쪽 해안의 고대 사냥꾼이다. 이 사냥꾼에는 '멍고인'이라는 이름이 붙는다. 멍고인의 시신은 초기 원주민의 매장 풍습에 따라 조심스럽게 안치되어 있다.

기원전 3만 8000년 디저리두
디저리두는 오스트레일리아 노던 준주(準州) 지역에서 발명된다. 이 악기는 세계에서 가장 오래된 것으로 추정된다. 긴 관의 한쪽 끝에 바람을 불어넣어 연주하며, 깊고 낭랑한 소리를 낸다.

기원전 8000년 울루루
원주민은 오스트레일리아 사막에 있는 거대한 바위인 울루루 주변에서 살기 시작한다. 약 6억 년 전에 생겨난 이 바위는 원주민의 성지로 떠받들어진다.

원주민의 바위 예술

수만 년 동안 원주민 예술가들은 자신들의 삶과 신화에 관한 그림을 바위에 그린다. 이들은 철분이 풍부한 점토로 붉은 안료를 만들고, 빗질하거나 입으로 불어서 바위 표면에 색을 칠한다.

오스트레일리아 정착

식민지 초기에는 간수(왼쪽)와 죄수(오른쪽) 모두 오스트레일리아에서 생활하는 데 어려움을 겪는다. 죄수의 형량이 끝날 무렵(보통 7년) 이들에게 '자유 증명서'가 발급된다. 이 증명서는 영국으로 돌아가거나 식민지에 남아서 새로운 삶을 시작해도 좋다고 허락하는 것을 의미한다. 많은 죄수가 식민지에 남기로 결정한다. 식민지가 성장하면서 영국에 돌아가서 사는 것보다 생활 조건이 더 나아진다.

오스트레일리아를 식민지화하다

최초의 유럽인들은 오스트레일리아를 영국 죄수들이 복역할 수 있는 감옥으로 만들었다. 이 과정에서 오스트레일리아의 원주민이 학대를 당했다.

1768년 제임스 쿡
제임스 쿡은 영국 정부의 명령에 따라 이 지역을 탐험하기 위해 인데버호를 타고 출항한다.

1606년 최초의 유럽인
네덜란드의 탐험가 빌럼 얀스존은 유럽인 최초로 오스트레일리아에 발을 디딘다. 또 다른 네덜란드인 아벌 타스만은 1642년 그 주위를 항해하지만 다른 장소로 착각한다. 타스만은 이 대륙을 '뉴 홀란드'라고 부른다.

1770년 기록과 지도
인데버호가 오스트레일리아 보터니만에 정박해 있는 동안, 영국의 식물학자 조셉 뱅크스는 새로운 종의 식물과 동물을 기록한다. 쿡은 처음으로 오스트레일리아 동부의 지도를 제작하고, 그 땅이 영국의 소유라고 주장한다.

1787년 최초의 함대
영국은 죄수들을 오스트레일리아로 보내기로 결정한다. 그러고는 11척의 배로 이루어진 최초의 함대를 새로운 대륙으로 보낸다. 함대는 1년 뒤에 오늘날 시드니 근처에 상륙한다.

1788년 최초의 접촉
유럽인과 원주민 사이의 갈등은 거의 처음부터 터져 나온다. 1810년, 원주민은 강제 노동을 하게 된다. 1822년부터는 다시 폭력 사태가 일어나 수백 명의 원주민 사상자가 나온다.

1789년 치명적인 전염병
유럽에서 건너온 전염병이 면역력이 없는 원주민의 목숨을 앗아 간다. 정착민이 건너온 후 한 세기 안에 원주민의 90퍼센트가 전염병과 전쟁으로 죽는다.

1824년 오스트레일리아
뉴 홀란드라는 이름이 공식적으로 오스트레일리아로 바뀐다. 오스트레일리아는 1901년 1월 1일에 영국으로부터 독립한다.

1851년 골드러시
광부들이 금을 발견하면서 식민지 개척자들은 활기를 띤다. 인구가 증가하고 삶이 더욱 풍요로워진다.

1976년 토지권
정부는 원주민에게 토지 일부를 돌려준다는 의미로 이들의 토지 소유를 인정하는 법을 도입한다.

1905~1968년 빼앗긴 아이들
정부와 교회는 원주민의 아이들을 가족으로부터 강제로 빼앗아 백인 가정에 넘긴다. 이 정책은 원주민에게 말할 수 없는 고통을 안긴다. 2008년이 되어서야 정부는 이에 대한 사과문을 발표한다.

197

바스티유 감옥 습격 사건

혁명이 시작되다

1789년, 분노한 수천 명의 프랑스인이 파리 동부에 있는 바스티유 감옥 주위로 몰려들었다. 바스티유 감옥 소장은 높은 요새에서 굳게 버텼지만, 팽팽한 대치 상태는 곧 폭력적인 전투로 변했다. 결국 프랑스 혁명이 일어나 왕의 통치가 끝나고 말았다.

공포의 상징
1370년, 백 년 전쟁 기간 동안 프랑스의 왕 샤를 5세는 파리의 성벽 수비를 강화하고, 바스티유를 건설해 수도 동쪽을 방어한다. 이후 400년 동안 이 우뚝 솟은 요새는 정치범을 수용하는 감옥이 되고, 고문과 공포로 악명이 높아진다.

반란의 여름
1789년 여름, 프랑스는 세금이 오르고 식량이 부족해지면서 혼란에 빠진다. 프랑스 평민들은 정치적 변화를 요구한다. 거의 파산 지경에 이른 루이 16세에 대해 분노한 평민들은 '국민 의회'라고 불리는 혁명 기구를 결성하고, 프랑스 헌법의 개정을 요구한다.

화약을 찾아서
1789년 7월 11일, 루이 16세는 혁명 세력에 호의를 보이는 자크 네케르 재무 장관을 해임한다. 그는 군주의 권한을 강화하기 위해 프랑스군을 파리 주변의 전략적 거점으로 이동시킨다. **7월 12일**, 바스티유 감옥에 250배럴의 화약이 옮겨진다. 한편, 파리 주변에서는 일부 사람이 무기고와 무기 상점을 공격한다. **7월 14일**, 이른 아침에 한 무리의 사람들이 오텔 데 상발리드에서 무기를 약탈한다. 이들은 소총 수천 정을 가져가지만, 정작 화약이 없어 무기를 쓰지 못한다. 한 병사가 이들에게 바스티유 감옥으로 옮겨진 250배럴의 화약에 대해 이야기한다. 그러자 이들은 감옥을 향해 동쪽으로 4킬로미터를 행진한다.

팽팽한 대치
늦은 아침, 사람들은 바스티유 감옥을 에워싸고 화약과 무기를 요구한다. 감옥 소장인 드 로네이 후작은 철통처럼 방어하는 요새에서 굳게 버틴다. 120명의 노병으로 이루어진 바스티유 감옥 수비대는 성벽에 자리를 잡고 대포 18문을 배치한다. 바스티유 감옥을 둘러싼 시위대의 대표자들은 후작에게 요구 사항을 전달하지만, 화가 난 후작은 단칼에 거절한다. **이른 오후**가 되자 군중은 좌절감과 초조함을 느끼기 시작한다. 이때 한 무리의 사람들이 감옥의 안뜰로 습격한다.

감옥 소장이 항복하다
요새를 빼앗길까 봐 두려운 후작은 부하들에게 시위대를 향해 총을 쏘라고 명령한다. 군중은 총소리에 더욱 분노하고, 탈영한 프랑스 군인들을 포함해 더 많은 사람이 시위대에 가담한다. 일부 사람이 건물을 습격하고 후방에서는 대포를 쏘면서 전투가 시작된다. 패배를 예상한 드 로네이 후작은 화약에 불을 붙여 바스티유 감옥과 파리 전체를 폭파하겠다고 위협한다. 하지만 혁명 세력은 그가 허세를 부린다고 생각한다.
오후 5시, 바스티유 수비대가 퇴각하면서 요새는 함락되고 감옥 소장이 항복한다. 오랫동안 폭정과 공포의 상징이었던 바스티유 감옥은 승리한 대중에 의해 해방된다. 일부 사람은 무기고와 화약고를 약탈하고, 투옥된 소수의 죄수들이 풀려난다.

반란이 아닌 혁명
드 로네이 후작은 재판을 받기 위해 오텔 데 상발리드로 이송된다. 하지만 도중에 매우 분노한 군중에게 붙잡혀 구타당하다가 죽고 만다. 루이 16세는 그날 늦게야 봉기 소식을 듣게 된다.
1789년 8월, 국민 의회는 봉건제를 폐지한다.
1791년 9월 3일, 루이 16세는 입헌 군주제에 동의해 왕의 권한을 제한하지만, 이것은 1년밖에 지속되지 않는다. **1792년 9월**, 프랑스는 군주제 대신 국민이 권력을 장악하는 공화국을 선포한다. 하지만 공화국으로 넘어가는 것은 순조롭게 진행되지 않는다. 프랑스는 '공포 정치' 시기로 알려진 폭동과 폭력의 암흑기로 곤두박질친다.

프랑스 혁명

"자유, 평등, 박애!"
프랑스 혁명의 구호

18세기에 프랑스에서는 부유한 통치자와 가난한 농민 사이에 불평등이 점차 확대되었다. 국민들은 루이 16세를 분노의 표적으로 삼고 가두시위를 일으켰다. 결국 유혈 혁명이 발생했는데, 그 결과 프랑스에서는 1,000년 이상 이어진 왕정이 무너지고 공화정이 새롭게 탄생했다.

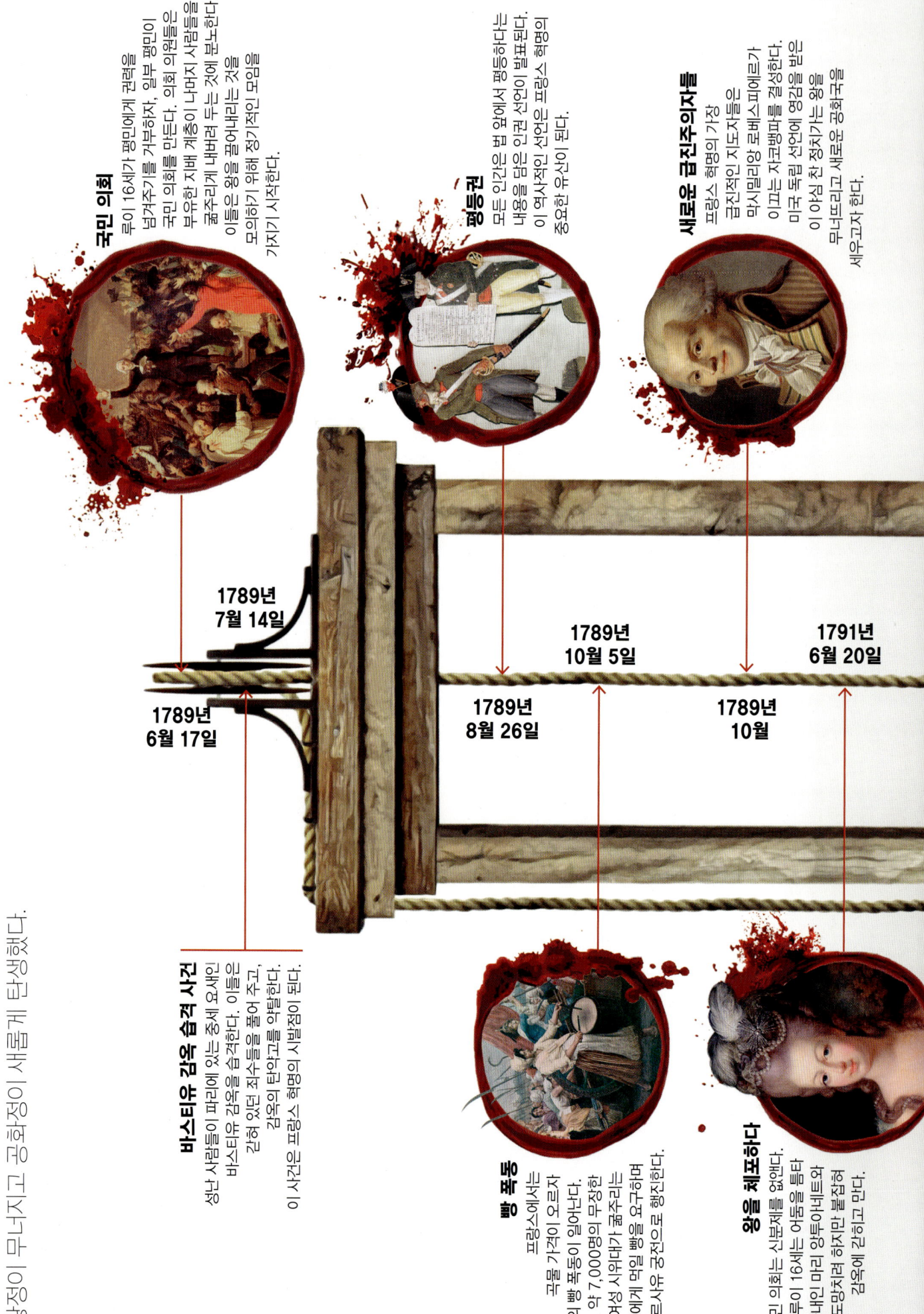

국민 의회
루이 16세가 평민에게 권력을 넘겨주기를 거부하자, 일부 평민이 국민 의회를 만든다. 의회 의원들은 부유한 지배 계층이 나머지 사람들을 굶주리게 내버려 두는 것에 분노한다. 이들은 왕을 끌어내리는 것을 모의하기 위해 정기적인 모임을 가지기 시작한다.

평등권
모든 인간은 법 앞에서 평등하다는 내용을 담은 인권 선언이 발표된다. 이 역사적인 선언은 프랑스 혁명의 중요한 유산이 된다.

새로운 급진주의자들
프랑스 혁명의 가장 급진적인 지도자들은 막시밀리앙 로베스피에르가 이끄는 자코뱅파를 결성한다. 미국 독립 선언에 영감을 받은 이 10여 년간 정치하는 왕을 무너뜨리고 새로운 공화국을 세우고자 한다.

1789년 7월 14일

1789년 6월 17일

1789년 8월 26일

1789년 10월 5일

1789년 10월

1791년 6월 20일

바스티유 감옥 습격 사건
성난 사람들이 파리에 있는 중세시대 바스티유 감옥을 습격한다. 이들은 감혀 있던 죄수들을 풀어 주고, 감옥의 탄약고를 약탈한다. 이 사건은 프랑스 혁명의 시발점이 된다.

빵 폭동
프랑스에서는 곡물 가격이 오르자 소규모의 무장한 약 7,000명의 여성 시위대가 굶주리는 가족에게 먹일 빵을 요구하며 베르사유 궁전으로 행진한다.

왕을 체포하다
국민 의회는 신분제를 없앤다. 루이 16세는 아돌투 탈출 아내인 마리 앙투아네트와 도망치려 하지만 붙잡혀 감옥에 갇히고 만다.

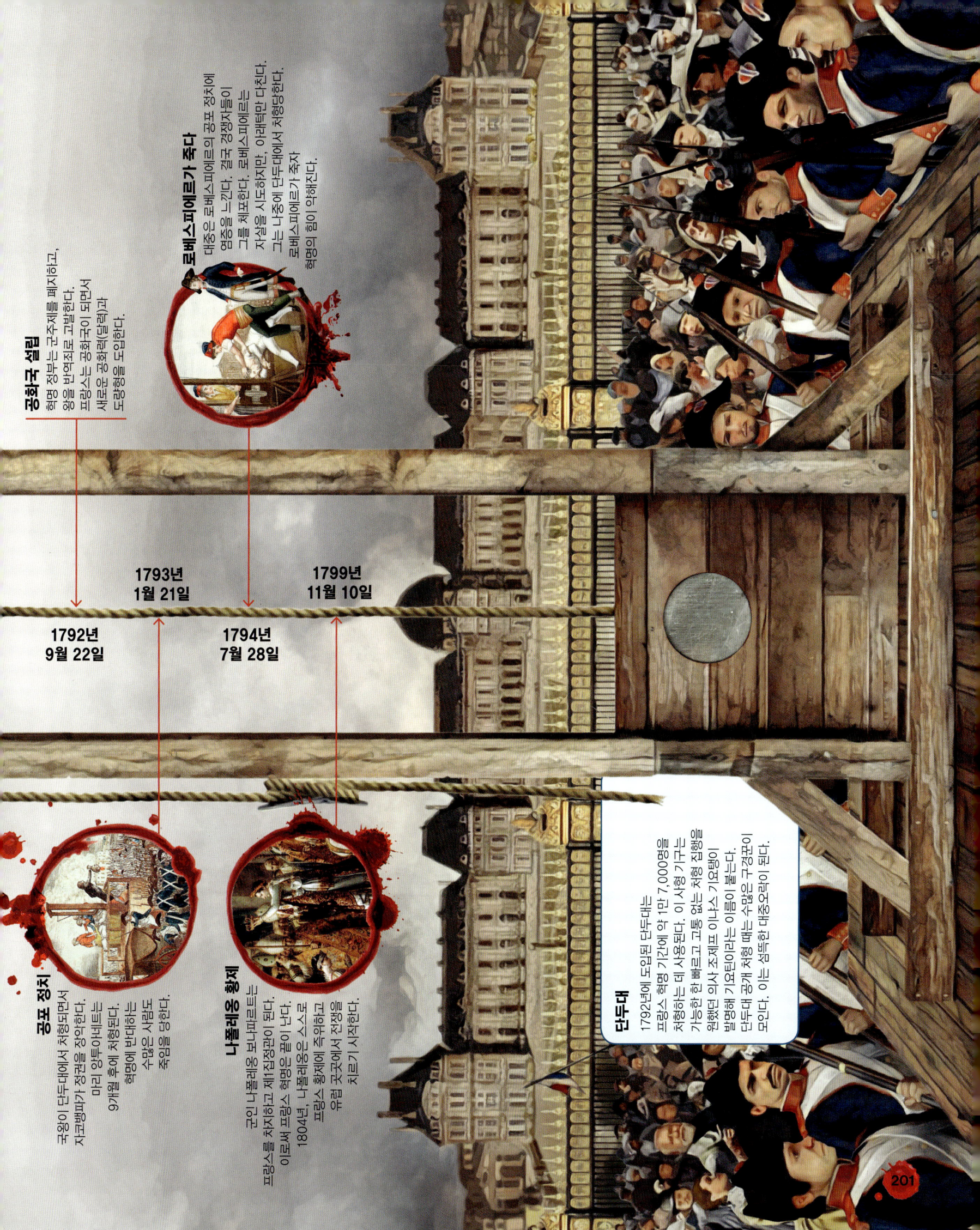

공화국 설립

혁명 정부는 군주제를 폐지하고, 왕을 반역죄로 고발한다. 프랑스는 공화국이 되면서 새로운 공화력(달력)과 도량형을 도입한다.

로베스피에르가 죽다

대중은 로베스피에르의 공포 정치에 염증을 느낀다. 결국 경쟁자들이 그를 체포한다. 로베스피에르는 자살을 시도하지만, 아래턱만 다친다. 그 뒤 다음에 단두대에서 처형당한다. 로베스피에르가 죽자 혁명의 힘이 약해진다.

1792년 9월 22일
1793년 1월 21일
1794년 7월 28일
1799년 11월 10일

공포 정치

국왕이 단두대에서 처형되면서 자코뱅파가 정권을 장악한다. 마리 앙투아네트는 9개월 후에 처형된다. 혁명에 반대하는 수많은 사람이 죽임을 당한다.

나폴레옹 황제

군인 나폴레옹 보나파르트는 프랑스를 차지하고 제1집정관이 된다. 이로써 프랑스 혁명은 끝이 난다. 1804년, 나폴레옹은 스스로 프랑스 황제에 즉위하고 유럽 곳곳에서 전쟁을 치르기 시작한다.

단두대

1792년에 도입된 단두대는 프랑스 혁명 기간에 약 1만 7,000명을 처형하는 데 사용된다. 이 사형 기구는 가능한 한 빼르고 고통 없는 처형 집행을 원했던 의사 조제프 이냐스 기요탱이 발명해 공개 기요틴이라는 이름이 붙는다. 단두대 공개 처형에 때는 수많은 구경꾼이 모인다. 이는 섬뜩한 대중오락이 된다.

의학의 역사

지금으로부터 약 1만 년 전, 선사 시대 사람들은 단순한 방식으로 수술을 실시했다. 의학은 이때부터 시작되었다. 고대 이집트인들은 상처를 치료할 수 있다는 믿음으로 꿀을 사용했고, 나무 조각으로 인공 신체 기관을 만들었다. 오늘날에는 의학 기술이 발전하고 신체에 대한 이해도가 높아지면서 의학을 재정의하고 수백만 명의 생명을 구할 수 있게 되었다.

> "무엇보다도 환자에게 해를 끼쳐서는 안 된다."
> 히포크라테스, 기원전 400년경

등불을 든 여인
플로렌스 나이팅게일은 '등불을 든 여인'으로도 알려진다.

아비센나 (1025년)
아비센나로 더 잘 알려진 페르시아의 학자 이븐시나는 『의학 전범(典範)』을 펴낸다. 이 교재는 수많은 의학교에서 채택되고, 의학 역사에서 매우 중요한 책 중 하나로 남는다.

심장 박동을 듣다 (1816년)
프랑스의 의사 르네 라에네크는 심장 박동과 호흡 소리를 듣기 위해 간단한 목관을 만든다. 이것이 최초의 청진기다. 나중에는 원래 디자인에 두 개의 귀꽂이가 추가된다.

피를 뽑다 (1833년)
당시 사람들은 피가 너무 많으면 병이 생긴다고 잘못 생각한다. 그래서 의사들은 피를 빨아먹는 거머리를 이용해 환자의 피를 빼낸다. 영국 런던의 병원에서는 1년에 약 700만 마리의 거머리를 사용한다.

간호계의 개척자 (1854년)
영국의 간호사 플로렌스 나이팅게일은 크림 전쟁 중 군 병원에서 부상보다는 질병으로 죽어 가는 군인들을 목격한다. 그녀는 병원 진료 체계를 개혁해 환자의 생존율을 높인다. 이 때문에 간호사는 전문적인 직업이 된다.

의학의 아버지 (기원전 400년)
고대 그리스의 의사 히포크라테스는 최초로 질병이 초자연적인 현상에 의해 생기는 것이 아니라고 주장한다. 또한 그는 건강한 식단과 규칙적인 운동의 중요성을 강조한다.

최초의 예방 접종 (1796년)
영국의 의사 에드워드 제너는 살인적인 질병인 천연두에 대한 면역이 생기게 하려고 어린아이를 가벼운 질병인 우두에 감염시킨다. 이것이 1979년 천연두를 박멸시키는 최초의 예방 접종이다.

수혈 (1818년)
영국의 의사 제임스 블런델은 주사기를 이용해 환자에게 헌혈자의 피를 옮긴다. 이것이 최초로 성공한 수혈이다. 하지만 불행하게도 초기에는 수혈 때문에 환자가 죽는다.

최초의 여성 의사 (1849년)
영국의 의사 엘리자베스 블랙웰은 단지 여성이라는 이유로 수많은 의과 대학에서 입학을 거절당한다. 하지만 그녀는 결국 제네바 의과 대학에서 여성 최초로 의학 학위를 받고 졸업한다.

백신 개발 (1859년)
프랑스의 미생물학자 루이 파스퇴르는 나쁜 공기가 감염의 원인이 아니라 박테리아와 다른 미세한 세균이 질병을 일으킨다는 사실을 알아낸다. 그는 치명적인 질병인 탄저병과 광견병을 예방하는 백신 접종을 개발한다.

외과 수술

외과 수술이 획기적으로 발전하면서 환자는 더 안전하고 편안한 수술을 받을 수 있게 된다.

1860년대 최초의 소독제
영국의 의사 조지프 리스터는 석탄산을 이용해 감염을 막는다.

1890년대 살균
외과 의사들이 박테리아를 제거하기 위해 수술 기구들을 물에 끓이기 시작하면서 감염률이 떨어진다.

2014년 3D 프린트로 제작된 두개골
네덜란드의 의사들은 환자의 두개골 절반을 3D 프린트로 제작된 플라스틱 두개골로 대체한다.

1846년 에테르
미국의 치과 의사 윌리엄 모턴은 화학용 에테르로 환자를 마취시킬 수 있다는 사실을 알아낸다.

1967년 최초의 심장 이식
남아프리카 공화국의 의사 크리스티안 바너드는 교통사고 사상자의 심장을 다른 환자에게 이식한다.

페니실린
스코틀랜드의 과학자 알렉산더 플레밍은 페트리 접시에 있는 박테리아를 연구할 때 접시에서 자라고 있는 곰팡이를 발견한다. 이 곰팡이는 근처에 있던 박테리아를 죽인다. 페니실린으로 알려진 이 최초의 항생제는 1940년대 후반에 대량으로 생산된다.

전신 스캐너
미국의 교수 레이먼드 다마디안은 최초의 전신 스캐너를 설계한다. 자기 공명 영상 장치(MRI) 스캐너는 자성의 원리를 이용해 인체 내부 사진을 찍는다. 이를 통해 질병이나 문제가 있는 부위를 확인할 수 있다.

최초의 체외 수정 아기
최초의 체외 수정 아기가 태어난다. 영국의 루이스 브라운은 실험용 접시에서 만들어진 배아에서 태어난 최초의 시험관 아기다.

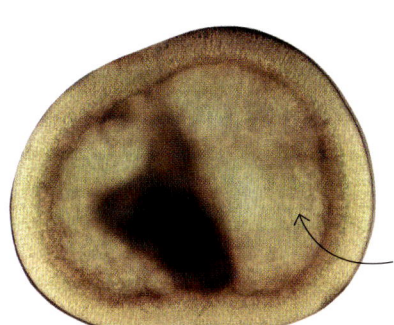

세포 분열
줄기세포는 어떤 종류의 세포로도 성장할 수 있는 잠재력을 지닌다.

줄기세포 연구가 발전하다
과학 연구를 통해 줄기세포가 다른 종류의 세포로 변형될 수 있다는 사실이 밝혀진다. 이 획기적인 발전으로 혈액이나 뼈와 관련한 질병을 치료하기 위해 줄기세포를 이식할 수 있게 된다.

1928년 — **1977년** — **1978년** — **1999년**

1895년 — **1965년** — **1981년** — **2015년**

의료용 엑스레이
독일의 물리학자 빌헬름 뢴트겐은 엑스레이라고 부르는 에너지 파동을 발견한다. 이것은 피부는 통과하되 뼈는 통과하지 않는다. 엑스레이는 지금도 부러진 뼈의 위치나 신체 내부에 문제가 있는 부위를 찾아내는 데 이용된다.

전지식 제세동기
19세기에 과학자들은 전기 충격이 정지된 심장을 다시 움직이게 할 수 있다는 사실을 알아낸다. 이는 심장에 전류를 전달하는 기계인 제세동기의 발명으로 이어진다. 1965년, 영국의 의사 프랭크 팬트리지는 구급차 안에 들어갈 수 있을 만큼 작은 제세동기를 고안한다.

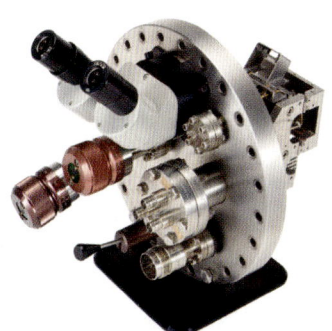

나노 기술
독일의 물리학자 게르트 비니히와 스위스의 물리학자 하인리히 로러는 주사 터널 현미경을 발명한다. 이것은 과학자들이 원자와 같은 나노 크기 수준의 정밀한 연구를 할 수 있도록 돕는다.

신장 배양
과학자들은 실험실에서 신장을 배양해 살아 있는 유기체에 이식한다. 실험 결과 쥐와 돼지에게 이식한 신장이 성공적으로 기능하는 것으로 나타난다. 하지만 인간이 인공 신장을 이식받으려면 추가적인 연구가 필요하다.

203

나폴레옹 전쟁

1796년, 프랑스군의 사령관이 된 나폴레옹 보나파르트는 프랑스 혁명 전쟁을 일으켜 유럽을 장악하고자 했다. 영국과 프랑스는 분쟁을 끝내기 위해 아미앵 조약에 서명했다. 하지만 프랑스가 조약을 지키지 않자, 1803년 영국은 전쟁을 선포했다. 이렇게 해서 나폴레옹 전쟁이 시작되었다.

아우스터리츠 전투
12월 2일, 아우스터리츠(오늘날 체코)에서 6만 8,000명의 프랑스군이 오스트리아·러시아 연합군 약 9만 명을 격파한다.

전투 식량
1795년, 나폴레옹은 군대 식량을 보존하는 방법을 고안한 새내기 발명가에게 보상금을 준다. 1809년, 어느 프랑스 제과업자는 밀봉된 병을 디자인해 출품한다. 1년 뒤, 영국의 상인 피터 듀랜드는 통조림통을 특허 출원한다.

트라팔가르 해전
10월 21일, 스페인 남서해안에서 벌어진 이 해전에서 프랑스와 스페인 해군은 허레이쇼 넬슨 제독이 이끄는 영국 해군에 패한다. 넬슨 제독은 이 해전에서 전사한다. 프랑스 해군은 전투력이 크게 약해져 더 이상 영국을 침공하지 못한다.

프랑스의 황제
프랑스 공화국이 막을 내리자 (201쪽 참고), 나폴레옹은 파리의 노트르담 대성당에서 스스로 황제 대관식을 올린다. 그는 프랑스인 최초로 900년 만에 황제의 칭호를 얻는다.

유럽 제국
나폴레옹의 프랑스군은 유럽 대부분을 통제한다. 프랑스가 이탈리아와 독일 일부를 정복하면서 신성 로마 제국 1,000년의 역사가 막을 내린다.

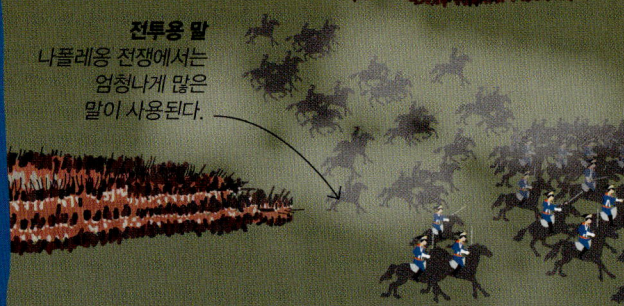

전투용 말
나폴레옹 전쟁에서는 엄청나게 많은 말이 사용된다.

반도 전쟁이 끝나다
프랑스가 이베리아반도를 장악하기 위해 스페인, 포르투갈, 영국과 싸운 6년간의 전쟁이 끝난다. 1813년, 비토리아 전투에서 프랑스가 패배하면서 결국 전쟁이 끝난다.

1812년 · 1814년 · 1815년 · 1821년

백일천하
나폴레옹은 파리로 가서 1814년에 왕위를 회복한 루이 18세를 퇴위시키고, 100일 동안 황제가 된다.

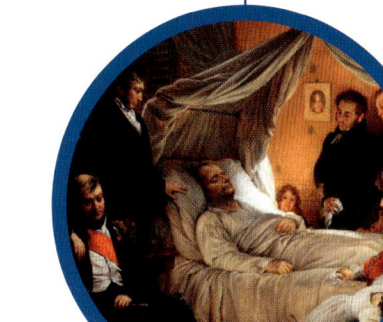

워털루 전투
나폴레옹 전쟁은 브뤼셀 근처 워털루에서 벌어진 전투로 막을 내린다. 나폴레옹의 군대는 영국·프로이센 연합군에 패한다. 루이 18세는 다시 프랑스 왕좌로 복귀한다.

비참한 최후
나폴레옹은 전투에서 패배한 후 두 번째 망명길에 오른다. 그는 외딴섬인 세인트헬레나섬에 갇혀 6년을 지내다가 세상을 떠난다.

러시아 침공
나폴레옹이 러시아 침공에 처참하게 실패하자, 이제는 다른 나라들이 약해진 프랑스에 전쟁을 선포한다. 1814년, 나폴레옹은 망명길에 오르는데, 탈출해서 다시 유럽을 지배하기 위해 프랑스로 돌아간다.

나폴레옹의 생애
나폴레옹은 자신이 벌인 전쟁처럼 격동적이고 실험적인 삶을 산다. 그는 첫 번째 아내와 이혼하고, 두 차례 장기간 유배 생활을 한다. 야망을 품은 그는 군사적인 성공을 이루지만, 인생의 최후는 실패로 끝난다.

1796년 빠른 진급으로 프랑스군의 사령관이 된다.

1804년 스스로 프랑스 황제라고 선언한다. 가난한 사람들에게 새로운 권리를 부여하는 나폴레옹 강령을 도입한다.

1810년 조제핀과 이혼한 뒤 오스트리아 황제의 딸인 마리 루이즈와 결혼한다.

1815년 나폴레옹 전쟁의 마지막 전투인 워털루 전투에서 패배하다.

1769년 8월 15일, 프랑스가 지배하는 코르시카섬의 아작시오에서 태어나다.

1796년 사교계에서 이름을 날린 조제핀 드 보아르네와 결혼하다.

1805년 트라팔가르 해전에서 패배하지만, 아우스터리츠 전투에서는 큰 승리를 거두다.

1811년 3월 20일에 태어난 나폴레옹의 아들은 나폴레옹 2세라고 불린다.

1821년 6년간의 망명 생활 후 5월 5일에 세상을 떠나다.

> "죽음은 아무것도 아니다. 하지만 패배하고 불명예스럽게 사는 것은 매일 죽는 것과 같다."
>
> **나폴레옹 보나파르트,** 로리스톤 장군에게 보내는 편지에서, 1804년

프랑스 기병대 파란색과 흰색 군복을 입은 프랑스 군인들이 영국군을 향해 돌격한다.

전투 대형 영국 군인들이 방어를 위해 사각형의 밀집 대형을 이루고 있다.

중남미의 독립

1800년, 대부분 중남미 국가가 스페인과 포르투갈의 지배를 받았다. 하지만 1800년대 초에 스페인과 포르투갈이 프랑스의 형제 나폴레옹 1세의 침략을 받자 중남미 국가들에 대한 통치가 약해졌다. 그러면서 독립에 대한 요구가 많아졌다. 1825년경에는 스페인의 지배를 받았던 대부분 중남미 국가가 독립했다. 브라질은 더 이상 포르투갈의 식민지가 아니었다.

멕시코 독립 전쟁
멕시코의 사제 미겔 이달고는 당시 스페인의 지배를 받던 멕시코에서 혁명을 주창한다. 그는 1811년에 처형되지만, 멕시코 독립을 위한 전쟁은 계속된다.

베네수엘라 봉기
베네수엘라의 혁명가 프란시스코 데 미란다와 시몬 볼리바르는 베네수엘라에 공화정을 세운다. 하지만 공화정은 곧 무너지고, 볼리바르도 몸을 숨긴다.

아르헨티나가 독립하다
아르헨티나의 반란 세력은 남미 연합주(오늘날 아르헨티나, 우루과이, 볼리비아 일부)의 독립을 선언한다.

안데스의 군대
아르헨티나의 혁명가 호세 데 산마르틴은 3,500명이 아르헨티나 군대를 이끌고 25일 동안 안데스산맥을 넘어 칠레로 행군한다. 이들은 스페인군을 상대로 한 차카부코 전투에서 승리하고, 칠레의 수도 산티아고를 점령한다.

칠레의 산샤
아마 대부분 칠레의 스페인 지배에서 벗어나길 원했다. 하지만 일부 국가는 영국이나 프랑스가 칠레를 돕는다.

1810년
1811년
1816년
1817년
1818년

그란 콜롬비아

시몬 볼리바르는 두 그라나다(오늘날 콜롬비아, 파나마), 베네수엘라, 에콰도르를 장악하기 위해 베네수엘라에서 정어선다. 이 지역은 안데스산맥을 넘나드는 그란 콜롬비아라는 이름으로 바뀌고, 볼리바르가 초대 대통령이 된다.

1819~1821년

북쪽을 향하여

볼리바르의 다음 목표는 아직도 에스파냐 군대가 장악하고 있던 페루다. 누군가 남미 해방 전쟁에서 산 마르틴을 대신해 이 일을 마무리해야 한다.

1820~1822년

멕시코가 독립하다

멕시코인 아구스틴 데 이투르비데는 에스파냐에 대항하는 전쟁에서 승리한 후 1821년 9월 독립을 선언한다. 군사령관이던 이투르비데는 이듬해 아구스틴 1세 황제 자리에 오른다. 그는 1823년에 타도되고, 멕시코는 공화국이 된다.

1821~1823년

브라질

브라질에서 지내던 포르투갈의 왕자 주앙 6세가 포르투갈로 돌아가자, 그 이들 페드루 1세는 남겨 놓지만 하지만 페드루 1세는 브라질에서 포르투갈의 지배로부터 브라질의 독립을 선언한다고 있이 된다.

1822년

1824년

1825년

볼리비아가 탄생하다

수크레는 남아메리카의 마지막 에스파냐 전초 기지인 알토 페루를 해방시킨다. 이곳은 별도의 공화국이 되어 볼리비아로 이름이 바뀐다. 1826년까지 모든 에스파냐 군대가 남아메리카에서 떠난다.

1836년

에스파냐이 패배하다

에스파냐는 마침내 무력으로 남아메리카를 탈환하려는 계획을 포기하고, 대륙 대부분의 통치권 상실을 인정한다. 오직 카리브해 섬인 쿠바와 푸에르토리코만 에스파냐인 통치를 받는다.

아야쿠초 전투

수크레 장군이 페루의 아야쿠초에서 벌어진 결정적인 전투에서 에스파냐 군대를 격파한다. 이로써 남아메리카에 에스파냐가 일어온 300년간의 통치가 끝난다.

기차의 역사

기차는 말이 끄는 마차로부터 시작되었다. 최초의 철도는 마을과 마을 사이의 짧은 거리를 연결하는 교통수단이었다. 시간이 흐르면서 나라와 나라 사이, 대륙과 대륙 사이로 범위가 넓어졌다. 오늘날 철도는 지하로 깊숙이 내려가기도 하고, 머리 위 모노레일로 올라가기도 하면서 세계 최고의 교통수단으로 자리 잡았다.

화물차 선로
유럽 광산에서 처음으로 '화물차 선로'를 사용한다. 기본적인 형태인 이 선로를 이용해 큰 돌이나 석탄을 옮긴다. 말이 나무 선로를 따라 화물차를 끈다.

최초의 기관차
영국의 발명가 리처드 트레비식은 최초의 증기 기관차를 개발한다. 이 기관차는 시속 8킬로미터의 속도로 철로를 따라 인원 70명과 석탄 9톤을 옮길 수 있다.

1550년경 **1804년**

가장 빠른 증기 기관차
세계에서 가장 빠른 증기 기관차인 영국의 말라드는 최고 속도가 시속 203킬로미터에 이른다. 이 기관차는 1963년에 은퇴하기 전까지 약 2,400만 킬로미터를 운행한다.

장거리 철도
1904년에 완성된 시베리아 횡단 철도는 세계에서 가장 긴 철도다. 러시아 모스크바에서 블라디보스토크까지 길이가 9,289킬로미터에 이른다.

오리엔트 특급 열차
역사상 가장 유명한 여객 열차인 오리엔트 특급 열차는 프랑스 파리에서 터키 이스탄불까지 최초로 직행한다. 이 열차는 호화스러운 여행의 대명사가 된다.

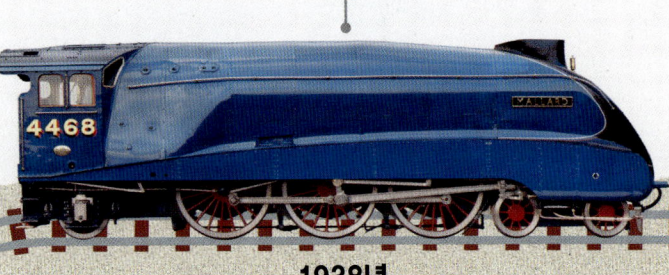

1938년 **1904년** **1889년**

탄환 열차
'탄환 열차'라는 별명이 붙은 일본의 신칸센이 개통된다. 이 고속 철도는 도쿄와 오사카 사이를 잇는다. 최고 속도가 시속 210킬로미터이기 때문에 535킬로미터를 4시간 안에 주파한다.

전기 모터 열차
당시 대부분 열차가 디젤 엔진으로 움직인다. 하지만 전기 모터를 이용한 프랑스의 테제베(TGV)는 바퀴가 달린 열차 가운데 세계 최고 속도에 이른다.

1964년 **1981년**

최초의 여객 열차

영국에서 최초의 공공 철도가 개통된다. 스톡턴-달링턴 철도는 처음에는 말이 끄는 객차에 승객을 태운다. 하지만 1833년에는 증기 기관차로 대체된다.

스티븐슨의 로켓호

로버트 스티븐슨은 당시 가장 발전한 증기 기관차인 로켓호를 고안한다. 최고 시속이 48킬로미터인 로켓호는 말보다 빠른 최초의 운송 수단이다.

도시 간 철도

영국에서 리버풀과 맨체스터를 연결하는 최초의 도시 간 철도가 개통된다. 영국의 정치가 윌리엄 허스키슨은 개통식에서 스티븐슨의 로켓호에 치여 최초의 철도 교통사고 사망자가 된다.

1825년   **1829년**   **1830년**

대륙 횡단 철도

미국에 서부 해안에서 동부 해안까지 약 2,860킬로미터를 연결하는 최초의 대륙 횡단 철도가 개통된다. 철도의 완성을 기념하기 위해 18캐럿 황금 못을 박아 놓는다.

지하 철도

영국 런던에 최초의 지하 철도가 개통된다. 증기 기관차는 이곳에서 나무로 만든 화물차를 끈다. 이 지하 철도는 점점 커져서 도시 밑에 총 길이 408킬로미터에 이르는 교통망을 형성한다.

고속 철도

영국의 기술자 이점바드 킹덤 브루넬은 잉글랜드와 웨일스의 서부와 런던을 연결하는 최초의 고속 철도인 대 서부 철도 건설을 지휘한다. 열차의 시속이 96킬로미터에 이르러 이동 시간이 단축된다.

1869년   **1863년**   **1835~1838년**

영불 해협 터널

영국 해협을 횡단해 영국과 프랑스를 연결하는 세 개의 해저 터널인 '영불 해협 터널'이 개통된다. 두 개의 터널은 기차 운행용이고, 나머지 한 개의 터널은 정비와 비상용이다.

가장 높은 철도

세계에서 가장 높은 철도가 개통된다. 최고 높이가 해발 5,072미터에 이르는 칭하이-티베트 철도는 티베트에서 중국까지 운행한다. 산악 지대는 공기가 희박해 승객들에게 산소가 공급되기도 한다.

자기 부상 열차

일본의 자기 부상 열차는 시험 중 시속 603킬로미터라는 기록적인 속도를 달성한다. 자기 부상 열차는 바퀴 대신 강력한 전자석에 의해 선로 위를 떠서 이동한다.

1994년   **2006년**   **2015년**

〈페니페이퍼〉
신문은 미국에서 수천 부가 팔리면서 호황을 누린다. 가장 인기 있는 신문은 〈페니페이퍼〉다. 이것은 일반 대중을 겨냥한 적당한 가격의 일간 신문이다.

전보로 뉴스를 보내다
미국의 발명가 새뮤얼 모스는 장거리로 전기 신호를 전송하는 전신을 발명한다. 나중에 그는 전신선을 통해 메시지를 보내기 위해 점과 선의 패턴을 이용하는 모스 부호(226쪽 참고)를 만든다.

"호외요! 호외요! 모두 읽어 보세요!"
신문 판매자의 구호

최전선에서 온 뉴스
크림 전쟁은 처음으로 종군 기자들과 사진 기자들이 최전선에서 취재하면서 언론에서 다루어진 전쟁이다.

티커 테이프
1870년부터 이 기계는 금융 관련 뉴스를 길고 가는 티커 테이프에 인쇄한다. 인쇄될 때 '찰칵' 소리(ticking)가 나서 티커 테이프(ticker tape)라는 이름이 붙는다. 이 기계는 텔레비전과 컴퓨터가 발명된 후로는 더 이상 사용되지 않는다.

라디오 뉴스
미국 디트로이트에 한 라디오 방송국이 최초의 라디오 뉴스 프로그램을 방송한다. 뉴스 공유를 위해 또 다른 세계적인 플랫폼이 개발되면서 전 세계에 더 많은 라디오 방송국이 세워진다.

텔레비전 뉴스
미국에서 텔레비전을 통해 최초의 전국 아침 뉴스가 방송된다. 국가 경제가 어려워지자, 진행자인 로월 토머스는 매 방송을 긍정적인 이야기로 마무리하면서 시청자에게 힘을 북돋는다.

프로젝트 스코어
미국은 최초의 통신 위성인 '프로젝트 스코어'를 띄운다. 이 통신 위성은 1960년대까지 존 F. 케네디의 장례식과 같은 주요 행사의 TV 방송을 전 세계에 전송한다.

케이블 텔레비전 방송국
미국의 사업가 테드 터너는 위성을 통한 최초의 케이블 텔레비전 방송국을 시작한다. 그는 4년 후 최초 24시간 텔레비전 뉴스 방송국인 케이블 뉴스 네트워크(CNN)를 설립한다.

최초의 온라인 신문
미국에서 최초의 온라인 신문이 발행된다. 〈콜럼버스 디스패치〉는 분당 300단어 정도의 일간 뉴스를 가정용 컴퓨터로 제공하고, 구독자에게 시간당 5달러의 요금을 받는다.

수기 신호
프랑스의 발명가 클로드 샤프는 군사 통신을 위한 수기(手旗) 신호 체계를 개발한다. 언덕 위에 일렬로 세워진 탑들에는 움직이는 막대가 달려 있고, 이것의 위치가 달라지면서 단어나 문자를 표현한다.

1792년

언론의 자유
미국 수정 헌법 제1조(191쪽 참고)는 언론의 자유를 보장한다. 언론의 자유란 정부의 검열을 받지 않고 뉴스를 보도하거나 의견을 공유할 수 있는 권한을 말한다.

1791년

최초의 신문
1605년, 프랑스 스트라스부르에서 최초의 신문이 인쇄된다. 그 후 20년 동안 유럽 전역에서 신문이 등장한다. 1618년, 네덜란드는 브로드시트라고 불리는 최초의 대형 신문을 발행한다.

17세기

인쇄기
요하네스 구텐베르크는 이동식 활자 인쇄기를 발명한다. 이 인쇄기 덕분에 인쇄비가 저렴해지고, 팸플릿을 이용해 뉴스를 빠른 속도로 전하게 된다.

1440년대

마을 포고꾼
마을 포고꾼이 최초의 뉴스 방송을 시작한다. 이 사람들은 뉴스를 전하기 위해 종을 울리면서 "들으시오!"라고 외친다. 당시 대부분 사람은 문맹이어서 포고꾼이 꼭 필요했다.

11세기

비둘기 우편
고대 이집트인들이 처음 길들였던 비둘기는 오늘날 이라크 바그다드에서 집으로 소식을 전할 때 이용된다. 장거리 의사소통은 비둘기 우편으로 속도가 빨라진다.

기원후 11세기

우편 제도
페르시아의 황제 키루스 2세는 거대한 제국을 가로질러 우편물을 전달할 수 있도록 우편 제도를 실시한다. 후대 황제인 다리우스 1세는 도로 곳곳에 역참을 설치해 우편 제도를 발전시킨다.

기원전 540년

시민 저널리즘
인터넷이 등장한 후 개인 블로그, 사진, 동영상, 뉴스 등을 업로드하면서 누구나 '시민 저널리즘'이라고 불리는 운동에 참여할 수 있게 된다. 사람들은 더욱 일상적으로 온라인에서 의견을 나누게 된다.

2000년대

언제 어디서나
CNN은 뉴스 방송국 최초로 24시간 뉴스 보도를 온라인과 모바일 어플리케이션을 통해 전송한다. 이를 통해 사람들은 세계의 뉴스를 언제 어디서나 이용할 수 있게 된다.

2011년

뉴스의 역사

사람들은 제국이 점차 커지고 문명이 전파되면서 말을 탄 전령부터 마을 포고꾼까지 온갖 방법으로 뉴스를 전했다. 인쇄기가 발명되면서 일간 신문이 인쇄되어 사람들에게 나라 안 소식을 전했다. 나중에는 텔레비전과 라디오가 각 가정에 뉴스를 전하는 역할을 담당했다. 오늘날에는 통신 위성, 케이블 TV, 인터넷 등의 기술 덕분에 국제 뉴스를 하루 24시간 내내 접할 수 있다.

공학 기술의 역사

기술자가 없으면 다리, 터널, 고층 건물과 같이 크고 복잡한 구조물을 지을 수 없다. 기술자는 과학 지식과 수학을 이용해 건축물이 안정적이고 안전하게 자체의 거대한 무게를 지탱할 수 있도록 설계한다. 역사가 증명하듯이 잘 설계된 건축물은 오랜 세월 동안 무너지지 않는다.

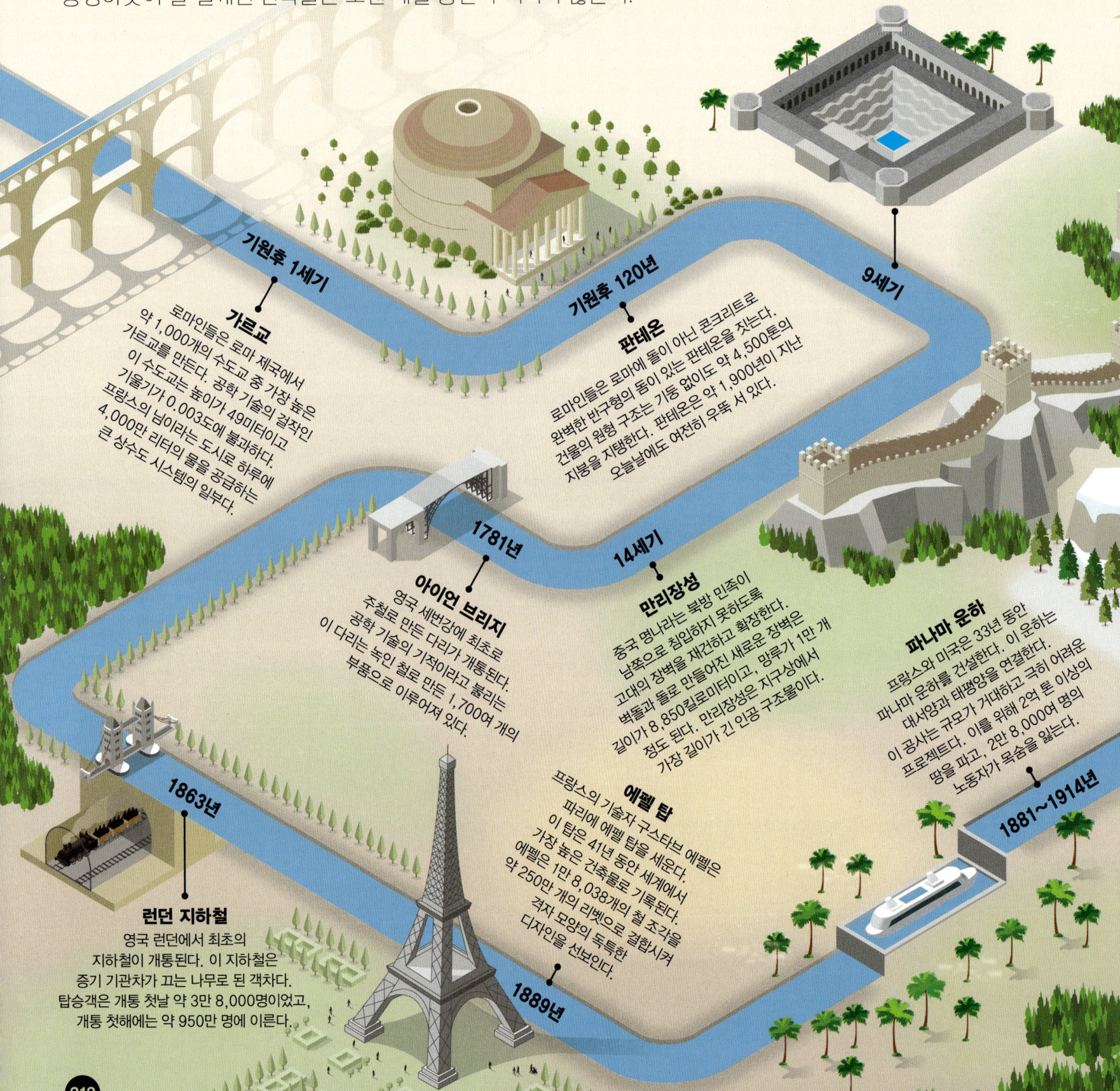

찬드 바오리
인도의 라자스탄이라는 건조한 지역에 세계에서 가장 큰 계단식 우물이 만들어진다. 이 우물을 보면 3,500개의 돌계단이 일정한 기하학적 패턴으로 배열되어 있다. 계단을 따라 지하 30미터 아래로 내려가면, 깨끗한 우물물과 시원한 공기가 제공된다.

기원후 1세기

가르교
로마인들은 로마 제국에서 약 1,000개의 수도교를 만든다. 가르교는 공학 기술 중 가장 높은 이 수도교는 높이가 49미터이고 기울기가 0.003도에 불과하고 프랑스의 님이라는 도시로 하루에 4,000만 리터의 물을 공급하는 큰 상수도 시스템의 일부다.

기원후 120년

판테온
로마인들은 로마에 돌이 아닌 콘크리트로 완벽한 반구형의 돔이 있는 판테온을 짓는다. 공학 기술의 기둥 없이도 약 4,500톤의 건물의 원형 구조는 약 1,900년이 지난 지붕을 지탱한다. 판테온은 오늘날에도 여전히 우뚝 서 있다.

9세기

1781년

아이언 브리지
영국 세번강에 주철로 만든 다리가 최초로 개통된다. 공학 기술의 기적이라고 불리는 이 다리는 녹인 철로 만든 1,700여 개의 부품으로 이루어져 있다.

14세기

만리장성
중국 명나라는 북방 민족이 남쪽으로 침입하지 못하도록 고대의 장벽을 재건하고 새로운 장벽은 벽돌과 돌로 만들어진다. 망루가 1만 개 정도 된다. 길이가 8,850킬로미터이고, 지구상에서 가장 길이가 긴 인공 구조물이다.

파나마 운하
프랑스와 미국은 33년 동안 파나마 운하를 건설한다. 이 운하는 대서양과 태평양을 연결하는 규모가 거대하고 극히 어려운 이 공사는 2억 톤 이상의 땅을 파고, 2만 8,000여 명의 노동자가 목숨을 잃는다.

1881~1914년

1863년

런던 지하철
영국 런던에서 최초의 지하철이 개통된다. 이 지하철은 증기 기관차가 끄는 나무로 된 객차다. 탑승객은 개통 첫날 약 3만 8,000명이었고, 개통 첫해에는 약 950만 명에 이른다.

에펠 탑
프랑스의 기술자 구스타브 에펠은 파리에 에펠 탑을 세운다. 이 탑은 41년 동안 세계에서 가장 높은 건축물로 기록된다. 에펠은 1만 8,038개의 철 조각과 약 250만 개의 리벳으로 결합시켜 격자 모양의 독특한 디자인을 선보인다.

1889년

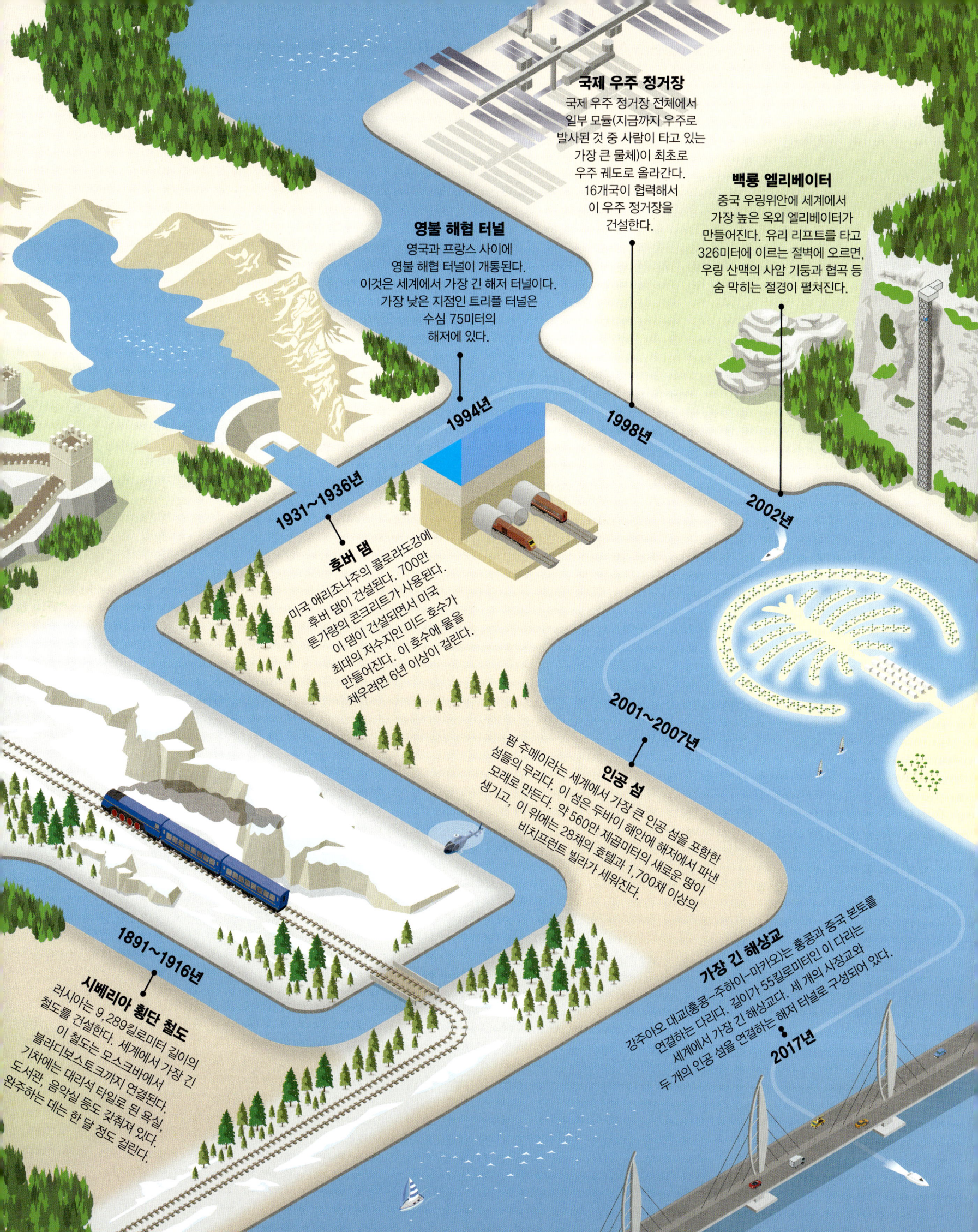

미국의 서부 개척

북아메리카에서 수많은 미국인과 유럽인이 새로운 기회와 모험, 땅을 찾아 서부를 개척해 나갔다. 이들은 대부분 탐험가나 사냥꾼, 장사꾼이었고 평범한 사람들도 있었다. 개인주의와 자립이라는 개척 정신은 오늘날에도 여전히 영향력을 미치고 있다.

1739년 로키산맥
프랑스의 모피 상인인 피에르와 폴 말레는 미국 내륙으로 장기간의 여행을 떠난다. 이들은 유럽인 최초로 로키산맥을 직접 보게 된다.

1769년 스페인 사람들의 정착촌
스페인의 신부 후니페로 세라는 샌디에이고를 시작으로 캘리포니아 해안을 따라 여러 정착촌을 세운다.

1803년 루이지애나 구입
미국의 대통령 토머스 제퍼슨은 프랑스로부터 1,500만 달러에 루이지애나 준주를 구입한다. 이를 통해 미국 영토는 두 배로 늘어난다.

1830년대 오리건 산길
로키산맥에서 서쪽으로 넘어가는 육로인 '오리건 산길'을 따라 정착민들의 마차 행렬이 처음으로 지나간다.

1845년 명백한 운명
미국인은 '선택받은 민족'이고 북아메리카 전역을 지배할 권리가 있다고 주장하는 표현인 '명백한 운명'이 처음으로 사용된다.

1866년 무법자들
제시와 프랭크 제임스는 은행 강도로 범죄를 저지르기 시작한다. '황량한 서부'의 역사에는 수많은 무법자와 이들을 잡는 보안관이 등장한다.

1803년 루이스와 클라크
미국의 탐험가 메리웨더 루이스와 윌리엄 클라크는 미국의 강과 수로를 건너며 탐험한다. 이들의 임무는 루이지애나 준주의 지도를 만드는 것이다. 나중에는 아메리카 원주민 여성인 새커거위아가 이들의 통역가 겸 가이드를 맡아 준다.

1848년 골드러시
어느 목재 공장 뒤에 있는 개울에서 금이 발견된다. 그 이후 전 세계에서 일확천금을 얻고자 하는 사람들이 캘리포니아로 몰려든다. 골드러시 첫해에 무려 8만여 명이 금을 찾아 떠난다.

1858년 수송
세인트루이스에서 출발한 역마차가 처음으로 로스앤젤레스에 도착한다. 이 여정은 20일이 걸린다. 1860년, 포니 익스프레스(조랑말 우편)는 세인트루이스에서 새크라멘토까지 11일 만에 첫 우편배달을 완료한다.

1869년 대륙 횡단 철도
최초의 대륙 횡단 철도가 유타주 프로몬토리 서밋에서 완성된다. 이 철도는 캘리포니아주 새크라멘토와 아이오와주 카운실블러프스(이곳은 대서양 연안 노선과 연결됨)를 연결한다.

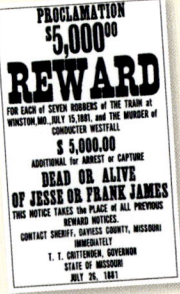

개척 마을

서쪽으로 이주하는 사람들이 많아지면서 서부 곳곳에 네바다주 토노파(위) 같은 개척 마을이 생겨난다. 이곳의 땅값은 저렴하다. 하지만 정착민들은 정부의 지원을 거의 받지 못한 채 열심히 일해야 했다. 범죄 집단과 아메리카 원주민이 기차와 농장, 마을을 약탈한다. 이 때문에 정착민들은 기본적인 생필품을 구할 때도 늘 어려움을 겪는다.

리틀 빅혼 전투

시팅 불은 '하늘에서 메뚜기처럼' 수많은 군인이 원주민 진영으로 떨어지는 환상을 보게 된다. 이 환상은 라코타 수족과 아라파호족, 샤이엔족 전사들에게 영감을 준다. 1876년, 이들은 몬태나주 리틀 빅혼강에서 조지 커스터 대령이 이끄는 미국 군대를 상대로 승리를 거둔다.

개척지 전쟁

유럽에서 온 정착민들과 아메리카 원주민의 관계는 처음부터 좋지 않았다. 문화적인 차이도 있었고, 정착민들이 식량과 토지를 요구해서 갈등이 일어났다. 결국 정착민들은 유혈 전쟁과 대량 학살을 통해 땅을 점령했다.

1610년 포카혼타스
포와탄 부족의 여성인 포카혼타스는 부족민과 영국 정착민들이 평화롭게 지내도록 돕는다. 그녀는 1614년 영국인과 결혼하고, 1616년에 영국 런던으로 여행을 떠난다.

1622년 포와탄 부족 연합
포와탄 원주민은 영국인들이 식량과 토지를 요구하자 불만을 느낀다. 결국 이들은 기습 공격을 통해 약 350명의 정착민을 죽인다. 전쟁은 10년 동안 계속된다.

1636년 피쿼트 전쟁
정착민들은 피쿼트의 공격에 대한 보복으로 코네티컷주의 피쿼트 부족민 500명을 죽인다. 이로 말미암아 사실상 부족은 전멸한다.

1680년 푸에블로족의 반란
뉴멕시코주의 스페인 당국은 푸에블로족의 종교를 근절하고자 한다. 이에 푸에블로족은 반란을 일으켜 스페인 정착지를 약탈하는 데 성공한다.

1831년 눈물의 길
아메리카 원주민은 새로운 구역으로 강제 이주하면서 유해 환경 노출, 기아, 질병으로 고통을 받는다. 이러한 인디언의 강제 이주를 '눈물의 길'이라고 한다.

1830년 이주법
미국의 대통령 앤드루 잭슨은 원주민 부족에게 미시시피강의 서쪽으로 이주하도록 명령한다. 몇몇 부족은 미시시피강을 건너서 '인디언 특별 보호구'로 지정된 장소로 순순히 이주하지만, 대부분 부족은 저항한다.

1862년 수족(族)이 봉기하다
수족 부족민들은 파기된 조약, 굶주림, 스트레스로 말미암아 정착민에 대항한다. 하지만 싸움에서 패배하고, 38명이 교수형에 처해진다.

1864년 샌드 크리크 학살
사람들이 금을 찾아 콜로라도주 평원으로 몰려들면서 정착민과 원주민 사이에 긴장이 고조된다. 미국 군대와 정착민이 콜로라도주 샌드 크리크의 부족민 수백 명을 학살하면서 갈등이 폭발한다.

1869년 시팅 불
용맹한 시팅 불은 라코타 수족의 추장이 된다. 아라파호족이나 샤이엔족과 같은 다른 원주민도 곧 그를 따른다.

1890년 운디드 니
사우스다코타주의 수족 대학살은 원주민과 정착민 간의 오랜 전쟁이 끝났음을 의미한다. 150명 이상이 살해를 당하고, 많은 사람이 부상을 입는다.

215

1848년 혁명

이전
1815년에 나폴레옹이 패전한 이후 빈 의회는 독일 연방을 구성하고 유럽을 다시 가혹하게 통치한다. 오스트리아, 러시아, 프로이센의 보수적인 군주들은 신성 동맹을 체결해 자유주의적인 통치를 불가능하게 만든다.

1848년 혁명의 물결이 유럽 도시 전역에 퍼졌다. 요구는 다양했다. 프랑스에서는 시위자들이 경제 개혁과 투표권을 요구했다. 프로이센에서는 민주적인 헌법과 독일의 통일을 원했다. 오스트리아 합스부르크 제국의 일부 지역은 독립을 요청했다. 각 나라의 정부는 개혁을 약속했지만, 거의 변한 것은 없었다.

1848년 1월

1월 12일
시칠리아 봉기

독립국

시칠리아(1815년부터 나폴리 왕국과 연합함)에서 봉기가 일어나자, 시칠리아의 귀족들은 독립국을 세운다. 이 나라는 1849년 5월에 끝난다. 이때 시칠리아와 나폴리의 왕 페르디난도 2세는 섬을 폭격하라고 명령을 내린다. 그래서 그는 '폭탄 왕'이라는 별명을 얻는다.

1848년 2월

정치적 소동

2월 21일
『공산당 선언』

『공산당 선언』이 영국 런던에서 출간된다. 카를 마르크스와 프리드리히 엥겔스가 독일어로 쓴 이 선언문은 노동자 계급의 혁명을 요구한다. 『공산당 선언』은 유럽 전역으로 퍼지면서 각 나라 정부에 대한 민중의 저항을 부추긴다.

2월 22~23일
파리 혁명

정치적인 시위를 금지하자, 화가 난 파리 시민들이 거리로 뛰쳐나온다. 군인들이 군중을 총격해 52명이 사망한다. 시민들은 루이 필리프 왕을 몰아내고, 프랑스 제2공화국을 선포한다.

1848년 3월

독일과 오스트리아의 시위

3월 13~22일
메테르니히 재상이 물러나다

빈에서 일어난 시위로 오스트리아의 재상이자 억압의 상징인 메테르니히가 사임한다. 헝가리는 독립을 요구하고 독자적인 의회를 설립한다. 오스트리아가 통치하는 이탈리아의 수도 밀라노에서는 시가전이 벌어진다.

3월 18~19일
독일 통합에 대한 요구

독일 연방(독일의 개별 군주국들이 구성한 조직)은 독일의 국가적 통합을 요구한다. 베를린에서 이틀 동안 시가전이 벌어진다. 결국 프로이센 국왕은 국민 의회 창설에 동의하고 새로운 헌법을 약속하지만, 시위는 계속 이어진다.

1848년 4월

4월 10일
런던 집회

모든 남성에게 투표권을

영국 노동자 계급은 런던에서 대규모 집회를 열고, 모든 남성(여성은 제외)에게 투표권을 달라고 요구한다. 이것이 차티스트 운동이다. 혁명을 두려워한 정부는 군대를 소집하지만, 시위는 평화롭게 진행된다.

1848년 5월

5월 18일
프랑크푸르트 국민 의회

자유주의적 개혁을 바라다

독일 연방의 대표들은 3월 혁명 이후 프랑크푸르트에서 처음 만난다. 이들은 독일 헌법을 만들고, 독일 통일을 위한 계획을 세운다.

유럽에서 일어난 혁명

1848년 혁명은 독일 북부의 베를린에서 시칠리아의 팔레르모까지 유럽 전역에서 일어난다. 이 지도는 연표에서 언급된 혁명이 일어난 지역을 보여 준다.

범례
── 독일 연방의 경계선

1848년 12월

새 시대가 시작되다

12월 2일
황제가 물러나다

시위대의 표적은 아니지만, 오스트리아의 황제 페르디난트 1세는 18세 조카인 프란츠 요제프 1세를 위해 황제 자리에서 물러난다. 프란츠 요제프 1세는 68년 동안 통치한다.

12월 10일
프랑스 대통령

프랑스에서 치러진 첫 전국 선거에서 나폴레옹 1세의 조카인 나폴레옹 3세가 공화국의 대통령으로 당선된다. 그는 프랑스의 질서와 번영을 회복시키겠다고 약속한다.

이후

1849년 4월, 프랑크푸르트 의회는 프로이센의 프레더릭 윌리엄 1세에게 황제 자리를 제안한다. 하지만 그는 '시궁창에서 나온 왕관'을 받지 않겠다며 거절한다. 그의 결정은 독일의 자유 개혁을 향한 모든 희망을 무너뜨린다.

1848년 6월

6월 23~26일

파리에서 시위가 격화되다

6월 봉기

프랑스에서 제2공화국의 새 정부는 실업자들에게 일자리를 제공하기 위해 그해 3월에 만든 국립 작업장을 폐쇄한다. 수천 명의 노동자들이 '6월 봉기'로 알려진 시위를 위해 거리로 나온다. 군대는 이 봉기를 무자비하게 진압한다.

1848년 10월

10월 6~31일

10월 혁명

빈 시가전

오스트리아 정부가 헝가리의 개혁을 묵살하려고 하자, 빈에서 시가전이 벌어진다. 황제는 어쩔 수 없이 도시를 탈출한다. 군대가 통제권을 되찾은 뒤 봉기 주도자들이 처형된다.

1848년 11월

11월 15일

로마 봉기

장관이 암살되다

교황령(교황이 통치하는 이탈리아의 일부 지역)의 장관이 암살되자, 교황은 로마를 떠난다. 거리를 가득 메운 시위대는 사회 개혁과 민주 정부를 요구한다. 이는 1849년 2월 단명하는 로마 공화국으로 이어진다.

생물학의 역사

인류가 자연 세계에 관심을 가지기 시작한 지는 4만 년이 훨씬 넘었다. 선사 시대 때 사람들은 동굴 벽에 동물 그림을 그렸다. 시간이 흐르면서 동물학과 식물학 등이 결합해 '생물학'이라는 새로운 과학 분야가 만들어졌다. 최근에는 유전학자들이 생명의 비밀을 밝혀내기 위해 인체 내부를 들여다본다. 이처럼 생물학의 연구 대상은 인간 자신으로 바뀌었다.

기원전 3만 9000년경

동굴 벽화
스페인의 엘 카스티요 동굴 벽화에는 선사 시대에 인류가 동물에 관심을 가졌다는 증거가 남아 있다. 야생 동물을 정교하게 표현한 선사 시대의 동굴 벽화는 세계 곳곳에서 발견된다.

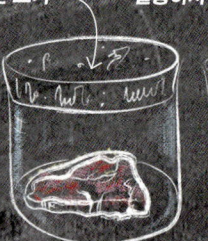

예술 작품
이 들소 그림은 엘 카스티요 동굴에 있는 많은 동물 그림 중 하나다. 아이벡스, 매머드, 염소와 함께 그려져 있다.

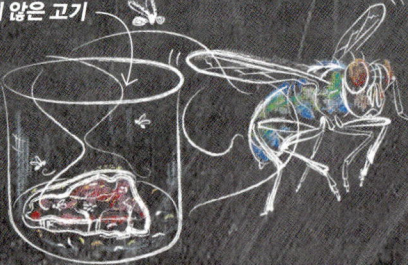

생명의 순환
이탈리아의 생물학자 프란체스코 레디는 먼지나 썩은 고기에서 파리와 벼룩 같은 생물들이 생긴다는 '자연 발생설'을 반박한다. 그는 파리가 밀봉하지 않은 고기에 알을 낳고, 그것이 나중에 구더기로 부화한다는 사실을 알게 된다.

밀봉한 고기 / 밀봉하지 않은 고기

1674년

확대 현미경
네덜란드의 미생물학자 안톤 판 레이우엔훅은 현미경의 배율을 높여 미생물학 분야의 돌파구를 마련한다. 그는 이 현미경으로 물속의 작은 유기체를 관찰한다.

기원전 330년경

자연 분류
아리스토텔레스는 그리스와 터키를 돌아다니며 야생 동물을 연구한다. 이러한 자연 분류는 동물학과 식물학의 시작점이 된다.

1668년

최초의 현미경
네덜란드의 안경 제조업자 자카리아스 얀센은 최초의 복합 현미경을 발명한다. 이 발명품은 모든 생물학 분야의 과학자들이 연구 대상을 훨씬 더 자세하게 연구하도록 돕는다.

1735년

라틴어 학명
칼 폰 린네는 비슷한 식물과 동물을 함께 묶는 분류학을 고안한다. 그는 「자연의 체계」에서 속(屬)과 종(種)에 라틴어 학명을 사용한다.

1543년

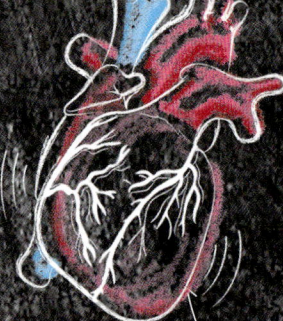

인체 해부
안드레아스 베살리우스는 인체를 해부해 혈관계와 신경계를 상세하게 그린다. 그가 「인체 해부에 대하여」를 출간하면서 인체를 연구하는 해부학 분야에 혁신이 일어난다.

1595년

혈액 순환
베살리우스는 인간의 심장을 연구해 어떻게 혈액이 온몸을 순환하는지 밝혀낸다.

1838년

두 이름
카니스 루푸스(회색 늑대)와 카니스 파밀리아리스(가정용 개)는 지금까지도 사용하는 라틴어 이름의 예다.

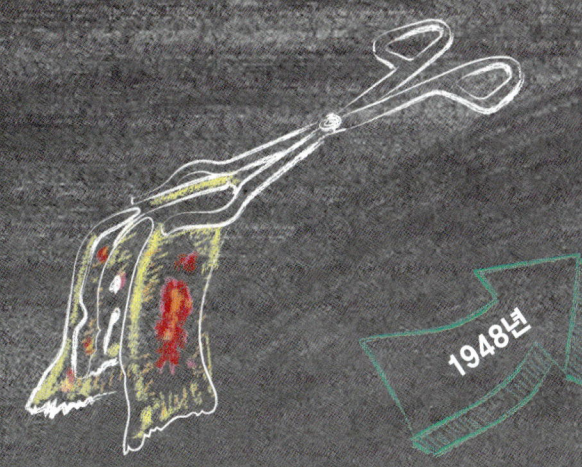

DNA 발견

스위스의 화학자 프리드리히 미셰르는 가까운 외과 병원에서 고름이 묻은 붕대를 가지고 인체의 백혈구 안에 존재하는 '뉴클레인'을 최초로 규명한다. 뉴클레인은 사람의 유전 정보를 옮긴다. 오늘날 이것은 '데옥시리보 핵산(DNA)'으로 더 잘 알려져 있다.

1869년

전이 인자 연구

미국의 과학자 바버라 매클린톡은 옥수수를 연구하고 전이 인자(세포의 DNA에서 위치 이동이 가능한 유전자)를 발견한다. 그녀는 전이 인자를 연구한 뒤 유전자를 변형시켜 옥수수의 특성을 바꿀 수 있다는 사실을 알아낸다.

1948년

1953년

"하나의 일반 법칙이 모든 유기적 존재의 발전을 이끈다. 그 법칙이란 번식하고, 변화하며, 강자는 살고 약자는 죽게 한다는 것이다."

찰스 다윈, 『종의 기원』, 1859년

생명의 비밀

과학자인 프랭클린, 크릭, 왓슨의 연구 결과를 합쳐서 최초의 DNA 모델을 만들어 낸다. 이들의 모델은 '생명의 비밀'이라고 불리고, 모든 생명체 안에 존재하는 화학 정보를 드러내 보인다.

유전학

그레고어 멘델은 수도원 정원에서 완두콩을 기르고, 식물들이 일정한 패턴으로 색깔이나 크기와 같은 특성을 후대에 유전시킨다는 사실을 발견한다. 이는 유전자의 발견으로 이어진다.

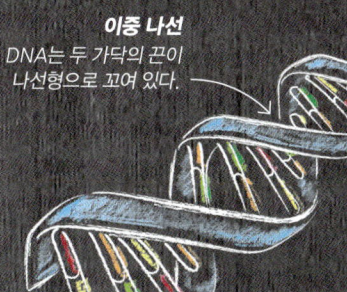

이중 나선
DNA는 두 가닥의 끈이 나선형으로 꼬여 있다.

1996년

다윈의 핀치
핀치의 부리는 서식지에서 먹이를 먹기에 알맞은 모양으로 진화된다.

1866년

자연 선택

영국의 생물학자 찰스 다윈은 '자연 선택'이라는 이론을 소개한 『종의 기원』을 출간한다. 그는 남아메리카의 야생 동물을 연구한 후, 주변 환경에 가장 적합한 특징들을 가진 동물이 살아남고 그 특징들은 후대에 유전된다는 사실을 발견한다.

복제 양 돌리

과학자들은 DNA를 복제해 역사상 최초로 복제 동물을 만드는 데 성공한다. 갓 태어난 돌리는 다른 양과 정확히 똑같은 복제 양이다.

DNA 공유
돌리를 만들기 위해 한 양의 DNA를 다른 양의 난세포에 넣는다.

1859년

2003년

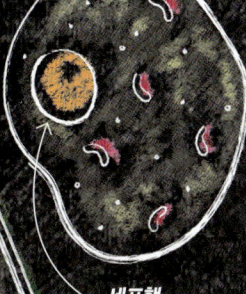

세포설

독일의 식물학자 마티아스 슐라이덴은 모든 식물이 세포로 이루어져 있다는 사실을 발견한다. 1년 후 독일의 동물학자 테오도어 슈반은 모든 동물도 세포로 이루어져 있다는 것을 알아낸다.

세포핵
핵은 세포를 통제하고, 세포의 모든 유전 정보를 가지고 있다.

인간 게놈 프로젝트

인간 게놈 프로젝트가 완수되어 인간 DNA가 배열된 순서가 공개된다. 국제적인 과학자 팀이 인간 DNA를 이루는 유전자 2만 개 이상의 위치와 역할을 확인한다.

대영 제국

대영 제국은 동양과의 교역에서 시작되었다. 제국의 야망은 곧 세계의 다른 지역으로 퍼져 나갔다. 시간이 흘러 대영 제국은 경제적인 무역을 넘어 정치적으로 지배하는 데까지 세력을 확장했고, 결국 역사상 가장 큰 제국이 되었다. 하지만 제1차 세계 대전 이후부터는 쇠퇴하기 시작했다. 이때 사람들은 더 이상 영국의 지배를 받지 않으려고 했다.

무역이 시작되다
영국 런던의 어느 상인 집단은 인도와 동인도 제도(오늘날 동남아시아)에서 비단과 향신료 무역으로 이익을 얻기 위해 동인도 회사를 설립한다.

1600년

아메리카 식민지
오늘날 노스캐롤라이나주의 초기 정착지가 번성하지 못하자, 영국인들은 제임스타운을 북아메리카의 영구적인 식민지로 삼기 위해 원주민인 포우탄 부족의 땅을 차지한다.

1607년

설탕과 노예
영국은 스페인으로부터 카리브해의 자메이카섬을 빼앗는다. 이 섬에서 사탕수수 수출이 급격히 증가한다. 그러자 영국 무역업자들은 사탕수수 농장에서 일을 시키기 위해 아프리카에서 강제로 노예를 데려오기 시작한다(164쪽 참고).

1655년

뉴질랜드
영국은 와이탕기 조약을 체결하고 뉴질랜드를 장악한다. 이 조약은 원주민 마오리족이 주권을 포기하는 대신 땅을 소유할 수 있도록 보장한다.

1840년

1857~1858년
인도를 직접 통치하다
영국은 세포이의 항쟁을 진압한 후 인도를 직접 통치한다. 1877년, 빅토리아 여왕은 인도의 황제가 되지만, 인도에는 전혀 방문하지 않는다.

캐나다가 탄생하다
북아메리카의 세 지역인 뉴브런즈윅, 노바스코샤, 캐나다(오늘날 온타리오와 퀘벡)를 통합해 단일한 국가, 즉 대영 제국에 속한 캐나다 자치령을 세운다.

1867년

아프리카 식민지 확장
대영 제국은 북쪽으로 이집트와 수단, 남쪽으로 감비아와 가나를 비롯해 광물이 풍부한 아프리카 남부까지 식민지를 확장하면서 성장한다.

1880~1900년

남아프리카 전쟁
네덜란드 혈통의 정착민인 보어족은 트란스발을 장악하기 위해 영국과 치열한 전쟁을 벌인다. 이 전쟁에서 보어족이 패배하면서 1910년 남아프리카 연합이 창설된다.

1899~1902년

인도 장악
동인도 회사는 인도 캘커타(오늘날 콜카타)에 포트윌리엄이라는 요새를 세운다. 이곳 출신의 '세포이'라는 인도 군인들이 인도의 많은 지역을 장악한다.

식민지 전쟁
유럽의 칠 년 전쟁은 국제적인 해외 식민지 전쟁으로 확장된다. 영국은 전쟁이 끝난 후 뉴프랑스(오늘날 캐나다)와 다른 프랑스 영토를 손에 넣는다.

미국이 독립하다
북아메리카의 13개 식민지는 영국의 통치에 맞서 반란을 일으킨다. 이들은 7월 4일에 독립을 선언하고, 미국을 건국한다.

1702년 **1756~1763년** **1776년**

오스트레일리아 식민지
쿡 선장이 오스트레일리아를 영국의 영토라고 선언한 지 20년이 지난 뒤에, 영국 함대가 포트잭슨(오늘날 시드니)에 도착한다. 이곳에는 죄수들의 노동력으로 식민지가 건설된다. 1800년대 중반까지 오스트레일리아의 정착민은 40만 명에 가까워진다.

아프리카의 발판
영국은 1652년부터 네덜란드의 식민지였던 아프리카 남단의 희망봉을 점령한다. 영국은 희망봉을 잃었다가 1806년에 되찾는다. 이곳은 아프리카에 있는 영국 최초의 주둔지가 된다.

싱가포르
영국의 식민주의자 스탬퍼드 래플스 경은 인도와 중국 사이의 주요 무역로에 있는 동남아시아의 싱가포르에 무역항을 세운다. 이곳은 1824년에 영국의 식민지가 된다.

1819년 **1795년** **1788년**

아일랜드 봉기
영국이 아일랜드를 지배한 지 수백 년이 지난 뒤, 1916년 부활절에 더블린에서 민족주의자들이 반란을 일으킨다. '부활절 봉기'는 빠르게 진압되지만, 이들은 영국의 지배에 맞서 계속 투쟁한다. 아일랜드 공화국의 전신인 아일랜드 자유국은 1922년에 세워진다.

제1차 세계 대전 평화 조약
제1차 세계 대전을 종결하는 평화 조약에 따라, 영국은 오스만 제국의 분단 후 아프리카와 중동에 있던 독일의 식민지를 지배하게 된다.

인도가 분할하다
인도는 힌두교도의 인도와 이슬람교도의 파키스탄으로 분할하면서 독립한다. 인도의 분할로 수백만 명이 강제 이주할 때 폭동이 일어나고 수천 명이 목숨을 잃는다.

이후
영국의 거의 모든 식민지는 1957년부터 1980년까지 독립 국가가 된다. 예전의 대영 제국과 관련된 많은 나라가 자발적으로 연합해 영국 연방을 만든다. 그 외 나라들은 개별적으로 공화국을 운영한다.

1916년 **1919~1920년** **1947년**

221

남북 전쟁

미국에서는 노예 제도와 개별 주(州)의 권리 등을 놓고 수년간 갈등이 벌어지다가 결국 남북 전쟁이 일어났다. 미국은 1861년부터 1865년까지 남북으로 분열되었다. 남북 전쟁으로 62만 5,000명 이상의 미국 군인이 목숨을 잃었다. 이는 지금까지 다른 모든 전쟁에서 죽은 미국 군인의 수를 합친 것보다 많다.

벨 보이드
벨 보이드는 남북 전쟁 당시 활동한 여성 스파이 중 한 명이다. 그녀는 남부 연합의 장군 스톤월 잭슨의 군대가 버지니아주 프런트 로열을 탈환하는 데 도움이 되는 정보를 전달한다.

남부 연합
남부 일곱 개 주(州)가 노예 제도를 유지하기 위해 아메리카 합중국에서 탈퇴한다. 이들은 제퍼슨 데이비스를 대통령으로 추대하고 남부 연합을 결성한다. 남부 연합은 자신들을 아메리카 합중국과 분리된 별개의 국가로 여긴다. 한 달 후 아메리카 합중국에서는 에이브러햄 링컨이 대통령으로 당선된다.

제1차 불런 전투
아메리카 합중국은 버지니아주에서 벌어진 제1차 불런 전투(매너서스 전투로도 알려짐)에서 패배한다. 워싱턴 D.C.는 방어를 위해 요새화된다. 아메리카 합중국은 1862년 8월에 벌어진 제2차 불런 전투에서도 패배한다.

게티즈버그 전투
펜실베이니아주에서 벌어진 이 전투는 남북 전쟁의 전환점이 된다. 남부 연합은 더 이상 아메리카 합중국을 공격할 동력을 얻지 못한다. 남북 전쟁 최대의 격전이다.

1861년 2월 · 1861년 4월 · 1861년 7월 · 1862년 5월 · 1862년 9월 · 1863년 7월

전쟁이 시작되다
남부 연합군은 사우스캐롤라이나주의 섬터 요새를 공격하고, 이로 말미암아 남북 전쟁이 시작된다. 이후 버지니아주, 아칸소주, 테네시주, 노스캐롤라이나주 등은 아메리카 합중국에서 탈퇴하고 남부 연합에 가입한다.

앤티텀 전투
이 전투에서 하루 만에 약 2만 3,000명에 이르는 사망자, 부상자, 실종자가 나온다. 아메리카 합중국이 승리한 후 링컨은 남부 연합의 모든 노예를 해방하라는 '노예 해방 선언'을 발표한다.

나폴레옹 야포
프랑스의 황제 나폴레옹 3세의 이름을 딴 대포다. 이런 형태의 대포가 남북 전쟁 때 널리 사용된다. 초속 439미터의 포탄을 최대 1,600미터 떨어진 목표물에 명중시킬 수 있다.

게티즈버그 연설

링컨이 게티즈버그에 있는 국립묘지 봉헌식에서 한 연설이다. 그는 남북 전쟁을 자유와 평등을 위한 투쟁이라고 선언한다. 링컨의 연설 가운데 가장 유명하다.

항복 회담

남부 연합은 아메리카 합중국의 전선을 돌파하려고 하지만 실패한다. 사령관 로버트 E. 리는 애퍼매턱스 코트하우스에서 아메리카 합중국의 장군 율리시즈 S. 그랜트를 만나 항복 문서에 서명한다.

징병제 거부 시위

3월, 아메리카 합중국은 징병제를 시행한다. 이에 뉴욕에서는 시위가 번진다. 시위에 참여한 사람들은 징병제가 가진 것 없는 이들이 부자를 위해 억지로 싸우게 만드는 제도라고 주장한다. 최초의 아프리카계 미국인 부대가 전투에 참여한다.

탈출

아메리카 합중국의 장교 100여 명이 남부 연합의 포로가 된다. 이들은 몇 주 동안 땅굴을 파고 감옥에서 탈출한다. 절반 정도가 붙잡히고, 나머지는 북쪽으로 돌아간다.

1863년 7월 — **1863년 11월** — **1864년 2월** — **1864년 11월** — **1865년 4월** — **1865년 5월**

잠수함 전쟁

남부 연합의 잠수함 헌리호가 아메리카 합중국의 전함 후서토닉호를 어뢰로 격침한다. 이 전투에서 헌리호는 역사상 처음으로 공격에 성공한 잠수함으로 기록되지만, 처음으로 침몰당한 잠수함으로도 기록된다.

바다를 향한 행군

아메리카 합중국의 장군 윌리엄 셔먼은 애틀랜타에서 서배너까지 행군한다. 셔먼의 군대는 남부 연합에 큰 피해를 입힌다.

링컨 암살

링컨이 워싱턴에서 연극을 관람하던 중 총살당한다. 암살범은 배우 존 윌크스 부스로, 남부 연합의 원수를 갚고자 한 인물이다. 링컨은 다음 날 아침에 사망한다.

전쟁 종결

남부 연합이 전쟁을 포기한다. 신임 대통령인 앤드루 존슨은 공식적으로 남북 전쟁의 종결을 선언한다. 양측은 항복 조건에 동의한다.

주요 전투

최초의 총성이 울린 순간부터 항복의 순간까지, 남북 전쟁 내내 미국은 분열된다. 어느 편도 뚜렷하게 우위를 점하지 못하는 듯 보인다. 아메리카 합중국은 막강한 병력과 군비를 자랑하지만, 남부 연합에는 전술이 뛰어난 장교들이 있다.

1862년 3월
모니터호 vs 버지니아호
두 철갑선이 서로에게 포탄을 퍼붓는다. 하지만 희생자는 한 명도 나오지 않는다.

1862년 12월
프레더릭스버그 전투
아메리카 합중국은 프레더릭스버그에서 남부 연합에 패배하면서 막대한 손실을 입는다.

1863년 4~5월
챈슬러즈빌 전투
남부 연합이 수적으로 열세지만 전략적인 승리를 거둔다.

1864년 5월
스폿실베이니아 전투
버지니아주에서 벌어진 전투다. 이 잔혹한 전투는 누구도 승리하지 않은 채 막을 내린다.

1862년 4월
샤일로 전투
테네시주에서 이틀 간 벌어진 전투다. 아메리카 합중국이 승리한다.

1863년 5~7월
빅스버그 전투
아메리카 합중국이 미시시피주에 있는 빅스버그를 포위 공격해 승리한다.

1864년 7월
애틀랜타 전투
셔먼 장군의 군대는 조지아주에 있는 애틀랜타를 장악한다.

아프리카 식민지 건설

몇 세기 동안, 유럽 강대국들은 노예 무역으로 아프리카를 유린했다. 이들은 1870년까지만 해도 아프리카 대륙의 10퍼센트 정도만 통치했다. 하지만 그다음 30년 동안은 끝없이 경쟁하며 아프리카 전체를 손에 넣고자 했다. 1900년에 이르러서는 아프리카 대륙의 90퍼센트 정도가 유럽 국가들의 손에 넘어갔다. 아프리카 국가들이 독립하기까지는 반세기 이상이 걸렸다.

아프리카 분할

아래 지도는 19세기 말까지 유럽 열강의 아프리카 지배 상황을 보여 준다. 프랑스와 영국은 대륙을 가로지르며 가장 넓은 영토를 식민지로 삼는다. 라이베리아와 에티오피아만 독립국으로 남는다.

범례
- 벨기에
- 프랑스
- 독일
- 이탈리아
- 포르투갈
- 스페인
- 영국
- 독립국

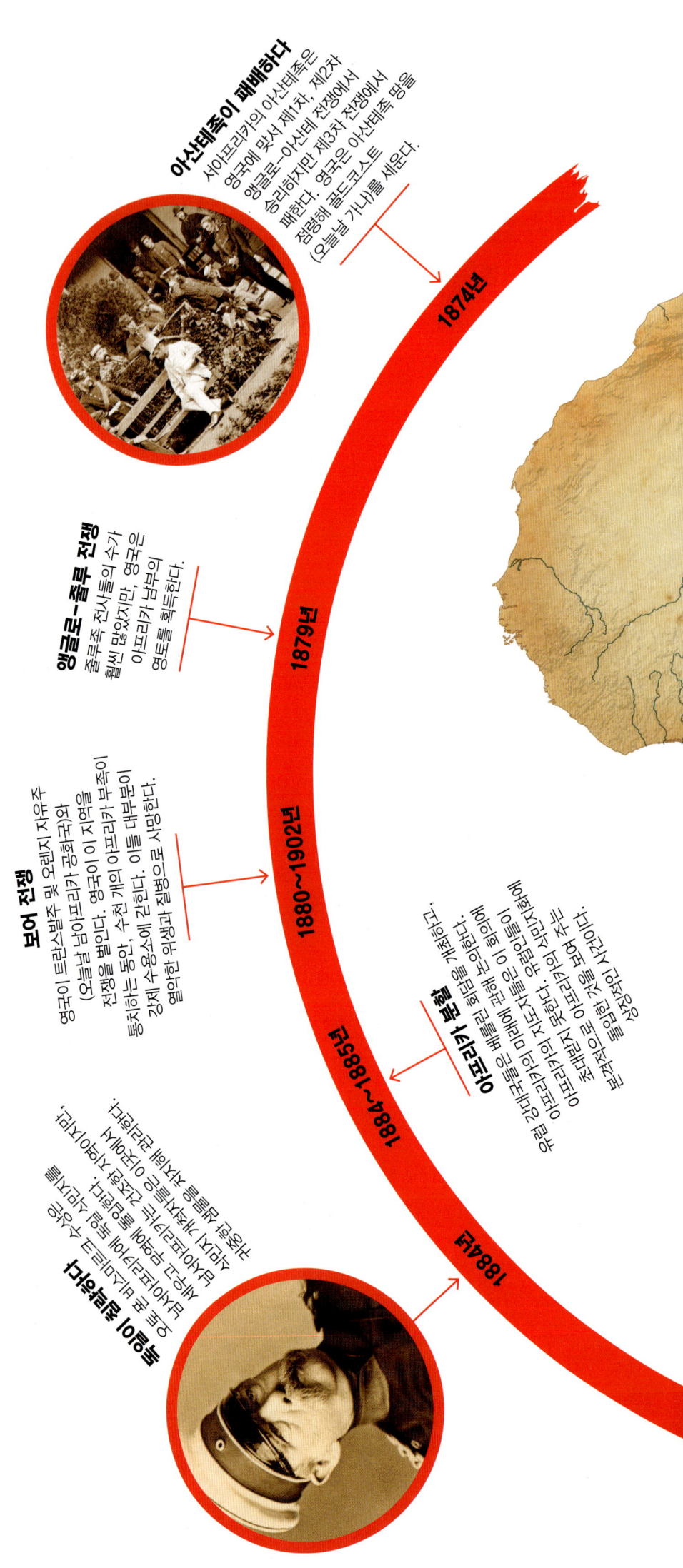

아샨테족이 패배하다 — 1874년
서아프리카의 아샨테족은 영국에 맞서 제1차, 제2차 앵글로-아샨테 전쟁에서 승리하지만 제3차 전쟁에서 패한다. 영국은 아샨테족 땅을 점령해 골드코스트(오늘날 가나)를 세운다.

앵글로-줄루 전쟁 — 1879년
줄루족 전사들의 수가 훨씬 많았지만, 영국은 아프리카 남부의 영토를 획득한다.

보어 전쟁 — 1880~1902년
영국이 트란스발주 및 오렌지 자유주(오늘날 남아프리카 공화국이 위치하는 지역)를 점령하는 전쟁을 벌인다. 수천 개의 아프리카 부족이 통치하는 동안, 수천 개의 아프리카 부족이 강제 수용소에 갇힌다. 이들 대부분이 열악한 위생과 질병으로 사망한다.

아프리카 분할 — 1884~1885년
유럽 국가들이 베를린에 모여 아프리카를 자기들 마음대로 나누어 가지기로 한다. 아프리카에는 수많은 부족과 국가들이 이미 자리 잡고 있었지만, 이들의 존재는 고려되지 않는다.

독일이 점령하다 — 1884년
독일은 오토 폰 비스마르크의 지도 아래 서아프리카와 동아프리카 일대 등 수많은 아프리카 지역을 점령한다. 그리고 이곳을 독일령 동아프리카라고 부른다.

원격 통신의 역사

통신은 인류의 역사와 함께 발전을 거듭해 왔다. 고대 사람들은 연기, 등대, 비둘기 등을 이용해 멀리 있는 이들과 소통했다. 이후 전신, 전화, 라디오, 인터넷이 차례로 발명되었다. 사람들은 지역과 지역, 대륙과 대륙을 뛰어넘어 메시지를 전하고 대화를 나누기 시작했다. 수많은 가정에 텔레비전이 보급되고, 사람들은 새로운 방식으로 여가를 즐겼다.

전신
영국의 발명가 윌리엄 포터질 쿡과 찰스 휘트스톤은 전신을 발명한다. 전신의 바늘에 연결된 전선을 따라 신호가 전송된다. 사람들은 전신을 이용해 먼 거리에 있는 상대에게 메시지를 전한다. '전보'는 전신으로 전하는 편지를 의미한다.

대륙 간 케이블
대서양을 가로지르는 전신 케이블이 최초로 설치되면서 대륙 간 통신 시대가 열린다. 1902년에는 태평양 해저에 케이블이 설치된다. 이제 사람들은 전 세계로 전보를 보낼 수 있게 된다.

테슬라 변압기
세르비아계 미국인 엔지니어 니콜라 테슬라는 처음으로 전파를 생산해 전송하는 데 성공한다. 그는 현대식 기계에 사용하는 전기 모터 등 수많은 발명품의 토대를 만든다.

1792년 — 1837년 — 1844년 — 1858년 — 1876년 — 1888년 — 1895년 — 1897년

모스 부호
새뮤얼 모스는 선과 점을 배합해 다양한 문자와 숫자를 나타낼 수 있는 부호를 만든다. 이 부호로 전신선을 따라 전송되는 전기 신호를 해석할 수 있다.

전파
독일의 과학자 하인리히 헤르츠는 최초로 전파를 발견한다. 그는 전파에서 사람끼리 서로 정보를 전달할 수 있는 가능성을 찾아낸다.

텔레그래프 체계
프랑스의 발명가 클로드 샤프는 움직이는 나무 막대기를 고안한다. 위치를 바꾸면서 문자나 숫자를 다르게 나타내는 막대기다. 이 막대기를 높은 탑 위에 설치하면 한 마을에서 다른 마을까지 메시지를 전할 수 있다. 샤프는 이러한 새로운 통신 체계를 '텔레그래프(telegraph)'라고 부른다. '먼 거리에서 글을 쓴다.'는 뜻이다.

전화 통화
스코틀랜드의 발명가 알렉산더 그레이엄 벨은 전신선으로 소리를 보내는 실험을 진행한다. 이쪽에서 소리를 보내면 반대편에서 듣는 방식이다. 이 실험은 전화 통화의 시초가 된다. 최초의 통화 내용은 다음과 같다. "왓슨, 어서 오게. 자네가 보고 싶네." 벨이 조수인 토마스 왓슨에게 한 말이다.

마르코니 무선 전신
이탈리아의 발명가 굴리엘모 마르코니는 전파 연구 회사를 설립한다. 그는 전파를 이용해 무선으로 모스 부호를 전하는 무선 전신기를 고안한다.

"새로운 시대에는 사상 자체가 전파를 통해 전달될 것이다."

굴리엘모 마르코니, 〈뉴욕 타임스〉, 1931년

컬러텔레비전
1928년, 최초의 컬러텔레비전이 등장한다. 컬러텔레비전은 1950년대에 상용화된다. 사람들이 가정에서 텔레비전을 시청하기 시작한다.

초기의 전자 우편
미국의 컴퓨터 프로그래머 레이 톰린슨은 스스로에게 시험용 메시지를 보낸다. 이것이 최초의 전자 우편이다. 이후 전자 우편은 전 세계적인 의사소통 방식으로 자리매김한다.

월드 와이드 웹
영국의 과학자 팀 버너스 리가 전 세계적인 인터넷망인 월드 와이드 웹(WWW)을 창시한다. 월드 와이드 웹은 웹페이지를 연결한다. 사람들은 어떤 컴퓨터로도 월드 와이드 웹에 접속할 수 있게 된다.

라디오 방송
캐나다계 미국인 발명가 레지널드 페센덴은 최초로 라디오 방송으로 목소리를 내보낸다. 사람들은 가정에 라디오 송신기를 앞다투어 설치하기 시작한다. 라디오는 새로운 유형의 오락이 된다.

최초의 휴대 전화
최초의 휴대 전화가 출시된다. 무게는 최대 1.1킬로그램이며 충전 시간은 10시간에 달한다. 대중화되기에는 아직 너무 크고 비싸다.

1906년 · 1925년 · 1950년대 초반 · 1962년 · 1970년대 · 1971년 · 1984년 · 1989년 · 2000년대

우주 통신
텔스타 1호는 미국에서 궤도로 쏘아 올린 최초의 통신 위성이다. 이 위성은 지구로부터 받은 무선 신호를 지상의 수신기로 재전송한다. 이로써 텔레비전 방송과 전화 통신이 이루어진다.

벽돌 전화기
최초의 상용 휴대 전화 다이나택이 세상에 모습을 드러낸다. 일명 '벽돌 전화기'라고 불리는 다이나택은 3,200파운드(오늘날 시가로 약 7,000파운드)에 팔린다. 배터리는 30분 정도 지속된다.

기계식 텔레비전
영국의 발명가 존 로지 베어드는 최초로 기계식 텔레비전을 만든다. 이 텔레비전은 회전 원판을 이용해 비디오 신호를 생성하는 원리로 작동한다. 베어드는 뜨개질바늘, 비스킷 통, 차 상자 등 임의의 물건을 골라 텔레비전을 구성한다. 1926년, 그는 영국 런던에서 텔레비전 작동 시연을 한다.

디지털 텔레비전
2000년대 초, 디지털 텔레비전 방송이 나온다. 전기 신호로 소리와 색깔을 만들어 내는 아날로그 텔레비전 기술이 고화질의 이미지와 다양한 볼거리를 제공하는 플라스마 화면과 디지털 텔레비전 기술로 대체된다.

227

사진술의 역사

사진이 없는 세상을 상상해 보라. 셀카도, 뉴스 속보 사진도, 우리 인생의 중요한 사건도 기록할 수 없는 세상은 어떨까. 1800년대 초에 등장한 사진술은 사람들이 주변 세계를 보고 이해하는 방식을 바꿔 놓았다. 이 기술은 200년도 채 되지 않는 기간 동안 발전했다. 카메라의 크기는 커다란 상자에서 스마트폰 속 초소형 기기만큼 줄어들었다.

1855년

전쟁 사진
영국의 사진작가 로저 펜턴은 크림 전쟁 격전지에 방문한다. 그는 최초로 전투 상황을 카메라에 담아낸다. 그가 찍은 350장의 사진이 대중의 관심을 모은다.

1861년

컬러 사진
스코틀랜드의 물리학자 제임스 클러크 맥스웰은 컬러 사진 개발에 도전한다. 그는 타탄 리본을 빨강, 초록, 파랑 필터를 통해 세 번 노출하는 작업을 진행한다.

1888년

대중화된 사진
미국 회사인 코닥이 사용하기 쉬운 롤필름 카메라를 출시한다. 이제 사진은 누구나 접근하기 쉬운 오락거리가 된다. 12년 뒤, 코닥은 '브라우니' 박스 카메라를 1달러에 판매한다.

1950년대

SLR 카메라
SLR(일안 반사식) 카메라가 인기를 끈다. 니콘 F(위)와 같은 SLR 카메라는 이전의 카메라와는 달리 사용자가 카메라를 설정할 수 있다.

1964년

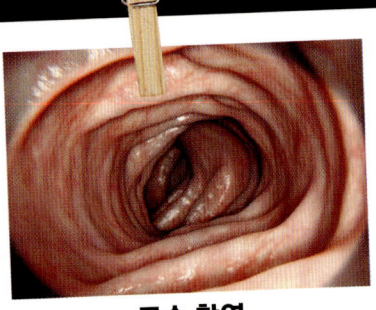

몸속 촬영
섬유경이 발명되면서 의사들은 인간 몸속 접근하기 어려운 곳을 들여다볼 수 있게 된다. 위 사진은 인간의 내장 속을 찍은 것이다. 이 장치는 가늘고 유연한 유리 케이블로 만들고, 대물렌즈에서 접안렌즈로 빛을 전달한다.

1980년대

포인트 앤 슛 카메라
코닥은 필름을 갈아 끼우기 쉬운 인스타매틱 카메라를 선보인다. 이 카메라는 '포인트 앤 슛' 카메라의 새로운 세대 중 첫 번째 작품이다. 사진을 찍을 때마다 자동 설정을 할 수 있다.

1826년

최초의 사진
프랑스의 발명가 조제프 니세포르 니에프스는 빛에 민감한 화학 물질을 이용해 한 옥상의 풍경을 담아낸다. 빛이 필름에 상을 맺히게 하는 노출 작업만 몇 시간이 걸린다.

1838년

사람이 나온 최초의 사진
프랑스의 화가 루이 다게르는 자신이 개발한 은판 사진법으로 거리 풍경을 촬영한다. 이 사진에는 신발을 닦는 사람이 유일하게 등장한다. 사진기가 피사체의 노출을 포착하는 7분 동안 그 사람만이 제자리에 있었기 때문이다.

1839년

인물 사진
미국의 사진작가 로버트 코르넬리우스는 은판 사진법을 활용해 최초의 자화상 사진을 촬영한다. 사진에 찍히는 사람은 15분간 가만히 앉아 있어야 한다.

1895년

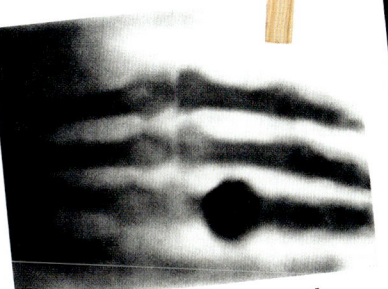

최초의 엑스레이 사진
빌헬름 뢴트겐은 아내의 손을 엑스레이로 촬영한다. 이 엑스레이 사진은 엑스레이가 피부와 근육은 관통하지만 뼈는 관통하지 못한다는 사실을 보여 준다.

1920년대

포토저널리즘
기술이 발전하면서 누구나 카메라를 가질 수 있게 된다. 포토저널리즘의 황금기가 열린다. 미국에서는 〈타임〉이나 〈라이프〉 같은 잡지에 사회의 불의를 고발하는 '포토 에세이'가 실린다.

1947년

폴라로이드 카메라
에드윈 랜드는 60초 만에 사진을 현상하는 폴라로이드 95 즉석카메라를 발명한다. 왜 사진이 나오는 것을 기다려야 하느냐는 세 살배기 딸의 질문에서 아이디어를 얻는다. 이 카메라는 1956년까지 100만 대 이상이 팔린다.

1991년

디지털 카메라
미국의 기술자 스티븐 새슨이 최초의 상용 디지털 카메라를 만든다. 이 카메라는 16년이 지나서야 판매된다. 디지털 카메라를 쓰면 필름 없이 사진을 전자 데이터로 저장할 수 있다.

2000년대

셀카
한국과 일본에서 디지털 카메라가 내장된 최초의 휴대 전화가 출시된다. 유명 인사나 정치인부터 일반인까지 전 세계 모든 사람이 자신의 모습을 사진으로 촬영하는 '셀카' 열풍에 합류한다.

암실

사진가들은 사진을 남기기 위해 필름을 사용한다. 이들은 암실에서 화학 약품을 이용해 필름을 현상하고, 인화지가 마를 때까지 공중에 매단다. 이후 디지털 카메라가 등장하자, 사람들은 전자 데이터로 사진을 저장하기 시작한다.

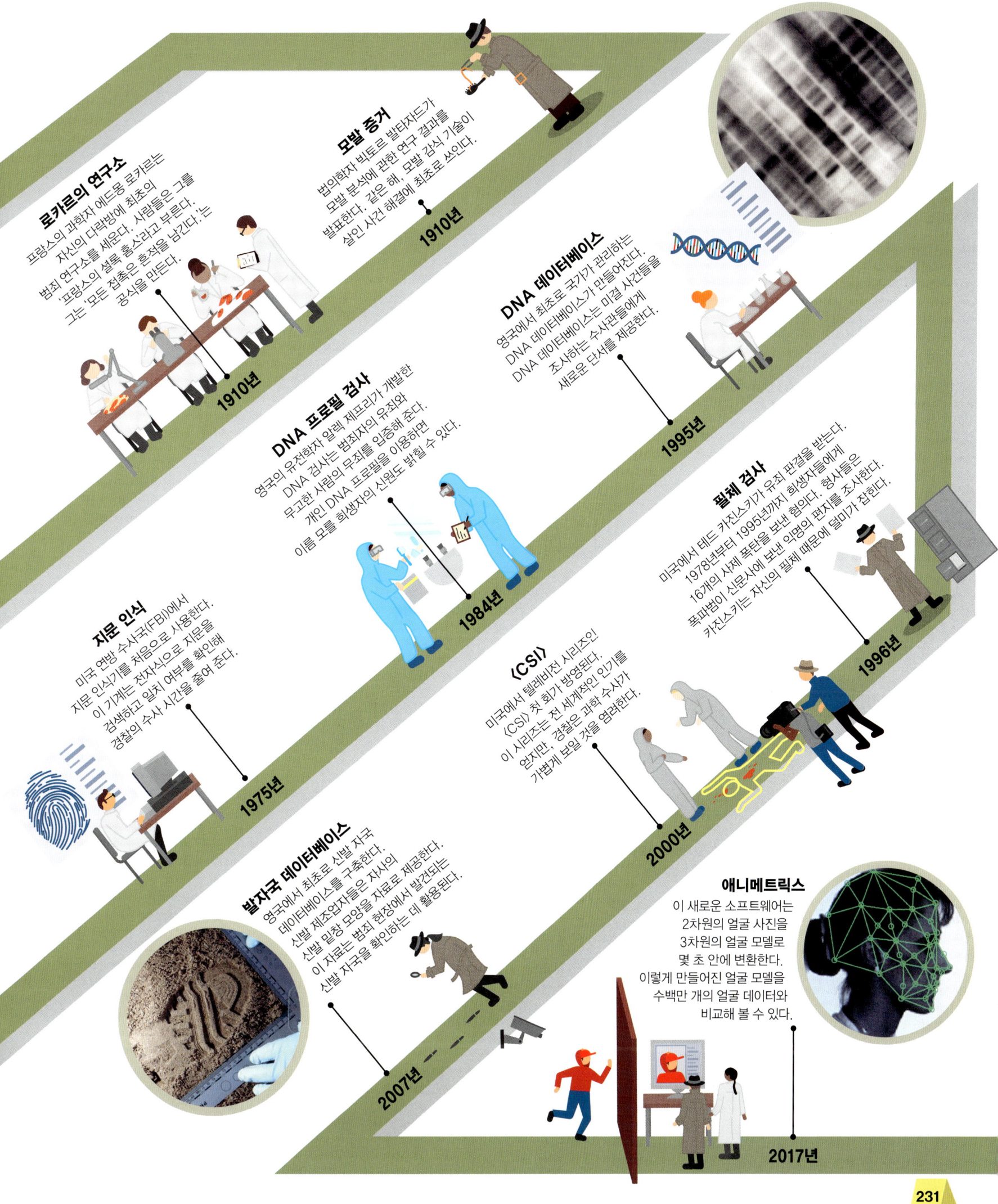

비행기의 역사

15세기에 레오나르도 다빈치는 새를 관찰하고 연구한 것을 기반으로 비행기의 초기 모델을 그렸다. 이후 4세기 동안 발명가들은 계속해서 하늘을 날기 위해 시도했다. 20세기 초, 라이트 형제가 역사적인 비행을 시도했고 이때부터 진정한 항공의 역사가 시작되었다.

높이, 높이, 저 멀리!
프랑스에 사는 몽골피에 형제는 양과 닭, 오리 한 마리씩을 열기구에 실어서 띄운다. 몽골피에 형제가 개발한 열기구는 이후 최초의 인간 비행을 위해 사용된다.

1783년

브리튼 전투
제2차 세계 대전 때 영국 왕립 공군은 '슈퍼마린 스피트파이어' 전투기를 타고 독일 공군과 도그파이트 (근거리 공중전)를 벌인다.

현대식 헬리콥터
러시아계 미국인 이고르 시코르스키가 발명한 헬리콥터가 하늘로 떠오른다. 오늘날의 헬리콥터와 마찬가지로 꼭대기에 주(主) 회전 날개가 있고, 뒤쪽에 균형을 잡아 주는 꼬리 회전 날개가 있다.

제트 파워
최초의 제트 추진식 비행기인 '하인켈 He 178'이 이륙한다. 독일인 한스 폰 오하인이 설계한 이 비행기는 최고 시속이 644킬로미터에 달한다.

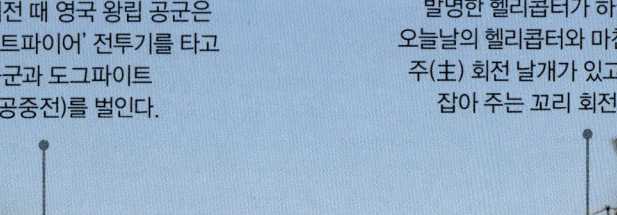

1940년

1939년

1939년

상용 제트 여객기
최초의 상용 제트 여객기인 '드 하빌랜드 DH106 코멧'이 3년간의 시험 끝에 이륙에 성공한다. 기존 여객기보다 속도가 빠르고 더 많은 사람을 실을 수 있다.

쌍발 헬리콥터
미국의 항공 전문가 프랭크 피아제키는 치누크를 비롯한 쌍발 헬리콥터를 발명한다. 큰 회전 날개가 두 개 달린 이 헬리콥터는 군인들을 전투지로 수송하거나 구조 임무에 투입시키는 데 사용된다.

점프 제트기
해리어 점프 제트기는 최초의 수직 이착륙 비행기다. 활주로가 필요 없는 이 비행기는 전투 지역에서 신속하게 빠져나오는 데 적합하다.

1949년

1960년대

1966년

수소 비행선
프랑스인 앙리 자크 지파르는 최초로 동력 비행선을 만든다. 수소를 가득 채우고 증기 기관을 탑재한 이 비행선은 27킬로미터의 비행을 성공적으로 마친다.

영국 해협 횡단 비행
프랑스의 발명가 루이 블레리오는 자신의 비행기인 블레리오 11호를 타고 최초로 영국 해협을 횡단한다. 비행 시간은 37분이 걸린다.

라이트의 비행
오빌 라이트는 최초로 동력 비행기를 띄운다. 이 비행기는 12초 동안 36.5미터를 날아간다.

1852년 · **1903년** · **1909년**

제트 엔진
영국의 엔지니어 프랭크 휘틀은 제트 엔진을 설계하고 특허를 신청한다. 그는 7년 뒤 제트 엔진을 장착한 비행기를 발명한다.

세계 일주 비행
미국 육군 항공부가 운영하는 항공기 더글러스 월드 크루저 네 대가 최초로 세계 일주를 완수한다. 6개월 동안 4만 4,250미터를 비행한다.

대서양 횡단 비행
영국의 비행사 존 앨콕과 아서 브라운은 최초로 대서양 무착륙 비행에 성공한다. 이들은 16시간 이내에 3,040킬로미터를 횡단한다.

1930년 · **1924년** · **1919년**

초음속 비행기
초음속 여객기인 콩코드가 처음으로 이륙한다. 영국과 프랑스가 공동 개발한 이 비행기는 터보제트로 구동되며, 음속의 최대 두 배 속도로 날아간다. 2003년까지 운행된다.

에어버스
'에어버스 A380'이 처음으로 하늘을 난다. 이 비행기는 세계에서 가장 크고 무거운 여객기다. 롤스로이스 엔진 네 개를 탑재했으며 승객을 최대 853명까지 태울 수 있다.

무인 비행기
이 비행기는 조종사 없이 리모컨으로 조종된다. 군사 목적으로 많이 쓰이지만, 최근에는 취미 생활에도 널리 이용되고 있다.

1969년 · **2005년** · **21세기**

참정권의 역사

약 2,500년 전 고대 그리스에서 최초의 선거가 치러졌다. 17세기에는 대중이 투표로 선출한 사람이 시민 사회를 대표한다는 '대의 정치' 개념이 고안되었다. '참정권'은 누구에게 주어져야 하는가? 수많은 나라에서 사람들은 자신의 목소리를 내기 위해 투쟁해 왔다. 시간이 흐르면서 '유권자(선거할 권리를 가진 사람)'의 범위도 확장되었다.

투표권 (1789년)
미국 헌법이 발효된다. 투표권에 대한 판단은 각 주 지방 정부의 몫이다. 대부분 주에서는 사유 재산이 있는 백인 남성만 투표권을 가진다.

인간의 권리 (1789년)
프랑스 제헌 국민 의회가 「인권 선언문」을 발표한다. 모든 남성은 사유 재산과 관계없이 입법에 참여할 수 있다.

새로운 민주주의 (1989년)
소련이 붕괴하면서 새로운 민주주의의 물결이 유럽을 휩쓴다. 더 많은 사람이 투표에 참여하고, 국제적인 투표 참관 팀이 공정 선거를 위한 모니터링에 참여한다.

시민권이 진전하다 (1965년)
소수 인종이나 흑인의 참정권을 보장하는 투표권법이 제정된다. 선거일에 특정 인종 유권자를 집으로 돌려보내거나 흑인의 문해력을 시험하는 등 참정권을 둘러싼 각종 차별 행위가 금지된다. 이는 미국 시민권 운동의 성과라고 할 수 있다.

자유의 날 (1994년)
남아프리카 공화국이 인종과 상관없이 모든 사람에게 보편적인 참정권을 적용한 첫 선거를 치른다. 그 전까지 남아프리카 공화국 흑인들은 '아파르트헤이트'라는 인종 차별 정책으로 말미암아 투표할 수 없었다.

젊은 유권자들 (2008년)
오스트리아는 유럽 연합 최초로 16세 이상 청소년에게 투표권을 부여한다. 이를 계기로 다른 나라에서도 청소년이 투표할 수 있게 된다. 대부분 나라에서는 18세 이상이 되어야 투표할 수 있다.

1832년
대개혁 법안
영국에서 불공정한 선거에 반대하는 대규모 시위가 일어난다. 의회는 투표 방식을 대대적으로 개혁한다. 수정된 법안에서 유권자의 수가 늘어난다. 투표 방식 역시 전국적으로 표준화된다.

1870년
미국 수정 헌법 제15조
1865년, 미국에서 노예 제도가 폐지된다. 남부에 거주하는 아프리카계 미국인들은 여전히 투표할 수 없다. 수정 헌법 제15조에서는 피부색에 따라 투표권을 부여하는 것을 불법으로 규정한다. 하지만 흑인 유권자들은 아직도 차별을 받고 있다.

1893년
의무 투표
벨기에는 최초로 의무 투표를 도입한다. 남성만이 이 투표를 할 수 있다. 18세 이상 남성이 투표하지 않으면 벌금을 내야 한다. 4회 연속 투표하지 않으면 투표권이 박탈된다. 여성 투표는 1949년이 되어서야 의무화된다.

1920년
미국 수정 헌법 제19조
오랜 투쟁 끝에 수정 헌법 제19조가 비준된다. 엘리자베스 캐디 스탠튼, 수잔 B. 앤서니, 앨리스 폴과 같은 운동가들은 여성 참정권뿐만 아니라 여성을 위한 교육, 고용 기회 확대 등을 위해 노력한다.

1903~1918년
변화를 위한 캠페인
영국인 에멀린 팽크허스트는 여성사회정치연맹(WSPU)을 조직한다. 여성사회정치연맹은 '말이 아닌 행동으로'라는 구호를 기조로 삼고 여성 참정권을 위해 투쟁한다. 1918년에는 30세 이상 여성이, 1928년에는 남성과 마찬가지로 여성도 21세 이상이면 투표권을 가지게 된다.

1893년
여성 선구자
뉴질랜드 여성들이 최초로 투표권을 얻는다. 1902년, 오스트레일리아에 이어 스칸디나비아, 캐나다, 유럽 일부 국가에서도 여성들이 투표할 수 있게 된다.

2015년
여성 참정권이 진보하다
사우디아라비아 여성들이 지방 선거 투표권을 가지게 된다. 뉴질랜드 여성들이 참정권을 획득한 지 122년 만이다.

> "투표는 시민의 가장 소중한 권리다. 우리에게는 투표 과정의 공정성을 보장해야 할 도덕적 의무가 있다."
>
> **힐러리 로댐 클린턴**

물리학의 역사

지난 2,500여 년 동안 과학자들은 우주의 작동 원리를 이해하기 위해 물질, 힘, 에너지를 연구해 왔다. 수 세기에 걸쳐 많은 이론이 제시되면서 물리학 개념이 확립되었다. 오늘날 우리는 고대 물리학자들보다 우주에 관해 더 많이 알고 있다. 하지만 아직도 발견해야 할 것이 훨씬 많다.

기원전 600년경 - 정전기
고대 그리스인은 움직이지 않는 전기를 뜻하는 '정전기'를 발견한다. 탈레스는 털로 호박을 문지르면 머리카락, 짚, 풀잎 등 가벼운 물체가 끌려온다는 사실을 알아차린다.

1514년 - 지구의 공전
니콜라우스 코페르니쿠스는 수학적 모델을 이용해 우주의 중심은 태양이며 행성들이 그 주변을 회전하고 있다고 주장한다. 당시 사람들은 우주의 중심이 지구라고 생각했다.

최초의 광학
아라비아의 물리학자 알하젠 이븐 알하이삼은 인간의 눈이 앞을 볼 수 있는 이유가 스스로 빛을 내기 때문이라는 주장에 반박한다. 그는 우리가 특정한 물체를 보는 이유가 물체에 의해 반사된 햇빛이 눈에 감지되기 때문이라는 사실을 깨닫는다.

기원전 400년경 - 작은 입자
데모크리토스는 우주가 움직이는 작은 입자로 이루어져 있다는 이론을 제시한다. 그는 자신의 이론을 입증하지는 못하지만, 이 입자를 '원자'라 칭한다. 이 원자는 오늘날 우리가 아는 원자와는 거의 관련이 없다.

기원전 250년경 - 유레카!
아르키메데스는 목욕하기 위해 탕 속에 몸을 담갔다가 물이 흘러넘치는 광경을 본다. 그는 이 광경을 보고 물체가 물 위에 뜨는 이유를 알게 된다. 그는 부력의 원리를 깨닫고 "유레카(찾았다)!"를 외친다.

1604년 - 갈릴레이의 이론
갈릴레이는 중력과 운동에 관한 실험을 진행한다. 그는 높은 곳에서 질량이 다른 두 대포알을 떨어뜨린다. 두 대포알은 동시에 바닥에 닿는다. 갈릴레이는 관성에 관한 이론을 제시한다. 물체에 힘이 작용하지 않는 한 물체는 계속해서 움직이거나 가만히 있으면서 원래의 성질을 유지하려고 한다는 것이다.

낙하하는 물체
같은 재질로 만든 물체는 중력에 의해 같은 속도로 떨어진다.

전자기
스코틀랜드의 과학자 제임스 클러크 맥스웰은 전기와 자기가 별개의 현상이 아니라 하나의 힘이며, 빛이 전자기 방사선의 일종이라는 사실을 깨닫는다. 그의 연구 성과는 전파의 발견으로 이어진다. 전파는 오늘날 수많은 기술에서 활용된다.

1861년

중력파
아인슈타인이 최초로 예측한 중력파가 우주에서 검출된다. 이 작은 파동은 블랙홀과 빅뱅 등 우주에 대한 정보를 제공해 준다.

2015년

전기 실험
벤저민 프랭클린은 연에 금속 열쇠를 부착한다. 그는 번개가 치는 밤에 연을 날리고, 금속 열쇠에서 불꽃이 튀어 오르는 광경을 목격한다. 이를 통해 그는 번개가 일종의 전기라는 사실을 입증한다.

1752년

엑스레이 발명
빌헬름 뢴트겐은 전자기 방사선이 고체를 관통한다는 사실을 발견한 뒤 최초로 엑스레이를 만든다. 의사들은 엑스레이를 통해 살아 있는 사람의 내부를 들여다볼 수 있게 된다. 이는 의학 분야에 혁명을 일으킨 사건이다.

1895년
1898년

신의 입자
과학자들은 모든 물질에 질량을 부여하는 힉스 입자를 발견한다. 이 발견으로 힘의 통합을 나타내는 이론인 통일장 이론이 발전한다. 힉스 입자는 '신의 입자'라고도 불린다.

2012년

새로운 원소
폴로늄은 마리 퀴리가 태어난 폴란드에서 이름을 땄다.

84 **Po** 폴로늄 (209)

88 **Ra** 라듐 (226)

라틴어 유래
라듐은 라틴어로 광선을 뜻한다.

방사성 원소
퀴리 부부가 방사성 원소인 폴로늄과 라듐을 발견한다. 방사성 원소는 매우 불안정하다. 원자들이 스스로 분열하기 때문이다. 원자가 분열할 경우 방사선이 작은 입자 덩어리나 에너지 파동 형태로 방출된다.

슈뢰딩거의 고양이
오스트리아의 물리학자 에르윈 슈뢰딩거는 사고 실험의 일환으로 방사성 물질로 가득한 상자 속 고양이를 상상한다. 고양이는 보이지 않는다. 고양이는 살아 있거나 죽어 있을 것이다. 아니면 둘 다일 수도 있다. 과학자들도 마찬가지다. 직접 관찰하기 전까지는 입자가 어떤 상태인지 알 수 없다.

1935년

뉴턴의 중력
아이작 뉴턴은 『프린키피아』를 출간한다. 그는 이 책을 통해 중력이 우주에서 어떻게 작용하는지 설명한다.

유명한 공식
아인슈타인은 물체의 질량(m)에 빛의 속도의 제곱(c^2)을 곱하면 그 물체가 만들어 내는 에너지(E)를 알 수 있다는 사실을 깨닫는다.

$E = mc^2$

1905년

시공간
독일의 과학자 알베르트 아인슈타인은 무거운 물체가 시공간을 휘게 하기 때문에 중력이 존재하는 것이라고 말한다. 지구를 신축성이 있는 고무천 위 가운데 부분에 푹 꺼진 상태로 둔다고 상상해 보자. 달이 빙글빙글 자전하는 지구에 걸릴 것이다. 그리고 푹 꺼진 부분에서 빠져나오지 못할 것이다.

팽창하는 우주
벨기에의 물리학 교수 조르주 르메트르는 우주가 팽창하고 있다는 이론을 제시한다. 그는 나중에는 우주가 이른바 '빅뱅'이라는 폭발로 시작되었다고 주장한다.

1927년
1687년

자동차의 역사

기원전 3500년경에 바퀴가 등장했다. 인류는 말이 끄는 수레를 이용해 무거운 짐을 운반했다. 말이 끌지 않는 차가 달리기까지는 5,000년 이상이 걸렸다. 내연 기관이 발명되면서 휘발유로 달리는 자동차가 나왔고, 그 뒤로 자동차가 대량으로 생산되었다. 자동차가 발명되면서 우리의 이동 방식은 완전히 바뀌었다.

증기 자동차
프랑스의 기술자 니콜라스 조세프 퀴뇨는 최초로 자동차를 만든다. 바퀴는 세 개이고, 장작을 태워 움직이는 증기 엔진이 달려 있다. 최대 속도는 시속 3킬로미터이며, 15분마다 장작을 채워 넣어야 한다.

1769년

신호등
미국 오하이오주 클리블랜드에 최초로 전기 신호등이 설치된다. 이 신호등은 각각 정지와 이동을 나타내는 붉은색과 초록색으로 구성되어 있다.

조립 라인
포드는 컨베이어 벨트를 이용한 조립 라인을 공장에 도입한다. 작업자가 제자리에서 부품을 조립하면, 벨트는 조립된 부품을 다음 공정으로 넘긴다. 90분이면 모델 T 한 대를 조립할 수 있다. 모델 T는 1927년까지 총 1,500만 대 정도가 팔린다.

틴 리지
미국의 사업가 헨리 포드는 포드 자동차 회사를 설립한다. 그는 첫해에 약 1,700대의 자동차를 판매한다. 5년 뒤 디트로이트에 있는 포드 공장에서 모델 T가 생산된다. '틴 리지'라는 별명이 붙은 이 제품은 최초의 보급형 자동차다.

1914년　**1913년**　**1903년**

최초의 디젤 자동차
독일 자동차 제조업체인 메르세데스-벤츠가 최초의 디젤 자동차를 출시한다. 베를린의 자동차 전시회에서 260-D 모델이 공개된다. 이후 1년간 구매 예약 행렬이 줄을 잇는다.

안전벨트
스웨덴 제조업체인 볼보에서 현대식 안전벨트를 도입한다. 교통안전을 위해 볼보는 모든 자동차 제조사가 안전벨트를 사용할 수 있도록 특허를 개방한다.

로봇을 도입하다
최초의 산업용 로봇이 자동차 제작에 쓰인다. 미국 자동차 회사인 제너럴 모터스는 생산 라인에서 부품을 용접하고 금속을 쌓아올리는 로봇 팔(유니메이트)을 활용한다.

1936년　**1959년**　**1961년**

연소 기관
스위스의 발명가 프랑수아 이자크 드 리바즈는 실린더 안에서 수소 폭발을 일으켜 피스톤을 밀어낼 수 있는 기관을 고안한다. 그는 이 엔진을 실은 자동차로 짧은 거리를 운전한다. 내연 기관으로 움직이는 최초의 자동차다.

수소 내연 기관
영국의 기술자 새뮤얼 브라운은 수소 연료가 공급되는 내연 기관 특허를 신청한다. 그는 런던 그리니치 언덕 위로 올라가 구경하는 사람들 앞에서 내연 기관을 탑재한 수레를 운전한다.

4행정 사이클
독일의 기술자 니콜라우스 오토는 '흡입-압축-폭발-배기' 네 단계를 거치며 회전하는 4행정 엔진을 발명한다.

1807년 — **1823년** — **1876년**

속도광
영국에서 월터 아놀드가 시속 13킬로미터로 운전해서 최초로 속도위반 딱지를 뗀다. 제한 속도인 시속 3킬로미터보다 무려 네 배가 넘는 속도다.

공기 주입식 타이어
스코틀랜드의 발명가 존 보이드 던롭은 열 살 된 아들의 세발자전거에 장착할 공기 주입식 고무 타이어를 발명한다. 공기 주입식 타이어는 이후 자동차에 사용되어 큰 성공을 거둔다.

최초의 장거리 자동차 여행
독일의 기술자 칼 벤츠는 최초의 상용 가솔린 자동차인 모토르바겐을 발명한다. 1888년, 그의 아내 베르타가 모토르바겐을 타고 최초로 장거리 자동차 여행을 떠난다.

1896년 — **1888년** — **1885년**

스포츠카
이탈리아의 기업가 페루초 람보르기니가 자동차 제조업체인 람보르기니를 설립한다. 람보르기니의 고급 스포츠카는 대서양 양쪽의 두 대륙에서 인기를 끈다. 선택받은 소수의 사람만이 람보르기니를 가질 수 있다.

하이브리드 자동차
'가장 성공적인 하이브리드 자동차'로 불리는 도요타 프리우스가 시장에 나온다. 이 자동차는 가솔린 엔진과 전기 모터로 구동되어 효율이 높고, 유독 배기가스를 줄이는 역할을 한다. 이후 10년간 100만 대 이상의 하이브리드 자동차가 팔린다.

무인 자동차
미국 최초로 네바다주가 무인 자동차의 공공 도로 시험 운행을 허가한다. 무인 자동차는 GPS 장치, 레이저 센서, 카메라 등이 지원하는 컴퓨터를 이용해 인간의 도움을 받지 않고 길을 찾는다.

1963년 — **1997년** — **2011년**

모험의 역사

20세기에 선구적인 탐험가들은 대담한 모험을 통해 인간의 한계를 뛰어넘었다. 과학과 기술이 발전하지 않았다면, 이러한 모험은 불가능했을 것이다. 다만 탐험가들이 성공한 진짜 이유는 따로 있었다. 바로 용기와 도전 정신 덕분이었다.

비행
미국의 라이트 형제는 최초의 동력 비행기를 하늘에 띄운다. 천으로 덮인 이 비행기는 프로펠러를 단 상자 연처럼 보인다. 이들의 발명품은 미국 노스캐롤라이나주의 해변에서 6미터 상공을 12초 동안 비행한다.

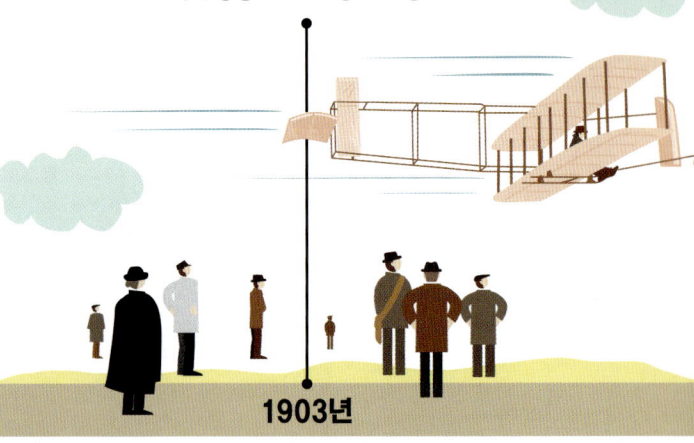

1903년

에베레스트 정복
뉴질랜드의 에드먼드 힐러리와 네팔의 텐징 노르가이가 최초로 에베레스트산 등정에 성공한다. 에베레스트산은 세계에서 가장 높은 산이다. 세계 최고봉에 오르는 일은 매우 위험하고 어렵다.

불가사의한 실종
미국의 비행사 아멜리아 에어하트는 캘리포니아주 오클랜드 공항에서 이륙한다. 그녀는 최초로 지구를 한 바퀴 비행하는 여성 비행사가 되고자 한다. 하지만 에어하트는 비행 도중 홀연히 사라진다. 그녀의 실종은 여전히 불가사의한 전설로 남아 있다.

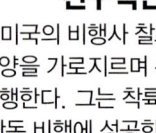

선구적인 비행
미국의 비행사 찰스 린드버그가 대서양을 가로지르며 뉴욕에서 파리까지 비행한다. 그는 착륙 없이 34시간의 단독 비행에 성공한다. 린드버그는 전 세계적인 스타가 된다.

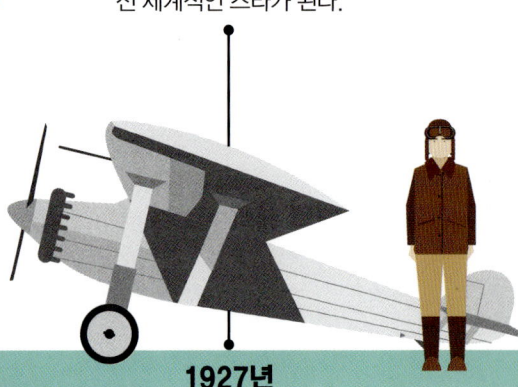

1953년   **1937년**   **1927년**

해저 탐험
스위스의 자크 피카르와 미국의 돈 월쉬는 잠수함 트리에스테호를 타고 최초로 바다에서 가장 깊은 곳으로 알려진 챌린저 해연에 도달한다. 서태평양 마리아나 해구까지 내려가는 데는 약 5시간이 걸린다. 그들은 해저에서 20분을 보낸다.

하늘을 나는 가정주부
미국의 제럴딘 제리 모크는 최초로 세계 일주 단독 비행에 성공한 여성이다. 그녀는 21번의 중간 착륙을 포함해 총 29일간 비행한다. 세 아이를 키우며 항공학을 공부한 그녀는 '하늘을 나는 가정주부'로 불린다.

역사적인 수영
미국의 장거리 수영 선수 다이애나 니아드는 최초로 바하마에서 플로리다주까지 총 96.5킬로미터를 헤엄친다. 그녀는 수영 도중 악어, 해파리, 상어의 위협을 받고도 살아남는다. 그녀의 나이 64세 때다.

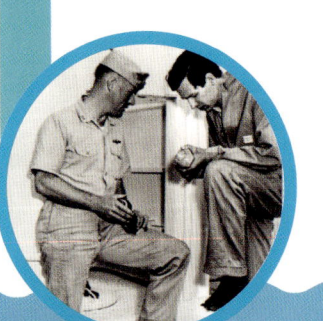

1960년   **1964년**   **1979년**

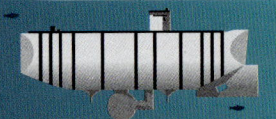

북서 항로 개척

노르웨이의 탐험가 로알 아문센은 선원들과 함께 작은 어선을 타고 북극해와 태평양을 연결하는 북서 항로를 개척한다.

북극 탐험

미국의 탐험가 로버트 E. 피어리는 팀원들과 최초로 북극점에 도달했다고 주장한다. 이후 전문가들은 피어리 일행이 48킬로미터 밖에서 북극점을 놓쳤다는 견해를 내놓기도 한다. 하지만 그의 용기는 전설적인 모험담으로 기록된다.

1903~1906년

1908~1909년

정글 속으로

영국의 탐험가 퍼시 포셋 소령이 브라질 정글에서 'Z'라고 불리는 확인 불명의 도시를 찾다가 실종된다. 그의 실종에 관한 미스터리가 전 세계 뉴스의 헤드라인을 장식한다.

인듀어런스호

영국의 탐험가 어니스트 섀클턴은 인듀어런스호를 타고 남극점을 지나 남극 대륙을 횡단하는 계획을 세운다. 하지만 탐험 도중 인듀어런스호가 빙하에 갇혀 난파된다. 섀클턴의 뛰어난 리더십 덕분에 선원들은 무사히 살아남는다.

남극점 경주

로알 아문센은 북서 항로 항해 5년 만에 영국의 로버트 F. 스콧과 남극점 경주를 벌인다. 아문센이 남극점에 먼저 도착하고, 스콧은 집으로 돌아가는 참혹한 여정 중에 목숨을 잃는다.

1925년

1914~1917년

1911년

아마존 탐험

영국의 탐험가 에드 스태포드는 아마존강을 수원지부터 하구까지 걸어서 탐험한다. 아마존강의 길이는 9,656킬로미터에 달한다. 그의 탐험은 약 2년 반 동안 지속된다.

가장 높은 스카이 점프

미국인 앨런 유스타스는 열기구를 타고 성층권까지 올라간다. 그는 음속보다 빠르게 지상으로 떨어지다가 착륙 직전에 낙하산을 펼친다. 그가 지상에 도착하기까지 걸린 시간은 약 15분이다.

2010년

2014년

타이태닉호의 항해

'불침선'이 침몰하다

1912년 4월 10일, 거대한 증기선인 R.M.S. 타이태닉호가 영국 사우샘프턴에서 출항했다. '세계에서 가장 큰 배'라고 불렸던 타이태닉호는 약 2,200명의 승객과 승무원을 태우고 대서양 해역을 통과하며 미국 뉴욕을 향해 떠났다. 예정된 항해 일정은 약 7일이었다. '불침선'이라고 불렸던 타이태닉호는 아무도 모르는 사이 파국을 향해 나아가고 있었다.

나쁜 징조

1912년 4월, 타이태닉호 승무원들은 출항 전 석탄 저장고의 화재를 보고한다. 불을 당장 끌 수는 없지만, 항해는 가능하다는 판단이 나온다. 승무원들은 뉴욕에 도착하기 전까지 불길을 진화하라는 명령을 받는다.
4월 10일, 타이태닉호가 사우샘프턴에서 출항할 때 같은 항구에 있던 뉴욕호의 정박용 사슬이 타이태닉호의 프로펠러에 빨려 들어가 끊어진다. 이 사고로 두 배가 충돌할 뻔 했으나, 스미스 선장의 빠른 판단력과 몇 척의 예인선 덕분에 타이태닉호는 무사히 출항한다.

빙산 경보

타이태닉호는 대서양을 빠르게 횡단한다.
4월 12일, 엠프레스 오브 브리튼호는 타이태닉호에 처음으로 빙산 경보를 보낸다. 저녁에는 프랑스 선박 라투렌호가 경보를 전달한다. 이틀 뒤인 **4월 14일**에는 더 많은 빙산 경보가 도착한다. 이날 **오전 11시**, 스미스 선장은 첫 번째 일정인 구명정 훈련을 취소한다.
오후 2시, 선장은 첫 출항을 축하하기 위해 탑승 중이었던 브루스 이스메이(화이트스타라인 상무, 타이태닉호 선주)에게 빙산 경보에 대해 보고한다.

달이 없는 밤

4월 14일 저녁, 기온이 영하로 떨어진다. 추가적인 빙산 경보가 들어온다. 승객들과 식사 중이던 스미스 선장은 나중에야 소식을 듣는다.
오후 11시, 캘리포니아호는 빙산 때문에 저녁 항해를 중단한다는 마지막 경보를 보낸다. 하지만 통신사들은 승객의 소식을 전송하는 업무에 시달려 이 메시지를 보지 못한다.
오후 11시 40분, 달이 없고 고요한 밤에 승무원들은 빙산이 900미터 앞까지 다가왔는데도 발견하지 못한다. 윌리엄 머독 일등 항해사가 전속력 후진을 명령하며 급회전을 시도하지만, 이미 시속 40킬로미터로 달리던 타이태닉호는 그대로 빙산과 충돌한다. 이때 선체 오른쪽이 찢어지고 다섯 개 방수 구획이 뚫린다.

> "타이태닉호가 침몰할 위험은 없다.
> 이 배는 불침선이기 때문이다."
> **필립 프랭클린**
> (화이트스타라인 부사장)

여자와 아이 먼저

4월 14일 자정 직전, 스미스 선장과 배의 설계자 토머스 앤드루스는 피해 상황을 조사한다. 앤드루스는 믿고 싶지 않은 결론에 도달한다. 타이태닉호가 몇 시간 안에 침몰한다는 것이다. 자정에 타이태닉호는 첫 번째 구조 요청을 보내지만, 8킬로미터 거리에 있던 캘리포니아호는 메시지를 놓친다.
4월 15일 오전 12시 20분, 스미스 선장은 구명정을 사용하라고 지시한다. 타이태닉호가 보유한 20척의 구명정에는 1,200명만이 탑승할 수 있다. 승무원들은 여자와 아이부터 구명정에 태운다. 5분 뒤 카르파티아호가 구조 요청에 응답하지만, 107킬로미터나 떨어져 있다. 혼란한 사이, 구명정은 705명만을 태우고 떠난다. **오전 2시 20분**, '불침선' 타이태닉호는 차가운 바다 밑으로 가라앉는다. 1,500여 명의 승객과 승무원도 함께 잠든다.

구조와 구호

4월 15일 오전 4시 10분, 카르파티아호가 도착한다. 카르파티아호는 **오전 8시경** 생존자 705명을 태우고 떠난다. **4월 18일**, 생존자들은 뉴욕에 도착한다. 항구에는 세상을 뒤흔든 충격적인 소식을 듣고 달려온 이들의 가족과 친구들, 그리고 기자들이 있다. 생존자들은 인파에 에워싸인 채 배에서 내린다.

교훈

뉴스에서는 몇 달 동안 타이태닉호 소식을 보도한다. 각종 전문가들의 연구와 조사가 진행된 후 이 재앙은 사고로 간주된다. 이 거대한 증기선이 규정 이상의 속도로 항해한 것은 '관행'으로 판단되어 스미스 선장과 승무원들은 비난을 피한다. 이후 모든 선박은 탑승 인원만큼 구명정을 갖춰야 한다는 지침이 생긴다.

현대 세계

1914년 이후

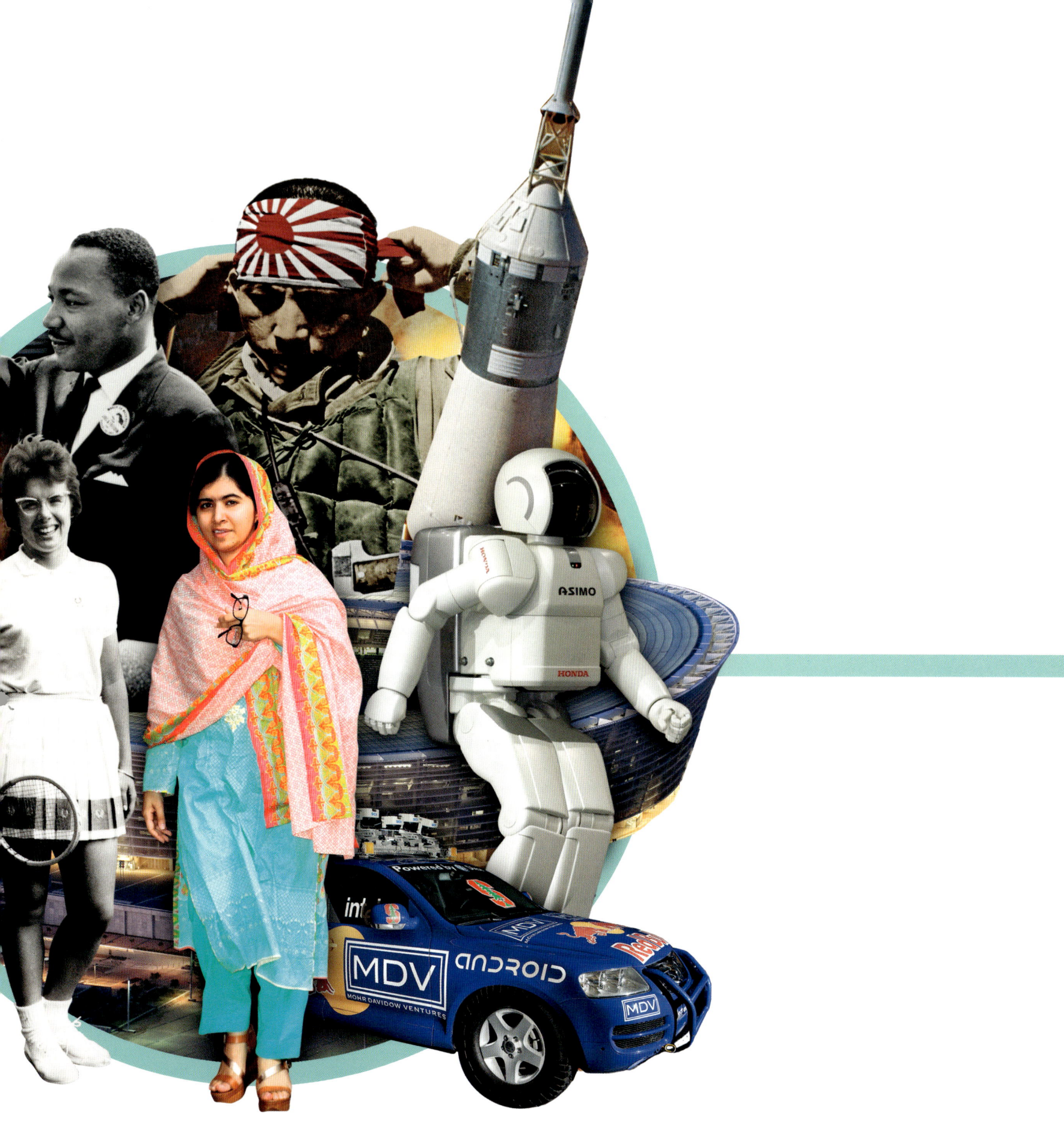

현대 세계

20세기 전반, 강대국 간의 갈등이 두 차례의 세계 대전으로 이어졌다.
유럽 주요국은 막대한 피해를 입었고, 해외 식민지를 통제할 힘마저 잃게 되었다.
20세기 후반에는 새로운 경쟁자들이 나타났다. 과학 기술이 눈부시게 발전한 것이다.
이제 인간은 우주를 여행할 수 있게 되었다. 컴퓨터가 발명되면서 시작된 디지털 시대는
21세기까지 계속되고 있다.

1924년
이오시프 스탈린이 소비에트 연방에서 공산당의 지도자가 되다.

1933년
아돌프 히틀러가 독일에서 권력을 장악하다.

1936~1939년
스페인에서 프랑코 장군이 이끄는 민족주의자와 정부 사이에 내전이 일어나다.

1945년
미국이 일본의 히로시마와 나가사키에 원자 폭탄을 투하하면서 제2차 세계 대전이 끝나다.

1948년
유엔이 팔레스타인 지역에 유대인의 정착지인 이스라엘 국가를 세우다.

1914~1918년
유럽 강대국 간의 전쟁이 제1차 세계 대전으로 번지다.

1929년
월가의 미국 증시가 폭락하면서 대공황이 시작되다.

1939년
히틀러가 폴란드를 침공하면서 제2차 세계 대전이 일어나다.

1941년
일본이 진주만을 공습하고, 미국이 제2차 세계 대전에 참전하다.

1948년
소련이 서베를린의 물자 공급을 봉쇄하면서 냉전이 시작되다.

1949년
마오쩌둥이 중화 인민 공화국 수립을 선언하다.

제1차 세계 대전
유럽에서 제1차 세계 대전 (248~249쪽 참고)이 일어난다. 전쟁의 여파는 전 세계 식민지까지 퍼진다. 이 전쟁으로 약 2,000만 명이 사망한다.

소비에트 연방
공산주의 혁명으로 러시아가 소비에트 연방(254~255쪽 참고)이 된다. 이오시프 스탈린의 치하에서 소련 국민은 큰 어려움에 직면한다.

제2차 세계 대전
독일의 아돌프 히틀러가 폴란드를 침공하면서 제2차 세계 대전 (258~267쪽 참고)이 일어난다. 이 전쟁으로 약 5,000만 명이 사망한다.

탈식민지화
제2차 세계 대전 이후 아프리카와 아시아의 많은 식민지국이 유럽으로부터 성공적으로 독립을 쟁취한다(268~269쪽 참고).

디퍼런스 엔진

19세기 초, 영국의 수학자이자 발명가인 찰스 배비지는 복잡한 수학 계산을 수행하는 기계를 설계한다. 하지만 컴퓨터의 시대가 시작된 것은 20세기 후반이다. 배비지는 생전에 자신이 설계한 기계를 만들지 못한다. 이 기계(왼쪽)는 그가 애초에 고안한 디퍼런스 엔진 #2 설계도를 따라 1980년대에 만든 것이다.

1950년
북한이 남한을 침공하면서 6·25 전쟁이 시작되다.

1960년
아프리카 17개국이 독립한 1960년은 '아프리카의 해'로 불리다.

1964년
미국이 베트남 전쟁에 공식 참전하다.

1989년
영국의 과학자 팀 버너스 리가 월드 와이드 웹(WWW)을 만들다.

1994년
남아프리카 공화국에서 넬슨 만델라가 대통령이 되다. 그는 최초의 흑인 대통령이다.

2001년
미국이 테러 공격을 당하다. 조지 W. 부시 대통령은 '테러와의 전쟁'을 선포하다.

1955년
아프리카계 미국인 로자 파크스가 버스에서 백인 남성에게 자리를 양보하라는 요구를 거절하다. 이 사건으로 흑인 민권 운동에 불이 붙다.

1962년
쿠바에 설치된 소련 미사일을 두고 소련과 미국이 신경전을 벌이면서 냉전이 격화되다.

1989년
베를린 장벽이 무너지다. 2년 뒤인 1991년에는 소비에트 연방이 해체되다.

2004년
쓰나미(지진 해일)가 동남아시아를 휩쓸다.

2017년
짐바브웨의 로버트 무가베 대통령이 퇴진하다.

중동
중동 내전(272~273쪽 참고)에 서양이 간섭한다. 분쟁은 수십 년 넘게 지속된다.

냉전
미국과 소련이 대립한다. 전 세계가 냉전 상태(282~283쪽 참고)에 접어든다.

시민권
아프리카계 미국인들이 시민권 운동(290~291쪽 참고)을 통해 법적 평등을 요구한다. 미국에서 노예 제도가 폐지된 후 100년이 넘은 시점이다.

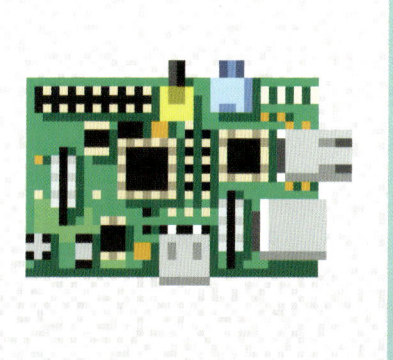

디지털 시대
컴퓨터, 인터넷, 스마트폰(298~299쪽 참고)이 발달한다. 누구나 언제 어디서든 정보를 쉽게 얻을 수 있는 디지털 시대가 열린다.

제1차 세계 대전

20세기 초, 유럽 각국은 영토와 패권을 두고 경쟁했다.
이들은 이해관계에 따라 군사 동맹을 맺었으며 적대적인 관계를 형성했다.
그야말로 폭풍 전야였다. 1914년부터 1918년까지 러시아, 프랑스, 영국,
오스트리아-헝가리 제국, 독일은 신식 무기와 전술을 활용해 전쟁을 치렀다.
제1차 세계 대전은 역사상 가장 피비린내 나는 전쟁으로 기록된다.

갈리폴리 전투
영국, 프랑스, 오스트레일리아, 뉴질랜드 군대가 터키를 점령하기 위해 갈리폴리 반도를 공격한다. 하지만 이들의 계획은 수포로 돌아간다. 연합군 20만 명이 죽거나 부상을 당한다.

전쟁이 일어나다
오스트리아-헝가리 제국은 대공 부부 암살 소식에 분노해 세르비아에 전쟁을 선포한다. 러시아는 세르비아를 지원하는 군대를 파견하고, 독일은 러시아에 선전 포고를 한다. 유럽 각국이 서둘러 동맹국을 지키는 데 합류하고, 경쟁국에는 선전 포고를 한다.

서부 전선
서유럽을 가로지르던 독일군이 연합군에 의해 진격을 중단한다. 양측 모두 참호를 판다. 이 참호는 스위스 국경부터 북해까지 645킬로미터에 이른다.

공중전
제1차 세계 대전은 전투기를 도입한 최초의 전쟁이다. 1915년 초에는 정찰과 사진 촬영을 위해 비행기를 사용한다. 전쟁 후반에는 비행기로 폭탄을 투하하기도 하고 공중전을 벌이기도 한다.

이전
1882년 독일, 이탈리아, 오스트리아-헝가리 제국은 삼국 동맹에 서명한다. 독일이 세력을 키우자 영국과 러시아는 긴장한다. 1907년 영국, 러시아, 프랑스는 이에 대항해 삼국 협상을 맺는다.

1914년 8월 1일

1914년 9월

1915년 1월

1915년 4월 25일 ~1916년 1월 9일

1914년 6월 28일

1914년 8월 26~30일

1914년 12월 25일

1915년 4월 22일

암살
오스트리아-헝가리 제국의 왕위 후계자인 프란츠 페르디난트 대공 부부가 보스니아 사라예보에서 암살당한다. 암살범 가브릴로 프린치프는 보스니아가 오스트리아-헝가리 제국이 아닌 세르비아에 속해야 한다고 주장하던 인물이다.

테넨베르크 전투
동부 전선에서 러시아군이 독일을 침공하지만 참패한다. 러시아 군사령관은 스스로 목숨을 끊는다. 러시아군의 사기는 전혀 회복되지 않는다.

성탄절 휴전
1914년 연말까지 서부 전선에서 양측이 교착 상태에 빠진다. 성탄절이 되자 군인들은 자발적으로 휴전에 돌입한다. 이날 군인들은 참호와 참호 사이 '무인 지대'에서 축구를 하고, 캐럴을 부르며 간단한 선물을 교환한다.

독가스
독일군은 새로운 무기인 독성 염소 가스를 살포한다. 벨기에 이프르 근처에서 최초로 독가스 공격이 개시된다. 이 공격으로 군인 5,000여 명이 죽고 약 1만 명이 부상을 입는다.

248

참호전

양측은 서부 전선을 따라 참호를 판다. 작은 대피호부터 정교한 구조물까지 다양한 참호가 생겨난다. 내부의 생활 환경은 참혹하다. 각 참호 사이의 '무인 지대'에는 철조망이 복잡하게 설치되어 있다. 기관총과 같은 신형 무기가 등장하고, 쏟아지는 탄막 속에서 엄청난 사상자가 나온다.

유틀란트 해전

덴마크 유틀란트반도에서 영국 해군과 독일 해군이 맞붙는다. 제1차 세계 대전 중 유일한 해전이다. 양국 모두 엄청난 피해를 입는다. 독일 해군은 도중에 전략적으로 철수한다.

1916년 5월 31일 ~6월 1일

유보트

독일은 식량과 탄약을 실은 영국의 비무장 상선에 어뢰를 발사하기 위해 유보트(잠수함)를 사용할 것이라고 알린다.

1917년 1월 31일

파스샹달 전투

파스샹달 전투가 몹시 나쁜 날씨 속에서 4개월간 치러진다. 약 60만 명의 사상자가 나온다.

1917년 7월 31일 ~11월 6일

전쟁이 끝나다

미국이 연합군 편에 서고, 독일은 패배한다. 양측은 전쟁 종료에 동의한다. 11월 11일 11시, 전쟁이 공식적으로 끝난다. '붉은 양귀비'는 제1차 세계 대전에서 죽어 간 수많은 병사를 상징한다.

1918년 11월 11일

이후

제1차 세계 대전에서 약 1,000만 명의 군인과 약 1,000만 명의 민간인이 희생된다. 1919년 독일과 연합국이 체결한 베르사유 조약으로 오스트리아-헝가리 제국과 오스만 제국이 해체된다. 이 조약은 독일에 굴욕과 분노만 남긴다. 각국 지도자들은 평화를 약속하지만, 1939년에 또다시 세계 대전이 일어난다.

1916년 2월 21일 ~12월 16일

1916년 7월 1일 ~11월 18일

1917년 4월 6일

1918년 3월 21일

베르됭 전투

프랑스에서 전쟁이 교착 상태에 빠진다. 독일군은 프랑스 베르됭에서 대대적인 공세를 계획한다. 이 전투에서 70만 명 이상이 목숨을 잃는다. 제1차 세계 대전에서 가장 길었던 전투다.

솜 전투

영국군은 전차를 방패 삼아 참호 밖 독일군 전선으로 돌격한다. 하지만 곧 가치 없는 포격을 맞는다. 전투 첫날에만 1만 9,000명 이상의 영국군이 전사한다.

미국이 참전하다

미국은 처음에는 중립을 지킨다. 하지만 1915년 5월 7일 독일의 공격으로 여객선 루시타니아호가 침몰하면서 미국인 승객들이 사망하자 입장을 바꾼다. 미국은 독일이 멕시코와 손을 잡으려 하는 것을 알아채고 연합국으로 참전한다.

춘계 공세

러시아가 항복한 후 독일은 연합군에 대규모 공격을 감행한다. 연합군에는 미군도 포함되어 있다. 독일군은 빠른 승리를 염원하지만 '결정타'를 날리지는 못한다.

1920년대

제1차 세계 대전의 참상이 지나간 뒤, '광란의 1920년대'가 시작되었다. 미국은 보다 태평하고 희망이 차오르는 나라가 되었다. 경제 호황이 찾아오고, 사람들은 자동차를 사거나 문화생활을 즐기는 등 삶의 여유를 누리게 되었다. 음악, 문학, 패션계는 새로운 아이디어로 활기가 넘쳤다. 강력한 예술 매체인 영화의 시대가 도래했다.

1920년 금주법
미국에서 음주가 금지된다. 범죄 조직이 불법으로 술을 만들어 팔고 밀매점을 운영하며 돈을 번다. 금주령은 1933년에 해제된다.

1922년 재즈의 시대
미국 뉴올리언스에서 재즈가 탄생한다. 흑인들은 초기 재즈의 주축이 된다. 재즈 음악의 특징은 강한 리듬과 즉흥성이다. 재즈는 미국 전역에서 선풍적인 인기를 끈다. 1920년대는 '재즈의 시대'라고 불리기도 한다.

1923년 찰스턴
찰스턴(172쪽 참고) 스텝이 유행한다. 이 스텝은 처음에 상스럽다고 여겨진다. 젊은이들은 바로 그 이유 때문에 이 춤에 매료된다. '찰스턴'이라는 이름은 1923년에 작곡된 노래에서 따온 것이다.

1925년 붐
제1차 세계 대전 당시 대량 생산을 하던 공장들이 소비재를 생산하기 시작한다. 사람들은 자동차와 사치품을 할부로 구매한다. 그 결과 경제 호황이 시작된다.

1926년 텔레비전이 탄생하다
텔레비전이 탄생한다. 스코틀랜드의 발명가 존 로지 베어드는 영국 런던에서 과학자들에게 최초의 텔레비전 영상을 보여 준다.

1927년 〈재즈 싱어〉
영화 〈재즈 싱어〉에서 동시 녹음 기법이 사용된다. 이 영화는 대성공을 거두고, 무성 영화 시대의 막이 내린다.

1927년 포드 모델 T
포드 자동차 회사가 최후의 모델 T 자동차를 생산한다. 이 차는 전 세계에서 약 1,650만 대가 팔린다. 경제 호황기에 대량 생산을 한 덕분이다.

1929년 아카데미상
미국 할리우드 루스벨트 호텔에서 제1회 아카데미상 시상식이 열린다. 영화예술과학아카데미(AMPAS)가 첫 시상을 한다. 이 상은 이후 '오스카상'이라는 이름으로도 불린다.

1929년 월가가 붕괴하다
경제 침체가 시작된다. 뉴욕 월가에서 수십억 달러의 미국 증시 가치가 사라진다. 월가가 붕괴한 것은 미국 역사상 가장 큰 경제 재앙으로 기록된다.

신여성
서양 패션계에 '신여성' 열풍이 분다. 신여성들은 기성세대에 반항하는 의미로 짧은 치마를 입고, 머리를 단발로 자르고, 재즈를 듣는다.

1930년대

월가가 붕괴하면서 '광란의 1920년대'가 끝났다. 1930년대는 이전의 어느 때보다 역경과 갈등이 심한 시기였다. 세계 모든 지역에 심각한 결과가 나타났다. 긍정적인 측면도 있었다. '뉴딜' 정책은 미국 경제를 정상 궤도에 올려놓았다. 만화책이 등장했고, 사람들은 이것을 보며 즐거워했다.

1930년 대공황
월가가 붕괴하면서 유럽은 미국 기업에 대한 투자나 수입을 중단하기 시작한다. 이후 대공황이 터진다. 수많은 사람이 집과 일자리를 잃고, 식품과 같은 기본적인 생필품도 사지 못한다. 유럽 국가도 타격을 입는다.

1931년 유럽의 경제 위기
독일과 오스트리아가 경제 위기를 겪는다. 5월, 오스트리아에서 가장 큰 상업 은행이 도산한다. 이로써 유럽 전역이 공황을 맞이한다. 독일에서는 사람들이 추위를 피하기 위해 지폐를 땔감으로 쓴다. 인플레이션의 영향이다.

1932년 후버빌
200만 명 이상의 미국인이 노숙자가 되고, 인구의 25퍼센트가 일자리를 잃는다. '후버빌'이라는 빈민가가 등장한다.

1933년 히틀러와 파시즘
아돌프 히틀러가 독일의 경제 문제 해결을 약속하며 권력을 잡는다. 히틀러와 나치당은 전체주의와 독일 민족주의를 강조하면서 자유주의 이념과 소수 민족을 배척하는 경향을 보인다.

1933년 뉴딜 정책
미국 대통령으로 당선된 프랭클린 D. 루스벨트는 국민들에게 '뉴딜' 정책을 약속한다. 이 정책에는 일자리 문제와 대공황을 해결하기 위한 사회 복지 사업 등이 포함되어 있다.

1934년 더스트 볼
미국과 캐나다의 대초원에서 가뭄이 몇 년간 이어지고, 이로 말미암아 먼지 폭풍이 발생한다. 농사가 망하면서 대공황이 악화된다.

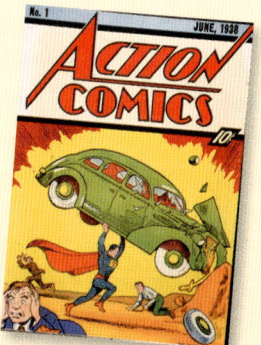

1936년 스페인 내전
프란시스코 프랑코 장군이 이끄는 스페인 민족주의자들이 반란을 일으킨다. 친정부 성향의 지지자들은 민족주의자에 맞서 단결한다. 3년간 지속된 내전은 민족주의자의 승리로 끝난다.

1938년 슈퍼히어로 등장!
'만화책의 황금기'가 도래한다. 슈퍼맨, 원더우먼 등 슈퍼히어로가 등장한다.

1939년 제2차 세계 대전
히틀러가 폴란드를 침공하자, 영국과 프랑스가 독일에 선전 포고를 한다. 이렇게 제2차 세계 대전이 시작된다.

구호 음식 대기 행렬
경제가 붕괴되면서 수많은 사람이 집과 일자리를 잃는다. 거리로 몰린 사람들은 살기 위해 자선에 의존한다. 이들은 구호 음식을 받기 위해 줄을 선다. 어떤 사람들은 실업자처럼 보이지 않기 위해 일부러 옷을 잘 차려입는다.

고고학의 역사

고고학은 선대인들이 남긴 유물이나 유적을 통해 과거를 연구하는 학문이다. 전 세계의 고고학자들은 땅속에 매몰된 마을을 찾아내고, 잊힌 문명을 발견하고, 화려한 유물을 발굴해 왔다. 고고학자들이 발견한 유물이나 유적을 통해 과거 왕실의 생활상뿐 아니라 평범한 사람들의 일상생활 모습까지 알 수 있게 되었다.

폼페이를 발견하다
이탈리아에서는 기원후 79년 화산 폭발로 매몰된 폼페이를 파내기 시작한다. 사람들은 그곳에서 예술 작품을 찾으려고 한다. 폼페이의 거리, 상점, 가정집, 사원들이 드러난다. 화산 폭발 당시 잿더미에 묻힌 사람의 모습이 시신이 부패해 사라진 빈 공간에 그대로 나타난다.

1748년

1797년

역사의 층위
역사학자 존 프레어는 영국 서퍽의 혹슨에 있는 석기 시대 유적지를 묘사하기 위해 최초로 층위학을 도입한다. 층위학은 가장 낮은 지층이 가장 오래되었다는 것을 기본 개념으로 삼는 학문 분과다.

상형 문자를 해독하다
장 프랑수아 샹폴리옹은 1799년 이집트에서 발견된 로제타석을 이용해 이집트의 상형 문자를 해독한다. 로제타석에는 고대 그리스 문자, 상형 문자, 데모틱 문자가 새겨져 있다.

1822년

우루크 유적
영국의 고고학자 윌리엄 로프투스는 오늘날 이라크 남부에서 수메르의 도시인 우루크를 발견하고 발굴 작업에 들어간다. 기원전 4500년경에 세워진 우루크는 세계에서 가장 오래된 도시다.

아시리아의 유물
영국의 고고학자 헨리 레이어드는 오늘날 이라크 땅에서 님루드와 니네베의 아시리아 궁전을 발견한다. 그는 이곳에서 인간의 머리, 새의 날개, 사자 또는 황소의 몸통을 가진 신들의 조각상을 발견한다.

세 시대 체계
덴마크의 역사학자 크리스티안 톰센은 선사 시대를 석기 시대, 청동기 시대, 철기 시대로 구분한다. 이는 인간이 사용한 주요 도구에 따른 것이다. 그는 인간이 초기에는 석기, 그다음은 청동기, 나중에는 철기를 사용했다고 추론한다.

1836년

1849~1854년 **1845~1851년**

미케네 왕릉
독일의 고고학자 하인리히 슐리만은 트로이, 미케네, 티린스 등을 발견한다. 슐리만은 트로이 전쟁을 둘러싼 그리스 전설에 관한 숨은 진실을 찾고자 한다. 그는 미케네 왕릉에서 황금 가면을 발견한다.

1871~1890년

고크스타트호
노르웨이의 역사가 니콜라이 니콜라이슨은 9세기에 사용된 고크스타트호를 발굴한다. 길이가 23미터인 이 배는 보존 상태가 완벽하다. 배에는 바이킹 지도자의 시신이 보관되어 있다.

1880년

이후
고고학은 현재 진행형이다. 1991년, 알프스산맥 등산객들은 약 5,300년 된 냉동 인간 외치를 발견한다. 2016년에는 가장 오래된 손으로 쓴 평판이 영국에서 발견된다. 여기에는 고대 로마인의 필체가 남아 있다.

병마용
7,000명의 실물 크기 병사 모형이 묻힌 갱이 발굴된다. 이것은 기원전 210년 중국 황제인 진시황의 영혼을 지키기 위해 무덤 주변에 묻힌다.

1974년

툴룬트 인간
덴마크 툴룬트에서 토탄(土炭)을 자르던 두 형제가 2,000년 전에 죽었는데도 완벽하게 보존된 한 남자의 시신을 발견한다. 그의 위 속에는 보리와 캐모마일이 들어 있다. 이는 남자의 마지막 식사로 추정된다.

1950년

갑골 문자
중국의 고고학자 리지는 기원전 1600년부터 1046년까지 중국 북부를 다스린 상나라의 수도 안양을 발굴한다. 그는 고대 상형 문자가 새겨진 수많은 동물 뼈를 발견한다.

1928~1937년

파칼 왕의 무덤
멕시코의 고고학자 알베르토 루즈 륄리에는 멕시코 팔렝케에서 마야의 피라미드 사원 아래를 파고 파칼 왕의 무덤을 발견한다. 파칼의 백골에는 아름다운 옥색 모자이크 가면이 덮여 있다.

1948~1952년

우르의 무덤
영국의 고고학자 레너드 울리는 우르에서 기원전 2750년부터 2400년까지 조성된 수메르 왕릉을 발굴한다. 황금과 청금석의 염소상 등이 유물로 나온다.

1927년

인더스 문명
영국의 고고학자 존 마샬은 인도에서 하라파와 모헨조다로를 발견한다. 그는 기원전 2500~1800년경 번성한 인더스(하라파) 문명의 존재를 알아낸다.

1921~1922년

마추픽추
미국의 고고학자 하이럼 빙엄은 페루의 안데스산맥에서 잃어버린 잉카의 요새인 마추픽추를 발견한다. 마추픽추는 해발 2,430미터의 산등성이에 세워진 도시다. 16세기 이후로 사람이 살았던 흔적이 남아 있지 않다.

1911년

파라오의 무덤
영국의 고고학자 하워드 카터는 파라오의 무덤을 발견한다. 이것은 유일하게 도굴되지 않은 이집트의 왕실 매장지다. 왕은 기원전 1327년에 푸른 유리로 무늬를 새긴 황금 마스크를 쓰고 매장된다.

1922년

계기연대법
영국의 고고학자 플린더스 페트리는 이집트에서 계기연대법을 개발한다. 그는 나카다의 묘지에서 발굴된 도자기 양식의 변화를 기록하며 묘지의 날짜를 알아낸다.

1880~1901년

미노스 문명
영국의 고고학자 아서 에반스는 그리스 크레타섬에 있는 크노소스 궁전을 발굴한다. 이 과정에서 기원전 2000~1500년 청동기 시대의 문명이 세상에 알려진다. 이 문명은 '미노스 문명'이라고 불린다. 크레타섬의 전설적인 왕 미노스의 이름을 딴 것이다.

1900~1905년

소비에트 연방

20세기 초, 러시아는 대격변을 겪었다. 왕정이 끝나고 두 번의 혁명과 내전이 일어났다. 이 나라는 소비에트 연방으로 재탄생한 후 최초의 공산주의 국가가 되었다. 사람들은 정부가 토지와 농장과 같은 자원을 관리하고, 이를 통해 얻은 부를 인민에게 똑같이 분배해야 한다고 믿었다. 1940년대부터 소련은 유럽 여러 나라를 점령하고, 이들이 공산주의를 택하도록 강요했다.

냉전이 시작되다
영국, 미국, 프랑스가 관할하던 독일 지역은 서독이 된다. 동독은 여전히 소련 관할 구역이다. 소련은 서독을 위협하기 위해 서베를린으로 향하는 교통로를 차단한다.

1948~1949년

대숙청
스탈린은 자신의 반대파를 제거한다. 공산당원, 군 지도자, 농민 등 약 2,000만 명이 굴라크 (강제 수용소)로 끌려간다.

1936~1938년

제2차 세계 대전
소련과 독일이 조약을 맺고 폴란드를 침공한다. 이로써 제2차 세계 대전이 시작된다. 독일은 소련을 배신하고 기습 공격한다. 전쟁은 독일 나치의 패배로 끝난다. 독일과 베를린은 네 구역으로 쪼개지고 영국, 미국, 프랑스, 소련이 각 구역을 관할한다.

1939년

대기근
집단 농장은 실패로 끝난다. 농촌의 곡식은 도시 사람들에게 돌아가고, 농민들은 빈곤에 시달린다. 이는 약 800만 명이 사망한 우크라이나 대기근으로 이어진다.

1932년

5개년 계획
소련의 산업화를 위해 스탈린은 공장 생산량을 석탄, 금속, 석유 등 부문마다 계획을 세운다. 1928년부터 불모지를 거대한 집단 농장을 만든다.

1928~1932년

스탈린이 등장하다
소련의 공산당 지도자 블라디미르 레닌이 사망하면서 이어 권력을 쥐게 된 경쟁자들을 제거하고, 지지자들을 강력한 위치에 둔다.

1924년

차르에서 소련까지
19세기부터 러시아 인민들은 더 나은 삶을 갈망한다. 대기근으로 혁명이 일어나고, 차르는 권력을 잃는다. 이후 공산주의 정당인 볼셰비키가 권력을 잡는다. 정치적 격동의 결과로 1922년 소련이 결성된다.

1905년
차르 니콜라이 2세는 국민이 선출한 정부에 권력을 위임한다.

1917년 3월
차르의 퇴위를 요구하는 대규모 시위가 일어나다.

1917년 11월
블라디미르 레닌이 이끄는 볼셰비키가 정권을 장악하다.

1918년
볼셰비키가 반대 세력을 숙청하고 러시아 공산당이 되다.

1922년
러시아 공산당이 소비에트 연방을 세우다.

초고층 빌딩의 역사

19세기 최초의 고층 빌딩부터 오늘날의 초고층 유리 타워까지, 빌딩은 현대 사회의 상징으로 통한다. 건설 방식과 건축 자재가 발달하면서 초고층 빌딩은 높이가 더욱 높아지고 있다.

오늘날 많은 건축가와 기술자는 친환경적인 초고층 빌딩 설계에 도전하고 있다.

> "초고층 빌딩은 예술과 도시가 만나는 지점이다."
> 에이다 루이즈 헉스터블
> 『예술로 다시 보는 초고층 빌딩』, 1984년

크라이슬러 빌딩

미국 기업들은 뉴욕에서 가장 높은 본사 건물을 짓기 위해 경쟁한다. 자동차 제조업체인 크라이슬러는 1930년 맨해튼 은행과 경쟁하면서 스테인리스 첨탑을 빌딩 꼭대기에 올린다. 크라이슬러 빌딩의 높이는 318미터다.

엠파이어 스테이트 빌딩

엠파이어 스테이트 빌딩이 완공된다. 이 빌딩은 뉴욕의 실업자들에게 일자리를 제공하는 등 대공황 속에서 희망의 상징이 된다. 102층인 이 빌딩은 이후 40년간 세계에서 가장 높은 건물로 통한다.

트윈 타워

트윈 타워는 기술자들이 높고 단단한 구조물에 미치는 바람의 영향을 연구해 전례 없는 높이로 세운 건물이다. 1971년에 완공된 이 건물은 도시가 가진 부와 권력의 상징으로 통한다. 2001년, 테러리스트의 공격으로 두 건물이 붕괴된다.

페트로나스 타워

1998년에 완공된 페트로나스 타워는 말레이시아 쿠알라룸푸르에 있는 쌍둥이 초고층 빌딩이다. 높이는 452미터이며, 스카이브리지로 연결되어 있다.

부르즈 칼리파

두바이에서 부르즈 칼리파가 문을 연다. 이 건물은 828미터이며, 100킬로미터 떨어진 곳에서도 보일 정도로 높다. 부르즈 칼리파에는 화재 발생에 대비한 대피소가 각 층마다 있다. 이는 트윈 타워 테러 사건을 교훈 삼아 만들어진 공간이다.

상하이 타워

상하이 타워가 완공된다. 이 타워는 비틀린 형태를 띠며 높이가 632미터다. 건물의 엘리베이터는 시속 74킬로미터로 이동하는데, 이는 세계에서 가장 빠른 속도다. 친환경 설계를 적용한 이 건물은 빗물을 재활용해 냉난방에 들어가는 에너지를 절약할 수 있다.

제다 타워

사우디아라비아에 세워지고 있는 이 초고층 빌딩은 최초로 높이가 1킬로미터가 넘는 건물이 될 것이다. 2021년에 완공될 예정이다.

다이내믹 타워

아랍 에미리트에서 다이내믹 타워가 완공된다. 이 건물은 각 층 사이에 풍력 발전 터빈을 설치해 모든 에너지를 자체적으로 생산한다. 건물의 각 층은 독립적으로 회전해 건물 사용자들에게 끊임없이 변화하는 전망을 제공한다.

256

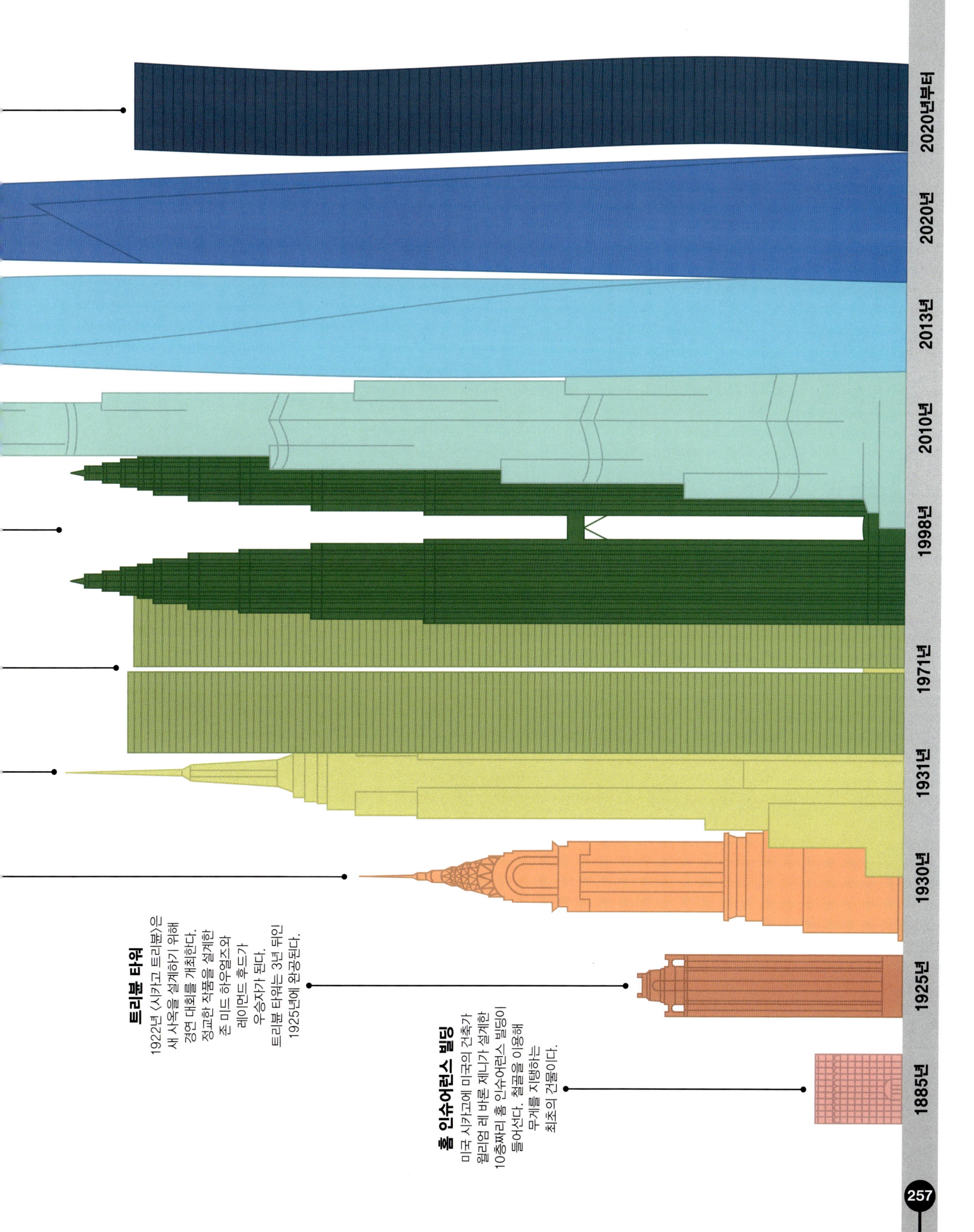

이전
제1차 세계 대전 후 베르사유 조약이 체결되고, 독일 국민은 분노한다. 1933년, 히틀러는 이러한 분위기에 힘입어 권력을 장악한다. 베르사유 조약은 독일의 세력 확장을 금지하지만, 히틀러의 군대는 1938년 오스트리아에 입성한다. 유럽 각국은 더욱 공격적으로 변해 가는 히틀러를 결국 막지 못한다.

전쟁이 일어나다
9월 1일, 히틀러의 부대가 폴란드를 침공한다. 프랑스와 영국은 독일에 선전 포고를 한다. 히틀러는 압도적인 군사력으로 폴란드를 점령한다.

1939년 9월 3일

전격전
히틀러는 전격전 전술로 네덜란드, 벨기에, 프랑스, 룩셈부르크를 침공한다. 같은 날, 윈스턴 처칠은 영국 총리가 된다.

1940년 5월 10일

대서양 전투
영국은 미국 보급선을 통해 제공된 석유, 식량, 원자재에 의존한다. 독일의 유보트(잠수함)는 이 보급선을 침몰시킨다. 연합군은 호송 선단을 출항시킨다.

1940~1941년

블리츠
거의 40주 동안, 독일은 영국의 마을과 도시에 일명 '블리츠(전격)'라 불리는 야간 공습 작전을 감행한다. 영국이 더 이상 전쟁을 치를 수 없게 하기 위해서다. 사람들은 지하 대피소로 몸을 숨긴다. 아이들은 공격 위험이 적은 지역으로 피신한다.

1940년 9월 ~1941년 5월

유럽의 제2차 세계 대전

1939년부터 1945년까지 일어난 제2차 세계 대전은 역사상 가장 많은 피해를 낳은 전쟁이었다. 각국이 하나둘씩 분쟁에 가담하면서 세계는 추축국(독일, 이탈리아, 일본이 주도)과 연합국(영국, 프랑스, 소련으로 구성. 나중에 미국 참가)으로 나뉘었다. 이 전쟁으로 수백만 명이 죽거나 다쳤다.

1941년 1월 22일~12월 10일

토브루크 전투
연합군은 북아프리카 리비아의 토브루크를 점령하고, 9개월간 독일군의 공격을 막아 낸다. 끈질긴 방어 덕에 독일은 이집트로 진출하지 못한다.

1941년 4월 6일

발칸반도 침공
독일·이탈리아·불가리아 군대가 유고슬라비아를 공격한다. 유고슬라비아는 끝내 항복한다. 4월 27일, 아테네가 함락되면서 그리스 전투는 끝이 난다. 히틀러는 이제 지중해에 직접 접근할 수 있다.

1941년 6월 22일~1943년 2월 2일

러시아 침공
독일은 엄청난 군사력으로 러시아를 공격한다. 전투는 거의 2년간 이어진다. 독일은 혹독한 겨울을 보내다가 1943년 2월 2일 스탈린그라드 전투에서 패배한다. 이 전투는 제2차 세계 대전의 전환점으로 기록된다.

1942년 11월 8일

횃불 작전
프랭클린 D. 루스벨트 대통령이 미국 참전을 결정한다. 미군은 연합군이 북아프리카를 성공적으로 침공하는 데 도움을 준다. 7개월간의 전투 끝에 독일군과 이탈리아군은 항복을 선언한다.

1940년 5월 27일~6월 3일

됭케르크
독일군이 프랑스로 진군한다. 연합군 수천 명이 프랑스 북부 해안의 됭케르크 해변에 갇힌다. 영국과 프랑스의 민간인 보트가 해협을 건너와 연합군을 구출한다.

이탈리아가 참전하다
이탈리아의 독재자 베니토 무솔리니가 추축국 일원으로 참전한다. 무솔리니는 그리스 침공을 명령하지만, 히틀러가 지원군을 파견해야만 성공할 수 있다.

1940년 6월 10일

1940년 6월 14일

프랑스가 함락되다
유럽 강대국 중 하나인 프랑스가 6주간의 전투 끝에 함락된다. 독일군은 파리에 의기양양하게 입성한다. 프랑스 대부분이 독일 치하에 놓인다. 이제 히틀러는 다른 곳으로 눈을 돌린다.

브리튼 전투
히틀러는 영국 해협을 가로질러 영국을 공습한다. 영국 공군은 레이더를 도입해 제공권을 확보하고 적군의 침공을 막아 낸다.

사막 전투
북아프리카의 이집트와 리비아에서 연합군과 추축군이 격전을 벌인다. 험난한 사막 지역 안에서 전차전과 항공전이 벌어진다.

1940년 7월 10일~10월 31일

1940년 6월~1943년 5월

폭격
연합군은 독일을 굴복시키기 위해 작전을 짠다. 미군은 낮에, 영국군은 밤에 독일 도시들을 폭격한다. 무자비한 폭격으로 60만 명의 민간인이 사망하고, 수많은 도시가 파괴된다.

베를린이 함락되다
250만 명의 소련군과 6,000대의 전차가 최후의 공격을 위해 베를린에 배치된다. 4월 30일, 소련군은 독일의 옛 제국 의회 의사당(라이히슈타크)을 장악한다.

독일이 항복하다
4월 30일, 히틀러가 자살한다. 7일 뒤 독일은 연합군에 무조건 항복을 선언한다. 이로 말미암아 유럽에서 전쟁이 끝난다. 5월 7일은 연합국의 유럽 전승 기념일이 된다.

1943년 6월 10일

1944년 6월 6일

1945년 4월 23일

1945년 5월 7일

노르망디 상륙 작전
연합군이 프랑스를 침공하는 '노르망디 상륙 작전'이 시작된다. 무려 4년에 걸쳐 계획된 작전이다. 약 15만 명의 병력이 프랑스 해안에 상륙한다. 독일군과 6주 동안 전투를 벌인 뒤에 연합군은 나치를 물리치고, 도시는 해방된다.

이후
1945년 7월 17일, 포츠담 회담에서 연합군은 독일과 베를린을 분할 점거한다. 분쟁에 대한 평화적인 해결책을 모색하기 위해 유엔이 창설된다. 전쟁은 끝났지만, 유럽은 난민 위기를 겪는다.

259

일상에 찾아온 전쟁

제2차 세계 대전은 군인들만의 전쟁이 아니었다. 평범한 시민들의 삶에도 전쟁이 찾아왔다. 누구나 전시 상황에 적응해야 했으며 일상을 빼앗겼다. 식량이 배급되고, 아이들은 피난을 가고, 도시는 폭격을 당했다.

1939년

영국, 전쟁을 준비하다

6월
전쟁이 다가오다

전쟁이 임박한다. 공습 대피소가 지어지고, 등화관제 커튼이 드리워지고, 병원들은 부상자를 치료할 준비를 한다. 제1차 세계 대전 당시 결정적인 역할을 한 여성 농촌 부대(WLA)는 농장을 돕기 위해 다시 결성된다.

없이 지내기

8월
배급제를 도입하다

물자가 부족해진다. 이는 전 세계인이 '없이 지내는 상태'에 적응해야 한다는 사실을 의미한다. 독일은 식량 배급제를 도입한다. 히틀러는 국민의 사기 저하를 우려해 제한 조치를 최소한으로 유지한다. 1940년 1월, 영국에서는 베이컨, 버터, 설탕이 배급된다.

피난

9월 1일

영국 정부는 나치의 폭격을 예상하고, 작전명 '피리 부는 사나이'를 실시한다. 약 300만 명이 해외나 시골 지역으로 피난 간다. 대부분이 어린아이이다. 프랑스에서는 독일의 폭격을 피해 스트라스부르 인구 전체가 대피하기도 한다.

방독면

9월

수백만 개의 방독면이 영국의 가정에 보급된다. 많은 사람이 가스 공격이 주는 공포와 스페인 내전 당시 항공기 폭격을 기억한다.

1940년

포위당한 영국

6월
대서양 전투

영국은 식량의 상당 부분을 수입에 의존한다. 독일 유보트는 북아메리카에서 영국으로 약 300만 톤의 생필품을 운반하는 연합국 상선을 침몰시킨다. 대서양을 횡단하는 선박에 문제가 생기자, 영국 사람들은 기아의 위험에 빠진다.

자유 프랑스

6월 18일
저항의 시작

나치가 프랑스를 점령한다. 샤를 드골은 영국 런던으로 날아가 라디오 방송을 한다. 그는 프랑스가 나치 침략자들에 저항할 것을 호소한다. 프랑스 망명 정부인 '자유 프랑스'가 시작된다.

1940년

7월 3일

폭격을 피하는 대피소

독일이 시가지를 폭격한다. 영국 민간인들은 전선에 투입된다. 카디프는 폭격을 당한 최초의 도시다. 9월 7일, 영국 런던에서는 '블리츠'로 알려진 수많은 공습 중 첫 번째 공격이 일어난다. 사람들은 공습이 계속되자, 대피소와 지하철역으로 피신한다.

9월 15일

폴란드 비행사

폴란드 비행사들이 영국으로 탈출해 브리튼 전투에 합류한다. 이들은 영국 공군을 도와 용감하게 싸운다.

1941년

소비에트의 선전

6월

독일이 소련으로 들어온다. 소련은 주민들을 규합하고 나치 침략자들에 맞설 것을 선전한다. 소비에트의 포스터는 젊은이들에게 군에 입대할 것을 촉구하고, 노동자들에게 전쟁을 위해 더 많이 생산할 것을 격려하며, 민간인들에게 적의 침략을 막기 위한 사보타주(방해 행위)를 하게 만든다.

치마 입은 군인

12월 7일

일본이 하와이 진주만을 공격한 이후 미국이 전쟁에 돌입한다. 미국 여성들도 군에 입대한다. 이는 당시 논란을 불러일으킨다. 많은 사람이 전쟁은 남성들의 일이라고 생각했기 때문이다.

1942년

최후의 해결책

1월 20일

나치당은 유럽에 있는 유대인을 모두 없앨 계획을 세운다. 베를린 근교의 반제에서 열린 회의에서 나치당은 유럽 전역의 유대인을 폴란드에 있는 죽음의 수용소로 이송할 계획을 공식화한다. 이후 유대인은 죽음의 수용소에서 사망하거나 힘든 노동에 시달린다.

위험한 노동

1942년

전쟁이 한창일 때, 각국은 탄약, 전차, 총, 폭발물 등을 계속해서 만들어 낸다. 군수 공장에서는 전선으로 떠난 남성들 대신 여성들이 노동을 떠맡는다. 여성들은 기계공, 용접공, 기술자, 운전사, 기계 조작원 등으로 일한다.

1943년

독일의 군수 공업

2월

히틀러는 '총력전'에 돌입한다. 경제와 사회 시스템 전체가 군수 생산을 위해 돌아간다. 독일은 나치 점령국에서 노예 노동에 걸맞은 사람들을 데려온다.

레지스탕스

1943~1944년

프랑스에서 나치 점령자들에게 저항하는 운동이 불붙는다. 프랑스 국민들은 전국의 저항 단체에 가입한다. 저항 세력은 반(反)나치 선전을 퍼뜨리고, 고립된 연합군 비행사를 지원한다. 또한 나치의 점령에 맞서 싸우기 위해 사보타주나 게릴라 전술을 이용한다.

1945년

히로시마와 나가사키

8월 6~9일

미국이 일본의 히로시마와 나가사키에 최초로 원자 폭탄을 투하한다. 약 12만 명이 그 자리에서 죽는다. 전례 없는 공격으로 일본은 무조건 항복을 선언한다. 하지만 폭격은 인도주의적인 해결을 묵살해 버린다.

블리츠

'블리츠' 공습 기간 (1940년 9월~1941년 5월)에 독일은 영국 런던에 71회에 달하는 야간 폭격을 퍼붓는다. 공습 경보대와 민간인들은 파괴된 건물 잔해 속에서 생존자를 수색한다.

홀로코스트

1933년부터 1945년까지 독일을 반유대주의 정치 조직인 나치당 지하에 놓였다. 나치당은 독일이 불운을 유대인 탓으로 돌렸다. 나치는 강제 수용소 수천 곳을 지었다. 이들은 600만 명의 유대인뿐만 아니라 500만 명의 동성애자, 장애인, 집시, 정치범을 감금하고 죽였다.

안네 프랑크

안네 프랑크도 제2차 세계 대전이 일어났을 때 네덜란드에 살고 있던 어린 유대인 소녀다. 안네는 나치 점령 아래에서 은신하는 동안 자신의 생각과 경험을 일기에 기록한다. 안네는 베르겐-벨젠 강제 수용소에서 죽지만, 그녀의 일기는 보존된다. 그녀의 글은 나치 점령 아래 살던 사람들이 느꼈을 공포와 고난을 생생하게 담고 있다.

폴란드의 아우슈비츠

아우슈비츠-비르케나우 강제 수용소 입구까지 철도가 놓인다. 홀로코스트 기간에 아우슈비츠에서 100만 명 이상이 목숨을 잃는다. 현재 이 수용소는 후대인을 위한 박물관으로 남아 있다.

다하우 강제 수용소 — 1933년 3월

나치는 권력을 장악한 지 몇 달 만에 뮌헨 근처 다하우에 최초의 강제 수용소를 개설한다. 이곳에는 약 1만 2,000명이 수용된다. 대부분이 공산주의자들과 국가의 적으로 여겨진 사람들이다.

뉘른베르크 인종법 — 1935년 9월 15일

나치당은 독일 뉘른베르크에서 개최한 연례 집회에서 유대인의 권리를 더욱 제한하는 법을 통과시킨다. 이 법은 유대인을 시민권을 잃고, 유대인이 아닌 이와 결혼하지 못하게 된다.

크리스탈나흐트 — 1938년 11월 9~10일

나치 대원들은 독일과 오스트리아에서 유대인의 상점, 가정집, 유대교 회당 등을 공격한다. 약 3만 명의 유대인이 강제 수용소로 이송된다. 폭력이 난무한 밤이었다.

킨더트랜스포트 — 1938년 12월 2일

크리스탈나흐트 이후, 수많은 유대인이 독일을 떠난다. 일부는 유대인 이들을 가족한다. 킨더트랜스포트로 알려진 구조 작전으로 약 1만 명의 유대인 아이들이 부모 곁을 떠나 영국으로 출발한다.

유대인 게토 — 1939년 9월 21일

나치가 폴란드를 침공할 때, 폴란드의 유대인을 나치 통제 구역인 게토로 강제 이주시킨다. 이곳의 생활 공간은 2주 비좁다. 식량과 의약품도 부족하다.

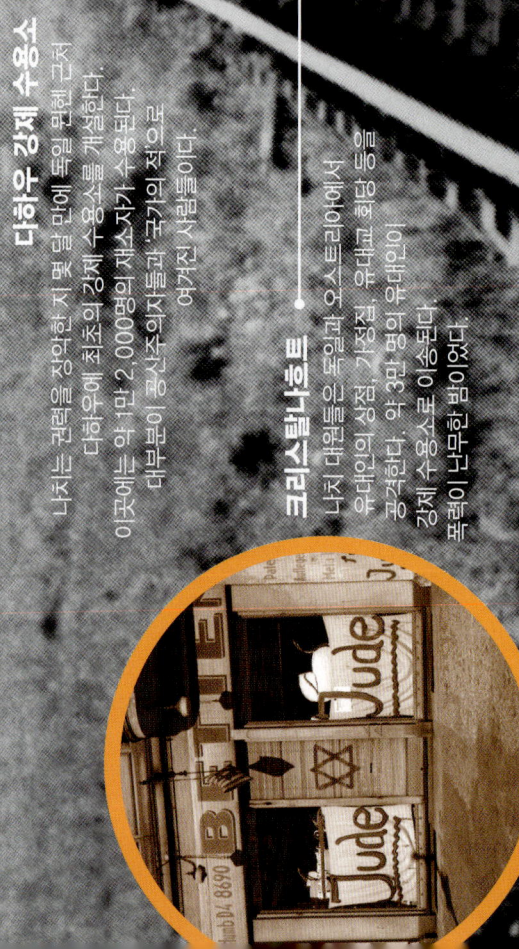

1940년 6월 14일
아우슈비츠 강제 수용소
첫 번째 제소자가 폴란드 아우슈비츠 강제 수용소에 도착한다. 폴란드 수용소 대부분은 제소자 정치 반군이다. 이들은 도착 순서대로 숫자 문신을 새긴다.

1941년 9월 1일
다윗의 별
9월 1일, 나치가 유럽을 점령한다. 6세 이상 유대인은 '다윗의 별' 모양 배지를 달게 된다. 유대인을 다른 민족과 구분하기 위해서다. '다윗의 별'은 유대인을 상징한다.

1942년 1월 20일
최후의 해결책
나치의 고위 간부들은 유럽 내 유대인을 몰살하려는 계획을 논의한다. 이들에게 유대인은 열등한 인간이자 해결해야 할 문제로 통한다. 이들은 '최후의 해결책'으로 모든 유대인을 폴란드로 이송한다. 수용소에서 살해하기 위해서다.

1942년
가스실
나치는 대량 학살을 위한 체계적인 방법을 고안한다. 이들은 밀폐된 샤워실에 유대인을 가득 채우고 독가스를 살포한다. 시신들은 집단 매장되거나 화장된다.

1942년 2월 15일
죽음의 수용소
나치가 점령한 폴란드에 '죽음의 수용소' 여섯 곳이 세워진다. 유럽 전역에서 유대인이 붙잡힌다. 이들은 기차에 실려 노예 노동을 하거나 즉각 처형될 수용소로 이동한다.

1944년 7월~1945년 5월
해방
연합군이 독일로 진격한다. 강제 수용소는 나치로부터 해방된다. 군인들은 직접 목격한 참상에 경악한다. 사람들은 쇠약하고 굶주렸으며 병들어 있다. 해방 후에도 수천 명이 사람이 목숨을 잃는다. 감옥에 갇혀 있는 동안 걸린 질병 때문이다.

1945~1949년
뉘른베르크 재판
1945년 9월, 연합군은 홀로코스트 책임자들을 재판에 회부한다. 이 재판은 텔레비전으로 방송된다. 대중은 나치 전쟁 범죄가 얼마나 끔찍했는지 처음으로 알게 된다.

1948년 5월 14일
유대인의 조국
홀로코스트의 참상 이후, 국제 사회는 유대인 생존자들이 조국을 세울 땅을 찾아야 한다는 압력을 받는다. 마침내 중동에 이스라엘이라는 새로운 국가가 세워진다.

노르망디 상륙 작전

1944년 6월 6일, 영국·미국·캐나다·프랑스 연합군은 역사상 가장 큰 규모의 육해공 상륙 작전을 개시한다. 군대는 사진에 보이는 오마하 해변을 포함해 프랑스 노르망디 해변에 상륙한다. 이날이 끝날 무렵, 15만 명이 넘는 군대가 노르망디에 도착한다. 이들은 앞으로 며칠에 걸쳐 더 많은 병력이 상륙할 수 있도록 내륙으로 이동한다. 이 작전은 유럽을 나치 치하로부터 해방시키기 위한 첫걸음이었다.

태평양 전쟁

유럽에서 시작된 제2차 세계 대전은 1941년경 전 세계로 확장되었다.
대부분 아시아·태평양 지역에서 연합군과 일본군 사이의 전투가 벌어졌다.
이때 일본군은 독일과 이탈리아 등 추축국의 지원을 받았다.
1940년, 독일의 히틀러가 프랑스와 네덜란드를 침공하자
동남아시아 지역에 대한 유럽 국가의 통치력이 취약해지기 시작했다.
이에 따라 일본은 동남아시아에서 제국 확장을 시도했다.

산호해 해전
연합군은 일본의 뉴기니 공격 계획을 막아 낸다. 이 전투는 양쪽 배 모두 상대를 육안으로 직접 보지 않고 이루어진 첫 해전이다. 함포를 사용하지 않은 전투로, 항공 모함에서 내보낸 항공기들이 격전을 벌인다.

군사 동맹
일본은 독일, 이탈리아와 군사 동맹 조약을 맺고 '삼국 동맹 협정' 문서에 서명한다. 이를 통해 독일과 이탈리아는 아시아 전역에 대한 일본 제국의 지배권을 보장한다.

1940년 9월

일본이 승리하다
일본군은 놀라울 만큼 빠른 속도로 홍콩, 필리핀, 말레이반도, 태국, 괌, 웨이크섬 등을 공격해 드넓은 땅을 점령한다.

1941년 12월

오스트레일리아를 공격하다
일본군 비행기가 오스트레일리아 북부 해안에 있는 다윈 항구를 폭격한다. 오스트레일리아의 도시 군사 시설이 대부분 파괴된다.

1942년 2월 19일

1942년 2월 27일 ~3월 1일

1942년 5월 4~8일

1941년 12월 7일

1942년 2월 15일

싱가포르가 항복하다
일본군은 계속 진격한다. 싱가포르가 함락되고, 영연방군이 약 13만 8,000명의 인명 피해를 입는다. 영국은 굴욕적으로 패배한다.

자바해 해전
일본은 자바해에서 연합국 해군을 격파한 뒤 네덜란드가 지배하는 동인도 제도를 정복한다. 일본은 또 한 번 연합군과의 전투에서 승리한다. 이로써 동인도 제도 지역의 하늘과 바다까지 장악하게 된다.

진주만
일본군은 미국 하와이 진주만에 있는 미국 해군 기지를 폭격한다. 이 기습 공격에 미국은 큰 충격을 받는다. 이후 미국과 연합국은 일본에, 독일은 미국에 선전 포고를 한다.

공중전
일본군 비행기는 미군 비행기보다 빠르다. 1943년, 미군의 항공 능력이 성장해 일본을 능가하기 전까지 일본군이 하늘을 지배한다.

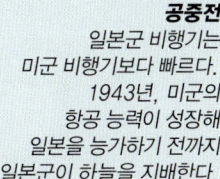

한 번에 한 섬씩
미군이 반격을 시작한다. 미군이 섬을 점령한 일본군을 한 번에 한 섬씩 공격해 격퇴하면서 대세가 역전된다. 많은 일본군이 포로로 잡히기를 거부하면서 자살을 선택한다.

이오섬 전투
이오섬에 상륙한 미군은 섬의 십자형 터널에 숨어 있던 일본군의 격렬한 저항에 부딪힌다. 일본군은 항복하기를 거부하지만 미국은 승리를 선언한다.

원자 폭탄
미국이 원자 폭탄 두 발을 투하해 일본의 히로시마와 나가사키를 파괴한다. 이로 말미암아 수만 명이 사망한다. 또한 이후 수만 명이 방사능의 영향으로 사망한다.

1942년 6월 4~7일

1942년 8월 ~1943년 2월

1944년 10월

1945년 2~3월

1945년 3월 9~10일

1945년 8월 6일과 9일

1945년 8월 15일

미드웨이 해전
일본 해군은 태평양에 있는 미드웨이 제도를 장악하려고 하지만 연합군에게 패배한다. 일본은 첫 패배로 병력 3,500여 명과 항공 모함 네 척을 잃는다.

가미카제 공격
일본 조종사들이 전투 중에 극단적인 전술을 구사한다. 바로 비행기를 몰아 미군 군함 갑판으로 돌진하는 것이다. '가미카제'로 알려진 이 자살 공격으로 미군 군함 수십 척이 파괴된다.

포위당한 일본
미국은 일본 본토로 가는 필수 물자의 이동을 차단하기 위해 폭격을 시작한다. 일본 도시들 역시 공격을 받는다. 도쿄는 이 급습으로 불바다로 변하고, 약 10만 명이 목숨을 잃는다.

일본이 항복하다
원자 폭탄으로 참화를 겪지만, 일본 군 수뇌부와 정부 관계자 일부는 항복을 거부한다. 일왕 히로히토는 이들에게 패배를 인정하라고 압박한다. 하지만 전쟁은 4년간의 유혈 사태가 벌어진 뒤에야 비로소 끝난다.

해상전
항공 모함은 전투 중 수시로 항공기 이착륙을 가능하게 한다. 이는 각국 해군력에서 가장 중요한 요소가 된다.

버마와 인도
일본은 영국 식민지 지배에 저항하는 인도인들이 많아지기를 기대하면서 버마(오늘날 미얀마)를 통해 인도를 공격한다. 하지만 영국이 반격하면서 정글 전투가 벌어진다. 이는 제2차 세계 대전에서 가장 피비린내 나는 전투가 된다.

267

인도가 독립하다

인도는 1820년대부터 영국의 지배를 받았다. 하지만 19세기 후반이 되자, 인도인은 영국의 지배에서 벗어나 자유로운 세계에서 스스로 길을 개척할 수 있는 능력이 필요하다고 생각했다.

대규모 이주

1947년, 식민지 분할로 인도에 있는 수백만 명의 무슬림과 파키스탄에 있는 힌두교도, 시크교도는 종교적 소수자가 된다. 이후 역사상 가장 대규모의 이주가 시작된다. 1,450만 명 이상의 사람들이 고향을 떠나 국경을 넘는다. 피난민 중 약 100만 명이 이주하는 도중에 폭력을 당한다. 사진 속 시크교도들은 파키스탄을 떠나 인도 북부의 동 펀자브로 가고 있다.

1885년 인도 국민 회의
인도 국민 회의(INC)는 인도 독립 운동을 개시한다. 하지만 주로 힌두교도들이 인도 국민 회의를 이끈다. 1906년, 인도의 무슬림들은 독립을 위한 전 인도 무슬림 연맹(AIML)을 결성한다.

1909년 영국의 양보
영국은 1909년, 1919년, 1935년에 인도인의 자치권을 확장하는 법을 통과시킨다. 하지만 인도 국민 회의와 전 인도 무슬림 연맹은 충분하지 못하다고 여겨 독립 운동을 지속한다.

1930년 소금 행진
영국 정부는 인도에서 소금과 같은 생필품에 세금을 부과한다. 간디는 이에 항의하기 위해 동지들과 함께 390킬로미터를 행진한다. 이 일로 많은 사람이 체포되지만, 인도 독립 운동이 세계의 관심을 받게 된다.

1915년 간디
인도의 민족 운동 지도자이자 활동가인 마하트마 간디는 영국의 인도 통치에 반대하기 시작한다. 그는 비폭력 독립 운동으로서 영국 법에 불복종하는 방식을 사용한다.

1939년 제2차 세계 대전 발발
영국은 인도 지도자들의 동의 없이 일방적으로 인도의 제2차 세계 대전 참전을 선언한다. 이로써 약 250만 명의 인도 군인들이 전쟁터로 나가게 된다. 인도인의 원망은 더욱 커져 간다.

1942년 인도 철수 운동
간디와 인도 국민 회의 지도자 자와할랄 네루는 인도 철수 운동을 통해 영국인의 퇴출을 요구한다. 이 일로 간디가 체포되고 이 운동도 금지된다. 하지만 지지 세력은 오히려 늘어난다.

1945년 제2차 세계 대전 종식
영국은 제2차 세계 대전을 치르는 데 큰 대가를 지불한다. 따라서 인도를 통치할 능력이나 열망을 상실한다. 영국은 인도 통치권을 넘기기 위한 협상을 시작한다.

1946년 폭동
전 인도 무슬림 연맹의 지도자 무함마드 알리 진나는 따로 이슬람 국가를 설립할 것을 요구한다. 하지만 인도 국민 회의는 이를 거절한다. 캘커타에서 이슬람 세력의 폭동이 일어나면서 약 4,000명이 사망한다. 인도 북동부와 서북부의 무슬림은 파키스탄에 속하게 되는 데 합의한다.

1947년 독립
파키스탄은 무함마드 알리 진나를 초대 총독으로 세워 독립한다. 그 이튿날, 마침내 인도도 자유를 얻는다. 자와할랄 네루가 인도의 초대 총리 자리에 오른다.

1948년 초기의 분쟁
마하트마 간디는 인도 분단의 책임이 지도자에게 있다고 생각한 힌두교 극단주의자에게 암살당한다. 이후 인도와 파키스탄은 분쟁 지역인 카슈미르를 놓고 전쟁을 벌인다.

가나 최초의 대통령

콰메 은크루마는 1957년에 독립한 가나의 초대 대통령이 된다. 그는 곧바로 학교를 열고 사회 복지 체제를 구축하면서 국내 환경을 개선해 나간다. 범아프리카주의(아프리카 문화를 연구하고 이해하고 소통하는 데 전념하는 지적 운동)는 그의 생각에 가장 큰 기초가 되었을 것이다.

아프리카가 독립하다

제2차 세계 대전 이후, 유럽 열강들은 식민지를 유지하는 일이 점점 더 어려워진다는 사실을 깨달았다. 아프리카 일부 국가가 자유를 쟁취하기 위해 투쟁했고, 몇 국가는 민주적으로 자유를 인정받았다.

1952년 이집트
이집트는 1922년 이후 공식적으로는 독립하지만, 여전히 영국에 점령된 상태다. 나중에 초대 대통령이 되는 가말 압델 나세르 대령이 이끈 혁명으로 영국의 식민지 지배력이 약해진다.

1952년 케냐 봉기
케냐 무장 시위대인 '마우마우'는 영국의 통치에 저항하기 위해 봉기를 일으킨다. 참가자 가운데 약 1만 3,000명이 사망하지만, 1963년에 케냐는 독립을 쟁취한다.

1956년 모로코와 튀니지
북아프리카에 있는 프랑스의 식민지 두 곳이 몇 주 안에 프랑스로부터 해방된다. 모로코는 짧은 혼란기를 거친 뒤에 독립을 이룬다. 하지만 튀니지는 대체로 평화로운 방식으로 자유를 얻는다.

1957년 가나가 자유를 얻다
가나는 영국의 통치에서 벗어날 자유를 요구한다. 그 요구는 즉시 수용된다. 콰메 은크루마가 새로운 가나의 초대 대통령이 된다.

1960년 아프리카의 해
프랑스 식민지 14개국과 사하라 사막 이남의 아프리카 국가들은 유럽의 지배에서 벗어나 독립을 쟁취한다. 1960년은 '아프리카의 해'라고 불린다.

1962년 알제리 협정
프랑스의 대통령 샤를 드골이 알제리의 독립을 인정한다. 이로 말미암아 수년간 이어진 알제리 국민과 프랑스군의 전쟁이 끝난다. 르완다는 벨기에의 지배에서 벗어나 자유를 얻고, 우간다는 영국으로부터 독립한다.

1963년 아프리카의 통일
아프리카 32개국이 모여 '아프리카 통일 기구'를 설립한다. 회원국 간의 협력과 토론을 통해 아프리카인의 생활을 향상시키는 것을 목표로 삼는다.

1964~1968년 대영 제국으로부터 독립하다
4년 안에 6개 국가가 대영 제국의 지배에서 벗어나 독립한다. 1964년에는 말라위와 잠비아가 독립하고, 1966년에는 보츠와나와 레소토가 독립을 선언한다. 1968년, 모리셔스와 스와질란드(오늘날 에스와티니)는 스페인에서 이양된 적도 기니와 함께 독립을 쟁취한다.

1974~1975년 포르투갈의 식민지
1933년부터 포르투갈을 지배한 독재 정권은 1974년에 몰락한다. 앙골라, 상투메, 프린키페, 모잠비크, 카보베르데가 이 기회를 틈타 포르투갈로부터 독립한다.

고대의 스파이
초기 스파이들은 고대 이집트와 히타이트 제국이 전쟁할 때 활동한다. 히타이트는 거짓 정보를 흘려 이집트인들을 매복 장소로 유인해 내기 위해 변장한 스파이를 보낸다.

기원전 1274년

『손자병법』
고대 중국의 장군 손무는 저서 『손자병법』을 통해 전쟁에서는 스파이 활동이 필요하다고 조언한다. 스파이를 보내면 적군의 전략을 최대한 많이 알아낼 수 있다.

기원전 5세기

투명 잉크
미국에서 조직된 첩보망 '컬퍼 링'은 비밀 메시지를 보내야 할 때 투명 잉크를 사용한다. 투명 잉크는 독립 전쟁 기간에 미국인들이 기밀 메시지를 전달해 의사소통을 할 수 있도록 돕는다.

1778년

검은 내각
프랑스의 왕 루이 14세의 수석 장관 리슐리외 추기경은 '검은 내각'을 설치한다. 이 정보국은 프랑스 귀족들이 주고받는 편지를 가로채 왕에게 위협이 될 만한 요소를 미리 제거한다.

1628년

새로운 기술
미국 남북 전쟁 기간에 사진과 전보가 발명되면서 새로운 적 감시 방법이 등장한다. 이로써 스파이들은 군사 시설과 군 막사를 촬영하거나 적군의 전보를 가로채 그 내용을 살펴볼 수 있게 된다.

1860년

에니그마 기계
독일 에니그마 코드의 해독법이 밝혀진다. 이에 따라 제2차 세계 대전에서 연합군이 유리해진다.

암호 해독
제1차 세계 대전과 제2차 세계 대전을 거치는 동안 새로운 암호 생성 기계가 만들어지면서 통신 기술은 점점 더 복잡해진다. 비밀 메시지를 해독하기 위해 암호 해독 기술을 향상시키는 일이 중요해진다.

1914~1945년

스파이의 역사

스파이들은 수천 년 동안 비밀 정보를 알아내기 위해 활동했다. 대부분 스파이는 국가 정부에 소속되어 적의 비밀을 캐냈다. 스파이 행위에서 가장 중요한 부분은 활동 자체를 비밀로 유지하는 것이다. 스파이들은 수 세기에 걸쳐 자신들의 활동을 감추기 위해 기발한 방법을 고안해 냈다.

오늘날

디지털 스파이의 시대
'펜 드라이브(USB 플래시 드라이브)'에는 방대한 양의 정보를 저장할 수 있다. 따라서 비밀 정보를 더 쉽게 입수해서 숨길 수 있게 된다.

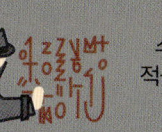

최초의 암호
스파르타는 펠로폰네소스 전쟁 중에 적군이 통신 내용을 읽지 못하게 하려고 암호 '스키테일'을 개발한다. 이는 비밀 메시지를 암호화하고 해독하는 최초의 시스템이다.

기원전 431~404년

기원후 1467~1603년

침투의 달인
나중에 닌자로 알려진 '시노비'는 강력한 일본 군벌이 고용한 비밀 요원이다. 민첩성이 뛰어난 이들은 목적을 달성하기 위해 스파이, 사보타주, 암살 활동 등을 한다.

표창
'던지는 검'으로 알려진 표창은 적을 향해 던질 수도 있고, 손에 쥔 채 적을 벨 수도 있다.

포치테카
피렌체 문서에는 '포치테카'라고 불리는 아스테카 왕국 상인들이 간혹 스파이 역할을 했다는 사실이 기록되어 있다. 이들은 넓은 지역을 여행하기 때문에 아스테카 왕국에 관해 많은 것을 알아내는 스파이 활동에 매우 적합하다.

최초의 첩보망
프랜시스 월싱엄은 영국의 여왕 엘리자베스 1세의 수석 비서 겸 스파이 조직의 수장이 된다. 그는 여왕을 타도하려는 음모를 밝히기 위해 첩보망을 구축한다.

1573년

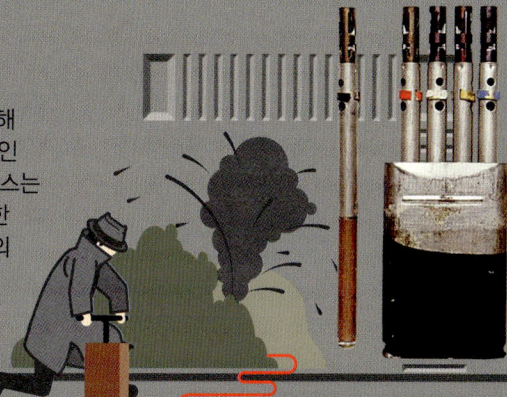

스파이 조직 수장
월싱엄은 고문을 통해 음모를 꾸민 사람에게 자백을 받아 내려 한다.

1585년

프랑스 레지스탕스
프랑스에서는 독일 점령에 분노해 독일군의 활동을 방해하는 단체인 '레지스탕스'가 생겨난다. 레지스탕스는 프랑스 공군과 전쟁 포로를 위한 탈출로를 만들어 주고, 독일군의 수송과 통신 시설을 공격한다.

연필 퓨즈
제2차 세계 대전 기간에 사용된 '연필 퓨즈'는 폭발 시간을 지연하는 부착물이다. 이는 폭탄을 설치한 사람이 폭탄이 터지기 전에 탈출할 수 있도록 한다.

1940년

최초의 현대 스파이 대행사
제2차 세계 대전 때 영국의 '특수 작전 본부(SOE)'나 미국의 '전략 정보국(OSS)'처럼 전쟁에서 승리하기 위해 새로운 정보기관들이 만들어진다.

일상 속 감시
동독의 국가 보안부 '슈타지'가 창설된다. 비밀 요원들은 비밀리에 일상용품에 초소형 카메라를 부착해 관심 인물을 감시한다.

CIA 창설
제2차 세계 대전이 끝나고 냉전이 시작된다. 미국은 정보 수집 능력을 향상하기 위해 대외 정보기관인 '중앙 정보국(CIA)'을 창설한다.

1940~1942년

1950년

1947년

비디오 감시
'CCTV 카메라'가 교통 상황을 확인하고 범죄를 감시하는 데 사용된다. 하지만 관심 인물의 동선을 추적하는 스파이나 정보기관에서 중요한 도구로 사용하기도 한다.

KGB 창설
소련은 정보기관인 '국가 보안 위원회(KGB)'를 창설한다. 이후 KGB는 세계적으로 우수한 정보기관이 된다.

카메라
슈타지 첩보원은 정보를 수집할 때 비밀 카메라를 활용한다.

1974년

1954년

중동 분쟁

이전
1890년대부터 '시오니즘'이라는 정치 운동이 등장한다. 이는 팔레스타인 내 유대인 국가 건설을 요구하는 운동이다. 1917년, 영국은 유대인을 위한 민족 국가 수립에 동의한다는 내용의 밸푸어 선언을 발표한다. 하지만 이슬람계 아랍인은 수 세기 동안 팔레스타인 지역에서 살아왔다. 홀로코스트(262~263쪽 참고)로 유대인이 참상을 당한 뒤, 유엔은 아랍인과 유대인이 팔레스타인 지역을 공유해야 한다는 결정을 내려 아랍인에게 공분을 산다.

중동 지역은 여러 종교와 민족의 본거지이지만, 오늘날에는 이슬람계 아랍인이 많이 살고 있다. 제1차 세계 대전 이후 이 지역을 지배하던 유럽 제국들이 무너지면서 아랍인이 통치권을 되찾았다. 제2차 세계 대전 직후 유대인은 팔레스타인 지역 내 이스라엘 수립을 선언했다. 중동은 아주 오랜 시간 동안 긴장 상태가 지속되었다. 아랍과 이스라엘의 갈등, 서구의 개입 등이 뒤섞여 큰 사건이 터져도 이상하지 않은 불안한 지역이 되었다.

1940년대~1960년대

1948년 5월 14일
이스라엘 건국
유엔은 이스라엘이라는 새로운 유대인 국가 수립을 인정해 팔레스타인을 유대인 지역과 아랍인 지역으로 나눈다. 곧이어 이스라엘과 이웃한 아랍 국가들 사이에 전쟁이 일어난다. 결국 이 전쟁으로 이스라엘은 더 많은 영토를 얻게 된다.

1948년~1960년대
팔레스타인 난민
이스라엘 국가가 수립된 이듬해에 75만 명 이상의 팔레스타인 주민이 몸을 피하거나 고향에서 쫓겨나 난민으로 전락한다. 이스라엘과 팔레스타인 주민은 서로를 원망한다. 그 후 10년 동안 이슬람 국가들에서 온 유대인 이민자와 홀로코스트 생존자 25만 명 정도가 이스라엘에 정착한다.

1960년대~1970년대

1967년 6월 5~10일
6일 전쟁
이집트, 요르단, 시리아에서 온 아랍군이 이스라엘을 공격한다. 하지만 이스라엘은 아랍 영토를 점령하며 전쟁에서 승리한다. '점령지'로 알려진 팔레스타인 요르단강 서안 지구와 가자 지구가 이들이 점령한 영토에 포함되어 있다.

1973년 10월 6~26일
욤 키푸르 전쟁
유대교 최대의 명절인 욤 키푸르 날에 이웃한 아랍 국가 이집트와 시리아가 이스라엘을 공격한다. 하지만 이스라엘 군대는 반격해 시리아를 침공한다. 전쟁은 유엔이 휴전을 요구하면서 끝난다.

1978년 1월~1979년 2월
이란 혁명
이란의 군주 무함마드 레자 샤 팔라비는 이슬람 혁명이라고도 불리는 '이란 혁명'으로 타도당해 쫓겨난다. 이슬람 지도자 아야톨라 루홀라 호메이니가 정권을 잡으면서 무함마드 레자 샤 팔라비가 추진한 비종교적인 생활 방식은 엄격한 이슬람 율법에 근거해 통치하는 방식으로 대체된다.

1979년 3월 26일
이스라엘-이집트 평화 협정
미국의 대통령 지미 카터가 미국에서 주최한 평화 회담에 이스라엘과 이집트 지도자들이 참석한다. 이들은 이스라엘이 1967년 6일 전쟁을 통해 점령한 이집트 땅을 반환한다는 내용의 조약을 맺는다.

1980년대

1980년 9월 22일~1988년 8월 20일
이란-이라크 전쟁
이라크의 대통령 사담 후세인은 이란 혁명 이후 자국에서 봉기가 일어날 것을 걱정한다. 결국 그는 이란을 침공한다. 잔혹한 8년 전쟁이 시작되면서 지역 전체가 긴장에 휩싸인다.

1982년 6월 6일
이스라엘이 레바논을 침공하다
팔레스타인 반군을 공격하기 위해 이스라엘이 레바논을 침공한다. 팔레스타인 해방 기구(PLO)와 의장 야세르 아라파트가 이끄는 팔레스타인군은 튀니지로 철수한다.

1987년 12월 9일~1993년 9월 13일
제1차 인티파다
요르단 서안 지구와 가자 지구에 사는 팔레스타인 사람들이 이스라엘의 점령에 대항해 '인티파다(반이스라엘 저항 운동)'를 일으킨다. 반란을 막기 위해 파견된 이스라엘군은 첫해에 민간인 300명 이상을 살해한다.

1988년 11월 15일
팔레스타인이 독립하다
팔레스타인 해방 기구가 팔레스타인의 독립을 선언한다. 며칠 안에 비공식적인 팔레스타인 정부에 세계 25개 이상의 국가가 지지를 보낸다. 팔레스타인 해방 기구는 평화를 원한다고 말한다.

1990년대

1990년 8월 2일~1991년 2월 28일
걸프 전쟁
이라크가 석유 자원이 풍부한 쿠웨이트를 침략해 점령한다. 6개월 뒤 35개국 병력의 지원을 받아 미국이 주도한 군사 작전이 개시된다. 이로써 이라크는 추방당하고, 미국과 동맹국들의 부단한 노력 끝에 사담 후세인이 패배한다.

1993년
오슬로 협정
이스라엘은 팔레스타인 해방 기구가 폭력을 행사하지 않는다면, 점령한 아랍 영토 중 일부에서 철수하기로 한다. 요르단도 이스라엘과 평화 협정에 서명한다.

2000년대

2000년 9월 28일~2005년 2월 8일
제2차 인티파다
이스라엘의 정치인 아리엘 샤론이 유대인은 성전산으로 무슬림은 하람 알샤리프로 부르는 곳에 방문한다. 그 뒤로 이스라엘에 대한 저항 운동은 더 거세게 일어난다. 팔레스타인 사람들은 그가 이슬람 성지를 방문한 것을 모욕적인 행위로 여긴다.

2001년 9월 11일부터
테러와의 전쟁이 시작되다
이슬람 테러 단체인 알-카에다는 세계의 이목을 끌기 위해 미국 뉴욕에 있는 세계 무역 센터 빌딩(트윈 타워)을 파괴한다. 미국은 또 다른 테러 단체인 탈레반이 알-카에다를 지원한다고 생각한다. 그래서 아프가니스탄을 공격해 탈레반 정권을 무너뜨린다.

2003년 3월 20일~5월 1일
대량 살상 무기
미국, 영국, 오스트레일리아, 폴란드는 이라크를 공격한다. 세계를 위협할 수 있는 대량 살상 무기를 보유하고 있다고 생각했기 때문이다. 서방이 이슬람 세계에 개입하자, 이라크의 분노가 커진다.

2006년 7월 12일~8월 14일
7월 전쟁
레바논의 강력한 군사 단체인 '헤즈볼라'가 이스라엘 군인들을 사로잡는다. 이에 이스라엘이 반격하면서 전쟁이 일어난다. 34일 동안 전투를 치른 끝에 레바논 사람 1,200여 명과 이스라엘 사람 165명이 전사한다.

이후
팔레스타인 지역 전체는 여전히 갈등이 심하다. 팔레스타인 사람들은 점령지의 독립을 계속 요구한다. 2010년, 중동 전역의 반정부 시위인 '아랍의 봄'이 일어난다. 시위대는 독재 정부에 도전하고 민주주의를 요구한다. 시리아에서는 여전히 잔혹한 내전이 벌어지고 있다.

중동에서 결성된 단체
중동 전역에 걸쳐 분쟁과 관련해 많은 단체가 결성된다. 여기서는 그 주요 단체를 결성 시기를 포함해 소개한다.

1897년 시오니즘
팔레스타인 지역에 영구한 유대 민족 국가를 세우는 것을 목표로 하는 운동이다.

1964년 팔레스타인 해방 기구
팔레스타인을 해방하고 이스라엘을 파괴하는 것을 목표로 한 기구다.

1987년 하마스
이스라엘을 무너뜨리고 팔레스타인 지역에 이슬람 국가를 만드는 것을 목표로 하는 이슬람 군사 단체다.

1988년 알-카에다
이슬람 국가들에 대한 서양의 영향력을 없애려 하는 단체다. 오사마 빈 라덴이 결성한다.

1994년 탈레반
아프가니스탄에서 결성된 극단적인 이슬람 정치 종교 단체다.

2013년 이라크-레반트 이슬람 국가
ISIL 또는 ISIS로 알려진 테러 조직이다. 이라크와 시리아를 중심으로 이슬람 국가를 건설하고자 한다.

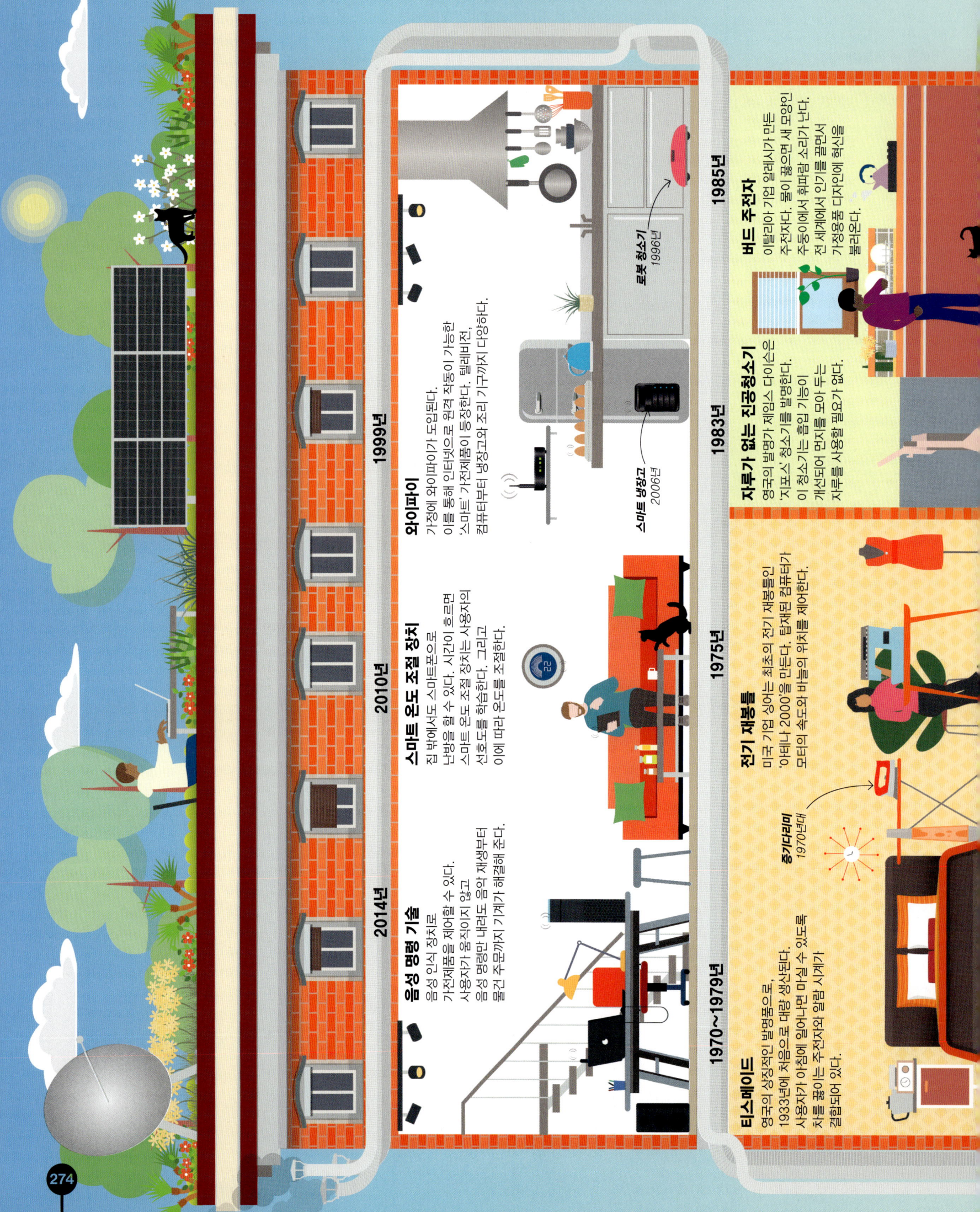

가전제품의 역사

20세기 초, 전기는 일상생활에 혁명을 일으켰다. 노동력을 절약해 주는 제품들이 목차적으로 등장해 가사 노동이 줄었다. 청소기나 세탁기 같은 가전제품은 여성들이 가사 노동을 하는 데 드는 시간을 줄여 주었다. 21세기, 새로운 가전제품은 도벌이를 하거나 취미 활동을 할 수 있게 되었다. 21세기, 새로운 가전제품은 누구나 힘과 시간을 덜 들일 수 있도록 다양하게 진화하고 있다.

전자레인지
1940년대에 발명된다. 하지만 작고 처음한 가정용 전자레인지는 1967년에 개발된다.

의류 건조기
미국의 발명가 J. 로스 무어가 가스와 전기로 작동하는 의류 건조기를 발명한다. 그는 겨울에 옷을 집 밖에서 말리는 일에 번거로움을 느껴서 이 기계를 만든다.

에어컨
미국 기업 프리지데어가 가정에서 사용할 수 있을 만큼 작은 에어컨을 처음으로 만든다. 이 에어컨은 라디오 캐비닛과 모양이 비슷하다.

식기세척기
미국인 조세핀 코크레인이 1880년대에 식기세척기를 발명한다. 이후 독일 기업 밀레가 식기세척기를 전제품으로 개량한다.

전기 토스터
1928년에 미리 잘라 놓고 판매하는 식빵이 등장하면서 전기 토스터를 많이 사용하게 된다.

커피 메이커
1933년

1872년
라디에이터
1800년대에도 배관이 부엌의 상징이 된다. 따라서 파이프를 지나는 현상이 나타난다. 주철로 만든 증기 가열 라디에이터 '번디 루프'가 유행한다.

1882년
전기다리미
수세기 동안 사람들은 다리미로 옷을 주름을 편다. 미국의 뉴욕에 헨리 실리가 처음으로 전기다리미를 발명하여 사용한다.

1907년
진공청소기
미국 발명가 제임스 스팽글러가 휴대용 진공청소기를 발명한다. 이 청소기에는 먼지를 모으는 슬라 먼지가 자루가 달려 있다.

1908년
세탁기
미국 시카고의 헐리 머신 컴퍼니는 최초의 전기세탁기인 '토르'를 선보인다.

1913년
전기냉장고
미국의 기술자 프레드 올프가 가정용 전기냉장고를 개발한다. 이 냉장고는 도멜라라고 불린다.

전기 주전자
1922년

광고

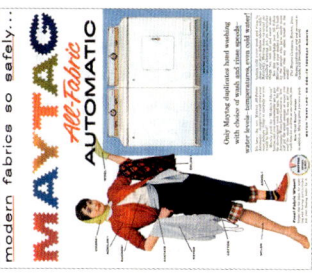

제2차 세계 대전 이후, 가사 노동 시간을 줄여 주는 제품 광고가 등장한다. 이 광고는 대부분 여성을 겨냥한다. 이후 사회가 남녀평등을 지향하면서 광고도 가사 노동에 대한 남성의 역할을 더 강조하는 쪽으로 발전한다.

275

6·25 전쟁

남북한의 갈등은 1950년 더 큰 규모의 전쟁으로 확대되었다. 이 전쟁은 미국이 남한을 지지하고 중국, 소련 등 공산주의 국가가 북한을 지원하면서 전 세계의 주목을 받았다.

1947년 트루먼 독트린
미국의 대통령 해리 트루먼이 '트루먼 독트린'을 발표한다. 이 독트린은 공산주의의 확산을 막기 위한 미국의 외교 정책이다.

1948년 제2차 세계 대전 이후
한반도는 제2차 세계 대전 이전에 일본의 식민 지배를 받는다. 일본이 패전하자 소련은 한반도 북쪽을, 미국은 한반도 남쪽을 통치하기로 합의한다.

1948년 분할
한반도는 두 나라로 분할된다. 공산주의 국가인 북한과 민주주의 국가인 남한은 서로의 정부를 전복시키고 통일하기를 바란다.

1950년 북한이 침공하다
북한이 먼저 남한을 침공한다. 북한은 유리한 입장에서 남한의 수도 서울을 점령한다.

1950년 미국과 중국이 참전하다
7월, 미국은 유엔을 통해 한국에 군대를 파견한다. 이로써 남한이 유리한 국면으로 바뀐다. 10월, 미군은 북한을 몰아내고 북한의 수도 평양을 탈환한다. 한편, 중국도 북한을 지원하기 위해 참전한다.

1951년 교착 상태
중국의 개입으로 한국군과 유엔군이 남하한다. 양측이 점령한 영토가 전쟁 전과 비슷한 상황에서 교착 상태에 빠진다. 평화 회담이 시작되지만 결론이 나지는 않는다.

1953년 휴전
남북한 양측이 휴전에 합의한다. 양국의 국경(휴전선)은 전쟁 이전과 비슷한 범위가 되고, 양국 사이에 비무장 지대가 설정된다.

1954년 제네바 회담
미국과 중국이 남북한의 통일에 관해 논의하지만 합의점을 찾지 못한다. 이에 따라 한반도는 오늘날까지 공산주의 국가인 북한과 민주주의 국가인 남한으로 나뉘어 있다.

피난민

전쟁의 양상이 계속 바뀌면서 피난민이 대규모로 발생한다. 1951년까지 약 50만 명의 피난민이 부산으로 몰려든다. 6·25 전쟁으로 발생한 피난민은 400만~600만 명으로 추산된다.

힘겨운 전쟁

북베트남군은 예측할 수 없이 산발적으로 공격하는 게릴라군이다. 이들은 지리를 잘 활용해서 끝없이 복잡한 전투로 미군을 끌어들인다. 그렇게 게릴라군은 미군의 사기를 서서히 꺾어 버린다.

베트남 전쟁

베트남 전쟁은 20세기 후반에 일어난 주요 전쟁 가운데 하나다. 이 전쟁은 거의 20년 동안 격렬하게 전개되었다. 이로 말미암아 베트남 영토가 무참하게 파괴되었고, 수백만 명의 군인과 민간인이 사망했다. 이러한 갈등이 오래 지속되자, 의미 없는 잔혹한 전쟁에 맞서 세계적인 반전 운동이 일어났다.

1945년 호찌민
제2차 세계 대전에서 일본이 패망하자, 베트남에 권력의 공백이 생긴다. 베트남 공산당 지도자 호찌민은 북베트남의 독립을 선언한다. 베트민 게릴라군은 베트남을 식민 지배한 프랑스와 격돌한다.

1950년 미국의 지원
미국은 프랑스에 대한 군사 및 재정 지원을 강화한다. 미국의 대통령 해리 트루먼은 프랑스에 대한 1,500만 달러 원조를 승인한다. 1949년에 수립된 중화 인민 공화국과 소련은 북베트남을 지원한다.

1959년 호찌민 루트
북베트남은 남베트남으로 향하는 보급로인 '호찌민 루트'를 만든다. 남베트남의 친공산주의자 단체인 민족 해방 전선을 지원하기 위해 이 루트를 이용한다.

1954년 철수와 분할
프랑스군은 디엔비엔푸 전투에서 크게 패배한 후 완전히 철수한다. 이후 베트남은 남북으로 분할된다. 북부는 호찌민이, 남부는 미국의 지원을 받는 반공산주의자 응오딘지엠이 통치한다.

1962년 에이전트 오렌지
미국은 치명적인 고엽제인 '에이전트 오렌지'를 베트남에 살포한다. 공산군이 은신한 숲을 파괴하고, 식량 공급을 막기 위해서다. 이 때문에 민간인과 군인의 건강에 문제가 생기고, 토양은 대규모로 오염된다.

1964~1965년 통킹만
북베트남은 미국 군함 두 척을 공격한다. 미국은 통킹만 결의안을 발표해 자국과 남베트남을 방어할 것이라고 선언한다. 소련은 북베트남에 대한 지원을 늘린다.

1968년 구정 대공세
북베트남군은 남베트남 전역에 대규모 군사 공격을 개시한다. 이를 '구정 대공세'라 부른다. 공격에 놀란 남베트남군과 미국은 재집결해 군사 보복을 시작한다.

1965년 최초의 반전 운동
전쟁으로 말미암아 사상자는 늘어만 가고, 막대한 비용이 발생한다. 이 때문에 미국에서 최초의 반전 시위가 일어난다. 1967년, 워싱턴 D.C.에서 10만 명 이상의 시위대가 행진한다.

1975년 사이공 함락
1973년, 휴전이 선언되고 미국은 철수한다. 북베트남이 다시 공격을 개시해 남베트남의 수도 사이공을 함락한다. 곧 베트남은 공산주의 국가로 통일된다.

1971년 「펜타곤 문서」
〈뉴욕 타임스〉에서 「펜타곤 문서」의 존재를 폭로한다. 이 문서를 통해 미국 정부가 전쟁에서 이길 수 없다는 것을 알면서도 거짓말을 했다는 사실이 드러난다. 미국은 1969년부터 군대를 철수하고, 1970년에 비밀 평화 회담을 시작한다.

피그스만 침공

미국 정보기관 CIA는 쿠바 공산당 지도자인 피델 카스트로 정부를 전복하려 한다. 반군 침공군은 CIA의 지원을 받지만, '피그스만 침공' 때 카스트로의 군대에 패하고 만다.

쿠바 미사일 위기

소련이 쿠바에 핵미사일을 설치한다. 미국은 미사일 제거를 요구한다. 전 세계는 전면적인 핵전쟁이 일어날 것을 우려한다. 13일 뒤, 소련은 미국이 쿠바를 침공하지 않겠다고 약속한다면 무기를 제거하겠다고 제안한다.

핵무기 군비 축소

영국 런던에서 핵무기(특히 미국과 소련이 지닌 수소 폭탄)에 반대하는 시위가 일어난다. '핵 군축 캠페인(CND)'이라는 조직이 이끈 이 시위에는 수천 명의 사람이 참여한다.

1962년 **1963년**

존 F. 케네디 대통령

1884년, 존 F. 케네디는 치열한 선거 끝에 최연소 미국 대통령이 된다. 그는 전 세계의 자유를 위해 투쟁하겠다고 맹세한다.

1961년

1960년대

1960년대에는 엄청난 변화가 일어났다. 베트남 전쟁이 계속되는 가운데 냉전(282~283쪽 참고)이 심화되고, 핵전쟁의 위협도 피할 수가 없었다. 하지만 새로운 낙관론도 등장했다. 표현의 자유와 평등이라는 새로운 경향이 음악, 패션, 정치 분야에 반영되었다.

인종 차별 반대 연좌 농성

아프리카계 미국인 학생들이 '연좌 농성'을 벌인다. 이들은 인종 차별에 항의하며, 백인 전용 식당을 두는 것에 반대한다.

1960년

1969년

우드스톡

미국 캐츠킬 산맥에서 사흘간 뮤직 페스티벌이 열린다. 40만 명 이상이 참석하는 바람에 대규모 교통 체증이 발생하고 도로가 폐쇄되기도 한다. 지미 헨드릭스, 재니스 조플린, 라비 샹카르 등의 뮤지션들이 공연한다.

혁명

정치적 변화와 더 나은 인간의 권리를 요구하면서 전 세계적인 시위가 일어난다. 프랑스 파리에서는 1,000만 명이 넘는 학생과 노동자가 동맹 휴교와 파업에 들어간다.

1968년 **1967년**

스톤월 항쟁

미국 뉴욕에 있는 게이 클럽 '스톤월 인'에 경찰이 급습해 폭력 소동이 일어난다. 이 사건은 게이, 레즈비언, 양성애자 등 성적 소수자들을 사회·정치적 차별에서 보호하기 위한 시민 단체를 형성하는 데 영향을 준다.

마틴 루서 킹 암살

마틴 루서 킹이 미국 멤피스에서 총에 맞는다. 며칠 후, 그의 아내 코레타와 자녀들이 멤피스에서 군중과 함께 그를 추모하기 위해 행진한다.

『여성성의 신화』
미국의 사회심리학자 베티 프리단은 사회에서 여성의 역할을 논하고, 남녀평등을 고취하는 내용의 『여성성의 신화』를 출간하면서 현대 페미니스트 운동을 추진한다. 이 책은 수백만 부가 팔린다.

"나에게는 꿈이 있습니다."
마틴 루서 킹은 미국의 인권 운동을 이끈다. 그는 미국 워싱턴 D.C.에서 열린 시위에서 "나에게는 꿈이 있습니다."라는 연설을 통해 평화를 촉구한다.

케네디 암살
미국의 대통령 존 F. 케네디가 텍사스주 댈러스에서 총에 맞아 사망한다. 이 사건으로 미국 전체가 충격에 빠진다. 린든 B. 존슨이 뒤를 이어 새 대통령에 취임한다.

1964년

영국의 미국 침공
비틀스, 더 후, 롤링스톤 등 영국 밴드가 미국 음악 차트를 강타하며 인기를 얻는다. 이들의 성공으로 미국 대중음악의 흐름이 완전히 바뀐다.

베트남 전쟁
미국은 베트남이 공산주의 국가가 되는 것을 막기 위해 기나긴 전쟁에 참전한다. 양측의 인명 피해가 커지자, 전 세계에서 대규모 시위가 이어진다.

팝 아트
만화책과 광고에서 영감을 받아 '팝 아트'가 발전한다. 미국의 팝 아티스트 앤디 워홀은 대담한 이미지와 밝은 색상으로 일상의 사물을 묘사한다.

1965년

1966년

패션 혁명
십 대들이 옷을 살 수 있는 돈을 가지게 된다. 그러자 이들은 부모처럼 옷을 입어야 한다는 압박에서 벗어난다. 이처럼 새로운 소비층에 맞춘 디자인이 등장하면서 패션계에 혁명이 일어난다.

지하 출판
기성세대의 전통적 관점에 동의하지 않는 청년들을 위해 새로운 출판물이 발간된다. 『오즈』, 『인터내셔널 타임스』, 『잉크』 등의 출판물은 시와 음악, 정치 변화를 촉진한다.

히피족
미국 샌프란시스코에 히피족으로 알려진 청년들이 등장한다. 긴 머리와 화려한 옷으로 알아볼 수 있다. 이들은 비폭력이나 박애 같은 이상을 추구한다.

사랑의 여름
청년들이 뉴스 방송에서 보이는 폭력을 거부하고, 전 세계의 평화와 사랑, 이해를 요구한다. 이들은 음악뿐만 아니라 불교, 힌두교 등 동양 종교의 영향을 받는다.

식민 지배 이후의 아프리카

1950년대와 1960년대에 아프리카 국가들은 다양한 방식으로 식민 지배에서 벗어났다. 식민 지배에서 자유로운 곳도 있었지만, 부정부패, 군사 쿠데타, 내전, 민족 분열 등이 일어나기도 했다. 이후 21세기에는 경제적으로 부유해지고 정치가 안정적인 국가들이 늘어났다.

르완다 집단 학살

르완다의 투치족이 이웃 민족인 후투족에게 학살당한다. 사망자만 무려 100만 명에 이른다. 국제 사회도 이를 막지 못한다.

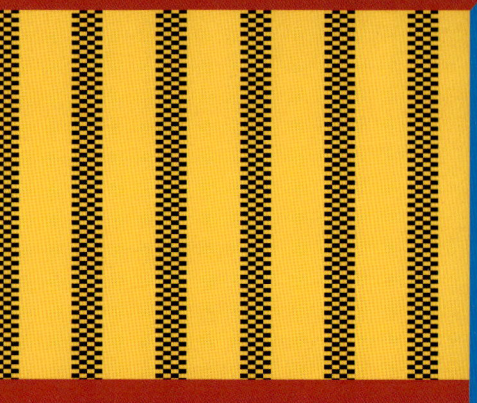

가나가 독립하다

가나가 영국 식민 지배에서 벗어나 독립한 이후 콰메 은크루마는 가나 최초의 총리가 된다. 그는 수만 명의 가나 국민들에게 "사랑하는 조국은 영원히 자유롭다."라고 말해 감동을 준다.

> "결국, 총탄이 아닌 투표로 결정해야 한다."
>
> 조나스 사빔비(앙골라 정치인), 1975년 연설에서

넬슨 만델라 대통령

넬슨 만델라는 아파르트헤이트에 반대한 혐의로 27년 동안 수감 생활을 한다. 그 뒤 남아프리카 공화국에서 첫 흑인 대통령으로 선출된다. 이로써 이 지역에서 이어진 300년간의 백인 통치가 끝이 난다.

1957년 | 1960~1965년 | 1963년 | 1971~1979년 | 1975~2002년 | 1984~1985년 | 1994년 | 1994년

콩고의 위기

콩고(오늘날 콩고 민주 공화국)는 1960년 6월 벨기에의 지배에서 벗어나 독립한 후 위기에 처한다. 1963년, 유엔이 개입하기 전까지 카탕가라는 독립된 주(州)가 존재한다. 1965년에 군사 정권이 권력을 장악한다.

이디 아민

우간다의 대통령 이디 아민은 우간다에서 아시아 소수 민족을 쫓아내고, 탄자니아의 적들을 공격한다. 그는 인권을 유린하며, 다른 민족에게 폭력을 행사한다. 결국 1979년에 이디 아민 정권은 전복된다.

에티오피아 기근

에티오피아는 수십 년간 전쟁이 지속되고, 극심한 가뭄까지 찾아온다. 이에 따라 40만 명이 죽고, 수백 만 명이 굶주림과 가난에 내몰리며 기아 문제가 발생한다. 수많은 사람이 어쩔 수 없이 고향을 떠나 다른 곳에 정착한다.

아프리카 통일

아프리카의 많은 국가가 유럽의 지배에서 벗어나 독립한다. 이후 아프리카의 이익을 장려하고 보호하기 위해 아프리카 32개 국가가 아프리카 통일 기구를 설립한다.

앙골라 내전

다이아몬드와 석유가 풍부한 앙골라 공화국은 1975년에 포르투갈로부터 독립하지만 내전이 벌어져 빈곤해진다. 아프리카에서도 오랜 분쟁을 겪는 분쟁국 중 하나가 된다.

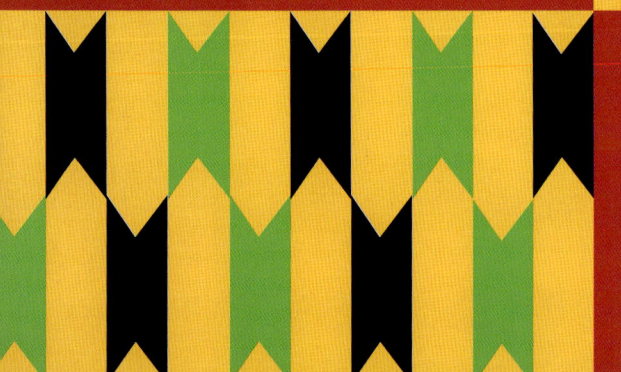

경제 성장

아프리카는 향후 10년 동안 다른 대륙보다 큰 경제 성장을 이룰 것으로 예측된다. 국민 평균 연령대가 낮으며, 물에 대한 접근성이 향상되고, 빈곤과 질병이 감소하는 등 발전이 있었기 때문이다.

코피 아난

가나 출신의 코피 아난이 유엔 사무총장이 된다. 그는 환경 보호, 아프리카의 에이즈 퇴치, 인권 향상 등 유엔의 활동 분야를 확장한다.

성숙한 민주주의

나이지리아에서는 투표를 거쳐 무하마두 부하리가 대통령으로 선출되고, 굿럭 조나단이 물러난다. 조나단이 패배를 정중하게 인정하면서 평화적인 권력 이양이 가능해진다. 이는 아프리카 전역에 큰 영감을 준다.

수단 내전

수단 다르푸르 지역에서 반군 단체와 정부가 내전을 벌인다. 이 내전으로 수십만 명이 사망하고, 수백만 명이 고향을 떠난다. 오늘날에도 여전히 해결되지 않은 분쟁이다.

남수단이 독립하다

기독교 지역인 수단 남부와 이슬람교 지역인 수단 북부의 유혈 내전을 겪은 이후, 남수단은 독립을 위해 투표를 실시한다. 그 결과 압도적인 지지로 독립하게 된다.

에이즈 백신 실험

남아프리카 공화국 성인 남녀 5,400명이 에이즈 퇴치를 위해 대규모 백신 실험에 참여한다. 당시 남아프리카 공화국의 에이즈 환자 수는 약 700만 명이다.

1997년 · 2003년 · 2004년 · 2010년 · 2010년 · 2011년 · 2011년 · 2015년 · 2014~2016년 · 2016년 · 2017년

노벨 평화상 수상

케냐의 페미니스트이자 환경 운동가인 왕가리 마타이가 노벨 평화상을 받는다. 그녀는 여성들이 스스로 생활 환경을 개선하기 위해 나무를 기르도록 장려하는 그린벨트 운동을 추진한다.

에볼라 바이러스

서아프리카에서 에볼라 바이러스가 역사상 가장 크게 유행한다. 이로 말미암아 수천 명이 사망하고, 수많은 나라가 경제적 피해를 입는다.

월드컵

아프리카 최초로 남아프리카 공화국에서 세계적인 행사인 월드컵이 개최된다. 월드컵 개최를 계기로 아프리카에 대한 인식이 긍정적으로 변화한다.

르완다 개혁

르완다는 파괴적인 내전을 겪은 이후 경제를 재건하는 데 성공한다. 이로 말미암아 기대 수명, 초등학교 학생 수, 건강 관리 비용이 모두 상승한다.

로버트 무가베 퇴진

1980년부터 권력을 장악한 짐바브웨의 로버트 무가베 대통령은 2017년 군부 쿠데타가 일어나자 사임한다. 그는 경제적 혼란과 정치적 자유 억제, 인권 유린 등으로 많은 비난을 받는다.

냉전의 시대

제2차 세계 대전 이후 자본주의 국가인 미국과 공산주의 국가인 소련이 세계 양대 강국으로 떠올랐다. 두 나라가 서로를 견제하면서 긴장 관계가 시작되었다. 이때 핵무기가 발명되면서 더 위협적인 상황이 전개되었다. 두 나라의 대립은 군사적 갈등보다 정치사상을 통해 심화되었기 때문에 '냉전'이라고 부른다.

1948년 — 베를린 봉쇄
소련은 서베를린으로 가는 도로와 철도를 봉쇄해 서독을 무력으로 위협한다. 영국과 미국은 소련이 봉쇄를 해제할 때까지 수백만 톤의 구호품을 비행기에 실어 서베를린에 조달한다.

1945년 — 유럽이 분열되다
제2차 세계 대전 이후 소련은 동독을 포함한 동유럽 지역을 장악한다. 이로써 공산주의 '동구권'을 형성한다. 미국은 서유럽 국가들의 재건에 도움을 준다. 그 결과 동유럽과 서유럽이 단절된다.

1949년 — 북대서양 조약 기구
미국과 서유럽 국가들은 '북대서양 조약 기구(NATO)'를 설립해 분쟁 시 서로 지원하기로 약속한다. 이 기구의 설립으로 동서 갈등이 공식화된다.

1949년 — 조지 오웰의 『1984』
영국의 소설가 조지 오웰은 소설 『1984』를 쓴다. 공산주의 독재와 유사한 잔혹한 정부의 통치 아래에서 살아가는 악몽 같은 이야기다. 이 소설은 다양한 책과 영화, 음악에 영감을 준다.

1949년 — 최초의 소비에트 핵폭탄
소련은 제2차 세계 대전을 종식시키는 데 결정적인 역할을 한 미국의 핵폭탄에 대응하기 위해 자체 무기를 시험한다. 그렇게 소련은 핵보유국이 된다. 미국과 소련은 더 강한 무기를 보유하기 위해 경쟁한다. 하지만 두 나라 모두 큰 피해를 우려해 실제로 무기를 사용하지는 않는다.

1972년 — 세계 체스 선수권 대회
미국의 체스 선수 바비 피셔는 소련의 체스 챔피언 보리스 스파스키와 '세기의 대결'을 벌여 승리한다. 이로써 소련은 24년간 유지하던 세계 체스 선수권 왕좌에서 내려온다.

1983년 — 스타워즈
미국의 대통령 로널드 레이건은 소련을 '악의 제국'이라고 부른다. 그는 '스타워즈'라고 불리는 우주 공간에 무기를 설치할 계획을 밝힌다. 이 계획으로 핵 공격을 방어하고, 미국의 경제력과 기술력을 과시하려고 한다. 하지만 실제로 설치되지는 않는다.

열전

냉전 시대에는 소련과 미국 사이에 실제로 전쟁이 벌어지지는 않는다. 하지만 양국이 영향력을 확대하려 움직이는 과정에서 다른 나라에서 수많은 소규모 전쟁이 벌어진다. 이를 '대리전' 또는 '열전'이라고 부른다.

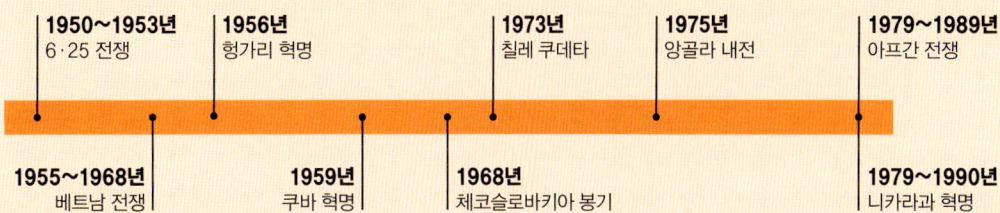

- **1950~1953년** 6·25 전쟁
- **1955~1968년** 베트남 전쟁
- **1956년** 헝가리 혁명
- **1959년** 쿠바 혁명
- **1968년** 체코슬로바키아 봉기
- **1973년** 칠레 쿠데타
- **1975년** 앙골라 내전
- **1979~1989년** 아프간 전쟁
- **1979~1990년** 니카라과 혁명

1951년
매카시즘
일부 미국 정부 관리가 미국의 기밀을 소련에 누설한 사실이 밝혀지면서 스캔들이 터진다. 미국의 상원 의원 조지프 매카시는 반군 공산주의자를 색출하려고 한다. 이 과정에서 무고한 사람들이 기소된다.

1950~1954년
케임브리지 스파이
영국 케임브리지 대학교에 다니다가 소련 스파이로 영입된 영국인 남성 네 명이 소련에 비밀 정보를 전달해 온 사실이 드러난다. 이 중 세 명은 소련으로 강제 이주하고, 한 명은 소련에 비밀을 제공하고 자유를 얻는다.

1955년
바르샤바 조약 기구
소련은 바르샤바 조약 기구를 통해 동구권을 통합한다. 이 기구는 서구의 북대서양 조약 기구와 마찬가지로 참여국이 서로를 지원하기로 약속한다. 이 기구를 통해 동구권에 대한 소련의 지배력도 강화된다.

1962년
쿠바 미사일 위기
소련은 미국 해안과 가까운 공산주의 국가 쿠바에 핵미사일 기지를 건설한다. 미국은 기지를 철수할 것을 요구한다. 이로 말미암아 곧 핵전쟁이 일어날 것처럼 보였지만, 소련이 기지를 철수하면서 일단락된다.

1962년 8월 13일
베를린 장벽
독일의 공산주의자들은 동베를린과 서베를린을 나누는 '베를린 장벽'을 쌓는다. 이 장벽은 냉전 시대의 깊은 분열을 상징한다. 많은 사람이 장벽 때문에 가족과 헤어지거나 일자리를 잃는다.

1960년대
인터넷
1960년대 미국 정부는 미국 국방성 산하 국방 고등 연구 계획국(DARPA)의 프로젝트에 자금을 지원한다. 군사용 컴퓨터 간에 정보를 신속하게 공유하는 방법을 개발하기 위해서다. 이 과정에서 인터넷이 탄생한다.

1957~1969년
우주 개발 경쟁
미국과 소련은 우주 탐사를 추진하기 위해 경쟁한다. 두 나라의 경쟁을 통해 각국의 과학 기술과 경제력을 엿볼 수 있다. 미국 우주선 아폴로 11호가 달에 착륙하면서 경쟁은 일단락된다.

1985~1991년
페레스트로이카와 글라스노스트
소련의 지도자 미하일 고르바초프는 소련에 변화를 일으키기 시작한다. '페레스트로이카(개혁)'는 경제 발전 정책이고, '글라스노스트(개방)'는 언론과 정치 표현의 자유를 허용하는 정책이다.

1989년 11월 9일
베를린 장벽이 무너지다
소련의 힘이 약화되자 동독에서 서독으로 이동하는 사람이 많아진다. 결국 장벽이 무너지고, 이후 독일은 다시 통일된다. 이로써 동유럽의 공산주의 통치는 막을 내린다.

1991년
소비에트 연방 붕괴
러시아는 역사상 최초로 대통령을 선출한다. 그동안 소련에서 집권했던 공산당은 물러나게 된다. 결국 소련은 15개의 국가로 해체된다.

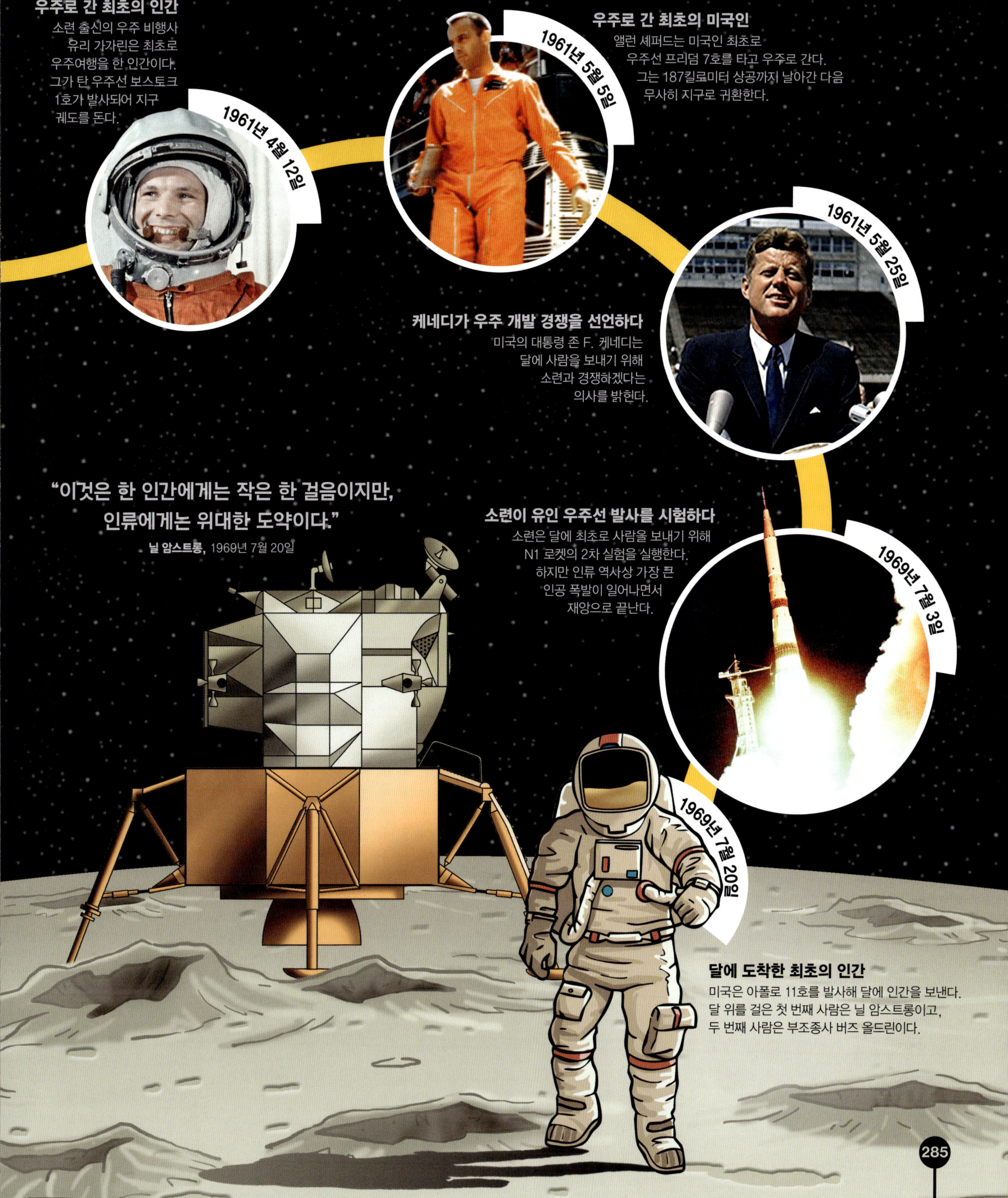

아폴로 11호 발사

달에 착륙한 최초의 유인 우주선은 아폴로 11호다. 아주 강력한 새턴 V 로켓이 없었다면, 우주 비행사의 여행은 불가능했을 것이다. 1969년 7월 16일 아침, 플로리다주 발사대 위에 높이 110미터의 거대한 3단 로켓이 아폴로 11호를 지구의 저궤도로 올려 보낸다. 상단 로켓이 점화되면서 아폴로 11호를 달로 보내는 150만 킬로미터의 대장정이 이어진다.

쿠바 미사일 위기

전쟁 일보 직전의 세계

1962년 가을, 강대국인 미국과 소련은 외교적 교착 상태에 빠졌다. 소련이 미국과 가까운 쿠바 카리브해 섬에 핵미사일 기지를 설치하면서 갈등이 시작되었기 때문이다. 두 강대국 사이에 서한, 공식 성명, 위협적인 언행이 오갔다. 이 13일 동안 세계 각국은 핵전쟁 일보 직전에 놓인 불안한 상황을 지켜보아야만 했다.

미국의 정치, 그늘의 적

1950년대에 초강대국 미국과 소련은 서로 경쟁하면서 서서히 핵무기를 비축한다. 이러한 '냉전'이 벌어지면서 1952년 미국은 플로리다주 해안에서 160킬로미터 떨어진 쿠바에서 일어난 군사 쿠데타를 은밀하게 지지한다. 이로써 쿠바의 군사 독재자 풀헨시오 바티스타가 다시 정권을 장악한다. 7년 뒤인 1959년, 쿠바의 민족주의자 피델 카스트로가 바티스타를 몰아낸다. 이로써 쿠바는 서구 최초의 공산주의 국가가 된다.

침공이 실패하다

1960년, 미국의 대통령 드와이트 D. 아이젠하워는 쿠바에 대한 무역과 원조를 중단한다. 쿠바가 고립되자 피델 카스트로는 새로운 동맹국을 찾아 나선다. 1960년 12월까지는 미국의 군사·외교적 지원을 받는다. 1961년, 존 F. 케네디가 미국의 새 대통령이 되고, 피델 카스트로 정부를 전복하려는 계획에 승인한다. 이 계획에 따라 1961년 4월 17일, 미국에 살고 있는 망명 쿠바인들이 쿠바 서부의 피그만을 침공한다. 미국이 지원하는 반란은 실패한다. 피델 카스트로의 군대는 침략한 망명자 약 100명을 사살하고 1,200여 명을 생포한다.

미사일 들이

연합군이 점령한 독일 베를린에 대한 의견이 나뉘면서, 미국과 소련의 관계는 계속해서 나빠진다. 1962년 4월, 미국은 소련 국경 근처인 터키에서 핵무기를 준비하기 위한 협상을 마무리한다. 7월, 소련의 총리 니키타 흐루쇼프는 이 위협적인 조치에 대한 보복으로 피델 카스트로와 쿠바에 소련 미사일 기지를 건설하는 데 합의한다. 8월 31일, 미국의 상원의원 케네스 키팅은 쿠바 주둔 소련군에게 경고한다. 9월 21일, 소련의 외무 장관 안드레이 그로미코는 미국이 쿠바에서 물러서지 않으면 전쟁이 벌어질지도 모른다고 위협한다.

위기가 시작되다

1962년 10월 14일, 미국은 U-2 정찰기에 쿠바 상공을 비행하도록 명령을 내린다. 그 결과 미국의 대통령 존 F. 케네디와 집행위원회 '엑스콤'에 증거가 제출된다. 8일간의 치밀한 분석과 논의 끝에 10월 22일 오후 7시, 케네디 대통령은 연설에서 쿠바에 소련의 핵미사일이 존재한다는 증거가 있다고 밝힌다. 미국은 해군을 파견해 카리브해 섬을 포위하고, 다른 배들이 접근하지 못하도록 막는다. 군대는 전쟁 준비를 강화하라는 명령을 받는다.

긴장이 고조되다

1962년 10월 23일, 니키타 흐루쇼프는 존 F. 케네디에게 쿠바의 모든 무기는 방어용이라고 답한다. 10월 24일, 소련 함정이 미국의 해상 봉쇄 구간에 접근하고, 그 뒤를 소련의 잠수함이 따라오면서 긴장이 고조된다. 미국은 플로리다주에 공군 기지를 설치하고, 미 전략 공군 사령부는 역사상 처음으로 비상경계 태세에 돌입한다. 다음 이틀 동안 케네디 대통령과 흐루쇼프 총리는 유엔을 통해 연락을 주고받는다. 교착 상태를 종식하기 위한 협상이 거의 마무리될 즈음 10월 27일 미국 정찰기가 쿠바 상공에서 격추당한다.

전 세계가 숨죽이다

세계 모든 나라가 임박한 핵전쟁을 주시한다. 10월 28일, 위기를 끝내는 협상이 타결된다. 미국은 쿠바를 침공하지 않고, 쿠바에서 모든 미사일을 제거하는 대가로 터키에서 미사일을 철수하기로 약속한다. 소련의 마지막 배가 11월 20일 카리브해를 떠나면서 미국의 해상 봉쇄도 해제된다. 한 달 뒤인 12월 24일, 미국은 피그스만 침공 때 몰수한 식량과 의약품을 쿠바로 돌려보낸다. 1년 뒤인 1963년 8월 30일, 미국과 소련은 이후 즉각적인 외교적 논의를 위해 양국 정상 간 직통 전화인 '핫라인'을 설치한다.

> "우리는 서로 눈이 마주쳤고, 또 다른 동료는 그저 눈을 깜박거렸다."
>
> **딘 러스크**(미 국무 장관),
> 소련 선박이 돌아갔다는 소식을 들은 후,
> 1962년 10월

미국의 흑인 민권 운동

미국에서는 남북 전쟁으로 노예 제도가 종식되었다. 하지만 평등권을 위한 아프리카계 미국인의 투쟁은 막 시작되고 있었다. 미국 전역에서는 인종 차별과 흑인에 대한 불평등한 대우가 법적으로 뒷받침되었다. 1950년대와 1960년대에 사람들은 흑인 민권 운동에 함께 참여해 평등을 위해 싸웠다.

1960년 2~7월
식당 시위
그린즈버러 연좌시위

미국 노스캐롤라이나주 그린즈버러에서 흑인 학생들이 백인 전용의 울워스 식당 점심 카운터 좌석에 자리를 잡고 앉는다. 곧 이 평화로운 '연좌시위'는 남쪽 전역으로 퍼진다.

1954년 5월 17일
학교를 통합시키다
브라운 vs 토피카 교육 위원회

미국 캔자스주 토피카의 한 백인 초등학교에서 8세 흑인 학생인 린다 브라운의 입학을 거부한다. 학생의 아버지는 이에 대해 소송을 제기한다. 결국 미국 연방 대법원은 공립 학교에서 흑인과 백인을 분리하는 것은 위헌이라는 판결을 내린다.

1955년 12월 1일
로자 파크스가 체포되다
버스 보이콧

미국 앨라배마주 몽고메리에서 경찰은 백인 남성에게 자리를 양보하지 않았다는 이유로 흑인인 로자 파크스를 체포한다. 마틴 루서 킹은 흑인 주민들과 함께 1년 동안 버스 보이콧을 한다. 마침내 연방 대법원은 버스 내 인종 차별 정책은 불법이라고 판결한다.

1957년
법이 바뀌다
9월 3일 리틀록 사건

미국의 일부 주(州)는 새로운 법을 무시한다. 흑인 고등학생 아홉 명이 미국 아칸소주 리틀록에서 어느 백인 전용 학교에 등록한다. 그러자 주지사는 주 방위군을 불러 흑인 학생들이 들어오지 못하게 막는다. 나중에 미국 정부는 군대를 보내 이 학생들을 학교로 호송한다.

9월 9일 1957년 공민권법

미국 정부는 흑인 민권 운동이 성장하자, 80여 년 만에 처음으로 '1957년 공민권법'을 시행한다. 이 법안은 아프리카계 미국인의 투표권을 보호하고 변화를 지지하는 입장을 보인다.

1961년 5~12월
자유의 기수
운동가들이 공격하다

인종 차별 지역에서 흑인 대학생과 백인 대학생이 함께 버스에 올라탄다. 흑인 민권 운동에 지지를 표명하기 위해서다. 이 '자유의 기수들'이 폭력에 저항하는 모습이 사진에 찍혀 전 세계에 알려진다.

1963년

시위

5월 11일
버밍엄 시위

미국 앨라배마주 버밍엄에서 흑인 민권 운동 지도자들을 겨냥한 폭탄 테러가 일어난다. 이는 8일간의 시위로 번진다. 지역 경찰이 시위에 폭력적으로 대응해 미국인들을 놀라게 한다. 시위에 대한 언론 보도가 국가적인 논쟁을 일으키기도 한다.

8월 28일
"나에게는 꿈이 있습니다."

워싱턴 D.C.에서 25만 명이 참가한 시위행진이 끝날 무렵, 마틴 루서 킹이 링컨 기념관 계단에서 유명한 연설을 한다. 킹 목사의 강력한 연설로 많은 미국인은 변화의 시기가 찾아왔다고 확신하게 된다.

1964년

투표든 탄환이든

4월 3일
맬컴 엑스의 연설

미국의 민권 운동가이자 종교 지도자인 맬컴 엑스는 열띤 연설을 한다. 투표든 탄환이든 수단과 방법을 가리지 않고 변화를 촉구해야 한다는 내용의 연설이다. 1965년, 맬컴 엑스는 반대자들에게 암살당한다.

프리덤 서머

6월
투표 신청

미시시피주에서 수천 명의 자원봉사자들이 최대한 많은 아프리카계 미국인의 투표 등록을 위해 노력한다. 하지만 자원봉사자들은 괴롭힘과 협박에 직면한다.

평등권

7월 2일
1964년 공민권법

프리덤 서머가 지나가고 미국 정부는 법안을 제안한다. 공공장소에서 인종 차별을 철폐하고 개인의 인종, 피부색, 종교에 상관없이 누구나 평등하게 직업을 선택하도록 규정하는 법안이다. 미국의 대통령 린든 B. 존슨이 이 법안에 서명한다.

1965년 3월 7~25일

셀마

앨라배마주로 행진하다

마틴 루서 킹과 함께 수천 명이 행진 시위에 참여한다. 셀마에서 앨라배마주의 주도인 몽고메리까지 약 80킬로미터를 행진하는 시위다. 이는 1965년 8월 투표권법 통과로 이어진다.

1968년

폭력

4월 4일
마틴 루서 킹 저격

한 저격수가 미국 테네시주 멤피스에서 마틴 루서 킹을 암살한다. 미국은 곧 충격에 휩싸인다. 여러 도시에서 폭동까지 일어난다. 미국의 대통령 린든 B. 존슨은 미국인들에게 폭력을 거부할 것을 요구하고, 새 법안을 신속히 통과시키도록 의회를 압박한다.

평등접근법

4월 11일
1968년 공민권법

의회는 모든 사람이 주택 마련에 평등하게 접근하도록 허용하는 법안에 서명한다. 이러한 공민권법의 파급 효과가 컸지만, 오늘날에도 평등권을 요구하는 시위는 계속되고 있다.

셀마

아프리카계 미국인의 투표 등록이 어렵다는 사실을 대중에게 알리려는 사람들이 셀마에서 몽고메리까지 행진한다. 아프리카계 미국인들은 선거권을 가지고 있지만, 주 정부 공무원들이 투표 등록을 막으려 한다. 투표 등록 사무실은 문을 거의 열지 않고 공무원들은 불필요한 문해력 시험을 실시한다. 또한 길고 긴 등록서를 작성하게 하며 수수료를 지불하게 한다.

↑ 기원전 3150년 ~기원후 30년

↑ 기원전 750~ 기원전 323년경

↑ 기원전 509년 ~기원후 476년

↑ 1400년대

↑ 1450~1624년

고대 이집트인
고대 이집트인들은 고온 기후 지역에서 살면서 '리넨'으로 거의 모든 옷을 만들어 입는다. 리넨은 나일강 근처에서 자라는 아마라는 식물로 만든 직물이다. 남녀 모두 화장하고 가발을 쓴다.

고대 그리스인
고대 그리스의 기본 의복인 '키톤(허리띠로 고정시키는 소매 없는 긴 옷)'은 남녀노소 누구나 입는다. 키톤은 길이를 조정할 수 있으며, 무늬나 주름을 넣거나 뺄 수 있다. 보온을 위해 망토 등을 추가로 덮어도 된다.

고대 로마인
대부분 로마인은 모직과 리넨으로 만든 단순한 튜닉과 토가를 입는다. 의복의 색상은 사회적 신분을 나타낸다. 예를 들어 보라색 의복은 주로 지배 계층이 입는다.

중세 시대
중세 시대에는 일반적으로 '튜닉'을 입는다. 부자들은 화려한 튜닉을 걸친다. '호즈(타이츠처럼 다리에 꼭 맞는 얇은 하의)'는 남자들에게 인기를 얻기 시작한다. 이 옷은 바지의 초기 버전이다.

르네상스
의복은 헐렁한 것에서 딱 붙는 것으로 바뀐다. 남자와 여자는 서로 다른 종류의 옷을 입기 시작한다. 부유층이 세계를 여행하기 시작하면서, 여러 나라의 패션이 서로 영향을 주고받는다. 많은 사람이 영국의 여왕 엘리자베스 1세의 풀 스커트 드레스와 러프(주름진 옷깃) 스타일을 따라 한다.

패션의 역사

정성 들여 만든 가발을 썼던 고대 이집트인부터 온라인 쇼핑몰에서 최신 유행하는 옷을 구매하는 현대인에 이르기까지, 사람들은 자신이 입고 착용하는 일에 늘 관심을 가졌다. 패션은 우리가 양말을 바꿔 신은 횟수만큼이나 다양하게 변화해 왔다. 세상을 놀라게 했던 패션 스타일만큼이나 패션의 역사는 길고도 다채롭다.

↑ 2000년대

↑ 1980년대

↑ 1970년대

↑ 1960년대

↑ 1950년대

패스트 패션
길거리 옷가게에서 패션쇼의 트렌드를 재창조한 옷을 저렴한 가격에 다시 만날 수 있다. 한편, 공장의 노동 환경과 값싼 일회용 의복이 환경에 미치는 영향에 대한 우려가 점차 커지고 있다.

디자이너의 시대
1980년대에는 패션 디자이너가 슈퍼스타가 되고, 모델은 유명인이 된다. 한 유명인이 드레스를 입고 나타나면, 지구 반대편에서 그 옷이 매진되기도 한다.

나팔바지와 하이힐
바지는 그 어느 때보다도 여성들에게 인기가 많아지고, 나팔바지는 남녀 모두에게 유행한다. 플랫폼 슈즈는 데이비드 보위나 엘튼 존과 같은 가수들의 영향으로 인기를 끌게 된다.

신세대가 등장하다
십 대들은 이제 자신들이 쓸 수 있는 돈이 생긴다. 이들은 부모의 패션으로부터 자유로워진다. 1964년, 영국의 디자이너 메리 퀀트는 미니스커트를 디자인해 기성세대에 충격을 안긴다. 이러한 젊은 디자이너들이 흐름을 주도한다.

홀리데이 스타일
제2차 세계 대전이 끝난 뒤, 대중은 한때 부유층의 상징이었던 여행과 휴일을 즐기게 된다. 이때 수영복, 샌들, 선글라스가 인기를 끈다. 1946년에 발명된 비키니는 1950년대에 들어 더 많은 인기를 얻게 된다.

↑ 1450~1624년

↑ 1600년대

↑ 1603년

↑ 1700년대

↑ 1800년대

오스만 제국
유럽 남부에서 아시아까지 걸쳐 있던 오스만 제국은 유럽의 패션에 영향을 준다. 유럽의 패션에 영향을 준 요소로는 비싸고 아름다운 천으로 만든 터번과 헐렁한 로브 등이 있다.

바로크 시대 유럽
프랑스가 패션의 유행을 선도하고, 나머지 유럽 국가들이 이를 따른다. 이 시대는 그 어느 때보다 옷이 부(富)와 사회적 지위를 나타낸다. 부자들은 손으로 장식한 실크와 벨벳 패션 등으로 사치를 부린다.

기모노
일본의 에도 시대(158~159쪽 참고)에는 '기모노'가 등장한다. 여성들은 주로 헐렁한 소매와 넓은 허리띠가 있는 옷을 입는다. 부자들은 값비싼 옷감을 통해 자신의 지위와 스타일을 경쟁적으로 표현한다.

로코코 시대 유럽
'로코코'로 알려진 예술 운동의 영향으로 더 가볍고 더 하늘거리는 옷이 등장한다. 몸에 딱 맞는 드레스는 만투아로 알려진 풀 스커트 가운으로 바뀌고, 나중에는 다시 로브와 페티코트로 바뀐다. 남자들은 몸에 붙는 호즈가 아닌, 코트와 브리치스(반바지)를 입는다.

활동복
1800년대 영국에 휴일이 도입된다. 사람들은 스포츠를 즐길 여가 시간이 생긴다. 부자들은 사냥, 승마, 양궁과 같은 스포츠에 적합한 활동복을 입는다. 남녀 모두 스포티한 패션을 즐겨 입는다.

티셔츠
미 해군은 셔츠 안에 옷을 한 겹 더 입게끔 하기 위해 이 상징적인 옷을 도입한다. 티셔츠는 신축성이 좋고 형태가 잘 유지되며 세탁이 쉽고 저렴하다.

↑ 1940년대

↑ 1930년대

↑ 1920년대

↑ 1913년

↑ 1871년

↑ 1846년

제2차 세계 대전
제2차 세계 대전 기간에는 돈과 물자가 부족해진다. 이로 말미암아 새 양복이나 드레스를 살 수 있는 사람이 거의 없다. 수많은 사람이 멋진 제복 때문에 군대에 입대하고 싶어 한다.

유명 영화배우 패션
경제 대공황은 재즈 시대에 종지부를 찍는다. 유행하는 옷을 살 수 없는 일반인들은 프레드 아스테어나 진저 로저스와 같은 매력적인 영화배우들의 패션을 동경한다. 여자들은 몸에 딱 맞는 긴 드레스를 입고, 남자들은 허리 부분이 좁고 어깨 부분이 넓은 양복을 입는다.

재즈 시대
제1차 세계 대전 이후 편안하고 실용적인 옷이 인기를 끈다. 치마는 짧아지고, 플래퍼(1920년대 재즈 시대의 자유분방하고 젊은 여성들을 지칭함)가 기성세대에 대항해 머리를 짧게 자르고 담배를 피우며 재즈 음악에 맞춰 춤을 춘다.

청바지
미국의 제이콥 W. 데이비스와 리바이 스트라우스가 최초의 청바지를 발명한다. 청바지는 솔기를 금속으로 고정해 내구성이 강하다. 미국 전역에서 노동자들에게 인기를 얻게 되고, 20세기 중반에 이르러 전 세계의 옷장에서 볼 수 있는 옷이 된다.

아프리카 무늬
다채로운 무늬를 밀랍으로 염색하는 새로운 기술이 발명된다. 이 염색된 천은 가나에서 큰 인기를 끌고, 곧 아프리카 서부와 중부 지역에서도 옷을 만드는 데 활용한다. 이 무늬는 이야기나 생각을 전하는 그림을 그릴 때 활용되기도 한다.

우주 탐험의 역사

우주를 탐험하려는 인간의 열망은 놀라운 과학 기술의 발전을 가져왔다. 1969년, 인류는 처음으로 달에 도착했다. 20년 뒤에는 태양계의 모든 행성에 우주선을 보냈다. 이제 우주 관광의 확대와 인간을 화성에 보내겠다는 야심 찬 계획과 함께 우주 탐험의 새로운 시대가 시작되고 있다.

> "역사는 20세기를 원자력과 우주 비행이라는 두 가지 기술이 발전한 시기로 기억할 것이다."
>
> 닐 암스트롱,
> 『달 탐사선 발사: 미국의 아폴로호 달 착륙에 관한 비화』의 머리말에서, 1994년

스푸트니크 1호
이 단순한 인공위성의 크기는 농구공만 하다.

최초의 인공위성
소련이 최초의 인공위성인 스푸트니크 1호를 우주로 발사하면서 '우주 시대'를 활짝 연다. 스푸트니크 1호는 지구를 한 바퀴 도는 데 약 98분이 걸린다. 소련의 성공을 목격한 미국은 충격에 빠져 우주 프로그램 개발에 속도를 올린다.

바이킹 1호
바이킹 1호는 나사가 화성에 보낸 두 대의 바이킹호 가운데 하나다. 이 우주선은 사진을 찍고 과학적인 자료를 수집한다.

화성 탐사
나사의 바이킹 1호가 10개월간의 여정 끝에 화성 표면에 착륙한다. 바이킹 1호는 지구가 아닌 다른 행성에 착륙해서 사진을 찍고 자료를 수집해 지구로 전송한 최초의 우주선이다.

1957년 — 1965년 — 1976년 — 1990년

화성의 사진들
화성을 가까이에서 찍은 최초의 사진들이 지구로 전송된다. 미국의 우주선 마리너 4호가 찍은 사진들은 사람들이 기대하던 것과는 너무 다르다. 선명하지 못한 사진에는 화성의 외계 생명체 대신 잿빛의 황량한 분화구만 보인다.

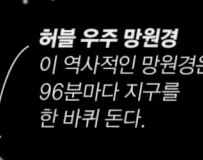

허블 우주 망원경
이 역사적인 망원경은 96분마다 지구를 한 바퀴 돈다.

우주 망원경
나사의 허블 우주 망원경이 발사되어 지금까지 비행하는 우주 관측 시설 중 가장 유명한 망원경이 된다. 이 망원경으로는 지구에서 134억 광년 이상 떨어진 대상도 관찰할 수 있다.

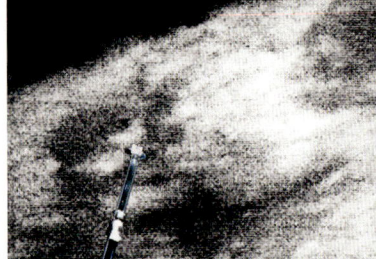

마리너 4호
이 우주선은 화성을 지나면서 사진을 남긴다. 마리너 4호는 지구 외의 행성 사진을 찍은 최초의 우주선이다.

우주인의 역사

인류는 밤하늘의 별을 올려다보면서 늘 우주 탐험을 꿈꾼다. 1961년, 인간이 최초로 우주선을 타고 우주에 진입한다. 이로써 우주로 모험을 떠나는 특별한 여행의 서막이 오른다.

1961년
소련의 유리 가가린은 우주로 간 최초의 인간이다.

1965년
소련의 알렉세이 레오노프는 최초로 우주 유영에 성공한 사람이다.

1969년
미국의 닐 암스트롱이 최초로 달 표면을 걷다.

1998년
국제 우주 정거장(ISS)이 건설되다.

2001년
미국의 사업가 데니스 티토는 최초로 우주를 관광한 사람이다.

2003년
중국 최초의 유인 우주선이 발사되다.

주노호
우주 탐사선 주노호의 크기는 농구공만 하다.

성간 우주 탐험
나사의 우주 탐사선 보이저 1호는 태양계의 가장자리로 이동해 성간(행성 사이의 공간)으로 향하는 최초의 인공 우주 물체다. 이전까지는 우주선이 성간을 탐험한 적이 없다.

골든 레코드
외계인과 마주칠 것을 대비해, 보이저 1호에 지구인의 소리와 사진을 담은 레코드를 실어 보낸다.

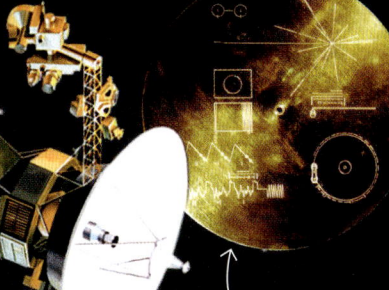

목성 탐사
주노호는 지구에서 목성까지 27억 킬로미터 이상을 이동한다. 목성은 지름이 지구의 약 11배에 이르는 거대한 행성이다. 주노호는 46억 년 전 목성이 어떻게 형성되었는지 조사한다.

2012년

2014년

혜성 착륙
필레는 빠르게 이동하는 혜성 표면에 착륙한 최초의 우주선이다. 이 우주선은 혜성 표면에서 지구로 최초의 사진을 보낸다.

2016년

2017년

토성 탐사 임무가 끝나다
1997년에 발사된 카시니호는 토성과 그 위성을 탐사하는 20년간의 임무를 끝낸다. 이 우주선은 나사의 성공적인 임무를 마친 뒤 토성 대기권으로 진입해 불타 사라진다.

필레
이 거대한 로봇에는 우주의 비밀을 탐사하기 위한 카메라와 센서가 장착되어 있다.

카시니호
이 우주선은 토성과 그 고리 사이를 통과하면서 사진을 찍는다. 그 후 이 매우 아름다운 사진을 지구로 전송한다.

아시아의 경제 성장

제2차 세계 대전 이후, 많은 동아시아와 동남아시아 국가는 빈곤에서 벗어나 점점 부유해졌다. 1960년대 일본을 필두로, 아시아 각국은 카메라나 컴퓨터 등 첨단 제품을 생산하면서 발전하기 시작했다. 이 제품들은 다른 대륙으로 수출되어 세계의 큰 시장을 형성했다. 아시아 국가들의 경제는 그만큼 성장을 이루었다.

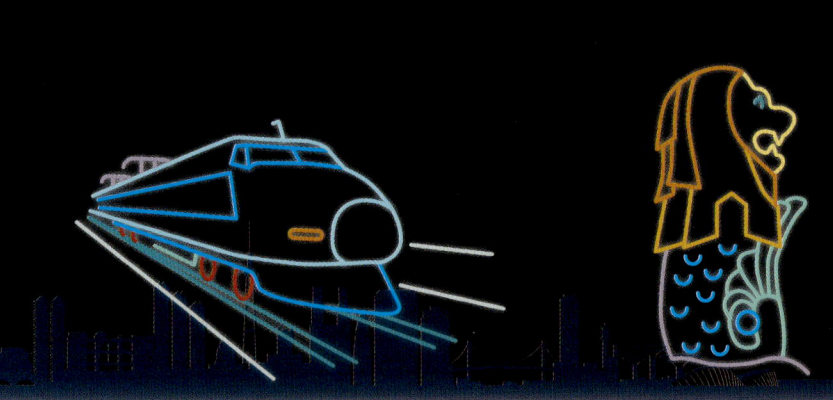

1964년
탄환 열차
일본에서 '탄환' 열차라는 별명을 가진 최초의 고속 열차가 만들어진다. 속도는 약 시속 300킬로미터에 이른다. 도쿄와 오사카 사이를 운행하는데, 이동 시간을 7시간에서 4시간으로 단축시킨다.

1965년
싱가포르가 발전하다
싱가포르는 말레이시아로부터 독립한 이후 엄청난 경제 성장을 이룬다. 해외로부터 막대한 투자를 유치하면서 공장과 기업이 발전한다. 수많은 국제 기업이 이곳에 사무실을 세운다.

1974년
10대 프로젝트
타이완에서 '10대 주요 건설 프로젝트'로 알려진 개발 작업이 진행된다. 일부 프로젝트는 산업과 관련이 있다. 이 가운데 여섯 개의 프로젝트는 도로, 철도, 항만, 공항 건설 등 교통 개선에 주력한다.

1978년
중국이 변화하다
중국의 지도자 덩샤오핑은 경제에 큰 변화를 가져온다. 처음으로 외국 기업들이 중국에 투자하도록 초청하기도 한다. 거의 모든 조직이 큰 변화를 겪으면서 중국은 알아볼 수 없을 정도로 바뀐다.

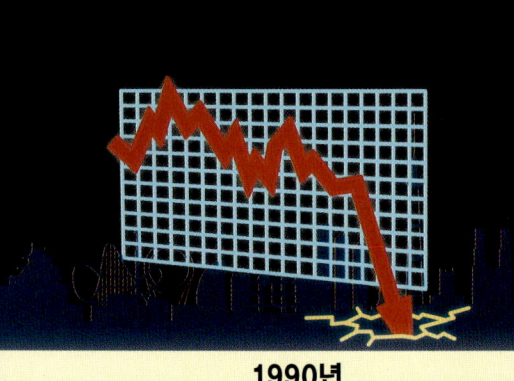

1990년
일본이 추락하다
일본은 제2차 세계 대전의 패배를 딛고 일어나 세계 2위의 경제 대국이 된다. 하지만 1990년 경기 침체에 빠지면서 이른바 '잃어버린 10년'이 이어진다.

1993~1998년
숭고한 염원
이슬람 예술에서 영감을 얻은 '페트로나스 타워'가 말레이시아 쿠알라룸푸르에 지어진다. 높이가 452미터인 이 쌍둥이 초고층 빌딩은 2004년까지 세계에서 가장 높은 빌딩으로 불린다. 이 빌딩은 말레이시아의 경제적 성공을 상징한다.

1997년
홍콩
홍콩의 통치권이 150여 년 만에 영국에서 중국으로 넘어간다. 숙련된 노동자들은 영국 통치 기간 동안 습득한 기술을 통해 홍콩 경제 성장에 기여한다.

2003년
싼샤댐
중국은 양쯔강에 길이 2.3킬로미터, 높이 185미터에 이르는 거대한 댐을 건설한다. 이 댐은 놀라운 공학 기술의 성과다. 하지만 중국은 댐을 건설할 공간을 확보하기 위해 100만 명이 넘는 거주민을 강제로 쫓아낸다.

> "경제 성장은 ……
> 글로벌 경쟁이라는 거친 바다로
> 거침없이 항해하는 용기에 달려 있다."
>
> 아베 신조(일본 총리),
> 일본 정부 연설에서, 2013년

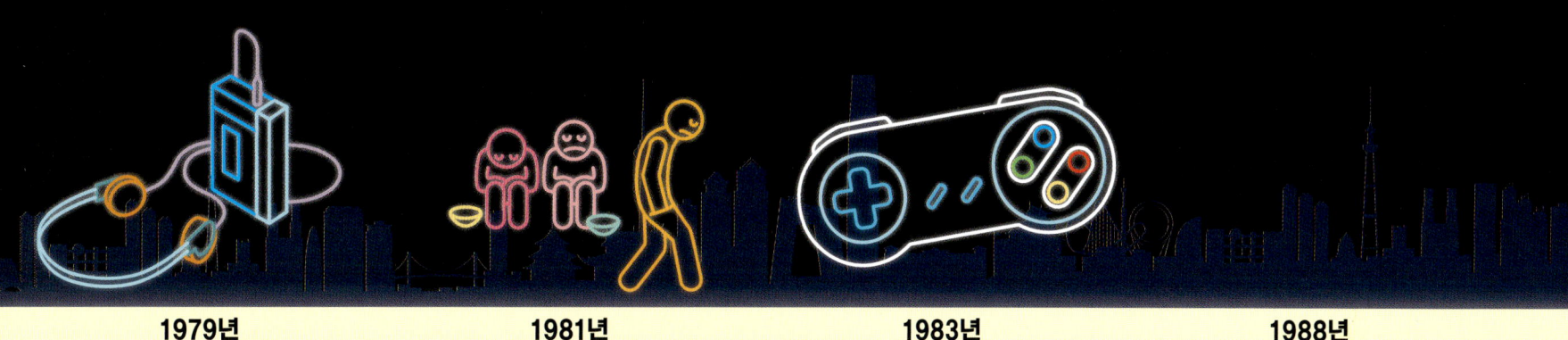

1979년

워크맨
일본 회사인 소니는 '워크맨'이라는 휴대용 카세트테이프 플레이어를 출시한다. 이 기기를 사용하면 이동 중에도 음악을 들을 수 있다. 일본에서 불티나게 팔린 워크맨은 나아가 전 세계적인 현상이 된다.

1981년

극도의 가난
아시아에서 비즈니스와 기술이 빠르게 발전하지만, 대부분 사람의 생활 환경은 그렇지 않다. 세계은행에 따르면, 동아시아는 77퍼센트 정도의 인구가 하루에 1파운드 미만을 소비하면서 세계 최고 빈곤율을 기록한다.

1983년

게임 혁명
일본 회사인 닌텐도는 역사상 가장 많이 팔린 콘솔 게임기인 '패미컴'을 출시한다. 이 게임기는 사람들이 여가 시간을 보내는 방식에 혁명을 일으킨다. 또한 닌텐도를 새로운 게임 산업의 선두 주자로 만든다.

1988년

한국의 성장
10년 동안 자동차 산업이 성장한 뒤, 한국은 한 해에 50만 대의 자동차를 전 세계에 수출한다. 21세기 초반에 한국은 세계적인 규모의 자동차 제조 국가 중 하나로 손꼽힌다. 또한 1988년에는 제24회 서울 올림픽이 개최된다.

2004년

쓰나미
인도네시아 인근 인도양 해저에서 기록상 세 번째로 큰 지진이 발생한다. 이 지진은 파도 높이가 30미터에 이르는 파괴적인 쓰나미를 일으킨다. 14개국에서 23만 명이 사망하고, 수백만 명의 이재민이 발생한다.

2008년

베이징 올림픽
중국은 베이징 올림픽을 총 37개 장소에서 개최한다. 올림픽은 전 세계 47억 명이 넘는 사람들이 텔레비전으로 시청한다. 베이징 올림픽은 중국이 전 세계에 깊은 인상을 줄 수 있는 기회가 된다.

2011년

핵 재난
일본 연안에서 발생한 지진과 해일로 수천 명이 사망한다. 하지만 바닷물이 후쿠시마 원전에 피해를 입히며 위기는 더욱 악화된다. 원전이 녹아내리고, 폭발하고, 치명적인 방사능이 노출되면 10만 명 이상이 대피해야 한다.

2015년

중국의 경제 발전
국제 경제 기구 중 하나인 세계은행은 중국이 미국을 추월하고 세계 최대의 경제 대국이 되었다고 밝힌다. 이는 세계 각국의 소득 규모를 비교한 결과를 바탕으로 한 것이다.

컴퓨터의 역사

1935년 이전에 '컴퓨터'라는 단어는 수학 계산을 하는 직업을 가진 사람을 가리켰다. 오늘날 컴퓨터는 값을 입력하고, 데이터를 저장해 처리하며, 결과를 출력하는 기계를 말한다. 컴퓨터는 원래 레버나 기어와 같은 기계식 부품으로 만들어졌다가 20세기에 들어서 전자 부품이 사용되었다. 초기 컴퓨터는 크기가 거대해 방 안을 꽉 채웠다. 지금 우리가 사용하는 주머니 속 스마트폰의 컴퓨팅 능력은 그 어느 때보다도 강력하다.

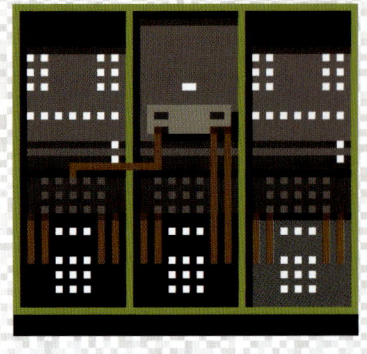

1946년
에니악

존 모클리와 J. 프레스퍼 에커트는 미국 펜실베이니아 대학교 소속 과학자다. 이들은 '에니악'이라고 불리는 최초의 다목적 컴퓨터를 만든다. 무게는 30톤이고 1만 8,000개의 진공관으로 이루어진 거대한 컴퓨터. 이것은 인간보다 압도적으로 더 많은 것을 계산할 수 있다.

1936년
튜링 머신

영국의 컴퓨터 과학자 앨런 튜링은 해결 가능한 문제라면 무엇이든 풀 수 있는 기계를 구상한다. 이것은 현대 컴퓨터의 발달로 이어진다. 그는 제2차 세계 대전 기간에 나치의 암호를 풀기 위해 다양한 암호 해독 기기를 만든다.

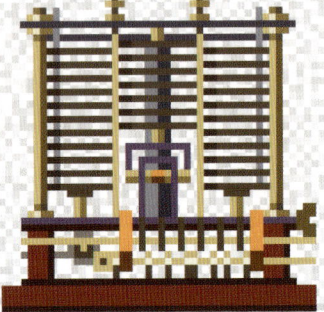

1890년
천공 카드

미국의 발명가 허만 홀러리스는 1890년 미국의 인구 조사 계산에 활용할 기계를 고안한다. 이 기계는 전기를 이용해 카드에 뚫은 구멍의 패턴을 읽는다. 그의 발명품은 시간과 수백만 달러의 돈을 절약해 준다.

1843년
에이다 러브레이스가 프로그래밍을 발명하다

배비지는 수학의 귀재인 에이다 러브레이스에게 기계식 컴퓨터에 관한 아이디어를 알려 준다. 그녀는 컴퓨터가 숫자와 마찬가지로 문자와 부호를 어떻게 다룰 수 있는지 생각해 낸다. 그녀의 아이디어는 시대를 수십 년 앞선다. 역사가들은 그녀를 최초의 컴퓨터 프로그래머로 여긴다.

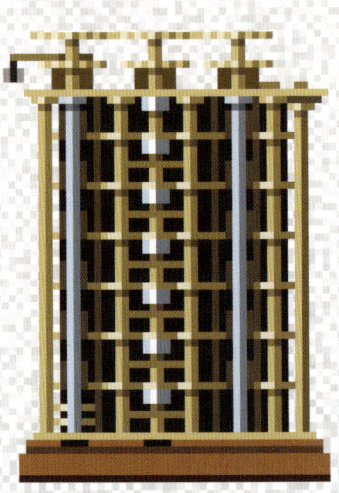

1822년
배비지의 차분 기관

영국의 발명가 찰스 배비지는 복잡한 계산을 수행할 수 있는 기계인 '차분 기관'을 만든다. 그는 다가올 컴퓨터 기술을 예측하며, 미래에는 이 기계가 데이터를 저장할 수 있을 것이라 상상한다. 그는 엔진을 만들기 시작하지만 완성하지는 못한다.

> "컴퓨터는 ……
> 우리가 생각해 낸 가장 놀라운 도구다.
> 그것은 우리의 정신이 활용할 수 있는
> 자전거와 같다."
> **스티브 잡스**, 1990년 다큐멘터리에서

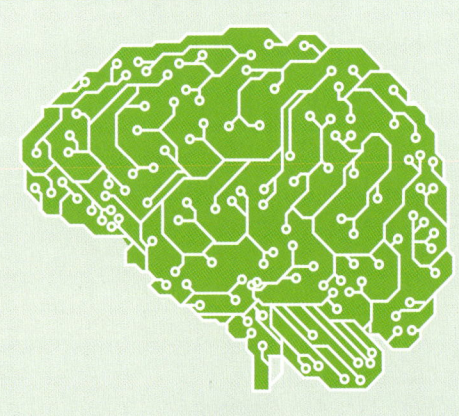

인공 지능

1950년 초, 앨런 튜링은 기계가 인간처럼 지능적으로 생각할 수 있는지 궁금해한다. 그는 인공 지능(AI)이 언제 가능할지 확인하고자 시험해 본다. 오늘날, 컴퓨터 과학자들과 발명가들은 더 빠르고 강한 기계를 만들 수 있게 된다. 이들은 인간의 지능을 지닌 기계를 만들려고 했던 튜링의 목표에 가까이 다가가고 있다.

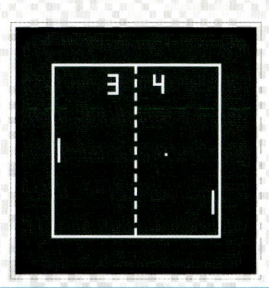   

1958년
최초의 컴퓨터 게임
미국의 물리학자 윌리엄 히긴보덤이 최초의 컴퓨터 게임을 만든다. 미국 뉴욕에서 수백 명의 사람이 이 게임을 해 보기 위해 줄을 선다. 게임은 두 명의 플레이어가 버튼과 다이얼을 이용해 가상의 코트 위에서 흰 공을 치는 방식으로 진행된다.

1959년
컴퓨터 언어
미 해군에서 일하던 수학 전문가 그레이스 호퍼는 최초의 컴퓨터 언어인 '코볼(COBOL)'을 개발한다. 이 언어는 오늘날에도 사용되고 있다.

1971년
플로피 디스크
미국 기업인 IBM의 기술자들은 잘 휘어지는 마일라 디스크를 작은 플라스틱 싸개로 담은 '플로피 디스크'를 발명한다. 사용자들이 데이터를 빠르게 공유할 수 있도록 하기 위해서다. 이 디스크는 매년 수십 억 장씩 팔린다.

1976년
크레이 슈퍼컴퓨터
세계에서 가장 빠른 컴퓨터가 제작된다. 이 컴퓨터의 'C' 형태는 신호가 기계를 도는 시간을 줄여 준다. 컴퓨터를 조립하는 데 1년이 걸리고, 가격은 약 900만 달러에 이른다.

1994년
최초의 스마트폰
IBM의 '사이먼 퍼스널 커뮤니케이터'는 최초의 스마트폰이다. 이 기기는 이름이 붙여지기 몇 년 전에 이미 만들어진다. 사용자는 터치스크린으로 전화를 걸고, 전자 우편을 보내거나 읽고, 다이어리를 관리한다.

1984년
맥 어택
애플사(社)는 '매킨토시'를 출시한다. 이것은 마우스로 조작하는 최초의 컴퓨터이다. 풀다운 메뉴로 마우스를 쉽게 사용할 수 있다. 이듬해, 마이크로소프트사(社)는 마우스로 이용할 수 있는 운영 체제인 '윈도우즈'를 선보인다.

1982년
개인용 컴퓨터가 등장하다
코모도어 64는 개인용 컴퓨터를 대중화시킨다. 워드프로세서, 스프레드시트, 게임 등 수천 가지의 소프트웨어 프로그램이 지금까지 가장 많이 팔린 이 컴퓨터에 맞춰 출시된다.

1976년
애플 I과 애플 II
스티브 워즈니악, 론 웨인, 스티브 잡스는 컴퓨터광들을 위해 최초의 데스크탑 컴퓨터인 애플 I을 제작해 판매한다. 1년 뒤에 만들어진 애플 II는 키보드, 게임 컨트롤러, '벽돌 깨기' 게임 등으로 더 많은 대중에게 다가간다.

  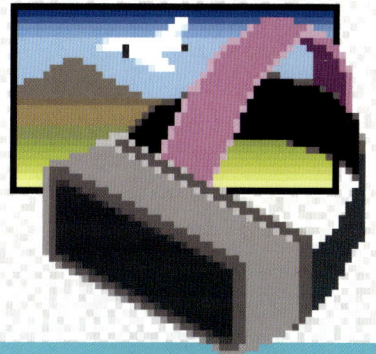

2010년
최초의 태블릿
애플사는 최초의 태블릿 컴퓨터인 아이패드를 출시한다. 이 기기의 특징은 터치스크린이다. 사용자는 이 기기를 활용해 게임, 음악, 전자 우편, 인터넷 등을 할 수 있다.

2012년
라즈베리 파이
작고 저렴한 컴퓨터다. 온라인에서 서로 업로드하고 공유할 수 있는, 쉽고 재미난 프로젝트를 활용해 어린아이들에게 컴퓨터 프로그래밍을 소개한다.

2016년
AR과 VR이 대중화되다
스마트폰 사용자들은 '증강 현실(AR)'을 보기 위해 자신의 카메라에 디지털 요소를 추가할 수 있다. 또한 '가상 현실(VR)' 기술로 인공적인 디지털 환경에 들어갈 수도 있다.

소르 후아나 이네스 드 라 크루스
멕시코의 수녀이자 아메리카 대륙 최초의 페미니스트 작가다. 그녀의 작품 『라 레스푸에스타(대답)』는 그녀를 비롯한 다른 여성들에게 침묵을 강요하고 교육을 받지 못하게 하는 어느 신부에게 답하는 서신이다.

메리 울스턴크래프트
영국의 작가이자 철학자인 메리 울스턴크래프트는 『여성의 권리 옹호』를 출간한다. 이 책은 여성과 남성이 평등하고 동등한 기회와 권리를 누릴 자격이 있음을 이야기한다. 이 주장은 오늘날에도 유효하다.

미국의 여성 참정권 운동
전미여성참정권협회(NAWSA)는 미국의 여성 참정권 운동을 위해 조직된다(234~235쪽 참고). 약 200만 명이 이 운동에 동참한다. 1920년, 미국에서 여성의 참정권을 보장하는 수정 헌법 제19조가 통과하는 데 핵심적인 역할을 한다.

세계 여성의 날
여성의 권리를 증진하고 참정권을 지원하기 위한 날이 제정된다. 처음에는 유럽의 몇 나라에서만 기념하지만, 머지않아 전 세계로 확산된다.

영국의 여성 참정권 옹호자
영국에서 밀리센트 포셋의 지도 아래 여성참정권협회국민동맹(NUWSS)이 결성된다. 이 단체는 평화적인 여성의 참정권 운동을 지원한다. 비폭력적인 방식은 여성들이 정치에 참여하기에 충분히 존경받을 만하며 책임감이 있다는 것을 보여 주리라 믿는다.

1399년경 • 1691년 • 1792년 • 1848년 • 1860년 • 1869년 • 1897년 • 1905년 • 1911년

크리스틴 드피장
프랑스의 작가 드피장은 집필 작업으로 가족을 부양한다. 그녀는 동등한 권리와 대우를 주장하고, 역사 속 여성 영웅을 기리는 최초의 페미니스트 문학 작품들을 남긴다.

세니커폴스
미국 최초의 여성 인권 대회가 뉴욕 세니커폴스에서 개최된다. 엘리자베스 캐디 스탠튼과 루크리셔 모트가 이끄는 여성 200여 명이 여성의 권리를 논의하기 위해 한자리에 모인다.

안나 필로소포바
안나 필로소포바는 러시아의 여성 인권 운동 지도자이자 사회 활동가다. 그녀는 여성들에게 일자리와 교육, 저렴한 주택을 제공하는 혁명적인 운동을 주도한다.

영국의 여성 참정권 운동가
에멀린 팽크허스트는 '말이 아닌 행동으로'라는 슬로건을 내세워 영국의 여성 참정권 운동가로 알려진 이들을 결집시킨다. 이 슬로건은 단순히 정중하게 참정권을 요구하는 것이 아니라, 참정권을 얻기 위한 전략적인 방식에 집중한다. 이들은 행진하고, 단식 투쟁을 벌이고, 창문을 깨고, 주요 건물 밖 난간에 자신의 몸을 묶는다.

페미니즘의 역사

페미니즘은 남녀가 평등하고 동등한 권리와 기회를 가져야 한다는 신념이다. 하지만 역사적으로 남성이 여성보다 더 많은 영향력을 행사해 왔다. 많은 페미니스트가 동등한 권리와 영향력을 얻기 위해 저항하고 캠페인을 벌였다. 초기 페미니스트는 여성의 참정권 획득에 주력했다. 하지만 시간이 지나면서 정치와 가정생활부터 음악과 스포츠에 이르기까지 다양한 분야에서 여성의 역할을 주장하게 되었다.

인도의 여성 운동
인도 정부는 영국의 통치로부터 독립하고, 여성이 관여한 새로운 법을 제정한다. 새로 만들어진 법은 자유와 평등을 지지하며, 인도의 여성 운동을 고양시키는 데 도움을 준다.

도라 샤픽
작가이자 편집자인 도라 샤픽은 이집트에서 페미니스트 운동을 일으킨다. 1951년, 그녀는 참정권을 요구하며 뜻을 같이하는 여성들과 이집트 의회를 급습한다.

"우리 중 절반이 억눌리면, 우리 모두가 성공할 수 없다."
말랄라 유사프자이, 유엔 연설에서, 2013년

여성들이 행진하다
사람들은 워싱턴 D.C.와 전 세계 많은 지역에서 성차별적인 언어와 권력 남용에 맞서 거리로 나선다. 이 행진은 여성의 권리뿐 아니라 성별, 인종, 종교의 평등을 지지하는 운동이다. 전 세계적으로 약 500만 명이 참여한 것으로 추산된다.

국제적인 권리
유엔은 여성차별철폐협약(CEDAW)이라 불리는 조약에서 전 세계에서 여성이 가져야 할 권리 목록에 합의한다. 2017년까지 189개국이 이 조약을 체결한다. 이는 역사상 매우 중요한 인권 협약이 된다.

1947년 · 1949년 · 1951년 · 1963년 · 1973년 · 1979년 · 1990년대 · 2014년 · 2017년

『여성성의 신화』
베티 프리단은 미국의 많은 여성이 가정주부로 불행하게 사는 것을 목격한다. 그녀는 『여성성의 신화』라는 책을 집필한다. 이 책을 통해 여성도 남성처럼 대학에 가고 성공적인 커리어를 쌓을 자격이 있다고 주장한다.

라이엇 걸
미국 워싱턴주에서 시작된 페미니스트 음악 운동이다. 여성들은 남성 밴드만 넘쳐나는 것에 실망해 자신들만의 밴드를 만들기 시작한다. 이들은 음악을 만들고, 잡지를 간행하고, 집회를 연다. 그러면서 페미니즘과 정치에 대한 견해를 마음껏 표현하고 토론한다.

시몬 드 보부아르
프랑스의 철학자 시몬 드 보부아르는 역사적으로 여성이 어떤 대우를 받았는지 논하는 『제2의 성』을 집필한다. 이 책에서 그녀는 '여성'이라는 것이 무엇인지 정의하고자 한다. 이는 다음 세대에게 영감을 준다.

빌리 진 킹
미국의 테니스 선수 빌리 진 킹은 여성테니스협회를 설립한다. 여자 선수가 남자 선수보다 보수를 적게 받는 스포츠계의 관행을 깨기 위해서다. 하지만 이 불평등은 지금도 여전히 존재한다.

말랄라 유사프자이
여성의 교육받을 권리를 위해 활동하는 파키스탄의 운동가 말랄라 유사프자이가 노벨 평화상을 받는다. 그녀는 여학생들의 등교를 금지하는 탈레반(272~273쪽 참고)에 관한 글을 쓴다. 그녀는 열다섯 살 때 탈레반의 살해 시도로부터 살아남는다.

인터넷의 역사

인터넷은 50여 년 전 누구나 컴퓨터로 서로 대화할 수 있는 방법을 생각하던 미국 정부에 의해 시작되었다. 초기 인터넷은 과학자들이나 군인들이 정보를 공유하는 도구였다. 대부분 사람이 거의 모든 일을 처리하기 위해 인터넷을 사용하게 되리라고 누가 알 수 있었겠는가? 지금은 세계 인구의 절반에 가까운 약 40억 명이 인터넷에 접속하고 있는 것으로 추산된다.

1971년 - 최초의 전자 우편
미국의 프로그래머 레이 톰린슨은 한 컴퓨터에서 다른 컴퓨터로 메시지를 전송하는 전자 우편 프로그램을 발명한다. 그는 전자 우편 주소에 '@' 기호를 도입한다.

1961년 - 아르파넷
미국의 컴퓨터 과학자 레너드 클라인록은 정보를 작은 조각으로 쪼개어 컴퓨터들이 서로 대화할 수 있는 방법을 고안한다. 이 인터넷 프로세서를 '아르파넷'이라고 한다.

1962년 - 모뎀
미국 벨 연구소의 연구원들은 최초로 상용 모뎀을 생산한다. 모뎀은 디지털 신호를 전기 신호로 전환하고, 이것을 다시 디지털 신호로 바꾸는 장치다. 컴퓨터들이 전화선을 통해 소통할 수 있게 해 준다.

1998년 - 검색 엔진이 등장하다

미국의 래리 페이지와 세르게이 브린은 구글 검색 엔진을 구축한다. 이를 통해 웹상의 정보에 더 빠르고 쉽게 접근할 수 있게 된다.

1996년 - 바이럴 동영상

아기가 춤추는 모습을 담은 3D 애니메이션이 전자 우편 메시지를 통해 인터넷에서 빠르게 퍼진다. 이는 최초의 바이럴 동영상이며, 밈(meme)의 전 단계다.

2001년 - 온라인 백과사전
지미 웨일즈와 래리 생어는 온라인 백과사전인 위키피디아를 출시한다. 첫해에만 2만여 개의 항목이 생긴다. 머지않아 인터넷에서 가장 큰 규모의 참고 사이트가 된다.

2003년 - 음원 판매
애플사(社)가 아이튠즈 뮤직 스토어를 출시하면서 음원 다운로드를 유행시킨다. 사람들은 이제 컴퓨터나 휴대용 음악 플레이어로 음악을 재생시킬 수 있다. 첫 주에만 100만 곡 이상이 팔린다.

2004년 - 소셜 미디어가 등장하다

미국 하버드 대학교 학생인 마크 저커버그가 페이스북을 만든다. 이 웹 사이트는 세계에서 가장 큰 소셜 네트워킹 사이트가 된다.

2005년 - 동영상 공유 서비스
유튜브가 처음 만들어진다. 이 사이트는 인터넷에서 가장 빠르게 성장한다. 최초로 유튜브에 올라온 동영상은 짤막한 19초짜리 코끼리 동영상이다.

1973년
헬로우, 인터넷
영국의 유니버시티 칼리지 런던과 노르웨이의 로열 레이더 기지국이 아르파넷에 접속하면서 컴퓨터 네트워킹이 국제화된다. '인터넷'이라는 용어는 1974년까지 사용되지 않는다.

1983년
도메인 이름
'.com', '.edu', '.org' 등을 붙여서 웹 사이트의 이름을 만드는 체계가 탄생한다. 이를 통해 사람들은 자신이 방문한 웹 사이트를 알아보기가 훨씬 쉬워진다.

1989년
월드 와이드 웹
월드 와이드 웹은 유럽입자물리연구소(CERN)의 프로젝트로 시작된다. 이 프로젝트는 영국의 과학자 팀 버너스 리가 주도한다. 1990년, 최초의 웹 브라우저와 웹 사이트가 CERN에서 탄생한다. 3년 뒤, 월드 와이드 웹이 대중에게 공개된다.

> "인터넷은 인류가 이해할 수 없는 최초의 발명품이다."
> **에릭 슈미트**(구글 전 회장), 인터넷 월드 트레이드 쇼 강연에서, 1999년

1995년
온라인 쇼핑
1995년, 온라인 쇼핑몰이 등장한다. 그중 일부는 세계에서 가장 큰 규모로 성장한다. 인터넷 서점인 아마존닷컴이 문을 연다. 원래 옥션 웹으로 불린 온라인 쇼핑 사이트 이베이가 최초의 품목으로 고장 난 레이저 포인터를 올린다.

1991년
새로 끓인 커피
연구자들은 커피 머신을 실시간으로 촬영해 컴퓨터 화면으로 커피를 새로 끓이는 장면을 지켜본다. 이것이 최초의 웹캠으로 알려진다.

2017년
사물 인터넷
세상에는 사람 수보다 인터넷에 연결된 장치 수가 더 많다. 약 84억 대의 장치가 사용되고 있다. '사물 인터넷'은 네트워크로 연결된 세상의 모든 물리적인 사물을 가리킨다.

2007년
온라인 투표
에스토니아는 최초로 국회 의원 선거에서 인터넷 투표를 실시한다. 온라인 투표는 쉽고 접근성이 좋아 선거에 더 많은 사람이 참여하도록 장려할 수 있다.

2011년
인터넷 정치
'아랍의 봄'으로 알려진 중동 지역의 혁명적인 시위운동 기간에 시위자들은 트위터나 페이스북 등 소셜 미디어 사이트를 통해 서로 소통한다. 이들은 사이트를 통해 신속하게 시위대를 조직하고, 중요한 정보를 퍼뜨린다.

2017년
페이스 페이
중국에서는 안면 인식 기술을 이용해 사용자의 얼굴로 물건을 결제한다. 스캐너가 사용자의 얼굴을 분석해 사진 데이터베이스와 맞춰 본다.

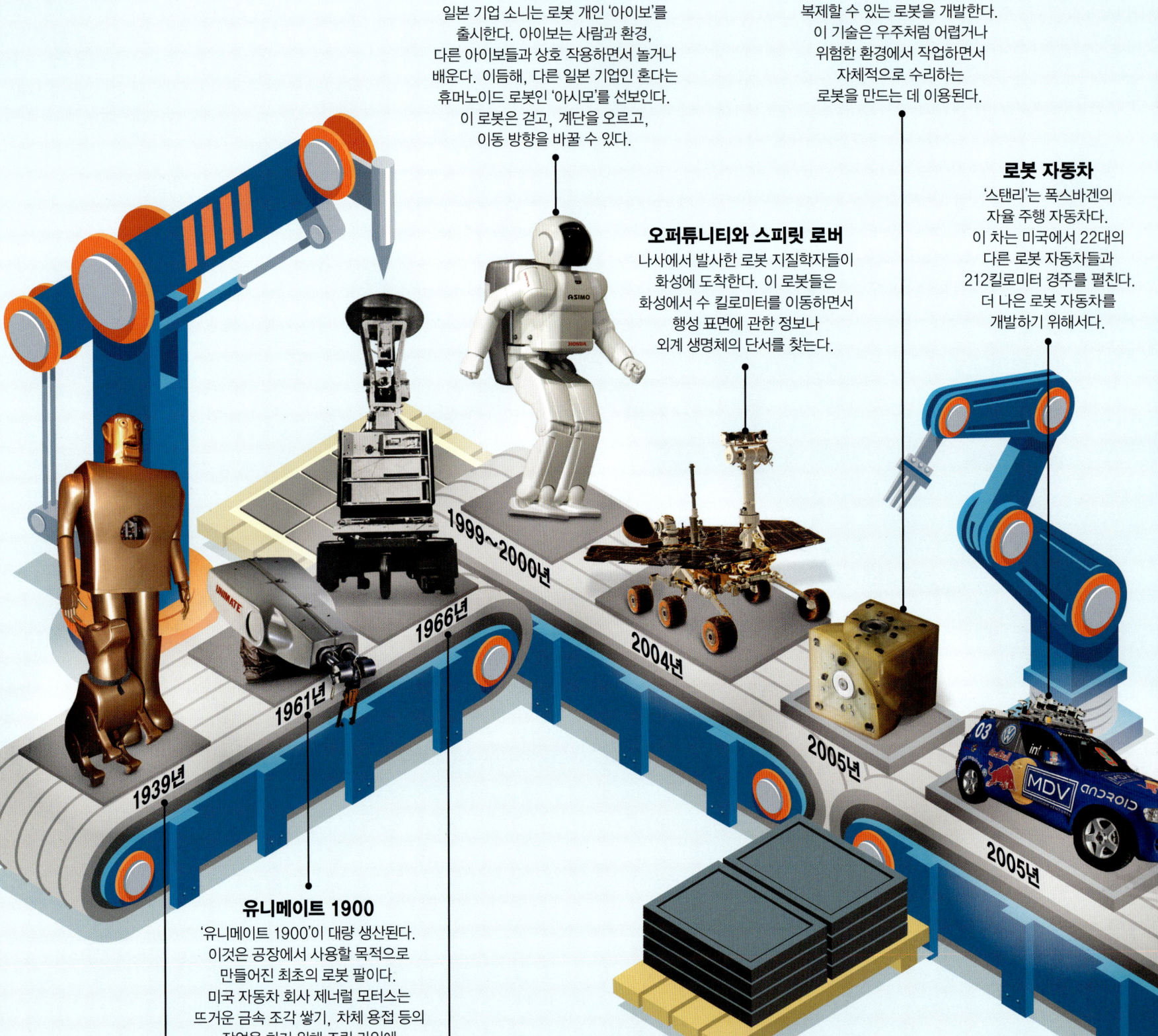

로봇 공학의 역사

수 세기 동안 사람들은 특정한 방식으로 작동하는 기계 장치, 즉 로봇에 대한 아이디어에 매료되었다. 20세기 기술의 발전은 로봇 혁명을 일으켰다. 많은 발명가가 공상 과학 소설에서 영감을 얻어 놀랍고도 복잡한 로봇을 만들었다. 이 로봇들은 사람들이 일하거나 활동하는 데 도움을 주고 있다.

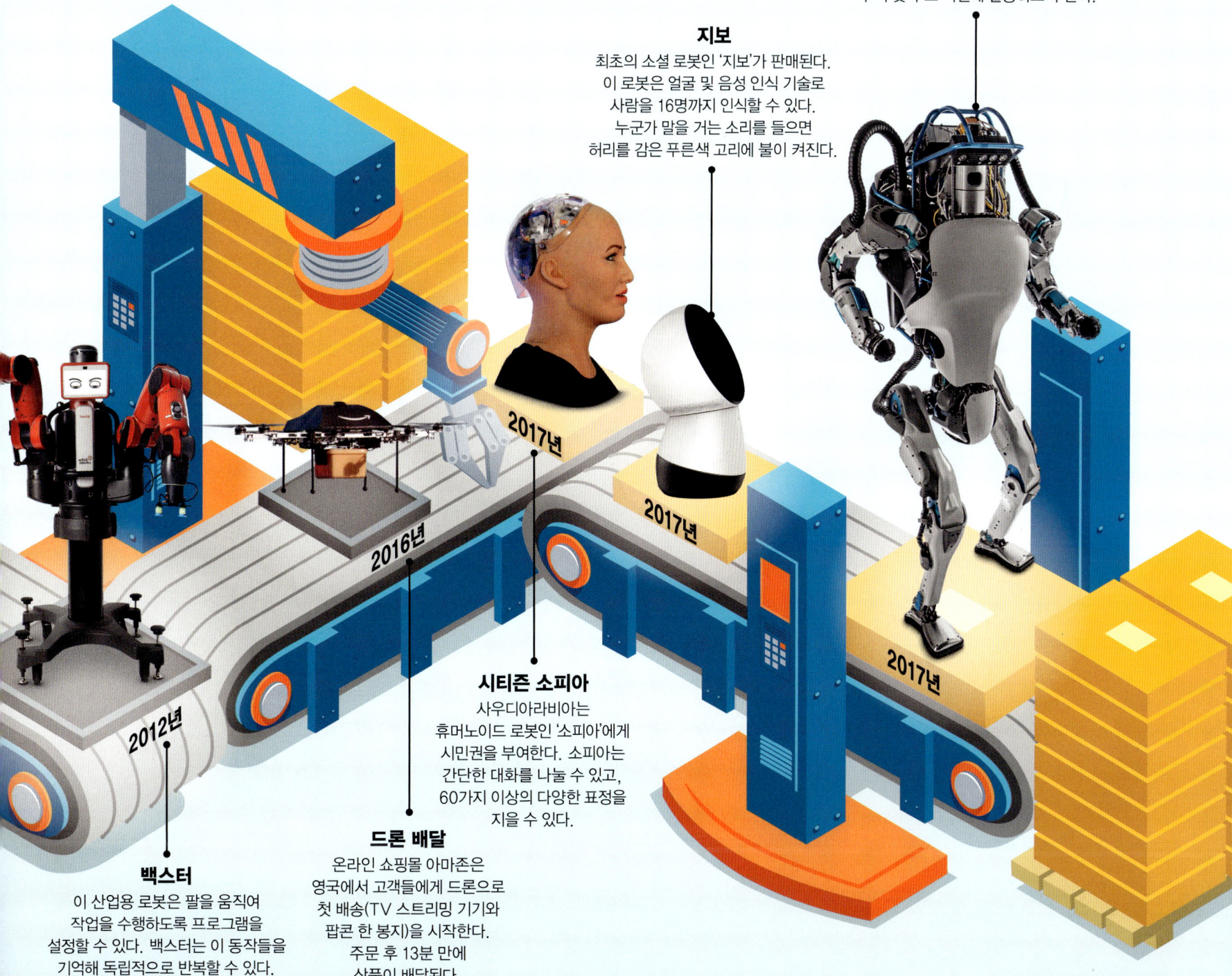

공중제비를 넘는 로봇
미국 로봇 회사인 보스턴 다이내믹스는 아틀라스 로봇이 뒤로 공중제비를 넘는 영상을 공개해 새로운 로봇의 시대를 예고한다. 이 회사는 아틀라스 로봇의 힘과 민첩성을 수색 및 구조 작전에 활용하고자 한다.

지보
최초의 소셜 로봇인 '지보'가 판매된다. 이 로봇은 얼굴 및 음성 인식 기술로 사람을 16명까지 인식할 수 있다. 누군가 말을 거는 소리를 들으면 허리를 감은 푸른색 고리에 불이 켜진다.

시티즌 소피아
사우디아라비아는 휴머노이드 로봇인 '소피아'에게 시민권을 부여한다. 소피아는 간단한 대화를 나눌 수 있고, 60가지 이상의 다양한 표정을 지을 수 있다.

드론 배달
온라인 쇼핑몰 아마존은 영국에서 고객들에게 드론으로 첫 배송(TV 스트리밍 기기와 팝콘 한 봉지)을 시작한다. 주문 후 13분 만에 상품이 배달된다.

백스터
이 산업용 로봇은 팔을 움직여 작업을 수행하도록 프로그램을 설정할 수 있다. 백스터는 이 동작들을 기억해 독립적으로 반복할 수 있다. 누구나 로봇에 프로그램을 설정할 수 있다.

세계의 역사

원시 인류는 처음에 동아프리카 지역에서 살았고, 점차 다른 지역으로 이동하기 시작했다. 마침내 인류는 전 세계 곳곳에 정착지를 세웠다. 이후 여러 지역에서 자신만의 문화와 종교, 법률을 갖춘 문명이 발전했다. 시간이 지나면서 각 지역은 무역과 전쟁을 통해 서로에게 영향을 미쳤다. 하지만 오늘날에도 우리나라를 비롯한 세계 각 지역은 저마다 독특한 역사와 전통을 지니고 있다.

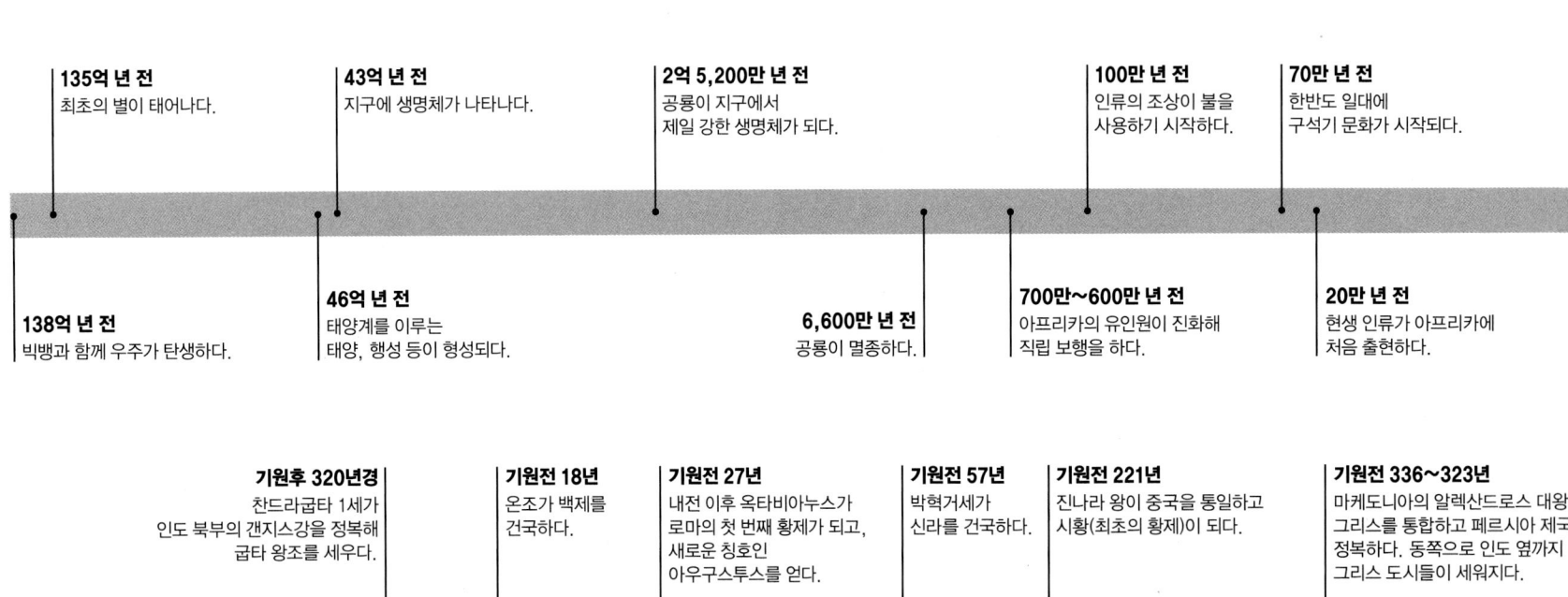

135억 년 전 최초의 별이 태어나다.
43억 년 전 지구에 생명체가 나타나다.
2억 5,200만 년 전 공룡이 지구에서 제일 강한 생명체가 되다.
100만 년 전 인류의 조상이 불을 사용하기 시작하다.
70만 년 전 한반도 일대에 구석기 문화가 시작되다.

138억 년 전 빅뱅과 함께 우주가 탄생하다.
46억 년 전 태양계를 이루는 태양, 행성 등이 형성되다.
6,600만 년 전 공룡이 멸종하다.
700만~600만 년 전 아프리카의 유인원이 진화해 직립 보행을 하다.
20만 년 전 현생 인류가 아프리카에 처음 출현하다.

기원후 320년경 찬드라굽타 1세가 인도 북부의 갠지스강을 정복해 굽타 왕조를 세우다.
기원전 18년 온조가 백제를 건국하다.
기원전 27년 내전 이후 옥타비아누스가 로마의 첫 번째 황제가 되고, 새로운 칭호인 아우구스투스를 얻다.
기원전 57년 박혁거세가 신라를 건국하다.
기원전 221년 진나라 왕이 중국을 통일하고 시황(최초의 황제)이 되다.
기원전 336~323년 마케도니아의 알렉산드로스 대왕이 그리스를 통합하고 페르시아 제국을 정복하다. 동쪽으로 인도 옆까지 그리스 도시들이 세워지다.

기원후 476년 로마가 게르만족의 침입으로 멸망하지만, 제국 동쪽은 비잔티움 제국으로 살아남다.
400년 고구려가 신라에 침입한 왜구를 격퇴하다.
기원후 79년 이탈리아의 베수비오산이 폭발하면서 폼페이와 헤르쿨라네움이 파괴되다.
기원전 30년 로마인들이 이집트를 정복하면서 파라오의 통치가 끝나다.
기원전 37년 주몽이 고구려를 건국하다.
기원전 202~기원후 220년 한나라가 중국을 400년 이상 다스리다.
기원전 321~185년 인도 남부의 찬드라굽타가 북부 지방을 침입해 마우리아 제국을 건설하다.

612년 고구려군이 살수 대첩 때 수나라군을 격파하다.
618~907년 당나라가 중국을 통치하다.
750년 이슬람 아바스 왕조가 오늘날 이라크 바그다드에 새로운 수도를 세우다.
800년 프랑크 국왕 샤를마뉴가 신성 로마 제국의 왕위에 오르다.
936년 고려가 후삼국을 통일하다.
1066년 프랑스 노르망디의 윌리엄이 헤이스팅스 전투에서 승리한 뒤 영국의 왕이 되다.

610년경 이슬람 신앙에 따르면, 예언자 무함마드가 신의 계시를 받고 이슬람교를 창시하다.
676년 신라가 삼국을 통일하다.
711년 이슬람 군대가 스페인과 포르투갈의 대부분을 정복하기 시작하다.
802년 자야바르만 2세가 크메르 왕국 (오늘날 캄보디아) 최초의 통치자가 되다.
841년 바이킹이 아일랜드 해안에 정착해 더블린을 세우다.
960년 송나라가 중국을 통치하다.
1050년 이누이트가 북아메리카의 추운 북쪽 지역에 정착하기 시작하다.

원시 인류
나무에서 사는 유인원이 진화해 인류의 조상인 호미닌이 된다(20~21쪽 참고). 이들은 시간이 지나면서 도구와 불을 이용하기 시작한다.

파라오의 땅
파라오로 알려진 군주가 다스린 고대 이집트(40~41쪽 참고)는 왕실의 무덤인 거대한 피라미드를 세운다.

중세 유럽
로마가 멸망한 후, 유럽에 새로운 왕국들이 등장한다. 이 왕국들은 권력을 장악하기 위해 서로 다툰다(98~99쪽 참고). 기독교가 유럽 전역에 전파된다.

몽골족
아시아 북부에서 등장한 몽골족(120~121쪽 참고)은 칭기즈 칸의 지휘 아래 유럽과 중국을 침략한다.

기원전 9000년경
메소포타미아 지역에서 금속을 사용하기 시작하다.

기원전 9000~4000년
초기 농경인들이 처음으로 마을을 이루다.

기원전 4000년경
거대한 도시들이 메소포타미아에 처음으로 등장하다.

기원전 3500년경
메소포타미아에서 최초로 운송 수단에 바퀴를 사용하다.

기원전 1만 1000~9000년경
사람들이 농업 발전으로 식량을 자급자족하다.

기원전 8000년경
부족들이 주거지 둘레에 장벽을 두르기 시작하다.

기원전 8000년경
한반도 일대에 신석기 문화가 시작되다.

기원전 3300년경
이집트인들이 최초의 문자 체계인 상형 문자를 개발하다.

기원전 490~479년
페르시아인들이 그리스 정복을 위한 두 번의 시도를 성공시키지 못하다.

기원전 550년
키루스 2세가 서아시아를 기반으로 페르시아 제국을 건설하다.

기원전 950~612년경
메소포타미아의 아시리아인들이 이집트 지역에서 서아시아 지역까지 제국을 건설하다.

기원전 2333년
단군왕검이 고조선을 건국하다.

기원전 2500년경
메소포타미아에서 라가시와 움마 사이에 최초로 기록된 전쟁이 일어나다.

기원전 450~50년경
오늘날 스위스 지역에서 켈트족의 라 텐 문명이 발전하다.

기원전 508년
그리스의 아테네인들이 최초로 민주주의 체제를 수립하다.

기원전 509년경
이탈리아의 로마인들이 자신들의 왕을 타도하고, 도시의 영향을 확대하기 시작하다.

기원전 1900년경
아무르인이 바빌론이 통치하는 메소포타미아 지역 대부분을 정복하다.

기원전 2589~2566년
이집트인들이 기자에 대(大) 피라미드를 세우다.

1100~1400년경
아프리카 동남부 지역의 그레이트 짐바브웨가 무역 제국으로 부상하다.

1205~1206년
칭기즈 칸이 몽골 부족을 통일하다.

1231~1259년
고려와 몽골 간에 전쟁이 일어나다. 몽골의 침략을 부처의 힘으로 이겨 내고자 하는 마음으로 팔만대장경(1251)을 제작하다.

1280년
마오리족으로 알려진 폴리네시아인들이 뉴질랜드에 정착하다.

1346년
백 년 전쟁 기간에 벌어진 크레시 전투에서 영국이 프랑스에 맞서 승리를 거두다.

1392년
이성계가 조선을 건국하다.

1446년
세종대왕이 훈민정음을 반포하다.

1095년
교황 우르바누스 2세가 여덟 차례 중 첫 번째 십자군 전쟁에 나서다.

1192년
미나모토노 요리토모가 일본의 쇼군(장군)으로 불리면서 사무라이 계급이 지배하는 시대가 시작되다.

1271~1368년
몽골의 원나라가 중국을 정복해 다스리다.

1325~1521년
아즈텍족이 오늘날 멕시코에 제국을 세우다.

1347~1352년
흑사병이 유럽 전역에 확산되어 인구의 30~60퍼센트가 사망하다.

1450년경
오늘날 페루에 잉카의 도시 마추픽추가 세워지다.

르네상스
유럽에서 르네상스는 회화, 건축, 문학 분야에서 위대한 예술적 성취를 이룬 시대다(136~137쪽 참고).

근대 과학의 발전
르네상스에 이어 과학 사상의 혁명(162~163쪽 참고)이 일어난다. 이는 우주에 대한 기존의 관점을 뒤집는다.

공장 노동
산업 혁명(194~195쪽 참고)을 이끈 공장의 발전과 새로운 기술 발달로 노동 환경이 변화한다.

프랑스 혁명
프랑스인들은 군주제에 맞서 혁명을 일으킨다. 프랑스 혁명(200~201쪽 참고) 이후 공포 정치 시대가 이어진다.

1497~1499년 바스쿠 다 가마가 유럽에서 인도로 첫 항해를 떠나다.

1517년 마르틴 루터가 「95개조 반박문」을 통해 가톨릭교회의 부패를 고발하다.

1522년 마젤란 일행이 최초의 세계 일주에 성공하다.

1529년 오스만 제국의 술레이만 1세가 오스트리아 빈 점령에 실패하다.

1492년 크리스토퍼 콜럼버스가 아메리카 대륙에 상륙해 유럽 탐험가들에게 신대륙을 열어 주다.

1504년 미켈란젤로가 르네상스의 걸작인 〈다비드상〉을 공개하다.

1521년 에르난 코르테스가 아스테카 왕국의 수도인 테노치티틀란을 파괴하다.

1526년 바부르가 인도 북부에 무굴 제국을 세우다.

1543년 니콜라우스 코페르니쿠스가 지구는 태양 주위를 돈다고 주장하다.

1910년 한일 병합 조약으로 조선의 국권이 박탈당하다.

1903년 라이트 형제의 역사적인 비행으로 항공의 역사가 시작되다.

1884~1885년 유럽 강대국들이 만나 아프리카 식민화가 시작되다.

1861~1865년 미국에서 노예 제도 문제로 남부와 북부 사이에 남북 전쟁이 일어나다.

1831년 수많은 아메리카 원주민이 '눈물의 길'이라고 불리는 새로운 정착지로 강제 이주하다가 죽다.

1815년 나폴레옹이 워털루 전투에서 패배하다.

1912년 타이태닉호가 항해 도중 침몰해 큰 인명 피해를 내다.

1893년 뉴질랜드가 식민지 최초로 여성에게 투표권을 주다.

1875년 운요호 사건이 일어나다. 이를 빌미로 일본이 조선에 굴욕적인 조약을 강요하다.

1867년 북아메리카의 세 주(州)가 연합해 대영 제국에 속한 캐나다 자치령을 형성하다.

1858년 영국이 인도의 영토를 직접 통치하다.

1924년 이오시프 스탈린이 소비에트 연방에서 공산당의 지도자가 되다.

1933년 아돌프 히틀러가 독일에서 권력을 장악하다.

1936~1939년 스페인에서 프랑코 장군이 이끄는 민족주의자와 정부 사이에 내전이 일어나다.

1945년 미국이 일본의 히로시마와 나가사키에 원자 폭탄을 투하하면서 제2차 세계 대전이 끝나다.

1945년 조선이 8·15 광복을 맞이하다.

1948년 대한민국 정부가 수립되다.

1948년 유엔이 팔레스타인 지역에 유대인의 정착지인 이스라엘 국가를 세우다.

1914~1918년 유럽 강대국 간의 전쟁이 제1차 세계 대전으로 번지다.

1919년 3·1 운동이 일어나고, 대한민국 임시 정부가 수립되다.

1929년 월가의 미국 증시가 폭락하면서 대공황이 시작되다.

1939년 히틀러가 폴란드를 침공하면서 제2차 세계 대전이 일어나다.

1941년 일본이 진주만을 공습하고, 미국이 제2차 세계 대전에 참전하다.

1948년 소련이 서베를린의 물자 공급을 봉쇄하면서 냉전이 시작되다.

1949년 마오쩌둥이 중화 인민 공화국 수립을 선언하다.

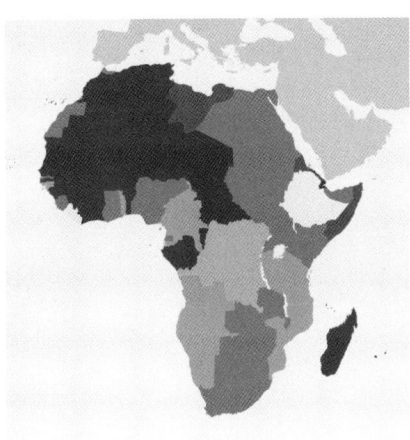
아프리카 식민지
유럽의 많은 국가가 대륙의 자원에 접근하기 위해 경쟁하면서 아프리카의 대부분을 점령한다 (224~225쪽 참고).

소비에트 연방
공산주의 혁명으로 러시아가 소비에트 연방(254~255쪽 참고)이 된다. 이오시프 스탈린의 치하에서 소련 국민은 큰 어려움에 직면한다.

제2차 세계 대전
독일의 아돌프 히틀러가 폴란드를 침공하면서 제2차 세계 대전 (258~267쪽 참고)이 일어난다. 이 전쟁으로 약 5,000만 명이 사망한다.

디지털 시대
컴퓨터, 인터넷, 스마트폰 (298~299쪽 참고)이 발달한다. 누구나 언제 어디서든 정보를 쉽게 얻을 수 있는 디지털 시대가 열린다.

1592~1598년
도요토미 히데요시가 조선을 침공해 일본과 조선 간의 전쟁(임진왜란, 정유재란)이 벌어지다.

1618~1648년
삼십 년 전쟁으로 유럽의 종교 분쟁이 끝나다.

1619년
아프리카 노예선이 처음으로 제임스타운에 도착하다.

1644년
200년 이상 통치한 중국의 명나라가 무너지고, 청나라가 들어서다.

1603년
일본이 통일된 후 평화의 시기로 접어들다.

1607년
미국 제임스타운이 최초로 북아메리카의 영구적인 영국 정착지가 되다.

1632년
무굴 제국의 샤자한이 아내를 위한 묘지로 타지마할을 건설하도록 명령하다.

1687년
아이작 뉴턴이 만유인력의 법칙을 발표하다.

1804년
나폴레옹 전쟁을 일으킨 나폴레옹 보나파르트가 스스로 프랑스 황제임을 선포하다.

1796년
정조가 수원 화성을 완공하다.

1788년
죄수와 교도관을 태운 배들이 오스트레일리아에 상륙해 영국의 식민지를 건설하다.

1775~1783년
북아메리카의 13개 식민지가 미국 독립 전쟁으로 영국의 통치에서 벗어나다.

1756~1763년
영국과 프랑스 사이에 벌어진 칠 년 전쟁이 북아메리카 식민지로 확대되다.

1811년
베네수엘라에서는 혁명가들이 스페인의 통치에서 벗어나고자 처음으로 독립을 주장하다.

1803년
미국이 프랑스로부터 루이지애나를 구입해 영토를 두 배로 늘리다.

1789년
농민들이 파리의 바스티유 감옥으로 행진하면서 프랑스 혁명이 일어나다.

1769년
제임스 와트가 좀 더 효율적인 증기 기관을 발명해 산업 혁명의 길을 열다.

1755년
포르투갈의 수도 리스본에서 엄청난 지진이 발생해 도시의 3분의 2가 파괴되다.

1950년
북한이 남한을 침공하면서 6·25 전쟁이 시작되다.

1960년
아프리카 17개국이 독립한 1960년은 '아프리카의 해'로 불리다.

1964년
미국이 베트남 전쟁에 공식 참전하다.

1980년
5·18 민주화 운동이 일어나다.

1989년
영국의 과학자 팀 버너스 리가 월드 와이드 웹 (WWW)을 만들다.

1994년
남아프리카 공화국에서 넬슨 만델라가 대통령이 되다. 그는 최초의 흑인 대통령이다.

2001년
미국이 테러 공격을 당하다. 조지 W. 부시 대통령은 '테러와의 전쟁'을 선포하다.

1955년
아프리카계 미국인 로자 파크스가 버스에서 백인 남성에게 자리를 양보하라는 요구를 거절하다. 이 사건으로 흑인 민권 운동에 불이 붙다.

1960년
3·15 부정 선거로 4·19 혁명이 일어나다.

1962년
쿠바에 설치된 소련 미사일을 두고 소련과 미국이 신경전을 벌이면서 냉전이 격화되다.

1989년
베를린 장벽이 무너지다. 2년 뒤인 1991년에는 소비에트 연방이 해체되다.

2000년
남북이 제1차 정상 회담을 개최하고, 6·15 남북 공동 선언을 채택하다.

2017년
짐바브웨의 로버트 무가베 대통령이 퇴진하다.

주요 용어 풀이

검열
특히 정부가 나라의 이익에 해로워 보이는 사상이나 정보의 접근을 제한하는 것.

게릴라 전술
대규모 적군에 맞서 소규모의 부대가 기습으로 공격하는 전술.

경기 침체
한 나라의 경제 활동이 둔화된 상태지만, 공황('공황' 참고)보다는 덜 심각한 단계.

계몽주의
17~18세기에 유럽에서 급진적인 사상가들이 사회와 정부, 인간에 대해 새롭게 이해하고 개혁하고자 한 사상운동.

고전주의
고대 그리스·로마 세계와 관련이 있는 창작 태도.

공물
상대방의 우위를 인정하는 의미에서 한 왕이 다른 왕에게, 또는 한 나라가 다른 나라에 제공하는 돈이나 물건.

공산주의
재산을 공동으로 소유하는 사회를 추구하는 경제 체제.

공화국
세습 군주('군주' 참고)나 황제가 존재하지 않는 나라. 현대 공화국은 주로 대통령이 이끎.

공황
실업과 경제적 어려움 등으로 경제 활동이 급격하게 감소하는 시기.

광합성
살아 있는 유기체('유기체' 참고)가 이산화 탄소와 물로부터 유기 화합물을 만들기 위해 태양 에너지를 이용하는 과정.

교착
양측이 갈등 상황 속에서 추가적인 행동을 할 수 없는 상태.

국가
국민이 역사와 언어, 문화를 공유하는 독립적인 사회 집단.

군주
최고의 권력을 행사하는 통치자나 국가 원수.

군주제
왕이나 여왕이 국가의 원수가 되는 정부 형태. 하지만 군주가 실권이 없는 경우도 있음.

궤도
행성과 같은 물체가 다른 천체의 둘레를 돌면서 그리는 곡선의 길.

글라스노스트
'개방'을 뜻하는 러시아어. 1980년대 후반 소련에서 미하일 고르바초프가 자신의 정책을 이 용어로 표현함.

기원전(BCE)
기원후 1년(원년) 이전 시기를 가리키는 말. 'BCE(Before Common Era, 공통 시대 이전)'는 'BC(Before Christ, 예수 탄생 이전)'를 대체한 표현임.

기원후(CE)
기원후 1년부터 지금까지의 시기를 가리키는 말. 'CE(Common Era, 공통 시대)'는 'AD(Anno Domini, '주님의 해'를 뜻하는 라틴어)'를 대체한 표현임.

내전
한 나라 안에서 일어나는 대립 세력 간의 전쟁.

냉전
소련이 지배하는 공산주의('공산주의' 참고) 국가들과 서양이 서로 대립한 시기. 제2차 세계 대전 직후부터 1989년까지 이어짐.

네안데르탈인
지금의 인간 종과 매우 가까운 원시 인류.

노예
다른 사람의 소유물로 되어 있어 부림을 당하는 사람.

다이묘
무사 계급인 일본의 봉건 영주.

대기
지구나 다른 행성을 둘러싸고 있는 공기층.

도덕
무엇이 옳고 그른지 판단하는 기준이 되는 원칙.

도시 국가
하나의 도시와 그 주변 지역으로 구성된 자치 독립 국가.

독재자
절대 권력을 가지고 한 나라를 혼자서 통치하는 지도자.

디엔에이(DNA)
살아 있는 세포('세포' 참고) 안에 유전 정보를 담고 있는 화학 물질.

르네상스
유럽 역사에서 14세기부터 예술과 지적 생활에 광범위한 변화가 일어난 운동.

망명
자기 고향이나 나라에서 강제적으로 쫓겨남.

메소포타미아
티그리스강과 유프라테스강 사이에 있는 오늘날 이라크에 해당하는 지역. 초기의 여러 문명이 시작됨.

멸종
지구상에서 생물의 한 종류가 완전히 없어짐.

무슬림
이슬람교를 믿는 사람.

무척추동물
곤충, 거미, 지렁이, 해파리 등 척추가 없는 동물.

문자
알파벳처럼 표기 체계를 구성하는 개별 단위.

문화
한 사회가 공유하는 관습, 믿음, 행동 양식 등을 가리키는 말.

민족주의
민족이나 국가를 가장 중요하게 여기는 이념.

민주주의
국민에 의해 선출된 대표들이 나라를 통치하는 정치 체제.

바이러스
신체 세포('세포' 참고)에 침투할 수 있는 작은 입자. 세포 안에서 증식해 병을 유발함.

박테리아
미세한 단세포 유기체('유기체' 참고). 그중 일부는 심각한 질병의 원인이 되기도 함.

박해
출신이나 신념을 이유로 개인이나 집단을 억압하고 괴롭히는 행위.

반란
권력을 가진 자를 타도할 목적으로 일어나는 조직적인 봉기.

반역죄
한 나라의 정부를 타도하려고 한 죄.

반유대주의
유대인에 대한 편견과 적대심을 지닌 사상.

반종교 개혁
프로테스탄트('프로테스탄트' 참고)의 종교 개혁 이후 가톨릭교회 안에서 일어난 개혁 운동. 여기에는 내부 개혁과 함께 프로테스탄티즘에 반대한다는 의미가 담겨 있음.

백신 접종
사람들이 병에 걸리는 것을 막기 위해 보통 주사로 이루어지는 예방 의학적 치료.

봉건제
왕이 제후에게 충성, 군사 원조, 군역에 대한 대가로 토지를 제공하는 정치 제도.

봉쇄
물자가 들어오거나 나가는 것을 막기 위해 일정 지역을 고립시키는 것.

분자
원자들('원자' 참고)이 화학적 결합으로 형성한 입자.

사무라이
다이묘('다이묘' 참고)에게 충성할 의무를 지니고 엄격한 규범을 따르는 일본의 무사.

사육
야생 동물을 인간에게 유용하게 만들기 위해 길들이는 행위.

사회주의
정부가 경제를 어느 정도 통제하고 국민에게 부를 좀 더 균등하게 나누어 줄 수 있어야 한다고 생각하는 이념.

서식지
동물이 자연스럽게 자리를 잡고 사는 곳.

서양
유럽과 북아메리카를 통틀어 이르는 말.

석기 시대
현생 인류와 그 조상이 돌로 도구를 만들던 선사 시대.

선거권
투표할 수 있는 권리.

선교사
외국에 나가서 다른 사람들에게 종교를 널리 전하는 사람.

선사 시대
문자가 발명되고 문명이 발전되기 이전의 시대.

세속적
비종교적.

세포
모든 살아 있는 유기체('유기체' 참고)를 구성하는 기본 단위.

소행성
우주 공간에서 태양의 궤도('궤도' 참고)를 도는 돌과 금속의 혼합물.

쇼군
천황의 이름으로 일본을 통치한 군사 지도자.

수도교
물을 공급하기 위해 지은 다리나 기타 구조물.

순교자
종교적 신앙을 지키기 위해 목숨을 바친 사람.

순례
성지(聖地)를 찾아다니며 방문함.

술탄
일부 이슬람 국가에서 전통적으로 통치자를 일컫는 칭호.

시민
한 도시나 주(州), 국가에 속하는 사람.

시민권
사회적·정치적으로 동등한 시민 ('시민' 참고)의 권리.

시오니즘
팔레스타인에 유대인을 위한 국가를 만들고 유지하려는 운동.

식민지
다른 나라의 정치적·경제적 지배를 받는 지역.

식민지화
다른 나라에 식민지를 건설하기 위해 정착민을 보내는 행위. 때로는 이미 살고 있는 원주민을 정치적으로 지배하는 일도 포함됨.

신석기 시대
돌로 만든 도구와 무기가 더욱 발전하고 농사를 처음 시작한 후기 석기 시대.

십자군
11~13세기에 기독교 기사들이 예루살렘을 무슬림으로부터 다시 빼앗기 위해 떠난 여덟 차례의 군사 원정.

쓰나미
해저의 지진이나 화산 폭발로 말미암아 발생하는 해일.

아파르트헤이트
1948년부터 1994년까지 지속된 남아프리카 공화국의 인종 차별 정책.

암살
정치적이거나 종교적인 이유로 어떤 인물을 기습해 죽이는 행위.

여성 참정권 운동가
20세기 초반에 여성의 투표권을 쟁취하기 위해 투쟁한 운동가.

왕조
한 나라를 대를 이어서 통치하는 왕의 가문.

우주
모든 공간과 그 안에 있는 모든 것.

원소
포함되어 있는 모든 원자('원자' 참고)가 동일하고 다른 물질에 의해 분해될 수 없는 요소.

원자
원소('원소' 참고)의 화학적 성질을 그대로 지니면서, 원소를 구성하는 가장 작은 입자.

유기체
동물이나 식물, 박테리아 ('박테리아' 참고) 등의 미생물을 포함한 모든 생명체.

유목민
가축을 먹이기 위해 새로운 목초지와 물을 찾아 여기저기 옮겨 다니며 사는 민족.

의회
미국을 포함한 일부 국가에서 법을 제정하는 정치 기구.

이단
어느 종교가 세워 놓은 정통 교리와 어긋나는 신념.

자본주의
사유 재산을 인정하고 자유로운 경제 활동을 보장하는 경제 체제.

제국
한 정부나 한 사람의 지배 아래에 있는 영토나 백성.

조약
나라 간의 권리와 의무를 합의를 통해 법적 구속을 받도록 정하는 행위나 조문.

종(種)
말이나 표범과 같이 유기체('유기체' 참고)를 분류하는 단위. 같은 종에 속해 있는 생물끼리는 서로 번식할 수 있지만 보통 다른 종과는 번식할 수 없음.

종교 개혁
로마 교황이 이끄는 가톨릭교회에서 많은 교회가 이탈한 16세기의 개혁 운동.

중력
한 물체가 다른 물체를 끌어들이고 물체들이 우주 공간으로 떠가지 못하게 붙잡아 두는 자연력.

중세 시대
유럽 역사에서 5세기경부터 15세기경까지 이르는 시기.

진화
변화하는 환경에 적응해 생물들이 세대를 걸쳐 점진적으로 발전하는 과정.

질량
물체가 가지고 있는 물질의 양.

차르
15세기부터 1917년까지 러시아의 남자 통치자를 일컫는 칭호. 여성 통치자나 차르의 부인은 '차리나'라고 부름.

철기 시대
역사상 무기나 도구를 만드는 데 철을 사용한 시대.

철학
일련의 사상이나 신념 체계.

청동기 시대
사람들이 도구와 무기를 만드는 데 주로 청동을 사용한 시대.

초강대국
동맹국들보다 훨씬 강하고 영향력이 있는 나라.

칼리프
이슬람의 종교적·정치적 지도자를 부르는 칭호.

콩키스타도르
아메리카 원주민 문명을 정복한 스페인 사람을 이르는 말.

쿠데타
한 세력이 갑작스럽게 폭력이나 불법으로 권력을 장악하는 행위.

태양계
태양과 그것을 중심으로 궤도 ('궤도' 참고)를 도는 천체들의 집합.

퇴위
공식적으로 다른 사람에게 권력이나 책임을 넘기는 것.

특허
특정한 공정이나 발명품을 이용하는 것에 대해 개인이나 회사가 보유한 독점적 권리.

파라오
고대 이집트에서 전통적으로 왕이자 신으로 여겨진 통치자의 칭호.

파시즘
개별 시민의 복지보다 국가의 힘을 우위에 두는 국수주의를 강조하는 이데올로기.

페레스트로이카
1980년대 후반 소련의 경제 발전을 위해 미하일 고르바초프가 발표한 '개혁' 정책을 의미하는 러시아어.

폐지
무엇인가를 완전히 없애 버리는 행위.

포위 작전
도시나 요새를 점령하기 위해 둘러싸고 봉쇄하는 작전.

프로테스탄트
종교 개혁('종교 개혁' 참고)에서 비롯된 종교 단체 또는 그 분파.

허리케인
시속 119킬로미터 이상의 강풍을 동반한 맹렬한 열대성 폭풍.

헌법
한 국가의 정치적 원리를 결정하는 최고의 법규.

혁명
조직화된 시위대가 일으키는, 급격하고 근본적인 사회 변화.

호미닌
현존하는 인간과 멸종한 인류의 조상을 아우르는 생물학적인 종(種).

화석
주로 암석에 보존되어 남아 있는 선사 시대 동식물의 유해나 흔적.

휴전
전쟁을 얼마 동안 멈추는 일.

찾아보기

굵게 처리한 쪽수는 용어와 관련한 주요 페이지를 가리킨다.

1848년 혁명 **216~217**
1920년대 **250**, 293
1930년대 **251**, 293
1960년대 **278~279**, 292
3·1 운동 310
3·15 부정 선거 311
3D 프린트 203
4·19 혁명 311
4행정 엔진 239
5·18 민주화 운동 311
6·25 전쟁 247, **276**, 283, 311
6일 전쟁 272
7월 전쟁 273
8·15 광복 310
9·11 테러 273

ㄱ

가가린, 유리 285, 295
가가쿠 186
가나 119, 269, 280
가나안 문자 31
가난 251, 297
가래톳 페스트 124
가로등 26
가르교(프랑스) 212
가뭄 251, 280
가믈란 186
가미카제(신풍) 121, 267
가스 170
 독가스 248
가우가멜라 전투 154
가자 지구 272, 273
가전제품 **274~275**
가축 22
가톨릭교회 98, 99
간디, 마하트마 268
갈리아족 58, 59
갈리폴리 전투 248
갈릴레이, 갈릴레오 153, 162, 236
감시 271
갑옷 89, **126~127**
강제 수용소 262~263
강주아오 대교 213
강철 25
개 22
개인용 컴퓨터 299
갤리선 135
갤리어드 172
갤리언선 135
거짓말 탐지기 230
건축물
 그리스 52
 로마 74, 75
 초고층 빌딩 **256~257**
걸프 전쟁 273
검 126
검은 수염(에드워드 티치) 175
게르만족 35, 73, 84~85, **96~97**
게토 262
게티즈버그 연설 223
게티즈버그 전투 155, 222

경작 22
경제 성장
 1920년대 250
 아프리카 281
 전후 **296~297**
경제 위기(1930년대) 251
경험론 64
계몽주의 **180~181**
고고학 **252~253**
고구려 35, 308
고대 서사시 47
고대 세계 **34~35**
고대 유적 **42~43**
고딕 호러 47
고려 88, 113, 308, 309
고르바초프, 미하일 255, 283
고스 305
고인돌 42
고조선 34, 309
고종 황제 91
고코스타트호 252
고타마 싯다르타 65, 76
골드코스트 224
골호장지 문화 58
공기 타이어 29, 239
공룡 10, 14, **16~17**, 18~19, 184, 308
공산주의 254, 255, 276, 277, 282~283
공상 과학 소설 47
공자/유교 65, 68, 76
공작 왕좌 167
공장 26, 178, **194~195**, 238, 310
공포 정치 198, 201
공학 기술 **212~213**
과테말라 146
과학 수사 **230~231**
과학 혁명 131, **162~163**
관개 22
관념론 181
관성 바퀴 29
광고 275
광란의 1920년대 250, 251
광업 **194~195**
광학 236
괴베클리 테페(터키) 42
교황의 지위 98, 99
구글 55
구글 302
구글 어스 123
구기 경기 50, 95
구리 24, 25
구명정 135
구명정 135
구석기 문화 308
구정 대공세 277
구즈, 올랭프 드 181
구텐베르크, 요하네스/구텐베르크 성경 99, 132, 133, 136, 211
국민 의회 198, 200
국가 보안 위원회(KGB) 271
국제 연합(UN) 246, 259, 272, 276, 281, 301, 310
국제 우주 정거장 213, 295

군마 127
굽타 왕조 35, 81, 83, 308
권투 51
그란 콜롬비아 207
그랜트, 율리시스 S. 223
그레고리우스 7세 99
그레이트 짐바브웨 89, 118, 309
그로마 75
그로미코, 안드레이 289
그리스 전투 258
그리스, 고대 27, 30, 34, 35, 51, **52~53**, 55, 56, 60, 61, 64~65, 66, 72, 122, 135, 152, 218, 234, 236, 252, 292
 무기와 갑옷 126
그리스-페르시아 전쟁 53
그린즈버러(노스캐롤라이나) 290
그림 형제 47
극장 80, 81
 가부키 158
 그리스 53
글라스노스트 255, 283
글로브 극장(런던) 81
금 24, 48, 49
 오스트레일리아 골드러시 197
 캘리포니아 골드러시 214
금속 제련 11, **24~25**, 58
금주법 250
기계 시계 29, 70, 91
기근 185, 280
기독교 77, 98, 102
 십자군 **104~105**
기사 110, 111, 127
기어 28
기요틴 201
기자의 대 피라미드 34, 40, 43, 54
기차 178, **208~209**
기후 변화 18, 20
깃펜 133
까오다이교 77
꿈의 시대 196

ㄴ

나가사키 246, 261, 267, 310
나노 기술 203
나디르 샤 167
나르메르 41
나스카 지상화 95
나이지리아 119, 281
나이팅게일, 플로렌스 202
나일강 40
나치당 251, 261, 262~263, 265
나침반 91
나폴레옹 1세 178, 179, 188, 201, **204~205**, 216, 310
나폴레옹 3세(루이 나폴레옹) 217
나폴레옹 야포 222
나폴레옹 전쟁 155, 178, **204~205**, 311
남극 대륙 241
남베트남 277
남부 연합 222~223
남비엣 106, 107
남수단 281
남아메리카
 독립 179, **206~207**
 스페인령 **146~147**
 제국들 **94~95**

남한 276
낫 23
낭만주의 143
내연 기관 239
냉장고 275
냉전 246, 247, 254, 278, **282~283**, 284, 289
네덜란드 258
네덜란드 황금시대 142
네로 황제 72
네안데르탈인 20, 21
넬슨, 허레이쇼 204
노르가이, 텐징 240
노르만족 154
노르망디 상륙 작전 259, **264~265**
노르테 치코 94
노브고로드 102
노예 제도 72, 146, 147, 160, 224
 미국 **164~165**, 179, 290, 310
노예 제도 폐지 운동 164
노예 해방 선언 165
노예선 131, 311
노자 77
노트 앤 크로스 38
녹색 혁명 23
농노제 189
농민 전쟁 144
농업 **22~23**, 160
눈물의 길 179, 215, 310
뉘른베르크 재판 263
뉴 그라나다 147, 207
뉴 홀란드 197
뉴딜 251
뉴스 **210~211**
뉴암스테르담 161
뉴욕 223
뉴잉글랜드 161
뉴질랜드 116, 117, 179, 220, 235, 309, 310
뉴턴, 아이작 131, 153, 163, 180, 237, 311
뉴펀들랜드 102, 139
니네베 252
니아드, 다이애나 240
니에프스, 조제프 니세포르 229
니카라과 혁명 283
니콜라이 2세 188, 189, 254
닌텐도 297
님루드 252

ㄷ

다가마, 바스쿠 130, 139, **140~141**, 310
다게르, 루이 229
다르푸르 281
다리우스 1세 60, 61, 211
다리우스 2세 61
다리우스 3세 61, 62, 154
다빈치, 레오나르도 29, 51, 136, 142, 232
다원, 찰스 219
다이내믹 타워 256
다이묘 111
다이비엣 107, 188, 225
다이아몬드 49, 188, 225
다하우 262
단군왕검 34, 309
단테 알리기에리 136

달 **284~287**, 294, 295
달력 70
담배 160
당나라 88, 90~91, 107, 308
대(大) 스핑크스 43, **44~45**
대개혁 법안 235
대공황 246, 251, 310
대멸종 14, 15, 16, 18, 184
대서양 전투 258, 260
대안탑(중국) 90
대영 제국 **220~221**, 268~269
대운하(중국) 168
대학 92
대홍수 185
더글러스, 프레더릭 165
더블린 88, 98, 308
더스트 볼 251
덩샤오핑 296
덩컨, 이사도라 172
데모크리토스 170, 236
데본기 14, 15
데옥시리보 핵산(DNA) 219, 231
데이비스, 존 131, 139
데인겔드 102
데카르트, 르네 64, 163, 180
델라웨어강 190, 192~193
델리 166, 167
도교 65, 77, 90
도나우강 96
도량형 68, 69
도미노 38~39
도요토미 히데요시 131, 311
도자기
 그리스 35, 52, 53
 명나라 168, **169**
도쿠가와 이에야스 158
독립 선언문 180, 191
독일
 로마 96
 분단 259, 282, 283
 재통합 283
 통합 216
 제1차 세계 대전 248~249
 제2차 세계 대전 261, 262~263, 265, 266
독일 연방 216
돌턴, 존 171
동고트 왕국 85
동구권 282, 283
동굴 미술 20, 143, 218
동남아시아 왕조들 **106~107**
동물원 80
동방 정교회 99
동서 교회의 분리 99
동선 문화 106
동인도 회사 220, 221
동전
 바이킹 102
 켈트족 59
뒹케르크 259
두바이 213
둠즈데이 북 99
드골, 샤를 260, 269
드론 127, 307
드뷔시, 클로드 186
디드로, 드니 181
디아스, 바르톨로뮤 138, 140
디엔비엔푸 전투 277
디오클레티아누스 황제 73
디저리두 196

디젤 자동차 238
디지털 시대 247, 311
디지털 카메라 229
디퍼런스 엔진 247

ㄹ

라 텐 문명 34, 58, 309
라가 186
라가시 34, 37, 309
라디오 81, 210, 211, 226
  방송 227
라마티보디 1세 107
라부아지에, 앙투안 171, 181
라스 나바스 데 톨로사 전투 98
라이베리아 56, 119, 224
라이카 284
라이트 형제 179, 232, 233, 240, 310
라인강 84, 96
라즈베리 파이 299
라파엘로 136
라파예트, 제임스 아르미스테드 191
라피타인 116
람보르기니 239
람세스 2세 40, 42, 154
래컴, 존(캘리코 잭) 175
러더퍼드, 어니스트 171
러브레이스, 에이다 298
러시모어산 67
러시아
  나폴레옹 침공 205
  제1차 세계 대전 248, 249
  제국 188~189
  '소련' 참고
러시아 혁명 189
런던 216
  지하철 27, 123, 209, 212
레닌, 블라드미르 254
레디, 프란체스코 218
레바논 273
레소토 269
레오 3세 97, 98
레오폴트 2세 119, 225
레이건, 로널드 282
레이우엔훅, 안톤 판 163, 218
레이프 에릭손 102
레지스탕스 261, 271
레판토 해전 155, 156~157
렉싱턴 전투 191
렘브란트 판 레인 142
로네이, 드 198
로댕, 오귀스트 67
로렌초 데메디치 137
로마 27, 35, 217, 308
  약탈 73, 84, 97
로마의 도로 74, 75
로마인 30, 34, 35, 48, 59, 143, 212, 253, 292, 308, 309
  기술 74~75
  로마 공화국 73
  로마 제국 72~73
  로마 제국의 변화 84~85
  무기와 갑옷 126
  요새 110
  폼페이의 파괴 78~79
로물루스 아우구스툴루스 73, 85, 97
로물루스와 레무스 73
로버츠, 바살러뮤(검은 준남작) 175

로버츠, 조지프 젱킨스 56
로베스피에르, 막시밀리앙 200, 201
로봇 238, 306~307
로제타석 31, 252
로카르, 에드몽 231
로켓호 179, 209
로코코 293
로크, 존 64, 180
로큰롤 186
로키산맥 214
로헤베인, 야코프 117
롤플레잉 게임 39
롬바르드족 97
뢴트겐, 빌헬름 203, 229, 237
루소, 장 자크 180
루이 9세 105
루이 14세 81, 173
루이 16세 198, 200
루이스, 메리웨더 214
루이지애나 구입 178, 214, 311
루스벨트, 프랭클린 D. 251, 258
루터, 마르틴/루터주의 130, 144, 145, 310
룩셈부르크 258
룬 문자 30
르네상스 67, 130, 136~137, 142, 187, 292, 310
르메트르, 조르주 237
르완다 280, 281
리, 로버트 E. 155, 223
리비아 258, 259
리스본 대지진 178, 182~183, 184, 311
리처드 1세 104
리틀 빅혼 전투 215
리틀록 사건(아칸소주) 290
리퍼세이, 한스 153
린네, 칼 폰 180, 218
린드버그, 찰스 240
린디스판 103
링컨, 에이브러햄 164, 165, 222, 223

ㅁ

마그나 카르타 56
마누엘 1세 139, 140
마라타 제국 111
마라톤 전투 51, 60
마르코니, 굴리엘모 226, 227
마르쿠스 안토니우스 154
마르크스, 카를 216
마리 앙투아네트 200, 201
마리너 4호 294
마리아나 해구 240
마시 검출법 230
마야/마야족 30, 50, 81, 95, 152, 253
마오리족 89, 116, 117, 220, 309
마오쩌둥 246, 310
마우리아 왕조/마우리아 제국 35, 82, 83, 308
마우마우 225, 269
마을 포고꾼 211
마작 39
마젤란, 페르디난드 139
마추픽추 89, 95, 253, 309
마케도니아 60
마키아벨리, 니콜로 136

마타이, 왕가리 281
마파 문디 122
만델라, 넬슨 57, 247, 280, 311
만딩고 제국 225
만리장성 68, 169, 212
만유인력의 법칙 131, 311
만주족 169
만화책 251
말라드 208
말라리아 125
말라위 269
말라카 왕국 107
말리 제국 118
말린디 140
말보르크 성(폴란드) 111
맘루크 121, 127
망원경 162, 294
매카시즘 283
맥스웰, 제임스 클러크 228, 237
맬컴 엑스 291
멍고인 196
메가파우나 196
메디아 37, 60
메르세데스-벤츠 238
메르카토르, 헤라르뒤스 123
메리 1세 174
메소포타미아 11, 26, 27, 34, 36~37, 43, 54, 70, 122, 309
메시에, 샤를 153
메이지 유신 159
메이플라워호 161
메테르니히 216
멕시코 124, 146, 147, 148, 206, 207
멘델, 그레고어 23, 219
멘델레예프, 드미트리 171
멘카우레 43
멘투호테프 2세 40
멜라네시아 116
멸종 116, 196
명나라 131, 168, 169, 311
명백한 운명 214
명왕성 153
모건, 헨리 174
모네, 클로드 143
모노폴리 39
모뎀 302
모드족과 로커족 305
모로코 269
모리셔스 269
모스, 새뮤얼/모스 부호 210, 226
모아 116
모아이 66, 116, 117
모잠비크 140
모차르트, 볼프강 아마데우스 187
모크, 제럴딘 제리 240
모트-베일리 성채 110
모헨조다로 253
목성 153, 295
목화 23, 160
몬드리안, 피터르 142
몬테수마 2세 147
몰리 피처 190
몸바사 140
몽골/몽골족 89, 91, 93, 120~121, 127, 166, 169, 309
몽골피에 형제 232
몽크스 마운드(미국) 43
몽테스키외, 샤를 드 181
무가베, 로버트 247, 281, 311

무굴 제국 130, 131, 142, 166~167, 310, 311
무기 126~127
  대량 살상 273
  몽골족 120
  제2차 세계 대전 261
  중국 91
  핵 267, 278
무루가가 196
무법자들 214
무솔리니, 베니토 259
무어, 헨리 67
무역 27, 140~141, 146
무인 자동차 239
무제 106
무종 90
무한대 55
무함마드 65, 88, 92, 93, 308
문자 기록 11, 30~31, 41
  기술 132~133
문학 46~47
물리학 180, 236~237
물시계 70, 91, 93
물질 12
미국
  6·25 전쟁 276
  남북 전쟁 155, 164, 165, 179, 222~223, 290, 310
  냉전 282~283, 288~289
  노예 제도 164~165, 179, 310
  독립 전쟁 178, 190~193, 311
  베트남 전쟁 277
  서부 개척 179, 214~215
  영국 식민지 220
  우주 개발 경쟁 284~287
  제1차 세계 대전 249
  제2차 세계 대전 258, 259
  헌법 56, 234
  흑인 민권 운동 290~291
미국 중앙 정보국(CIA) 271, 278
미국 항공 우주국(NASA) 284
미나모토노 요리토모 89, 309
미노스 문명 52, 253
미드웨이 해전 155, 267
미란다, 프란시스코 데 206
미시시피 문화 115
미식축구 50
미케네 문명 52, 252
미켈란젤로 130, 136, 137, 310
미크로네시아 116
민주주의 52, 56~57, 234~235

ㅂ

바그다드 93
바닥 난방 75
바둑 38
바로크 회화 142
바르샤바 조약 기구 283
바부르 130, 166, 310
바빌론/바빌로니아 34, 36, 37, 54, 60, 152, 309
바스티유 감옥 178, 198~199, 200, 311
바위 예술 196
바이킹 1호 294
바이킹 88, 98, 102~103, 127, 135, 252, 308
바퀴 11, 28~29, 309

바투 칸 120, 121
바티스타, 풀헨시오 289
바하두르 샤 2세 167
바하이교 77
바흐, 요한 제바스티안 187
박물관 80
박혁거세 308
반 고흐, 빈센트 143
반달족 84, 96
반더포겔 304
반도 전쟁 205
반에이크, 얀 142
반전 시위 277
반종교 개혁 145
발레 172, 173
발리우드 173
발자국 231
발전소 195
발칸반도 258
발트제뮐러, 마르틴 123, 139
방독면 260
배 134~135
배급제 260
배비지, 찰스 247, 298
백 년 전쟁 89, 98, 100~101, 198, 309
백룡 엘리베이터(중국) 213
백스태프 131, 139
백신 접종 202
백악기 17
백일천하 205
백제 35, 308
뱀과 사다리 39
버논스 리, 팀 227, 247, 303, 311
버마 107, 267
버밍엄(앨라배마주) 291
버커니어 174
버크, 에드먼드 64
범관 143
범죄 수사 230~231
법가 68, 69
법률 36, 53, 85, 91, 308
베냉 제국 118, 225
베네딕트, 성 85
베네수엘라 179, 206, 311
베르겐-벨젠 262
베르니니, 잔 로렌초 67
베르됭 전투 249
베르사유 조약 249, 258
베를린 259, 289
베를린 봉쇄 282
베를린 장벽 57, 247, 255, 283, 311
베링 육교 114
베살리우스, 안드레아스 162, 218
베수비오산 35, 78, 184, 308
베스파시아누스 황제 72
베스푸치, 아메리고 123, 139
베어드, 존 로지 227, 250
베이징 168, 169
베이징 올림픽 297
베이컨, 프랜시스 162
베토벤, 루트비히 판 187
베트남 69, 91, 106, 107, 121
베트남 전쟁 127, 155, 247, 277, 278, 279, 283, 311
벤츠, 칼 239
벨, 알렉산더 그레이엄 226
벨기에 235, 258
벵겔라 철도 225
별자리 152

별형 요새 111
병마용 66, 69, 253
보니, 앤 174, 175
보드게임 38~39
보방 요새 111
보부아르, 시몬 드 301
보스턴 대학살 191
보스턴 차 사건 161
보어 전쟁 220, 224
보이드, 벨 222
보이저 1호 295
보일, 로버트 170
보츠와나 269
보터니만 197
보티첼리, 산드로 137
보헤미아의 왕 요한 100
복제 219
볼리바르, 시몬 206~207
볼리비아 207
볼링 50
볼셰비키 189, 254
볼테르 180
부르주아, 루이즈 67
부르즈 칼리파(두바이) 256
부스, 존 윌크스 223
부하리, 무하마두 281
북극 241
북대서양 조약 기구(NATO) 282
북베트남 155, 277
북부 르네상스 137
북서 항로 241
북아메리카
  바이킹 102
  식민지 131, 160~161
  초기 북아메리카 114~115
  '캐나다', '미국' 참고
북한 247, 276, 311
분석 철학 64
분수(分數) 54
불교 42, 76, 82, 83, 90, 106~107
불꽃놀이 80
붉은 에이리크 102
브라마굽타 55
브라운, 린다 290
브라운, 아서 233
브라질 139, 147, 206, 207, 241
브라흐미 문자 30
브랑쿠시, 콘스탄틴 67
브레즈네프, 레오니트 255
브루넬, 이점바드 킹덤 209
브루넬레스키, 필리포 55, 137
브리튼 전투 232, 259, 260
블라디미르 1세 99
블랙, 조지프 170
블레리오, 루이 233
블리츠 258, 260, 261
비단길 69, 72, 121
비둘기 우편 211
비스마르크, 오토 폰 224
비욘세 187
비잔티움 제국 26, 35, 73, 84~85, 105, 136, 151, 308
비치 발리볼 50
비트 세대 305
비트겐슈타인, 루트비히 64
비틀스 187, 279
비행 232~233, 240
빅 프리즈 13
빅뱅 10, 12, 237, 308
빅스버그 전투 223

빈 216, 217
빈두사라 82
빈란드 102
빙엄, 하이럼 253
빙하기 14, 15
빼앗긴 아이들 197

ㅅ

사나포선 174
사랑의 여름 279
사마천 69
사모아 116, 117
사무라이 89, 127, 309
사산 왕조 85
사이공 277
사이클 50, 51
사진술 228~229
사타바하나 왕조 83
사퍼 305
사포텍족 94
산마르틴, 호세 데 206, 207
산소 170, 171
산업 혁명 26, 29, 178, 194~195, 310, 311
산업용 로봇 238, 307
산치 대탑(인도) 42
산호해 해전 266
살라딘 104
살라미스 해전 154
살사 173
살수 대첩 308
삼국 동맹 248
삼국 협상 248
삼십 년 전쟁 131, 145, 311
상나라 66, 253
상트페테르부르크 188, 189
상하이 타워(중국) 256
상형 문자 11, 30, 41, 132, 252, 253, 309
새러토가 전투 190
샌드 크리크 학살 215
샌프란시스코 지진 185
생명체
  기원 10, 13, 15
  지구 10, 14~15
생물학 218~219
샤론, 아리엘 273
샤를 4세 100
샤를 5세 198
샤를마뉴 88, 97, 98, 308
샤일로 전투 223
샤자한 131, 166, 167, 311
샤프, 클로드 211, 226
샤픽, 도라 301
샹폴리옹, 장 프랑수아 31, 252
섀클턴, 어니스트 241
서고트족 84, 96, 97
서로마 제국 96~97, 98
서부 전선 248, 249
서안 지구 272, 273
서울 113, 276
서커스 80
서태후 169
서턴 후 96~97
서퍼 305
석궁 100, 126
석기 시대 24, 143, 252
선교사 147, 168

선돌 42
선사 시대 10~11
선전 261
선택적인 재배 23
설형 문자 31, 37
섬유경 228
성(城) 110~111
성조기 190
성탄절 휴전(1914년) 248
세계 무역 센터(뉴욕) 273
세계 박람회 80
세계 여성의 날 300
세계 일주 130, 139, 233, 310
세계 체스 선수권 대회 282
세네트 38
세니커폴스 300
세라, 후니페로 214
세르비아 248
세실 존 로즈 225
세인트오거스틴(플로리다) 165
세종대왕 89, 309
세탁기 275
세포 15, 219
셀림 1세 150
셀마에서 몽고메리까지 행진 291
셀주크 제국 93
셀카 229
셔먼, 윌리엄 테쿰세 155, 223
셔틀 278
셜록 홈스 46
세이키 306
셰익스피어, 윌리엄 27, 46, 81
셰퍼드, 앨런 285
소(小)키루스 61
소(小)플리니우스 78
소금 행진 268
소비에트 연방 246, 247, 254~255, 310, 311
  냉전 282~283, 288~289
  붕괴 283
  우주 개발 경쟁 284~285
  제2차 세계 대전 258, 259, 261
  '러시아' 참고
소설 46, 47
소셜 미디어 302, 303
소종 90
소크라테스 65
소설 미디어 302, 303
소행성 184
솜 전투 155, 249
송가이 제국 118, 119
송나라 88, 90~91, 121, 143, 308
쇄자갑 89
쇠렌센, 쇠렌 페테르 라우리츠 171
쇼군 89, 158, 309
수 기록 54
수기 신호 211
수단 281
수도교 74
수도원 제도 85
수리야바르만 2세 43, 107, 108
수메르인 28, 31, 37, 54, 70, 126, 132
수사 60
수소 비행선 233
수송 28, 195, 214, 225
수에비족 84, 96
수원 화성 311
수족(族)의 봉기 215
수족관 80
수차(水車) 28
수코타이 107

수크레, 안토니오 데 207
수학 54~55, 83
순치제 169
술레이만 1세 130, 150, 310
슈뢰딩거의 고양이 237
슈만, 클라라 187
슐리만, 하인리히 252
숭가 왕조 82
스리위자야 제국 106
스마트 기술 274
스마트폰 247, 298, 299, 311
스모 159
스미스 선장 243
스미스, 애덤 180
스베인 튜구스케그 102
스칸디나비아 사가 46
스콧, 로버트 F. 241
스크래블 39
스키타이 48
스타워즈 282
스탈린, 이오시프 254, 255, 246, 310, 311
스탈린그라드 전투 155, 258
스토, 해리엇 비처 164
스토아학파 65
스톡턴-달링턴 철도 209
스톤월 항쟁 278
스톤헨지(영국) 43, 152
스티븐슨, 로버트 209
스티븐슨, 조지 179, 194
스파르코 306
스파르타 27, 53
스파르타쿠스 72
스파스키, 보리스 282
스파이 222, 270~271, 283
스페인
  남아메리카 영토 179, 206~207
  아랍 정복 92, 98
  아메리카 정착지 214, 215
스페인 내전 251
스페인 독감 125
스페인 정복자 95, 146~147, 148~149
스포츠 50~51
스폿실베이니아 전투 223
스푸트니크 1호 284, 294
슬라브 문자 31
시 인트라팃 107
시(詩) 46
시계 29, 70~71, 91
시난 150
시드니 178, 197
시리아 272, 273
시바지 111, 166
시베리아 횡단 철도 208, 213
시오니즘 272, 273
시칠리아 216
시카고 27, 257
시크교 77
시팅 불 215
식물 180
식민주의
  대영 제국 220~221
  아프리카 224~225
  오스트레일리아 197
  태평양 117
신도 77
신라 35, 308
신문 210, 211
신석기 문화 309

신성 동맹 155, 156
신성 로마 제국 88, 97, 98, 204, 308
신여성 250, 305
신칸센 208, 296
신호등 238
실존주의 64
십자군 88, 89, 98, 104~105, 110, 309
싱가포르 221, 266, 296
싼샤댐(중국) 296
쌀 22, 160, 165
쌍동선 135
쑨원 169
쓰나미(지진 해일, 2004년) 185, 247, 297

ㅇ

아난, 코피 281
아노라타 왕 107
아데나 문화 115
아두와 전투 225
아라비아 문자 30, 31
아라파트, 야세르 273
아랍의 봄 273, 303
아르누보 49
아르데코 49
아르키메데스 28, 236
아르타크세르크세스 1세 60
아르타크세르크세스 2세 61
아르파넷 302, 303
아르헨티나 206
아리스토텔레스 65, 218
아리아브하타 83
아마존(기업) 303, 307
아마존강 241
아메리카
  스페인령 아메리카 146~147
  탐험의 항해 138~139
  '북아메리카', '남아메리카' 참고
아메리카 원주민 146~147, 161, 179, 215, 310
아문센, 로알 241
아민, 이디 280
아바스 왕조 88, 92, 93, 308
아베로에스 65
아부심벨(이집트) 42
아비센나 202
아산테족 224
아성 110
아소카왕 42, 82
아스키아 황제 119
아스트롤라베 29
아시리아/아시리아인 34, 36, 37, 40, 126, 252, 309
아시모 306
아야쿠초 전투 207
아우구스투스 35, 72, 154, 308
아우랑제브 166, 167
아우슈비츠(폴란드) 262~263
아우스터리츠 전투 204, 205
아우크스부르크 화의 145
아유타야 107
아이보 306
아이슬란드 의회 102
아이언 브리지(영국) 212
아이젠하워, 드와이트 D. 289
아이튠즈 302
아인 잘루트 전투 121

아인슈타인, 알베르트 237
아일랜드
  뉴그레인지 43
  더블린 88, 98, 103, 221, 308
  부활절 봉기 221
아즈텍족/아스테카 왕국 48, 50, 71, 89, 94, 95, 123, 147, 148~149, 309
아카데메이아(아테네) 53
아카데미상 250
아카드인 36
아케메네스 제국 60~61
아퀴나스, 토마스 65
아크레 104, 105
아타우알파 147
아타튀르크, 무스타파 케말 150
아테네 27, 34, 50, 51, 52, 53, 56, 60, 61, 124, 154, 258
아테네인 34, 52, 53, 309
아틸라 85
아파르트헤이트 57, 234, 280
아편 전쟁 169
아폴로 11호 283, 285, 286~287
아프가니스탄 273
아프간 전쟁 283
아프로디테 304
아프리카
  독립 269
  발견의 항해 138, 140~141
  식민 지배 179, 220, 221, 224~225
  식민 지배 이후 247, 280~281
  왕국들 89, 118~119
아프리카 남부 220, 221, 234, 247, 280, 281
아프리카 북부 258, 259
아프리카 분할 224, 225
아프리카 통일 기구 269, 280
아프리카계 미국인 47, 165, 173, 235, 247, 278, 290~291
아프리카의 해 225, 247, 269, 311
아흐모세 41
악바르 대제 166
악숨 119
악티움 해전 154
안데스산맥 25, 94, 95, 124, 206, 207, 253
안양 253
안전벨트 238
알-라지 170
알란족 84, 96
알래스카 114
알렉산드로스 대왕 35, 40, 53, 61, 62, 82, 154, 308
알렉산드르 2세 189
알렉산드르 3세 189
알바르스, 조르즈 168
알베르티, 레온 바티스타 137
알-자자리, 이스마일 93
알제리 269
알-카에다 273
알 콰리즈미 55
알파벳 30~31
암브로네스족 96
암스트롱, 닐 285, 294, 295
암호 270~271
앙골라 내전 280, 283
앙카라 전투 151
앙코르 와트(캄보디아) 43, 107, 108~109

애덤스, 새뮤얼 191
애덤스, 존 191
애틀랜타 전투 223
앤드류, 케리 187
앤티텀 전투 222
앨콕, 존 233
앵글로·색슨족 96~97, 99, 154
앵글로-줄루 전쟁 224
야구 50
얀센, 자카리아스 218
얀손, 빌렘 197
양귀비 249
양피지 132
어류 15
어플리케이션 211
언론의 자유 211
에니그마 기계 270
에니악 298
에데사 104
에도 시대 158~159
에드 스테포드 241
에드워드 3세 98, 100
에라스뮈스, 데시데리위스 64, 137
에레트리아 60, 61
에반스, 아서 253
에베레스트산 240
에볼라 바이러스 125, 281
에브리, 헨리 175
에셜버트 2세 102
에어버스 233
에어하트, 아멜리아 240
에이전트 오렌지 277
에이즈 125, 281
에콰도르 95, 207
에티오피아 20, 119, 224, 225, 280
에펠 탑(파리) 212
엑스레이 171, 203, 229, 237
엘리자베스 1세 49, 145, 172, 292
엘카노, 후안 세바스티안 139
엠파이어 스테이트 빌딩(뉴욕) 256
엠페도클레스 170
엠피리쿠스, 섹스투스 65
엥겔스, 프리드리히 216
엥코미엔다 147
여성
  권리 181
  참정권 235, 300
  페미니즘 300~301
여진 91
역마차 214
연극 47, 52, 53, 81, 158
연금술 170
열기구 232, 241
영(0) 55
영국
  로마인 59, 84
  바이킹 102, 103
  백 년 전쟁 100
  산업 혁명 194~195
  식민지 160, 179, 220~221, 268~269, 310
  제1차 세계 대전 248, 249
  제2차 세계 대전 258, 259, 260, 261
영국 국교회 145
영국 연방 221
영락제 168
영불 해협 터널 209, 213
영정 68
영화 39, 80, 173, 250

예루살렘 60, 98, 104, 105, 122
예리코 26
예술
  금속 사용 24~25
  동굴 벽화 20, 143, 218
  르네상스 55, 67, 130, 136~137, 142, 187, 310
  무굴 167
  오스트레일리아 원주민의 바위 예술 196
  이슬람 93
  일본 158, 159
  장신구 48~49
  조각 66~67
  팝 아트 279
  회화 142~143
예카테리나 2세 188
옐친, 보리스 255
오도아케르 73, 85, 97
오락 80~81
오르텔리우스, 아브라함 139
오리건 산길 214
오리엔트 특급 열차 208
오스만 1세 151
오스만 제국 130, 136, 150~151, 156, 157, 188, 221, 249, 293
오스카상 250
오스트랄로피테시네 20, 21
오스트레일리아 117, 221, 266
  식민지 178, 197, 311
  원주민 196
오스트리아 216, 217
오스트리아-헝가리 제국 248, 249
오슬로 협정 273
오웰, 조지 282
오이긴스, 베르나르도 206
오키프, 조지아 142
오토, 니콜라우스 239
오퍼튜니티 로버 306
오페라 하우스 80
옥 48
옥수수 114
온조 308
올림픽 대회 50, 51, 52, 297
올메카족 50, 94
와이탕이 조약 117, 220
와이파이 274
와트, 제임스 178, 194, 311
왈츠 173
외과 수술 203
외치 냉동 인간 253
요르단 272, 273
요새 110~111
요크(영국) 102
요크타운 전투 191
요트 135
욤 키푸르 전쟁 272, 273
우간다 269, 280
우드스톡 278
우루부누스 2세 89, 98, 104, 105, 309
우르의 왕족 놀이 38
우르크 36, 37, 252
우르 37, 253
우마이야 왕조 92
우주 10, 12~13, 152, 153, 162, 163, 236, 237, 284, 285, 294~295
  달 294~295
  시간 237

우주 개발 경쟁 283
  탐험 294~295, 306
  통신 227
우주 비행사 294~295
우편 제도 211
운디드 니 215
운요호 사건 310
운하 91, 195, 212
울루그베그 152
울루루 196
울스턴크래프트, 메리 181, 300
움 쿨숨 186
움마 34, 37, 309
워싱턴 D.C. 222, 277, 291, 301
워싱턴, 조지 190, 191, 192~193
워크맨 297
워털루 전투 155, 179, 205, 310
원격 통신 226~227
원근법 137
원나라 89, 121, 168, 309
원소 170, 171
원소 주기율표 171
원시 시나이 문자 31
원시 열대 우림 14
원시 인류 10, 20~21, 196
원시 파충류 14, 16~17
원자 12, 170, 171, 236, 237
원자 폭탄 127, 246, 261, 267, 310
원자력 297
원자론 171
원자시계 71
월가 붕괴 246, 250, 251, 310
월드 와이드 웹 227, 247, 303, 311
월드컵 51, 281
월슨, 존 55
월싱엄, 프랜시스 271
웨스트, 벤저민 143
웰링턴 공작 155
위키피디아 302
위트레흐트 조약 175
윌리엄 1세 88, 99, 102, 154, 308
유고슬라비아 258
유대교 76
유대인 60, 77, 189, 261, 262~263, 272~273
유럽
  중세 88, 98~99
  패션 292, 293
유방 68
유보트 249, 258, 260
유사프자이, 말랄라 301
유스티니아누스 황제 85
유전학 219
유튜브 302
유틀란트 해전 249
유프라테스강 34, 36
육교 114
은 102, 146
은크루마, 콰메 269, 280
은하 12, 152, 153
음악 80, 81, 186~187, 304~305
응오딘지엠 277
의복 292~293
의식의 흐름 47
의학 92, 162, 202~203, 228
의회 56, 102, 165, 216, 291
이누이트 88, 115, 308
이달고, 미겔 206
이드리시 122
이라크 273

이라크-레반트 이슬람 국가 273
이란 혁명 272
이란-이라크 전쟁 273
이백 90
이븐바투타 93
이븐시나(아비센나) 92, 202
이산화 탄소 170, 171
이성(理性) 64, 180
이성계 89, 309
이소스 전투 62~63
이스라엘 246, 263, 272~273, 310
이스터섬 43, 66, 116, 117
이슬람 77, 88, 91, 104, 105, 106, 122, 272, 273
  이슬람 철학 65
  초기 이슬람 제국 92~93
이식 수술 203
이야기 46~47
이오섬 전투 267
이자성 169
이주 96, 146, 179, 268
이주법 215
이집트, 고대 11, 28, 30, 34, 35, 40~41, 42, 43, 44~45, 48~49, 54, 66, 70, 132, 134, 143, 154, 252, 253, 292
  독립 269
  중동 분쟁 272
  제2차 세계 대전 259
이탈리아 97, 137, 143, 258, 259, 266
이투르비데, 아구스틴 데 207
인간 희생제 95
인공 지능 298, 306
인공위성 210, 227, 284, 294
인권 81, 180, 300, 301
인권 선언문 200, 234
인더스강 27, 31, 253
인데버호 197
인도 30, 267
  고대 제국 25, 35, 81, 82~83
  독립 268
  무굴 제국 130, 131, 142, 166~167, 310, 311
  바스쿠 다가마 139, 140~141
  분할 221
  언덕 요새 111
  여성 운동 301
  영국의 통치 179, 220, 310
인도 철수 운동 268
인도양 139, 140, 141, 168, 174
인문주의 64, 137
인상주의 143, 186
인쇄 91, 99, 132, 133, 136, 210, 211
인종 차별 반대 시위 291
인터넷 211, 226, 227, 247, 283, 302~303
인티파다 273
일렉트로 306
일본 121, 189, 293
  갑옷 127
  성(城) 111
  에도 시대 158~159
  전후 296, 297
  제2차 세계 대전 261, 266~267, 276
일본 문자 31
임진왜란 131, 311
입자 236, 237

입체주의 143
잉카족/잉카 제국 49, 50, 95, 147

ㅈ

자금성(베이징) 168
자기 부상 열차 209
자동차 **238~239**, 306
자메이카 220
자바해 해전 266
자본주의 282
자야바르만 2세 88, 106, 308
자연 선택 219
자연재해 **182~185**
자이나교 76
자전거 **28~29**, 51
자코뱅파 200, 201
자쿠토, 아브라함 139
자한기르 167
잔 다르크 99
잠비아 269
잠수함 190, 223, 240, 249, 258
장건 69
장궁 100
장신구 **48~49**, 58~59
장안 68, 90
장애인 올림픽 대회 51
재봉틀 194, 274
재즈 172, 186, 250, 293, 304, 305
잭슨, 앤드루 215
쟁기 22, 23
저널리즘 210~211, 229
적도 기니 269
전격전 258
전기 178, 236, 237, 274~275
전동기 29
전래 동화 47
전신 226
전염병 99, **124~125**, 197
전자 우편 227, 299, 302
전자 투표 57, 303
전자기 237
전자레인지 275
전쟁 사진 228
전쟁 시인 46
전차 29
전투 **154~155**
전파(電波) 226
전화 226
점토판 132
정유재란 131, 311
정일수 175
정조 311
정착 11, 26~27, 41, 116, 197
정치 철학 64
정치권력 136, 181
정크선 135
정화 168
제1차 남북 정상 회담 311
제1차 대륙 회의 191
제1차 세계 대전 127, 155, 189, 220, 221, 246, **248~249**, 258, 310
제2차 대륙 회의 190, 191
제2차 세계 대전 127, 155, 232, 246, 251, 258~267, 268, 293, 310, 311
　노르망디 상륙 작전 259, **264~265**
　무기 127

유럽 258~259
　일상에 찾아온 전쟁 260~261
　태평양 전쟁 266~267
　홀로코스트 262~263
제네바 회담 276
제논 65
제다 타워(사우디아라비아) 256
제임스, 제시와 프랭크 214
제임스타운(버지니아) 131, 160, 220, 311
제트 추진식 비행기 232
제퍼슨, 토머스 180, 214
조각상 **66~67**, 83
조나단, 굿럭 281
조로아스터교 65, 76
조립 라인 238, 306
조선 89, 113, 131, 309, 310
조세르 41, 43
조토 136, 143
존슨, 린든 B. 279, 291
존슨, 앤드루 223
종교 **76~77**
종교 개혁 130, **144~145**
종이 69, 132
주몽 308
주사 전자 현미경(SEM) 230
주사위 38
주앙 2세 138
주앙 6세 207
주전충 90
주트족 84, 97
줄기세포 203
줄루 왕국 119
중국
　경제 부흥 296, 297
　고대 25, 31, 35, 48, 66, 132, 175, 185
　몽골족 120, 121
　무기와 갑옷 126
　전후(戰後) 296, 297
　초기 제국 **68~69**
　황금기 88, **90~91**
　후기 제국 131, **168~169**
중국의 궁중 가무 187
중동 221
　분쟁 247, **272~273**
중력 153, 163, 236, 237
중생대 16
중세 모험담 46
중세 세계 **88~89**
중세 유럽 88, **98~99**, 292
중화 인민 공화국 246, 277, 310
쥐라기 16~17
증기 기관 75, 178, 194, 208~209, 238, 311
증기선 134
지구
　공전 236
　생명체 **14~15**
지구라트 27, 36, 43
지도 **122~123**, 139
지문 230, 231
지보 307
지진 182~183, 184, 185
지폐 91
지하 철도 조직 164
지하철 27, 212
직립 보행 10, 20, 308
진공청소기 274, 275
진나라 35, 68~69, 154, 308

진시황 35, 68, 69, 253
진자시계 71
진주 49
진주만 246, 266, 310
질병 **124~125**, 147, 197
짐바브웨 247, 281, 311
집단 학살 280

ㅊ

차빈 데 우완타르 94
찬드 바오리(인도) 212
찬드라굽타 35, 82, 308
찰스턴 172, 250
참정권 **234~235**, 300
참파 왕국 106
참호전 249
채텀 제도 117
책 46~47, 75, 132
챈슬러즈빌 전투 223
챌린저 해연 240
척계광 169
척추동물 14, 15
천문 시계 70
천문학 83, 150, **152~153**
천연두 124, 125, 147, 202
철 24~25
철기 시대 25, 58~59, 252
철학 **64~65**, 180~181
청나라 131, 168, 169, 311
청년 문화 292, **304~305**
청년투르크당 150
청동기 시대 24, 37, 252
청바지 293
체스 38, 282
체코슬로바키아 봉기 283
체펠린 비행선 127
초고층 빌딩 27, **256~257**, 296
초기(戰後) 비행기 233
촐룰라(멕시코) 42
촛불 시계 70
최초의 대륙 횡단 철도 209, 214
최후의 해결책 261, 263
추상 미술 142
축구 50, 51, 281
축제 **80~81**
춘계 공세(1918년) 249
춤 **172~173**
츠빙글리, 울리히 144
측천무후 90
층위학 252
칠 년 전쟁 178, 221, 311
칠레 185, 206, 283
칭기즈 칸 89, 120, 121, 166, 309
칭하이-티베트 철도 209

ㅋ

카넴-보르누 제국 118
카노바, 안토니오 67
카니발 81
카데시 전투 154
카드놀이 39
카라바조 142
카라벨선 139
카르타고 73, 154
카를 5세 139, 145, 146
카리브해 146, 207

카메라 228~229
카브랄, 페드루 알바르스 139, 141, 147
카스너, 에드워드 55
카스트로, 피델 289
카시노호 295
카시트인 36
카이사르, 율리우스 59, 72
카탕가 280
카터, 지미 272
카터, 하워드 253
카포에이라 172
카프레 43, 44
칸나에 전투 154
칸트, 이마누엘 64, 181
칼뱅, 장/칼뱅주의 144
캄보디아 43, 106, 108
캄브리아기 대폭발 15
캄비세스 2세 60
캉, 디오고 138
캐나다 139, 160, 164, 179, 220, 310
캐럴, 루이스 46
캐벗, 존 139, 160
캘리컷 140, 141
캘커타 221, 268
커스터, 조지 215
커푸어, 애니시 67
커코키아 115
컨테이너선 135
컴퓨터 247, **298~299**
케냐 225, 269, 281
케네디, 존 F. 278, 279, 285, 289
케블러 127
케이블 뉴스 네트워크(CNN) 210, 211
케이블 텔레비전 방송국 210
케임브리지 스파이 283
켈트족 34, 48, **58~59**, 97, 309
코닥 228
코르넬리우스, 로버트 229
코르테스, 에르난 95, 130, 147, 148, 310
코소보 전투 151
코스프레 305
코친 141
코코아 146
코페르니쿠스, 니콜라우스 131, 137, 152, 153, 162, 236, 310
콘스탄티노폴리스 73, 84, 85, 103, 105, 136, 150, 151
콘스탄티누스 황제 73, 84
콘크리트 74, 75
콜더, 알렉산더 67
콜럼버스, 크리스토퍼 99, 130, 138, 146, 160, 310
콜럼버스의 교환 147
콜레라 125
콜로세움(로마) 74~75, 81
콜롬비아 207
콤바인 23
콩고 민주 공화국 280
콩고 왕국 118
콩코드 233
콩코드 전투 191
쿠바 미사일 위기 247, 278, 283, **288~289**, 311
쿠바 혁명 283
쿠빌라이 칸 121
쿠산 왕조 82, 83
쿠알라룸푸르(말레이시아) 256, 296

쿠웨이트 273
쿠푸 40, 43
쿡 제도 116
쿡, 제임스 117, 197
퀘이커교도 165
퀴노, 니콜라스 조제프 238
퀴리, 마리 237
크노소스(크레타섬) 253
크라이슬러 빌딩(뉴욕) 256
크라카타우섬 185
크레시 전투 89, **100~101**, 309
크로마뇽인 21
크로폿, 도러시 171
크루스, 소르 후아나 이네스 드 라 300
크루즈선 134
크리스탈나흐트 262
크리스테바, 줄리아 64
크리스틴 드피상 300
크리켓 51
크림 전쟁 150, 188, 210
크메르 왕국 88, 107, 108, 308
크세르크세스 1세 60
클라우디우스 황제 72
클라크, 윌리엄 214
클레르보의 생 베르나르 104
클레오파트라 40, 154
클로두 39
클린턴, 힐러리 로댐 235
키드, 윌리엄 175
키루스 2세 34, 37, 60, 211, 309
키르케고르, 쇠렌 64
키리바시 117
키예프 공국 99
킨더트랜스포트 262
킴브리족 96
킹, 마틴 루서 57, 278, 279, 290, 291
킹, 빌리 진 301

ㅌ

타스만, 아벌 117, 197
타이태닉호 179, **242~243**, 310
타자기 133
타지마할(인도) 131, 167, 311
타히티 116, 117
탁구 50, 51
탄환 열차 208, 296
탈레반 273, 301
탈레스 65, 236
탈식민주의 문학 47
탈식민지화 246
탐보라산 184
탐험의 시대 **130~131**
탐험의 항해 117, 130~131, **138~141**
태수 35, 61
태양
　숭배 41
　죽음 13
　지구의 공전 137, 162
태양계 10, 13, 153, 294, 308
태조 왕 113
태조 황제 90
태종 황제 91
태평양 전쟁 **266~267**
태평양 89, **116~117**, 139
태평천국 운동 169
탭 댄스 173

탱고 172
터너, 테드 210
테넨베르크 전투 248
테노치티틀란 95, 123, 130, 147, **148~149**, 310
테러 247, 273, 291, 311
테마파크 81
테미스토클레스 154
테베 27, 41, 52, 53, 54
테슬라, 니콜라 226
테오도리쿠스 대왕 85, 97
테오도시우스 황제 84
테오티우아칸 94
테일러, 엘리자베스 48, 49
테제베(TGV) 208
텔레그래프 226
텔레비전 210, 226, 227, 250
토네이도 185
토리첼리, 에반젤리스타 163
토머스, 로웰 210
토바 초화산(수마트라섬) 184
토브루크 전투 258
토성 295
토크 48, 58~59
톰센, 크리스티안 252
톱카프 궁전(이스탄불) 151
통가 116
통킹만 277
투그라 151
투레, 사모리 225
투르 드 프랑스 50
투발루 117
투치족 280
투탕카멘 41, 49, 253
투표 **234~235**
툴룬트 인간 253
튀니지 269
튜링, 앨런 298
튜턴 기사단 111
튜턴족 96
튤립 시대 150
트라이아스기 16
트라키아 60
트라팔가르 해전 204
트랙터 23
트레비식, 리처드 208
트로이 252
트루먼, 해리 276, 277
트루스, 소저너 164
트리뷴 타워(시카고) 257
트리엔트 종교 회의 145
트웨인, 마크 46
트위스트 173
트윈 타워(뉴욕) 256
티그리스강 34, 36
티라섬 184
티린스 252
티무르 대제 166
티베트 169
티커 테이프 210

ㅍ

파간 왕조 107
파나마 174, 207
파나마 운하 212
파르테논 신전(아테네) 53
파리 26, 198, 216, 217, 259, 278
파리 조약 191
파스샹달 전투 249
파스퇴르, 루이 202
파시즘 251
파이 54
파치시 38
파칼 왕 253
팍스, 로자 247, 290, 311
팍스 몽골리카 121
판금 갑옷 127
판테온(로마) 75, 212
팔레스타인 272~273
팔레스타인 해방 기구(PLO) 273
팔만대장경 309
팝 음악 187, 279
패션 279, **292~293**, 304~305
팽크허스트, 에멀린 235, 300
펑크 304
페니실린 125, 203
페니키아인 31
페니페이퍼 210
페드루 1세 207
페레스트로이카 255, 283
페루 25, 43, 147, 207
페르디난트 1세 217
페르세폴리스 61
페르시아 제국 34, 35, 53, **60~61**, 154, 308, 309
페미니즘 181, 279, **300~301**
페인, 토머스 191
페트로나스 타워(쿠알라룸푸르) 256, 296
페트리, 플린더스 253
펜 133
펜실베이니아 식민지 161
펜타곤 문서 277
펜턴, 로저 228
펠로폰네소스 전쟁 53
평성가 186
포니 익스프레스 214
포드 모델 T 250
포드, 헨리 238
포르톨라노 122
포르투갈
   남아메리카 147, 206~207
   동남아시아 107
   아프리카 118, 269
   탐험의 항해 **138~141**, 168
포셋, 퍼시 241
포와탄 부족 연합 215
포위 공격용 무기 126
포유류 14
포츠담 회담 259
포카혼타스 215
포토저널리즘 229
포트 로열(자메이카) 174
폴라로이드 카메라 229
폴란드 246, 251, 258, 260, 262, 263, 310, 311
폴리네시아인 89, 116, 117, 309
폴링, 라이너스 171
폼페이 35, 62~63, **78~79**, 184, 252, 308
표트르 대제 188
푸난 106
푸에르토리코 207
푸에블로 문화 115
푸에블로족 215
푸이 황제 169
프라이드 축제 81
프라하 사건 145

프란체스코회 98
프란츠 페르디난트 248
프랑스 97, 145, 269
   백 년 전쟁 100
   제1차 세계 대전 248, 249
   제2차 세계 대전 251, 258, 259, 260, 261, 271
   프랑스 혁명 49, 178, 198~199, **200~201**, 310, 311
프랑스의 종교 전쟁 145
프랑코 246, 251, 310
프랑크, 안네 262
프랑크족 97
프랑크푸르트 국민 의회 216, 217
프랭클린, 벤저민 181, 237
프레데릭 윌리엄 1세 217
프레데릭스버그 전투 223
프레스코 136, 137, 143
프레어, 존 252
프로그래밍 298, 299
프로이트, 루시안 142
프로펠러 29
프리드리히 2세 105
프리스틀리, 조지프 170
프톨레마이오스 왕조 40
프톨레마이오스, 클라우디오스 122, 152
플라멩코 173
플라톤 53, 65, 153
플레밍, 알렉산더 125, 203
피그스만 278, 289
피난 260
피난민 276
피라미드 34, 40~41, 42, 43, 44, 54, 94, 253, 309
피로스 154
피보나치수열 55
피사로, 프란시스코 95, 147
피셔, 바비 282
피어리, 로버트 E. 241
피의 일요일 189
피지 117
피카르, 자크 240
피카소, 파블로 143
피쿼트 전쟁 215
피타고라스의 정리 55
필레 295
필로소포바, 안나 300
필리프 6세 98, 100
필체 검사 231

ㅎ

하드리아누스 황제 72, 75
하라주쿠 305
하라파 253
하랄 블로탄 102
하랄 시구르다르손 102
하마스 273
하비, 윌리엄 162
하수도 체계 27
하와이 제도 116, 117
하위헌스, 크리스티안 71
하이브리드 자동차 239
하이얌, 오마르 93
하인리히 4세 99
하틴 전투 104
한국 42, 133, 297
한나라 35, 68~69, 106, 308

한니발 73, 154
한무제 69
한문제 69
한양 도성 **112~113**
한일 병합 조약 179, 310
한자 동맹 98
할리우드 173, 250
할슈타트 58
함무라비 36
합리주의 64
합스부르크 제국 216
항공 **232~233**
항공 모함 134
항공기 **232~233**, 240
   제1차 세계 대전 248
   제2차 세계 대전 258~259, 266~267
항우 68
항해 117, 139
항해왕 엔히크 138, 139
해럴드 고드윈슨 99
해리 포터 47
해리슨, 존 71
해리어 점프 제트기 232
해양
   대멸종 14
   지도 123
해양 크로노미터 71
해적 **174~175**
해적 깃발 174
핵무기 278, 282, 288~289
행성 10, **152~153**, 308
허리케인 185
허블 우주 망원경 294
허블, 에드윈 153
헝가리 216, 217
헝가리 혁명 283
헤라클리우스 85
헤로도토스 53, 61
헤르쿨라네움 35, 78, 308
헤르츠, 하인리히 226
헤스, 메리 루드비히 190
헤이스팅스 전투 88, 99, 102, 154, 308
헤즈볼라 273
헨라인, 페터 71
헨리 7세 139, 160
헨리, 패트릭 191
헬리콥터 232
헵웍스, 바버라 67
혁명의 시대 **178~179**
현미경 163, 218
혜성 13, 152, 153, 295
호메로스 52
호메이니, 아야톨라 루홀라 272
호모 사피엔스 사피엔스 21
호모 에렉투스 20, 21
호모 플로레시엔시스 21
호모 하빌리스 21
호모 하이델베르겐시스 20
호미닌 10, 20, 309
호찌민 277
호찌민 루트 277
호퍼, 그레이스 299
호프웰 문화 115
호해 68
홀로코스트 **262~263**, 272
홀바인, 한스 137
홈 인슈어런스 빌딩(시카고) 257
홍무제 168

홍수전 169
홍콩 169, 213, 266, 296
화산 폭발 14, 184, 185, 252
화석 15, 162
화성 294, 306
화약 91, 126, 198
화학 **170~171**, 181
황금비 55
횃불 작전 258
회의론 65
회화 **142~143**
후기 구조주의 64
후기 인상주의 143
후마윤 166
후버 댐 213
후버빌 251
후세인, 사담 273
후쿠시마 원자력 발전소(일본) 297
후투족 280
훅, 로버트 163
훈민정음 89, 309
훈족 85, 96
휘틀, 프랭크 233
휴대 전화 227, 229
흄, 데이비드 181
흐루쇼프, 니키타 289
흑사병 89, 99, 124, 125, 309
흑인 민권 운동 47, 57, 234, 247, 278, 279, **290~291**, 311
희망봉 138, 140, 174, 221
히로시마 246, 261, 267, 310
히타이트인 24, 36, 154
히틀러, 아돌프 246, 251, 258, 259, 260, 261, 266, 310, 311
히포크라테스 202
히피족 279, 304
힉소스 40
힉스 입자 237
힌두교 35, 76, 83, 106, 166, 221, 279, 304
힐러리, 에드먼드 240
힙합 304

도판 저작권

The publisher would like to thank the following for their assistance in the preparation of this book: Vikas Chauhan, Rachael Grady, Baibhav Parida, Sean Ross, and Heena Sharma for design assistance; Charvi Arora, Suefa Lee, and Rupa Rao for editorial assistance; Ed Merritt for cartography; Mohd Zishan and Baibhav Parida for additional illustrations; Steve Crozier at Butterfly Creative Solutions for picture retouching; Victoria Pyke for proofreading; Helen Peters for the index.

The publisher would like to thank the following for their permission to reproduce their photographs:

(Key: a-above; b-below/bottom; c-centre; f-far; l-left; r-right; t-top)

2 Alamy Stock Photo: INTERFOTO (tr/Chain mail). **Dorling Kindersley:** Dave King / The Science Museum, London (ca); Clive Streeter / The Science Museum (bc); Gary Ombler / University of Aberdeen (cr); Gary Ombler / National Railway Museum, York (c). **Science & Society Picture Library:** Science Museum (r). **9 Alamy Stock Photo:** Terese Loeb Kreuzer (c). **Dorling Kindersley:** Dave King / The Science Museum, London (cl). **Getty Images:** DEA / A. DAGLI ORTI (tl). **Science Photo Library:** Mark Garlick (tr). **10 Science Photo Library:** Mark Garlick (crb). **11 Alamy Stock Photo:** keith morris (clb). **Dorling Kindersley:** Dave King / The Science Museum, London (t). **Getty Images:** DEA / A. DAGLI ORTI (br). **16 Dorling Kindersley:** Jon Hughes (bl). **17 Dorling Kindersley:** Jon Hughes (br). **18-19 Science Photo Library:** Mark Garlick. **20-21 123RF.com:** prapan Ngawkeaw (background). **22 Alamy Stock Photo:** Christopher Scott (br); Ann and Steve Toon (t). **Avalon:** Bruno Cavignaux (bl). **23 Alamy Stock Photo:** Classic Image (bl); Granger Historical Picture Archive (tc); Ian Rutherford (br). **24-25 Getty Images:** Charley Gallay (background). **24 Alamy Stock Photo:** imageBROKER (br); Terese Loeb Kreuzer (tr). **Getty Images:** DEA / A. DAGLI ORTI (bc). **Science Photo Library:** Kaj R. Svensson (bl). **25 Alamy Stock Photo:** Ancient Art and Architecture (ca); Hemis (tl); keith morris (tr); Liquid Light (br); Heritage Image Partnership Ltd (bc). **Getty Images:** Werner Forman / Universal Images Group (bl). **28 akg-images:** Erich Lessing (bl). **Alamy Stock Photo:** Judith Collins (cla). **Getty Images:** DEA / G. LOVERA (cl). **28-29 Dorling Kindersley:** Gary Ombler / Jonathan Sneath (c). **29 Alamy Stock Photo:** neil setchfield - uk (tr). **Dorling Kindersley:** Gary Ombler, Courtesy of Deutsches Fahrradmuseum, Germany (cr); Whipple Museum of History of Science, Cambridge (tl); Gary Ombler / The Tank Museum, Bovington (br). **Getty Images:** (cra). **30 Alamy Stock Photo:** age fotostock (bl); David Poulain (cl); Helga (bc); Robert Preston Photography (cr). **Bridgeman Images:** Private Collection / © World Religions Photo Library (br). **Getty Images:** De Agostini Picture Library (c); DEA / A. DAGLI ORTI (tr). **31 123RF.com:** F. Javier Espuny / fxegs (br). **Alamy Stock Photo:** Pieter Greyling (bl); Barry Vincent (bc); Charles Walker Collection (tr). **Bridgeman Images:** Louvre, Paris, France (cl). **Getty Images:** DEA / G. NIMATALLAH (tc). **33 akg-images:** Erich Lessing (bc). **Alamy Stock Photo:** David Hilbert (clb); Peter Horree (tl). **Bridgeman Images:** Pictures from History (br). **Dorling Kindersley:** Gary Ombler / University of Pennsylvania Museum of Archaeology and Anthropology (cla). **Dreamstime.com:** Kmiragaya (br). **Getty Images. iStockphoto.com:** phant (tr). **34 Alamy Stock Photo:** Mark Dunn (br). **35 Alamy Stock Photo:** roberthardi); Pulsar Imagens (br). **Getty Images:** Gerard Malie / AFP (bc/left). **58 akg-images:** INTERFOTO (tl). **Alamy Stock Photo:** Mark Dunn (bl). **Getty Images:** DEA / A. DAGLI ORTI (clb). **58-59 akg-images:** Erich Lessing (c). **59 Alamy Stock Photo:** Paul Fearn (cl). **Dreamstime.com:** Andrei Nekrassov - anekrassov@gmail.com (cr). **Getty Images:** VCG Wilson / Corbis (bl). **61 Getty Images:** Dario Mitidieri (bc/right). **62-63 Bridgeman Images:** Museo Archeologico Nazionale, Naples. **68 Alamy Stock Photo:** Granger Historical Picture Archive (c); Lordprice Collection (tr). **Bridgeman Images:** Pictures from History / Woodbury & Page (cl); Pictures from History (cr). **Dorling Kindersley:** Gary Ombler / University of Pennsylvania Museum of Archaeology and Anthropology (cl). **68-69 Getty Images:** Cindy Ord (b). **69 akg-images:** (cr). **Alamy Stock Photo:** roberthardi ng (br). **Bridgeman Images:** Pictures from History (tr). **70-71 iStockphoto.com:** RapidEye (c). **70 Alamy Stock Photo:** neil setchfield - uk (tr). **Getty Images:** DEA PICTURE LIBRARY (clb, b); Science & Society Picture Library (tl). **71 Alamy Stock Photo:** dpa picture alliance (tl). **Getty Images:** DEA / A. DAGLI ORTI (crb); Science & Society Picture Library (br, cra, tc, tr). **72 Alamy Stock Photo:** colaimages (tl). **Bridgeman Images:** Louvre, Paris, France / Index (cl); Museum of Fine Arts, Springfield, Massachusetts / Pictures from History / Daderot (tr); Private Collection / © Look and Learn (clb). **Getty Images:** Photo 12 / UIG (bl). **72-73 123RF.com:** Sergio Barrios (background). **Alamy Stock Photo:** MuseoPics - Paul Williams (c). **73 Alamy Stock Photo:** The Granger Collection (tr). **Bridgeman Images:** Musei Capitolini, Rome, Italy (br). **Getty Images:** Ann Ronan Pictures / Print Collector (bl). **74 123RF.com:** Steven Heap (cra); Lefteris Papaulakis (cl). **Alamy Stock Photo:** Peter Horree (tr). **Dreamstime.com:** Stevanzz (bl). **Getty Images:** De Agostini Picture Library (clb). **74-75 iStockphoto.com:** phant (cb). **75 123RF.com:** Kirill Makarov (tl). **Getty Images:** Marka / UIG (br); Werner Forman / Universal Images Group (cr). **78-79 Bridgeman Images:** Bibliotheque de l'Opera Garnier, Paris. **iStockphoto.com:** tomograf (background). **80 123RF.com:** Khoon Lay Gan (tl, tr, cl, bc, br, c); Aleksey Vanin (bl). **Dreamstime.com:** Guillermain (cr). **81 123RF.com:** Khoon Lay Gan (tc, c, bl, bc, br). **Dreamstime.com:** Gunay Aliyevs (crb); Guillermain (tr, cra). **84-85 123RF.com:** ikonstudio; vilnarobotav3d (columns). **84 Alamy Stock Photo:** Peter Horree (cl). **Bridgeman Images:** Louvre, Paris, France (cr); Private Collection / Tallandier (t). **85 Alamy Stock Photo:** Peter Horree (tl). **Bridgeman Images:** Czartoryski Museum, Cracow, Poland (c); Fitzwilliam Museum, University of Cambridge (bl); Louvre Museum, Paris / Pictures from History (br). **Getty Images:** DEA / A. DAGLI ORTI (cr); Ullstein bild Dtl. (tr). **87 Alamy Stock Photo:** World History Archive (crb). **Bridgeman Images:** Granger (tr). **Dorling Kindersley:** Alamy: Image Gap (cl). **iStockphoto.com:** RapidEye (bc). **88 Alamy Stock Photo:** ART Collection (br); Ian Dagnall (bl). **Dreamstime.com:** Jarnogz (bc/left). **89 Alamy Stock Photo:** Peter Horree (bc/right); INTERFOTO (t); Image Gap (bc/left). **Bridgeman Images:** Pictures from History (bl). **90 Alamy Stock Photo:** ART Collection (tl); Granger Historical Picture Archive (bl, tr). **Bridgeman Images:** Pictures from History (br). **Getty Images:** Fine Art Images / Heritage Images (bc). **91 Alamy Stock Photo:** FLHC 16 (tl); Heritage Image Partnership Ltd (tr); The Picture Art Collection (bl). **Bridgeman Images:** Pictures from History (br). **Dorling Kindersley:** James Stevenson / National Maritime Museum, London (cr). **92 akg-images:** Universal Images Group (c). **Alamy Stock Photo:** Ian Dagnall (cl); PRISMA ARCHIVO (clb). **Bridgeman Images:** Gerard Degeorge (tl); San Diego Museum of Art, USA / Edwin Binney 3rd Collection (cla). **93 akg-images:** Science Source (cr). **Bridgeman Images:** Pictures from History (crb); With kind permission of the University of Edinburgh (t); Private Collection (cra). **94 Alamy Stock Photo:** David Hilbert (t); Tom Till (br). **Getty Images:** Oliver J Davis Photography (bl); Imágenes del Perú (cl); DEA PICTURE LIBRARY (c). **95 Alamy Stock Photo:** James Wagstaff (tl). **Getty Images:** DEA PICTURE LIBRARY (bl); Print Collector (cl); MyLoupe (br). **Rex by Shutterstock:** Granger (tr). **96-97 Bridgeman Images:** Granger (c). **96 Getty Images:** DEA / A. DAGLI ORTI (bl); CM Dixon / Print Collector (t). **97 akg-images:** (br). **Alamy Stock Photo:** Granger Historical Picture Archive (cra). **100-101 Getty Images:** Universal Images Group. **iStockphoto.com:** tomograf (background). **102-103 Getty Images:** De Agostini / N. Cirani (c); Maria Swärd (background). **102 Alamy Stock Photo:** Sue Martin (br); World History Archive (tr). **Getty Images:** Bettmann (tl); Hulton Archive (tc); DEA / A. DAGLI ORTI (bl). **103 Alamy Stock Photo:** Historical Images Archive (bl). **104 akg-images:** Pictures From History (cra); Science Source (cr). **Alamy Stock Photo:** ART Collection (cla). **Getty Images:** De Agostini Picture Library (cl). **105 Alamy Stock Photo:** The Picture Art Collection (ca). **Getty Images:** Heritage Images (tr); Photo Josse / Leemage (cl); Universal History Archive (cr). **106 Alamy Stock Photo:** Peter Horree (c). **Bridgeman Images:** Bibliothèque Nationale, Paris, France / Archives Charmet (tl). **107 Alamy Stock Photo:** Jon Arnold Images Ltd (c); Mara Duchetti (l). **108-109 iStockphoto.com:** Mike Fuchslocher. **112-113 Dreamstime.com:** Byungsuk Ko. **114 Alamy Stock Photo:** Phil Degginger (br). **115 Alamy Stock Photo:** age fotostock (bl); National Geographic Creative (tr, clb); Ivan Kuzmin (bl). **Bridgeman Images:** Dirk Bakker (tl); Thomas Gilcrease Museum, Tulsa, OK, USA / Dirk Bakker (c); De Agostini Picture Library / G. Cappelli (crb). **116-117 Dorling Kindersley:** Dreamstime: Rui Matos / Rolmat (background). **117 Alamy Stock Photo:** Portrait Essentials (tc); Peter Righteous (l). **Getty Images:** Heritage Images (cr); Hulton Archive (br). **118 Alamy Stock Photo:** Robert Hoetink (tl/ring, bl/ring, bc/ring); Peter Horree (tl). **Bridgeman Images:** Pictures from History (bl). **The Trustees of the British Museum:** (tr). **Getty Images:** Werner Forman / Universal Images Group (bc). **118-119 The Trustees of the British Museum:** (c). **119 Alamy Stock Photo:** Robert Hoetink (b/ring, tl/ring, tr/ring). **Bridgeman Images:** British Library, London, UK / © British Library Board. All Rights Reserved (tc). **Getty Images:** Photo taken by Alan (b); Werner Forman / Universal Images Group (br). **120 Alamy Stock Photo:** IanDagnall Computing (tl). **121 Alamy Stock Photo:** Granger Historical Collection (c); Science History Images (tc). **Getty Images:** Werner Forman (tr). **124 Alamy Stock Photo:** Chronicle (br); Granger Historical Collection (tr); Science History Images (bl, c). **Getty Images:** Science Photo Library (tl). **124-125 123RF.com:** Irina Brinza. **126 Bridgeman Images:** De Agostini Picture Library (br); Prismatic Pictures (tl). **Dorling Kindersley:** Dave King / Warwick Castle, Warwick (bc). **127 Alamy Stock Photo:** Volodymyr Horbovyy (tr). **Bridgeman Images:** Cleveland Museum of Art, OH, USA / Gift of Mr. and Mrs. John L. Severance (bl); Granger (cr). **Dorling Kindersley:** Richard Leeney / Maidstone Museum and Bentliff Art Gallery (tl). **Getty Images:** DEA / A. DAGLI ORTI (bc). **129 Alamy Stock Photo:** ART Collection (tr); Niday Picture Library (bc); Heritage Image Partnership Ltd (c); GL Archive (cr/overlaid). **Getty Images:** Harald Sund (br). **130 Getty Images:** DEA / A. DAGLI ORTI (br); SuperStock (bc/left); Imagno (bc/right). **iStockphoto.com:** tomograf (bc/right, background). **131 Alamy Stock Photo:** ART Collection (br); Science History Images (bc/left); Alexander Helin (bc/right). **Bridgeman Images:** Library of Congress, Washington D.C. (bl). **iStockphoto.com:** tomograf (background). **Science & Society Picture Library:** Science Museum (t). **132-133 iStockphoto.com:** Newbird (background). **132 akg-images:** (c). **Alamy Stock Photo:** FLHC 8 (cr). **Dreamstime.com:** Jacek Kutyba / Jacqu (br). **Getty Images:** DEA / A. DAGLI ORTI (bl). **133 Alamy Stock Photo:** Alfio Scisetti (tl). **Bridgeman Images:** American Museum of Natural History, New York, USA / Photo © Boltin Picture Library (cl). **Getty Images:** Science & Society Picture Library (tr). **134 Alamy Stock Photo:** Artokoloro Quint Lox Limited (cb); Niday Picture Library (cla); Granger Historical Picture Archive (crb). **Dorling Kindersley:** James Stevenson / National Maritime Museum, London (tr); James Stevenson / Tina Chambers / National Maritime Museum, London (cr). **Library of Congress, Washington, D.C.:** (c). **135 123RF.com:** Richard Pross / richardpross (bc). **Alamy Stock Photo:** George Atsametakis (tl); Jeanette Dietl (br). **Dorling Kindersley:** Gary Ombler / Fleet Air Arm Museum (c). **Getty Images:** Joe Scarnici / HISTORY (tc); Harald Sund (tr); Science & Society Picture Library (cl). **iStockphoto.com:** gmalandra (bl). **138-139 Alamy Stock Photo:** Panther Media GmbH. **138 Alamy Stock Photo:** GL Archive (tl). **Bridgeman Images:** De Agostini Picture Library (bl). **Getty Images:** DEA / G. DAGLI ORTI (tc); SuperStock (tr). **139 Alamy Stock Photo:** Chronicle (ftl); Science History Images (tl); North Wind Picture Archives (tr); The Granger Collection (fr); GL Archive (c). **140-141 iStockphoto.com:** tomograf (background). **Science Photo Library:** Christian Jegou Publiphoto Diffusion. **142 akg-images:** (bc). **Alamy Stock Photo:** Ian Dagnall (tr); FineArt (tl). **Bridgeman Images:** British Library, London, UK / © British Library Board. All Rights Reserved (c); Private Collection / © The Lucian Freud Archive / Private Collection / © The Lucian Freud Archive / Bridgeman Images (bl, bl). **Getty Images:** Universal History Archive (tc); VCG Wilson / Corbis (cr). **The Metropolitan Museum of Art:** Jacques and Natasha Gelman Collection, 1998 (br). **143 Alamy Stock Photo:** Art Directors & TRIP (tc); Ian Dagnall (br); FineArt (cb); GL Archive (clb); Heritage Image Partnership Ltd (tl). **Getty Images:** Asian Art & Archaeology, Inc. / CORBIS (cra); De Agostini Picture Library (cla, tr); Pascal Deloche / GODONG (ca). **Courtesy National Gallery of Art, Washington:** Gift of Victoria Nebeker Coberly, in memory of her son John W. Mudd, and Walter H. and Leonore Annenberg (crb). **The Metropolitan Museum of Art:** Jacques and Natasha Gelman Collection, 1998 (bl). **144-145 123RF.com:** Grigory Stepanov (Nails). **Dreamstime.com:** Ovydyborets (background, paper). **144 123RF.com:** nathanael005 (t/scroll background). **Alamy Stock Photo:** Chronicle (c); INTERFOTO (t). **Getty Images:** Imagno (b). **145 123RF.com:** nathanael005 (tl/scroll background). **akg-images:** De Agostini Picture Library (tr). **Alamy Stock Photo:** Chronicle (tl); PRISMA ARCHIVO (cl); Pictorial Press Ltd (br); Historical Images Archive (bl). **146-147 Dreamstime.com:** Ovydyborets (background). **147 Bridgeman Images:** Tarker (tr). **148-149 Alamy Stock Photo:** Lebrecht Music and Arts Photo Library. **150 Alamy Stock Photo:** Art Collection 3 (bl). **Bridgeman Images:** Pictures from History (tr). **151 Alamy Stock Photo:** Niday Picture Library (br). **Bridgeman Images:** Granger (cl). **Getty Images:** DEA / A. DAGLI ORTI (cr). **152 Alamy Stock Photo:** Richard Wainscoat (bl). **154 Alamy Stock Photo:** Aurelian Images (br); INTERFOTO (tl). **Bridgeman Images:** Apsley House, The Wellington Museum, London, UK / © Historic England (tr). **Getty Images:** Fine Art Images / Heritage Images (bl); Fototeca Gilardi (bc). **154-155 Dreamstime.com:** Designprintck (background). **155 Alamy Stock Photo:** Everett Collection Historical (c); Lifestyle pictures (tl). **Getty Images:** Apic (br); Leemage (bl). **156-157 Alamy Stock Photo:** ART Collection. **158 Alamy Stock Photo:** Granger Historical Picture Archive (tr); V&A Images (tc). **Bridgeman Images:** Church of the Gesù, Rome, Italy (c); Private Collection (br); Musee Guimet, Paris, France (cl). **158-159 Alamy Stock Photo:** age fotostock (cb). **159 Alamy Stock Photo:** Aflo Co., Ltd. (cl); Heritage Image Partnership Ltd (c). **Bridgeman Images:** Private Collection / Archives Charmet (cr); Private Collection / Pictures from History (br). **Getty Images:** Asian Art & Archaeology, Inc. / CORBIS (tl); Print Collector (tr). **160 Alamy Stock Photo:** Glasshouse Images (fbl). **Bridgeman Images:** Granger (br); Private Collection / © Look and Learn (tl); Library of Congress, Washington D.C. (bl). **Getty Images:** Historical (fbr). **160-161 Dreamstime.com:** Ovydyborets (background paper). **161 akg-images:** (cr). **Bridgeman Images:** Granger (tl, tc, tr); Private Collection / © Look and Learn (bl). **162 Alamy Stock Photo:** Paul Fearn (tl); Science History Images (tr); INTERFOTO (ca). **Wellcome Images http://creativecommons.org/licenses/by/4.0/:** (br). **163 Alamy Stock Photo:** The Granger Collection (tl); Lebrecht Music and Arts Photo Library (bl); Science History Images (bc). **Dorling Kindersley:** Whipple Museum of History of Science, Cambridge (tr). **Getty Images:** Universal History Archive (cr). **164 Bridgeman Images:** Pictures from History (br). **165 Bridgeman Images:** Pictures from History (bl). **166 Alamy Stock Photo:** Dinodia Photos (tl, tc, tr); IndiaPicture (bl). **167 Alamy Stock Photo:** Granger Historical Collection (tl); Alexander Helin (tc); V&A Images (cr); Niday Picture Library (br). **168 Bridgeman Images:** National Palace Museum, Taipei, Taiwan (tl); Pictures from History (tc, b). **Dreamstime.com:** Songquan Deng / Rabbit75 (tr). **168-169 Dreamstime.com:** Designprintck (background). **169 Alamy Stock Photo:** ART Collection (bl); imageBROKER (tr); Everett Collection Historical (cb). **Dorling Kindersley:** Andy Crawford / British Museum (br). **Getty Images:** DEA PICTURE LIBRARY (tl); Universal History Archive (cra). **170-171 123RF.com:** Igor Zakharevich (background). **175 akg-images:** Science Source (br). **177 Alamy Stock Photo:** Granger Historical Picture Archive (tl); Prisma by Dukas Presseagentur GmbH (fcr). **Dorling Kindersley:** Simon Clay / National Motor Museum, Beaulieu (b). **Getty Images:** Photo Josse / Leemage (bl). **178 Alamy Stock Photo:** Chronicle (bc/right); Niday Picture Library (br). **Bridgeman Images:** 00596841 (br). **179 Alamy Stock Photo:** Granger Historical Picture Archive (bl). **Dorling Kindersley:** Gary Ombler / National Railway Museum, York / Science Museum Group (t). **Library of Congress, Washington, D.C.:** (bc/left, bc/right). **182-183 Bridgeman Images:** Granger (b). **iStockphoto.com:** tomograf (background). **184 Alamy Stock Photo:** Enrico Della Pietra (tc). **Getty Images:** Stephen J Krasemann (br); Sergio Pigozzi (tr). **NASA:** (br); GSFC / METI / ERSDAC / JAROS, and U.S. / Japan ASTER Science Team (c). **185 Alamy Stock Photo:** Science History Images (bc). **Getty Images:** InterNetwork Media (bl); Tom Pfeiffer / VolcanoDiscovery (tc); Topical Press Agency / Hulton Archive (cr); STF / AFP (br). **186 Alamy Stock Photo:** AF archive (b); Dinodia Photos (cl). **Getty Images:** Hiroyuki Ito (tr). **187 123RF.com:** mikewaters (tc). **Alamy Stock Photo:** SPUTNIK (br). **Getty Images:** De Agostini Picture Library (cr); Michel Porro (tl); DEA / A. DAGLI ORTI (tr). **188-189 Bridgeman Images:** Kremlin Museums, Moscow, Russia (c). **188 Alamy Stock Photo:** Niday Picture Library (clb); The Print Collector (tr). **Getty Images:** Photo Josse / Leemage (bl); Jose Fuste Raga (cl). **189 Alamy Stock Photo:** Chronicle (tl); Chris Hellier (cra); Pictorial Press Ltd (br); Hi-Story (br). **190 Alamy Stock Photo:** North Wind Picture Archives (c). **Bridgeman Images:** 00596841 (cr); Private Collection / © Look and Learn / Barbara Loe Collection (bc). **Getty Images:** Science & Society Picture Library (bl). **191 Alamy Stock Photo:** (crb); ART Collection (cl); IanDagnall Computing (tr); Science History Images (cra); Granger Historical Picture Archive (bl); The Granger Collection (br); North Wind Picture Archives (cla). **Bridgeman Images:** (clb). **Getty Images:** Hulton Archive (c). **192-193 Bridgeman Images:** Metropolitan Museum of Art, New York, USA. **196 123RF.com:** Martijn Mulder (c). **Alamy Stock Photo:** imageBROKER (bc); Penny Tweedie (r). **Getty Images:** Danita Delimont (tl); Werner Forman / Universal Images Group (ca). **197 Alamy Stock Photo:** Chronicle (l); Marc Tielemans (tc); The Picture Art Collection (cr); Photo 12 (cb). **198-199 iStockphoto.com:** tomograf (background). **199 Bridgeman Images:** Archives Charmet. **200 Alamy Stock Photo:** Chronicle (bc); Dennis Hallinan (br); Masterpics (tr). **Bridgeman Images:** Musee de la Ville de Paris, Musee Carnavalet, Paris, France (tl, tc). **201 Alamy Stock Photo:** Niday Picture Library (bl); PRISMA ARCHIVO (bc). **Bridgeman Images:** Musee de la Ville de Paris, Musee Carnavalet, Paris, France (tl). **202 Alamy Stock Photo:** Granger Historical Picture Archive (br). **Getty Images:** adoc-photos / Corbis (bl); De Agostini Picture Library (tl); Bettmann (tr). **203 Getty Images:** Business Wire (bl); David Silverman (tr); Science & Society Picture Library (br, tl). **204 Alamy Stock Photo:** ART Collection (r). **205 Alamy Stock Photo:** Paul Fearn (tr); NMUIM (tl); Granger Historical Picture Archive (br). **Bridgeman Images:** Manchester Art Gallery, UK (bl). **206 Getty Images:** De Agostini Picture Library (b); Hulton Archive (t). **207 Alamy Stock Photo:** Granger Historical Picture Archive (tr). **Getty Images:** De Agostini Picture Library (bl); PHAS / UIG (cr). **208 Alamy Stock Photo:** Ed Buziak (crb). **Dorling Kindersley:** Mike Dunning / National Railway Museum, York (cl); Clive Streeter / The Science Museum, London (tr). **Getty Images:** Central Press / Hulton Archive (cr); Wolfgang Kaehler / LightRocket (ca). **Daniel Lu:** (bl). **209 Alamy Stock Photo:** Top Photo Corporation (bc). **Dorling Kindersley:** Gary Ombler / National Railway Museum, York / Science Museum Group (tc); Gary Ombler / Didcot Railway Centre (crb). **Dreamstime.com:** Yinan Zhang / Cyoginan (br). **Getty Images:** Science & Society Picture Library (tl, tr, c, bl). **Manuscripts and Archives, Yale University Library:** Yale Collection of Western Americana, Beinecke Rare Book and Manuscript Library, Yale University, New Haven, Connecticut (cl). **210 Alamy Stock Photo:** Everett Collection (bl); ZUMA Press, Inc. (br); The Granger Collection (tr). **Digital image courtesy of the Getty's Open Content Program:** (tl). **210-211 Alamy Stock Photo:** Prisma by Dukas Presseagentur GmbH (c). **211 Bridgeman Images:** Bibliotheque des Arts Decoratifs, Paris, France / Archives Charmet (r). **214 Alamy Stock Photo:** Lordprice Collection (bl); Science History Images (cl). **Getty Images:** American Stock Archive (r); Bettmann (tl). **215 Alamy Stock Photo:** FineArt (cr); National Geographic Creative (tr). **Library of Congress, Washington, D.C.:** (l, br). **216 Alamy Stock Photo:** Chronicle (tr); Granger Historical Picture Archive (tl, bl); INTERFOTO (cr). **217 Alamy Stock Photo:** Chronicle (bc/left); Classic Image (bl); Glasshouse Images (br). **Bridgeman Images:** Private Collection / © Look and Learn (bc/right). **218-219 123RF.com:** Igor Zakharevich (background). **222 Bridgeman Images:** Chicago History Museum, USA (cl). **Dorling Kindersley:** Dave King / Gettysburg National Military Park, PA (bl). **Library of Congress, Washington, D.C.:** (bc, tr, br). **223 Alamy Stock Photo:** ClassicStock (tr). **Bridgeman Images:** Private Collection (tl). **Getty Images:** Bettmann (c). **224 akg-images:** North Wind Picture Archives (tr). **Getty Images:** Hulton Archive (br); Popperfoto (tl). **225 Alamy Stock Photo:** Heritage Image Partnership Ltd (br). **Getty Images:** Express Newspapers (tl); Paul Popper / Popperfoto (cr). **226 Alamy Stock Photo:** Pictorial Press Ltd (crb). **Bridgeman Images:** Photo © CCI (bc). **Getty Images:** Stefano Bianchetti / Corbis (tr); Photo 12 / UIG (clb); Araldo de Luca / Corbis (br). **227 123RF.com:** beaucroft (bl); klotz (tc). **Dreamstime.com:** Grzym (crb). **Getty Images:** Bettmann (tl); Science & Society Picture Library (clb); Bloomberg (br). **228 Alamy Stock Photo:** Ton Snoei (t). **Bridgeman Images:** Private Collection / Avant-Demain (cr). **Getty Images:** George Rose (br); Science & Society Picture Library (bl). **iStockphoto.com:** selvanegra (bc). **Library of Congress, Washington, D.C.:** (tl). **228-229 iStockphoto.com:** Rouzes (pegs and photo background). **229 Alamy Stock Photo:** Granger Historical Picture Archive (tl); World History Archive (cl, c). **Bridgeman Images:** PVDE (cr). **Getty Images:** Science & Society Picture Library (bl). **iStockphoto.com:** kosamtu (br). **Library of Congress, Washington, D.C.:** (tr, c). **230 Alamy Stock Photo:** FOR ALAN (tl); Marmaduke St. John (tr); Pictorial Press Ltd (cr). **231 Alamy Stock Photo:** By Ian Miles-Flashpoint Pictures (bl). **Getty Images:** Science & Society Picture Library (tr); Stegerphoto (br). **232 Alamy Stock Photo:** David Osborn (br); Science History Images (cr). **Dreamstime.com:** Steve Mann / The_guitar_mann (bc); Gary Scott (cl). **Getty Images:** Bettmann (c). **233 Getty Images:** Ross Land (tr); Science & Society Picture Library (tl); © Museum of Flight / CORBIS (c). **iStockphoto.com:** aapsky (br). **236-237 123RF.com:** Igor Zakharevich (background). **238 Alamy Stock Photo:** Granger Historical Picture Archive (br). **Daimler AG:** Mercedes-Benz Classic (bl). **Dorling Kindersley:** Gary Ombler / R. Florio (cr). **Getty Images:** Rykoff Collection (c). **Utah State Historical Society:** (cl). **Volvo Car Group:** (bc). **239 Alamy Stock Photo:** Heritage Image Partnership Ltd (cl). **Dorling Kindersley:** Simon Clay / National Motor Museum, Beaulieu (cr); James Mann / National Motor Museum Beaulieu (c); Matthew Ward (bl). **Getty Images:** Kim Kulish / Corbis (br); Science & Society Picture Library (tr). **Toyota UK:** (cb). **240 Alamy Stock Photo:** Everett Collection Historical (bl); Pictorial Press Ltd (ca). **TopFoto.co.uk:** (cb). **241 Alamy Stock Photo:** GL Archive (cl). **Getty Images:** Library of Congress / Corbis / VCG (tl); NY Daily News Archive (tr). **Paragon Space Development Corporation and Volker Kern:** (br). **242-243 Getty Images:** Bettmann. **iStockphoto.com:** tomograf (background). **245 Alamy Stock Photo:** David Parker (backdrop); Splash News (c). **Getty Images:** Agence France Presse (tl); Popperfoto (bl); Yamaguchi Haruyoshi (r); Ralph Morse / The LIFE Picture Collection (tr). **246 Alamy Stock Photo:** Granger Historical Picture Archive (bl). **Getty Images:** Central Press / Hulton Archive (br); Heritage Images (bc/left). **247 Dorling Kindersley:** Clive Streeter / The Science Museum, London (t). **Getty Images:** Agence France Presse (bc/right); Francoise De Mulder / Roger Viollet (bl). **248 Alamy Stock Photo:** Everett Collection Historical (tr). **Bridgeman Images:** © SZ Photo / Scherl (bl); Private Collection / Photo © Christie's Images (br). **Rex by Shutterstock:** Universal History Archive \ UIG (bc). **248-249 123RF.com:** Nuwat Chanthachanthuek (c). **249 Alamy Stock Photo:** Everett Collection Historical (br); Heritage Image Partnership Ltd (tr); Granger Historical Picture Archive (bc). **Bridgeman Images:** Private Collection / © Look and Learn / Elgar Collection (tl). **Getty Images:** Bettmann (bl). **iStockphoto.com:** Goja1 (cr). **250 123RF.com:** andreadonetti (bl). **Alamy Stock Photo:** Granger Historical Picture Archive (cl); Tom Hanley (tc); Pictorial Press Ltd (r). **Dorling Kindersley:** Gary Ombler / R. Florio (crb). **251 Alamy Stock Photo:** Ewing Galloway (l). **Getty Images:** Bettmann (tr); Hulton Archive (tc, br). **252 Alamy Stock Photo:** Hercules Milas (bl). **253 akg-images:** Album / J.Enrique Molina (cr); Erich Lessing (cla). **Alamy Stock Photo:** World History Archive (cl). **Getty Images:** De Agostini Picture Library (c). **254 Getty Images:** Bettmann (t); Heritage Images (cl). **255 Alamy Stock Photo:** Sueddeutsche Zeitung Photo (cb); World History Archive (ca). **Getty Images:** Bettmann (tl); Sovfoto / UIG (c); Shepard Sherbell / Corbis (br). **260-261 Dorling Kindersley:** Dreamstime.com: Ovydyborets. **Getty Images:** Hulton-Deutsch Collection (background). **260 Bridgeman Images:** Archives de Gaulle, Paris, France (b). **Getty Images:** Fox Photos (cla); William Vandivert / The LIFE Picture Collection (t); Popperfoto (cr); Keystone (c). **261 Alamy Stock Photo:** Prisma by Dukas Presseagentur GmbH (br). **Getty Images:** Margaret Bourke-White / The LIFE Picture Collection (c); Fox Photos (tl). **262 Bridgeman Images:** Pictures from History (b); SZ Photo (tl); SZ Photo / Scherl (tr). **262-263 Getty Images:** Hulton Archive. **263 Auschwitz-Birkenau Memorial & Museum:** (tl). **Bridgeman Images:** Galerie Bilderwelt (tr); SZ Photo (br). **Getty Images:** Galerie Bilderwelt (bl). **264-265 Alamy Stock Photo:** World History Archive. **266 Bridgeman Images:** SZ Photo / Scherl (tr). **Getty Images:** (bl). **267 Alamy Stock Photo:** Military History Collection (br); Pictorial Press Ltd (tl). **Bridgeman Images:** PVDE (bc). **Getty Images:** Historical (bl); SuperStock (tr). **268 Alamy Stock Photo:** World History Archive (tl). **Getty Images:** Margaret Bourke-White / The LIFE Picture Collection (r); Central Press / Hulton Archive (tc); Keystone (bl). **269 Alamy Stock Photo:** Zoonar GmbH (br). **Getty Images:** Mark Kauffman / The LIFE Picture Collection (l); Keystone-France / Gamma-Keystone (cb); Popperfoto (tc). **270 Getty Images:** Science & Society Picture Library (bl). **271 123RF.com:** Burnel1 (tr). **Alamy Stock Photo:** Artokoloro Quint Lox Limited (cra); MARKA (br). **272 Alamy Stock Photo:** Everett Collection Historical (bl); Granger Historical Picture Archive (cl); World History Archive (c). **Getty Images:** AFP (bc); Christine Spengler / Sygma (cr). **273 Alamy Stock Photo:** PCN Photography (tr); US Air Force Photo (c). **Getty Images:** Francoise De Mulder / Roger Viollet (b); David Rubinger / The LIFE Images Collection (cl). **275 Getty Images:** Apic / RETIRED (tr). **276 Alamy Stock Photo:** Everett Collection Historical (c); Keystone Pictures USA (r). **Getty Images:** Bettmann (bl); VCG Wilson / Corbis (cl). **277 Alamy Stock Photo:** FLHC 47 (ca); INTERFOTO (l). **Getty Images:** Bettmann (br); Underwood Archives (cb). **278 Alamy Stock Photo:** colaimages (cr); World History Archive (tr); Susan Pease (bl). **Getty Images:** Bettmann (clb); Henry Diltz (bl/above); Reg Lancaster (br/above); Robert Abbott Sengstacke (br); Edward Miller (cla). **279 Alamy Stock Photo:** Everett Collection (bl); Tracksimages.com (cl); US Army Photo (cr); M&N (clb). **Getty Images:** B.Friedan (tl); The LIFE Picture Collection (tc); Bettmann (tr); Popperfoto (crb); Photolibrary (br); Francois LOCHON (c). **280 Alamy Stock Photo:** Allstar Picture Library (c). **Getty Images:** AFP (bl); Mark Kauffman / The LIFE Picture Collection (tl); William Campbell / Sygma (br); Patrick Robert / Sygma / CORBIS (tr). **281 Alamy Stock Photo:** imageBROKER (tr); David Parker (br). **Getty Images:** GIANLUIGI GUERCIA / AFP (cl); Santi Visalli (tl); PHILIP OJISUA / AFP (cra). **284 Alamy Stock Photo:** ART Collection (br); SPUTNIK (cb, tc); Chronicle (cr). **NASA:** (tl, cl, tr). **285 Alamy Stock Photo:** ITAR-TASS News Agency (tl). **John F. Kennedy Library Foundation:** Robert Knudsen. White House Photographs. John F. Kennedy Presidential Library and Museum, Boston (tr). **NASA:** (tc). **Martin Trolle Mikkelsen:** (cr). **286 Getty Images:** Ralph Morse / The LIFE Picture Collection (l, r). **287 Getty Images:** Ralph Morse / The LIFE Picture Collection (r, l). **288-289 Getty Images:** Bettmann (c). **290 Getty Images:** Bettmann (cl, cr, tr). **290-291 Getty Images:** AFP. **291 Bridgeman Images:** Granger (cr); Underwood Archives / UIG (cl). **Getty Images:** Agence France Presse (cl/far). **292 Alamy Stock Photo:** The National Trust Photolibrary (tr/Queen Elizabeth); Trinity Mirror / Mirrorpix (br). **Bridgeman Images:** Castello della Manta, Saluzzo, Italy (tc/Middle ages); Victoria & Albert Museum, London, UK (tr). **Getty Images:** DEA / S. VANNINI / De Agostini (tl); Tim Graham (bl/Diana); DEA / A. DAGLI ORTI (tl/Greek); In Pictures Ltd. / Corbis (tc); Mark Kauffman / The LIFE Picture Collection (br/mini dresses); Michael Putland (bc). **293 Alamy Stock Photo:** Heritage Image Partnership Ltd (tr); MARKA (bc/left). **Bridgeman Images:** National Trust Photographic Library / John Hammond (tl/Baroque Europe); Photo © Historic Royal Palaces / Robin Forster (tr/Mantua dress). **Getty Images:** DEA / A. DAGLI ORTI (tl, ca); Galerie Bilderwelt (bl). **iStockphoto.com:** BernardAllum (tc/Kimono). **300 Alamy Stock Photo:** Paul Fearn (cb); Granger Historical Picture Archive (cl); Lebrecht Music and Arts Photo Library (c/Wollstonecraft); Trinity Mirror / Mirrorpix (br/Pankhurst); Len Collection (br). **Carrie Chapman Catt Papers, Bryn Mawr College Library Special Collections:** (ca). **Getty Images:** Topical Press Agency / Hulton Archive (cb). **The National Library of Norway:** (cr). **301 Alamy Stock Photo:** Keystone Pictures USA (ca); World History Archive (cl); Splash News (br). **Getty Images:** Sam Morris (tr); Popperfoto (cb); RDA (clb). **302-303 Vecteezy.com:** (Icons). **306 Getty Images:** Ralph Crane / The LIFE Picture Collection (cl); Science & Society Picture Library (l); Yamaguchi Haruyoshi (t). **Professor Hod Lipson:** Jonathan Blutinger (photographer), Victor Zykov (designer) (crb). **307 Alamy Stock Photo:** Anton Gvozdikov (tc). **Courtesy of Boston Dynamics:** (r). **Getty Images:** NurPhoto (cr).

All other images © Dorling Kindersley
For further information see: www.dkimages.com